파이썬 첫걸음

컴퓨터 비전공자를 위한
인공지능 활용의 시작

파이썬 프로그래밍

유영환·김경민·김민호·이태훈·장종칠 지음

부산대학교출판문화원

머리말

최근 우리 사회 곳곳에서 사람들은 "4차 산업혁명"이라는 말을 매우 흔하게 사용하고 있다. 그런데 "4차 산업혁명"이 도대체 뭘까?

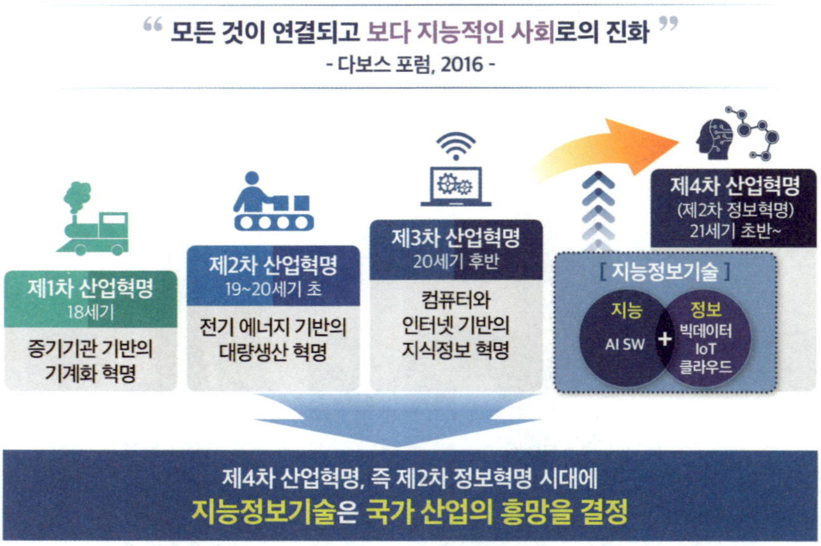

〈출처 : 과학기술정보통신부 블로그〉

과학기술정보통신부 블로그에 따르면, 증기기관이 기반이 된 18세기의 제1차 산업혁명에 이어 전기 에너지 기반의 제2차 산업혁명, 컴퓨터가 보편화된 이후인 20세기 후반의 지식정보 혁명을 거쳐 제4차 산업혁명 시대에 이른 것으로 설명한다. 4차 산업혁명 시대에는 빅데이터와 사물인터넷, 클라우드 기반의 정보와 인공지능 기술의 결합으로 인해 "모든 것이 연결되고 보다 지능적인 사회로의 진화"가 이루어질 것으로 기대하고 있다.

그럼 우리는 이 4차 산업혁명 시대를 어떻게 대비해야 할까? 대비책 마련을 위해 4차 산업혁명 사회를 정의한, "모든 것이 연결되고 보다 지능적인 사회"의 의미를 다시 한 번 살펴보자. 우선 "모든 것이 연결"된다는 의미는 사물인터넷과 클라우드 기술을 말하는 것으로 이를 통해 모든 사물과 사람이 연결된다. 그리고 "보다 지능적인"이라는 의미는 빅데이터와 이를 기반으로 한 인공지능 기술의 발전을 말한다. 컴퓨터 비전공자들에게는 빅데이터나 사물인터넷, 클라우드 등의 용어들이 여전히 머릿속에 구체적으로 그려지지 않고 멀게만 느껴질지도 모르지만, 이렇게 "모든 것이 연결되는 지능 사회"에서는 컴퓨터 전공자와 비전공자의 구분이 따로 없다. 새로운 시대에는 직업이나 전공의 종류에 관계없이 사물인터넷을 통해

방대한 양의 빅데이터를 축적하고 이에 기반한 인공지능 기술을 활용하여 업무 효율의 증진을 꾀하는 일이 일상화 될 것이다.

하지만 현실적으로 사물인터넷이나 빅데이터 기술자 외에 사용자가 이 데이터를 다루는 일은 여전히 쉽지 않다. 그렇다고 해서 컴퓨터 전공자, 비전공자 할 것 없이 모두가 전문 프로그래머가 될 수는 없고 되어서도 안 된다. 전문적인 프로그래머가 되기 위해서는 많은 시간을 투자해야 하는데 모두가 프로그래머가 되려 한다면 이 사회에 필요한 다양한 학문들의 발전을 책임질 인재가 부족해질 것이기 때문이다.

이에 본 교재는 컴퓨터 비전공자들이 전문 프로그래머나 통계 전문가의 도움을 빌리지 않고도 간단한 프로그래밍 도구를 사용하여 현실의 각종 데이터를 처리할 수 있는 방법을 소개한다. 우선 프로그래밍 도구로는 프로그램을 기술하는 방법 자체가 사람의 사고 체계와 우사하고 문법이 매우 단순한 파이썬을 택해 누구나 쉽게 프로그래밍에 친숙해지도록 한다. 파이썬이라는 프로그래밍 언어의 문법을 익히는 일에 중점을 두지 않고, 우리가 전자계산기의 사용법을 익히듯이 직관적인 몇 가지 파이썬 라이브러리 사용법을 배움으로써 데이터 처리 도구로서 파이썬을 사용할 수 있도록 한다. 이를 위해 직접 프로그램을 짜는 일을 최소화하고 다양한 공개 패키지들을 활용하는 방법을 배운다.

파이썬으로 처리할 수 있는 데이터의 종류에는 숫자와 같은 정형 데이터뿐만 아니라 이미지나 텍스트, 음성과 같은 비정형 데이터도 포함된다. 본 교재는 사용자가 직접 측정 또는 생성한 데이터 외에도 인터넷을 통해 얻을 수 있는 다양한 데이터들을 가지고 실제 업무에 활용할 수 있는 유용한 정보를 생성할 수 있는 능력을 길러준다. 이러한 능력을 기반으로 각자의 전문 분야에서 얻은 지식과 아이디어를 신속하게 구체적인 결과물로 구현하고 인터넷을 통해 피드백을 받음으로써 실제적으로 우리 사회와 이웃들에게 필요한 게 무엇인지 보다 빠르게 알 수 있게 될 것이다.

다시 한 번 강조하지만, 어렵지 않으니 두려워하지 말자. 프로그래밍을 조금만 익히면 전자계산기 사용하듯이 컴퓨터를 활용하여 다양한 데이터를 더 효율적으로 다룰 수 있다. 이러한 실용적인 데이터 처리 능력은 여러분이 4차 산업혁명 시대를 살아가는 힘이 되리라 확신한다.

모두의 꿈이 이루어지길 바라며

저자 일동

목차

Part Ⅰ 파이썬 기초

Part Ⅱ 파이썬 인공지능 활용

Part Ⅰ

파이썬 기초

컴퓨터 비전공자를 위한 인공지능 활용의 시작
파이썬 프로그래밍

컴퓨터 비전공자를 위한 인공지능 활용의 시작

P 파이썬 프로그래밍

01 파이썬 시작하기

파이썬(Python)은 1991년 프로그래머인 귀도 반 로섬(Guido van Rossum)이 개발한 프로그래밍 언어이다. 파이썬은 그리스 신화에 나오는 파르나소스 산 동굴에 살던 뱀으로 피톤이라고 부르기도 한다. 파이썬 언어를 인터넷에서 검색하거나 공식 홈페이지를 방문하면 오른쪽 그림과 같은 뱀 모양의 로고를 볼 수 있다.

1 파이썬 소개

파이썬은 최근 전세계적으로 교육 목적뿐만 아니라 실무에서도 많이 사용하고 있다. 대표적인 예가 우리가 알고 있는 구글, 드롭박스, 유튜브 등이다. 그럼 이러한 기업들이 그 많은 프로그래밍 언어 중에 왜 굳이 파이썬을 사용할까? 파이썬의 특징인 자연어 유사성, 간결함, 코드 재사용이 그 해답이 될 것이다.

1.1 파이썬의 특징

■ 자연어에 가깝다

파이썬은 인간의 언어, 즉 자연어에 가깝기 때문에 누구나 쉽고 빠르게 배울 수 있다. 현재 대중적으로 사용되는 대부분의 프로그래밍 언어는 영어 표현에 기초한다. 그러므로 한글보다는 영어를 구사하는 사람이 더 배우기 쉽다. 안타까운 이야기지만 한글 표기를 사용하는 대표적인 컴퓨터 언어는 아직 없다. 본론으로 돌아와서 파이썬이 어느 정도로 자연어와 유사한지 다른 언어와 비교해서 살펴보자. 예를 들어, 만약 메뉴에 피자가 있다면, "피자 주세요"라고 출력하는 프로그램을 작성한다고 가정하자. 이에 대한 영문 표현을 각각 파이썬과 자바로 작성한 코드와 비교해 보면 파이썬으로 만든 프로그램이 자바에 비해 훨씬 영어 문장과 유사함을 알 수 있다.

영문	If there is "pizza" in the menu, then print out "I'd like a pizza."
파이썬	menu = ["hamburger", "pizza", "pasta"] if "pizza" in menu: print("I'd like a pizza.")

자바	String[] menu = { "hamburger", "pizza", "pasta" };
	foreach(String name : menu) {
	    if(name.equals("pizza")) {
	        System.out.println("I'd like a pizza.");
	    }
	}

■ 간결하고 개발 속도가 빠르다.

파이썬은 매우 간결한 언어이다. 아직 파이썬에 대해 본격적으로 공부하지는 않았지만, 위의 표에서 자바와 비교해 보면 동일한 일을 수행하는 코드인데도 파이썬이 훨씬 더 간결함을 알 수 있다. 언뜻 보기에는 "뭐 몇 줄 차이 안 나잖아"라고 생각할 수 있지만, 프로그램은 이러한 코드들이 수십만 라인으로 작성된다. 그럼 얼마만큼 큰 이득을 볼 수 있는지 짐작할 수 있을 것이다. 즉, 간결한 설계는 프로그램 개발 속도를 크게 향상시킨다.

■ 오픈 소스이면서도 강력하다.

파이썬은 오픈 소스로 무료로 사용할 수 있는 언어이다. 여러분들은 언제 어디서든 파이썬을 다운로드하여 사용할 수 있다. 또한 파이썬을 활용한 웹 개발, 과학 수치 연산, 데이터 분석, 인공지능 등 다양한 분야의 패키지가 개발되어 제공되고 있다. 만약 여러분들이 수집한 데이터를 다양한 방법으로 분석하여 정보를 얻고 싶다면, 직접 분석을 위한 알고리즘을 구현할 필요 없이 이미 만들어져 있는 패키지를 사용하여 여러분들이 원하는 결과를 쉽게 얻을 수 있다. 웹사이트 서버 구현을 위한 Django, Flask, Bottle, 기계학습 알고리즘을 위한 scikit-learn, 얼굴인식을 위한 OpenCV, GUI 프로그래밍을 위한 tkinter, 게임 프로그래밍을 위한 PyGame 등 다양한 패키지가 제공되고 있다.

참고 **패키지**

특정 목적을 위해 필요한 다양한 기능을 묶어 놓은 것으로 필요시 사용자가 호출하여 사용할 수 있는 묶음을 패키지라고 한다.

1.2 인터프리터 언어와 컴파일러 언어

컴퓨터에게 일을 시키기 위해서는 컴퓨터가 이해할 수 있는 언어로 명령을 내려야 한다. 컴퓨터는 오직 0과 1만을 구별할 수 있고, 이렇게 0과 1만으로 표현된 언어를 **기계어**라고 한다. 인간의 언어와 유사한 파이썬은 당연히 0과 1만으로 이루어진 기계어가 아니기 때문에 파이썬 프로그램을 컴퓨터가 실행하기 위해서는 먼저 기계어로의 번역이 필요하다. 이와 같은 번역을 담당하는 프로그램이 **인터프리터**와 **컴파일러**이다. 프로그래밍 언어에 따라 인터프리터와 컴파일러 중 하나를 사용하고 있어서 우리는 프로그래밍 언어들을 인터프리터 언어와 컴파일러 언어로 구분하고 있다.

인터프리터와 컴파일러에 관해 설명하기 전에 먼저 프로그램이 무엇인지 알아보자. 컴퓨터 프로그램은 컴퓨터에 시킬 명령어들의 집합이다. 대표적인 교육용 프로그래밍 언어인 엔트리나 스크래치에서는 여러 개의 명령어 블록들을 연결해서 하나의 프로그램을 만든다. 파이썬 프로그램은 블록 대신 영단어에 기반한 문장으로 된 명령어들을 순서대로 나열해서 프로그램을 만든다. 인터프리터는 프로그램 내의 모든 명령어를 기계어로 한 번에 번역하지 않고 한 줄씩 번역하여 컴퓨터에 전달해 차례로 실행하게 한다. 인터프리터 언어에는 파이썬, PHP, Perl, JavaScript 등이 있다. 반면에 컴파일러 언어의 경우, 프로그램의 모든 명령어를 컴파일러가 미리 기계어로 번역하여 한 번에 전체 프로그램을 실행할 수 있다. 컴파일러 언어에는 C, C++, Pascal, Java 등이 있다.

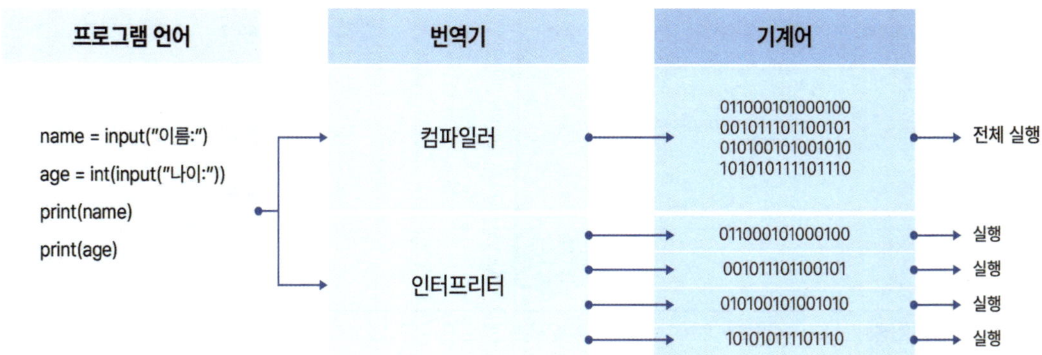

각각의 장단점을 생각해보자. 컴파일러 언어는 프로그램 전체가 기계어로 번역된 뒤 수행되므로 실행 시 속도가 더 빠르지만, 프로그램을 변경한 경우 전체 프로그램을 다시 번역해야 하는 문제가 생긴다. 반면 인터프리터 언어는 명령어를 하나씩 번역해서 수행하므로 느리지만, 실행할 명령어를 중간에 변경해도 아무 문제가 없다. 그리고 하나의 명령어씩 실행하며 오류를 바로 확인하고 고칠 수 있다.

1.3 파이썬으로 무엇을 해볼까?

이번 절에서는 우리가 이 책을 통해 어떤 문제들을 다뤄볼 것인지 미리 살펴본다. 여기 소개되는 문제들은 이 책의 후반부인 7~12장에서 실제로 다루게 될 예제들이다.

■ 인터넷을 통해 데이터 수집하기

현대의 정보들은 대부분 인터넷을 통해 전파된다. 하지만, 인터넷의 방대한 데이터를 수작업으로 하나씩 모으기는 어렵다. 대신 웹 페이지를 분석해서 우리가 필요한 데이터만 가져오는 방법이 필요하다. 이를 파이썬으로 수행해보자. 아래 그림은 자동차별 연비, 배기량, CO_2 배출량, 유류비 등의 데이터를 한국에너지공단 페이지에서 수집하는 예이다.

```
현대자동차㈜,쏘나타(DN8) 하이브리드_18인치(빌트인캠)_22MY,17.6,1999,91,1,1333134
현대자동차㈜,쏘나타(DN8) 2.0GDI 하이브리드_17인치타이어_22MY,19.1,1999,83,1,1228437
현대자동차㈜,쏘나타(DN8) 2.0GDI 하이브리드_18인치타이어_22MY,18.0,1999,88,1,1303508
```

〈한국에너지공단에서 자동차별 정보를 제공하는 웹페이지〉

데이터 분석하기

판다스(Pandas)는 파이썬에서 행과 열로 이루어진 데이터 객체를 만들어 안정적으로 데이터를 처리할 때 사용하는 라이브러리이다. 인터넷을 통해 수집된 데이터를 판다스를 이용해 분석해보자. 데이터의 평균, 편차, 최대, 최소 등 다양한 통계량을 간단히 요약해서 볼 수 있는 함수도 제공하며, 간단한 명령어를 이용하여 쉽게 원하는 정보를 얻을 수 있다.

```
현대자동차㈜,쏘나타(DN8) 하이브리드_18인치(빌트인캠)_22MY,17.6,1999,91,1,1333134
현대자동차㈜,쏘나타(DN8) 2.0GDI 하이브리드_17인치타이어_22MY,19.1,1999,83,1,1228437
현대자동차㈜,쏘나타(DN8) 2.0GDI 하이브리드_18인치타이어_22MY,18.0,1999,88,1,1303508
```

describe 함수

	표시연비	배기량	co2배출량	등급	연간유류비
count	200.000000	200.000000	200.000000	200.000000	2.000000e+02
mean	15.913500	1846.930000	112.765000	1.595000	1.375024e+06
std	1.810374	283.655933	18.046277	0.492124	1.328579e+05
min	13.800000	1332.000000	68.000000	1.000000	1.047462e+06
25%	14.300000	1598.000000	97.000000	1.000000	1.284048e+06
50%	15.300000	1968.000000	116.000000	2.000000	1.372369e+06
75%	17.025000	1999.000000	128.000000	2.000000	1.448343e+06
max	22.400000	2487.000000	138.000000	2.000000	1.700228e+06

CO_2배출량이 130이상인 차량은?

업체명	모델명	표시연비	배기량	co2배출량	등급	연간유류비
쌍용자동차㈜	코란도 1.6 디젤 6AT 2WD SCR Step2 17인치 타이어	14.3	1597	132	2	1429951
쌍용자동차㈜	코란도 1.6 디젤 6AT 2WD SCR Step2 19인치 타이어	14.2	1597	134	2	1440021
쌍용자동차㈜	코란도 1.6 디젤 6AT AWD SCR Step2	14.1	1597	135	2	1450234
기아 주식회사	셀토스 1.6디젤 4WD 18" 타이어 (21)	14.3	1598	132	2	1429951

〈판다스를 이용한 데이터 분석〉

■ 분석한 정보 시각화하기

matplot과 seaborn은 파이썬에서 그래프를 그리는 데 사용하는 라이브러리이다. 데이터의 분석을 통해 얻은 정보를 한눈에 보기 쉽게 그래프로 나타내 보자.

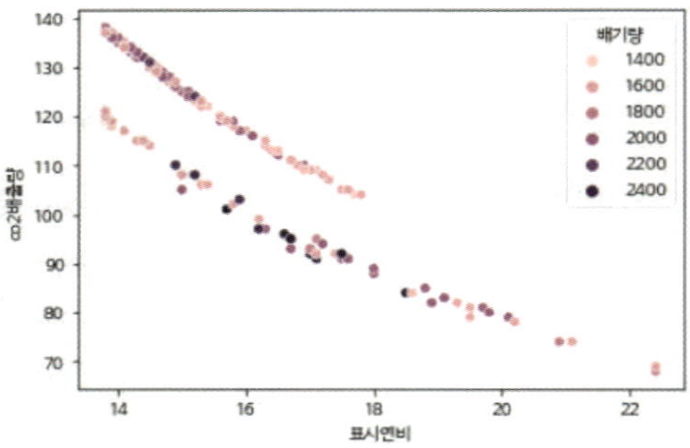

〈표시연비와 CO_2 배출량의 상관관계를 보여주는 그래프〉

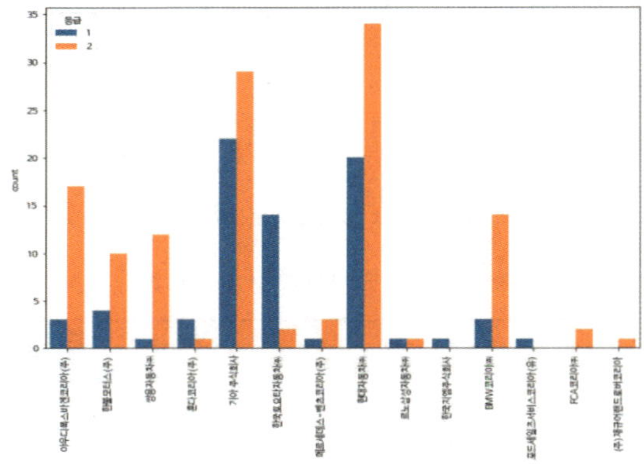

〈각 제조사의 등급별 자동차 품목 수를 나타낸 그래프〉

■ 머신러닝을 이용한 데이터 기반 예측하기

인터넷을 통해 수집한 데이터에 포함되어 있지 않은 새로운 자동차의 CO_2 배출량을 예측할 수 있을까? 머신러닝의 선형회귀는 어떤 값이 다른 값에 주는 영향력을 선형적으로 분석하여 입력한 값에 따른 출력값을 예측하는 알고리즘이다.

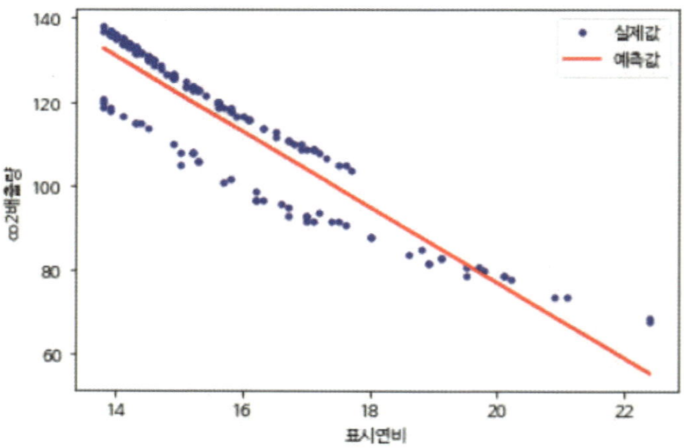

〈연비 정보를 이용하여 CO_2 배출량을 예측한 그래프〉

■ 인공지능을 이용한 이미지 데이터 다루기

외국 여행을 한다면 그 나라의 언어로 작성된 식당 메뉴판을 보고 당황할 수밖에 없을 것이다. 이 메뉴판을 사진으로 찍으면 한국어로 번역해주는 프로그램을 만들어보면 어떨까? 테서렉트(Tesseract) 라이브러리를 이용하면 이미지 속의 문자들을 인식할 수 있다. 이를 구글에서 제공해주는 번역 라이브러리를 통해 한국어로 번역해보자.

■ 인공지능을 이용한 음성 데이터 다루기

우리는 잠자리에서 책을 많이 읽는다. 책을 읽다가 잠이 들면, 아침에 일어나 밤새 켜져 있던 무드 등이 우리를 반기는 것을 볼 수 있다. 이를 해결하기 위해 파이썬의 음성 합성 라이브러리를 사용하여 불을 끄고도 즐길 수 있는 오디오북을 만들어 보자. 음성의 성별과 속도 등을 우리가 원하는 대로 설정할 수 있다.

2 Colab 소개

■ Colab(Colaboratory) 접속

프로그램 개발을 위해서는 일반적으로 먼저 통합개발환경을 설치해야 하지만 Colab을 이용하면 파이썬 인터프리터 프로그램을 따로 설치할 필요가 없다. 그냥 최신 버전의 웹브라우저를 이용하여 Colab에 접속하기만 하면 된다. 아래 사이트에 접속해 보자.

colab.research.google.com

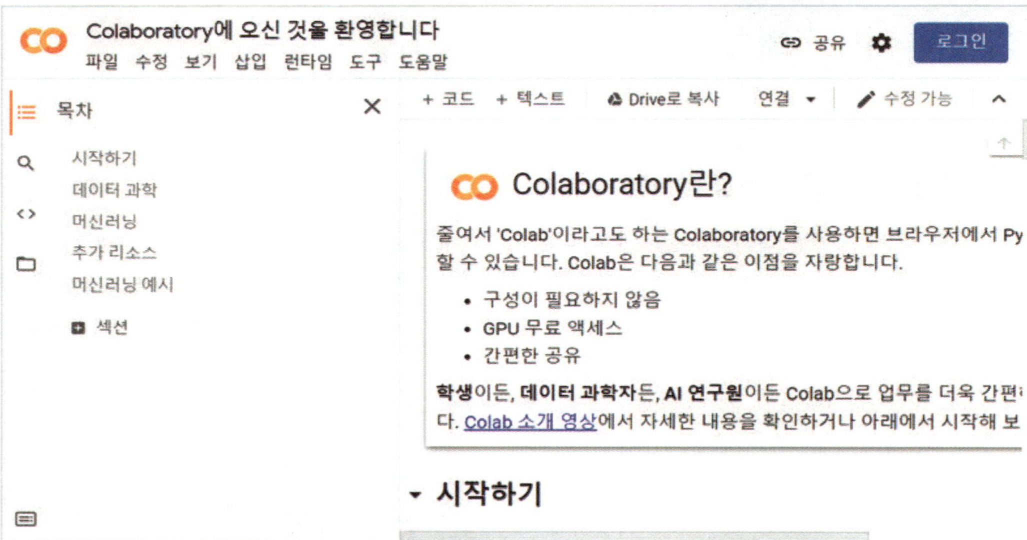

위와 같이 'Colaboratory에 오신 것을 환영합니다.'라는 메시지와 함께 Colaboratory에 대한 설명이 나온다. 이 화면은 Colab에 처음으로 접속했을 때 볼 수 있는 화면으로 Colab에 대해 간단히 소개하고 있다. 그럼 화면의 구성에 대해 알아보자.

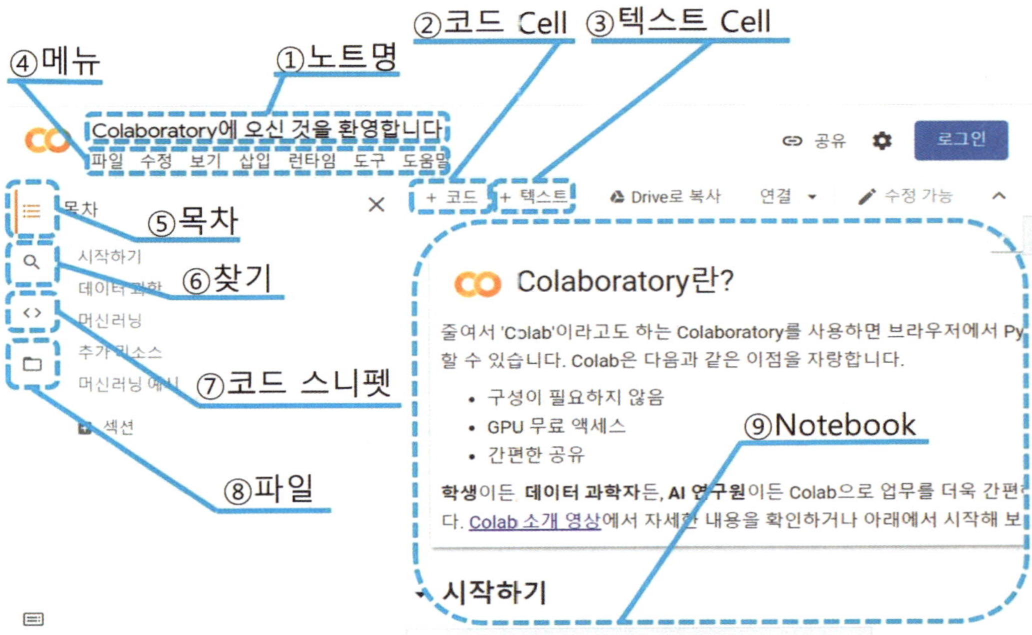

Colab에서는 파일을 노트라 부르므로, ①의 노트명은 파일명이라고 생각하면 된다. 현재 선택된 노트의 내용은 메인 화면인 ⑨의 Notebook 란에 표시되고 여기서 프로그래밍을 할 수 있다. 이 공간은 프로그램 코드를 담고 있는 코드 셀(cell)과 코드에 대한 설명을 기록하는 텍스트 셀로 구성된다.

노트명 아래 보이는 ④의 메뉴들은 Colab에서 사용하는 여러 명령의 묶음이다. 메뉴 '파일' 아래 상세 메뉴를 이용하면 새로운 노트를 생성하거나 기존 느트를 열 수 있고, 내 컴퓨터로 다운로드 할 수 있다.

아래 왼쪽 ⑤의 '목차'는 텍스트 셀의 내용을 자동으로 모아 놓은 것이다. 작성하는 프로그램의 첫 번째 코드 셀 위에 해당 프로그램에 대한 설명을 담은 텍스트 셀을 두면 노트 내 프로그램의 목차를 자동으로 만들 수 있다. ⑥의 '찾기'는 현재 노트 내에서 원하는 단어를 찾을 때 사용한다. ⑦의 '코드 스니펫'은 공유되고 있는 재사용 가능한 코드를 바로 가져와 사용할 수 있게 해주는 기능이다. 마지막으로 폴더 그림 형태로 되어 있는 ⑧의 '파일'은 Colab 개발 환경에서 생성하거나 업로드한 파일들을 관리해주는 가상 폴더이다. 이 폴더의 파일은 12시간 동안만 유지된다.

■ 새 노트 생성 및 파일명 변경

Colab에서 새 노트를 만들어 보자.

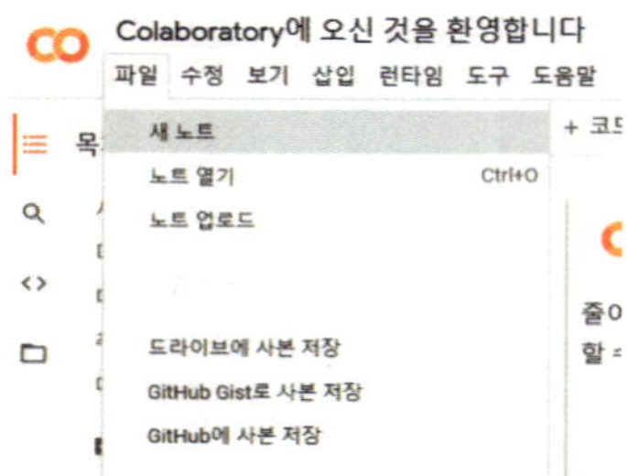

'파일' 메뉴에서 '새 노트'를 선택하면 아래와 같이 'Google 로그인 필요'라는 메시지가 뜰 것이다. Colab을 이용하려면 Google 계정이 필요하다. Google 계정이 없다면 Google 홈페이지(www.google.com)에서 Google 계정을 생성한 후 로그인한다.

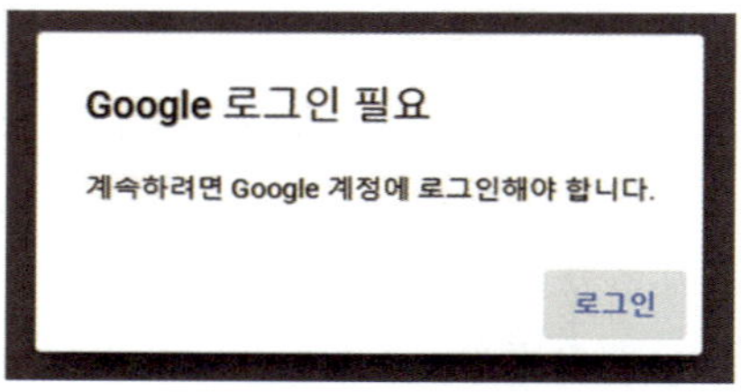

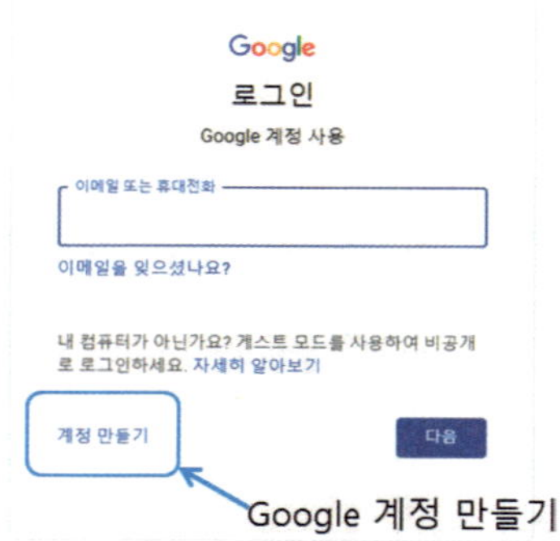

Colab에서 Google 로그인을 하고, '파일' 메뉴에서 '새 노트'를 실행하면 아래와 같이 빈 노트북 화면이 나타난다. 이제 파이썬 개발 환경이 구축된 것이니 마음껏 사용하면 된다. 첫 화면과 달리 '노트명' 부분이 'Colaboratory에 오신 것을 환영합니다'란 메시지가 아닌 'Untitled0.ipynb'인 것을 확인할 수 있다. 이 노트명이 처음으로 생성된 노트의 이름이다.

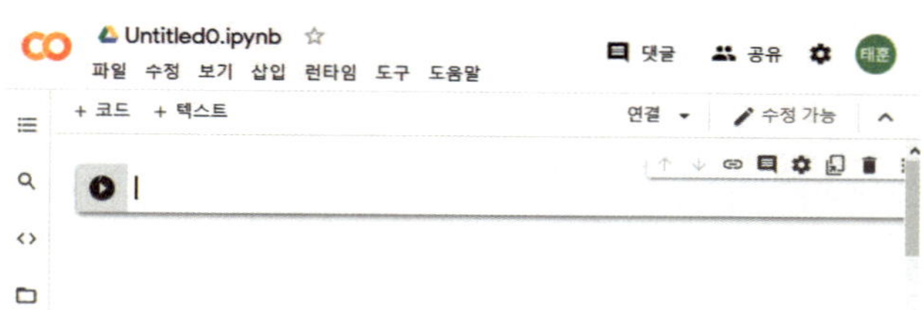

이제 원하는 이름으로 노트명을 수정해보자. '노트명' 부분을 더블 클릭하면 노트명을 수정할 수 있다. 'ex1_이름_학번'으로 변경해보자. 노트의 이름은 한글, 영문, 숫자, 기호를 사용할 수 있다.

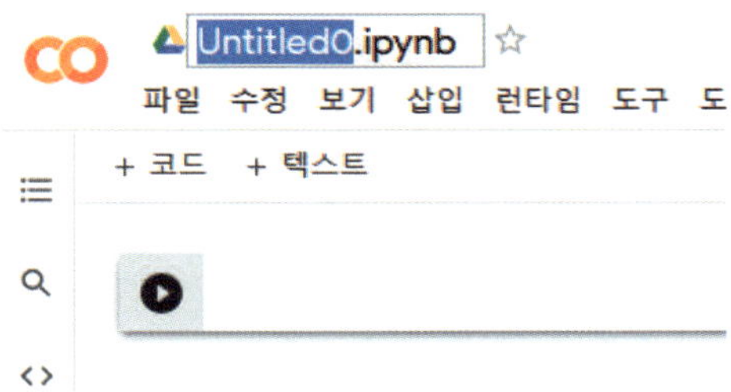

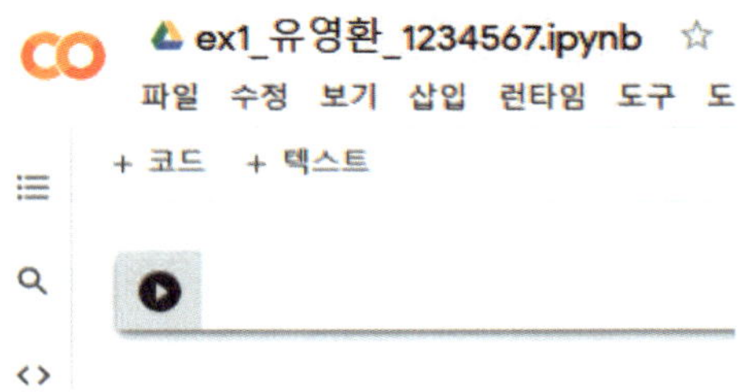

■ 명령어 실행 및 클라우드 컴퓨팅 환경

첫 번째 프로그램으로 Colab을 이용하여 'hello world'를 출력해보자.

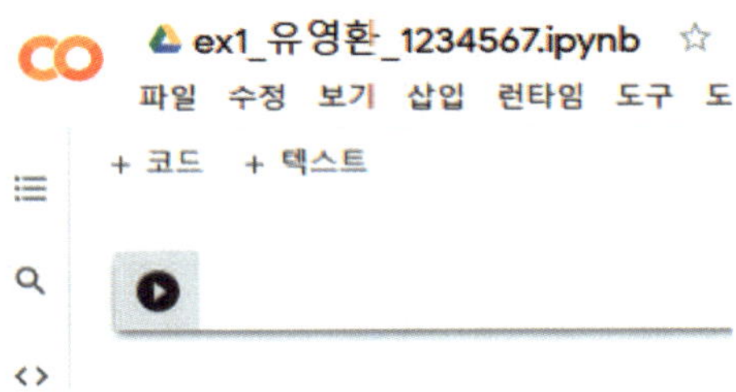

위 그림의 셀은 코드 셀이다. 오른쪽 연한 회색 칸에 코드를 입력하고 왼쪽 진한 회색 칸 안에 있는 화살표 버튼을 누르면 코드가 실행된다. 아래 명령어를 입력해보자.

모두 입력했으면 실행 버튼을 눌러보자.

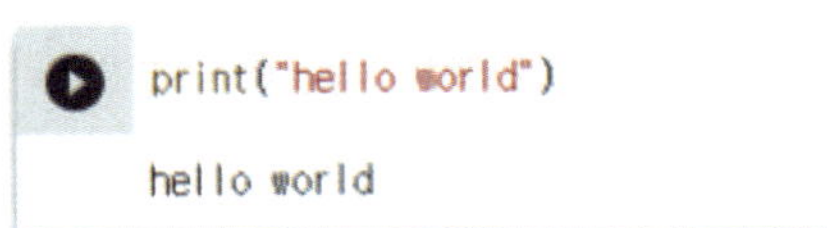

위와 같이 hello world가 나타나면 성공적으로 실행된 것이다. 참고로, 명령어를 실행하는 방법에는 실행 버튼을 이용하는 것 외에도 Ctrl+Enter를 누르는 방법이 있다. Shift+Enter는 현재 코드 셀의 명령어를 실행한 후 다음 셀로 넘어갈 때 사용한다.

화면을 유심히 관찰했다면 'print("hello world")'를 실행하는 과정에서 Colab 화면에 '연결'이라고 적혀있던 부분이 아래와 같이 'RAM'과 '디스크'로 바뀐 것을 보았을 것이다. 이것은 무엇일까?

'RAM'과 '디스크'가 있는 부분으로 마우스 포인터를 옮겨보자. 아래와 같은 메시지가 뜬다. 수치는 약간씩 다를 수 있다.

'RAM'과 '디스크'는 컴퓨터를 구성할 때 필요한 메모리와 하드디스크를 의미한다. 이는 Google에서 12.72GB의 메모리와 107.77GB의 하드디스크를 우리에게 제공해주고 있으며, 현재 0.77GB의 메모리와 38.54GB의 하드디스크를 사용하고 있음을 뜻한다. 우리가 접속해 있는 Colab은 Google에서 제공하는 클라우드 컴퓨팅 기반의 무료 개발 환경이다. 제공받은 가상 컴퓨터의 사양에 대해 좀 더 자세히 알고 싶으면 아래 표의 명령어를 코드 셀에서 하나씩 실행해보자.

명령어	설명
!cat /etc/issue.net	운영체제
!cat /proc/cpuinfo	CPU
!cat /proc/meminfo	메모리
!df -h	하드디스크
!python --version	파이썬의 버전

참고 **클라우드 컴퓨팅**

클라우드 컴퓨팅은 사용자의 직접적인 관리 없이, 데이터 저장 장치와 CPU 같은 컴퓨터 시스템 자원을 요구 시 바로 제공하는 서비스를 말한다. 인터넷 기반 서비스의 일종으로 자신의 컴퓨터가 아닌 인터넷 상의 가상 컴퓨터로 사용자가 원하는 서비스를 제공하는 기술이다. Colab은 클라우드를 기반으로 하므로 사용자가 언제 어디서든 웹브라우저를 통해 접속하면 독립된 파이썬 개발용 컴퓨터를 사용할 수 있다.

파일 저장 위치 및 다운로드

앞서 Colab 개발 화면을 소개하면서 가상 폴더의 파일이 12시간 동안만 유지된다고 언급하였다. 이는 Colab에서 제공하는 가상 컴퓨터의 지속시간과 관련이 있다. Colab은 정책적으로 각 가상 컴퓨터의 최대 수명을 12시간으로 정하고 이 시간이 지나면 코드 실행 결과 등이 초기화된다. 이에 따라 가상 컴퓨터에 저장한 파일도 사라지게 되는 것이다.

하지만, 코드 실행 결과로 생성된 파일은 사라지더라도 우리가 작성한 프로그램인 노트 파일은 없어져서는 안 된다. 그렇다면 지금까지 우리가 작성한 노트 파일은 어디에 저장되어 있을까?

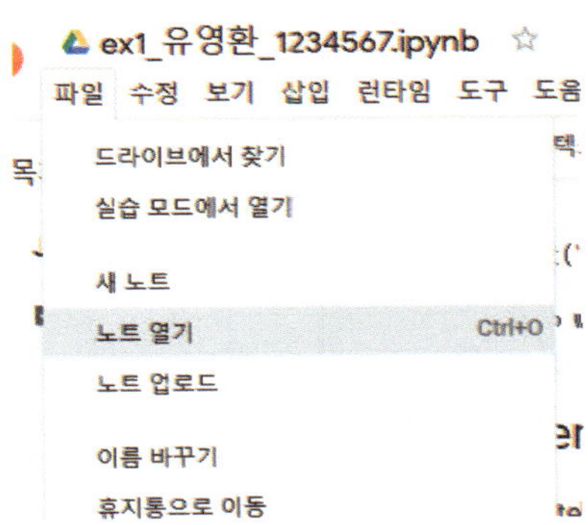

파일 메뉴에서 노트 열기를 실행하면 아래와 같은 화면을 볼 수 있다.

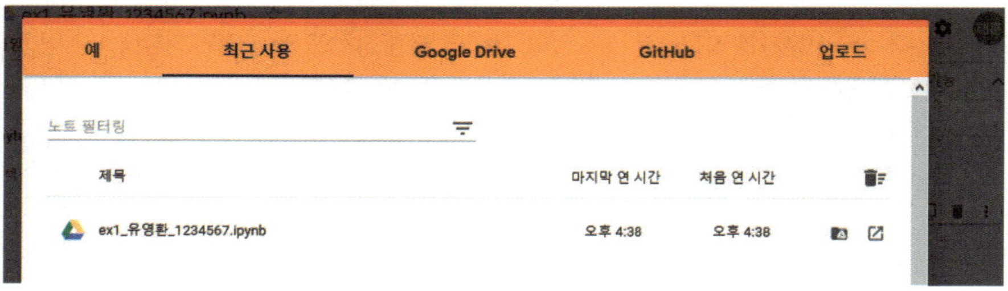

'최근 사용'탭이 기본으로 열리며 방금 우리가 만들어본 'ex1_유영환_1234567.ipynb'가 보인다.

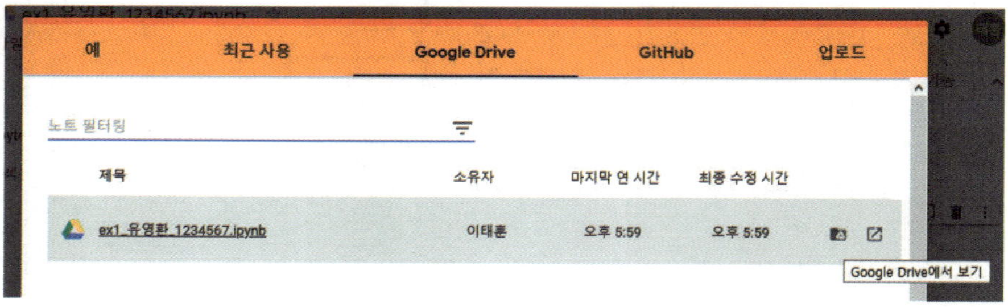

옆에 Google Drive 탭을 눌러보면 역시 'ex1_유영환_1234567.ipynb' 파일이 보이며 오른쪽에 폴더 모양의 아이콘이 보이는데, 마우스를 위로 옮겨보면 'Google Drive에서 보기'라는 메시지가 뜬다. 클릭해보자.

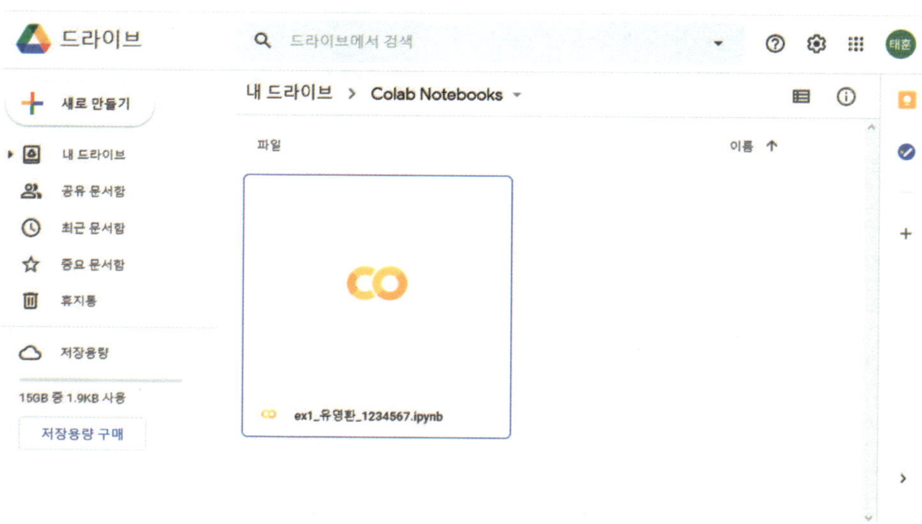

위에 보이는 바와 같이 내 Google Drive의 'Colab Notebooks' 폴더가 웹브라우저의 새로운 탭으로 열린다. Colab에서 생성한 노트들은 자동으로 이 폴더에 안전하게 저장되므로 노트를 USB나 e-mail로 복사해둘 필요가 없다.

그럼 이제 Colab에서 만든 노트를 내 컴퓨터로 다운로드해보자. Colab에서 만든 노트를 내 컴퓨터로 다운로드 받는 방법은 2가지가 있다. 먼저 Google Drive에서 받는 방법이다. Google Drive에서 'Colab Notebooks' 폴더로 가서 원하는 노트 파일을 마우스 우클릭을 하면 아래와 같은 메뉴가 뜨고, 다운로드를 실행하면 된다.

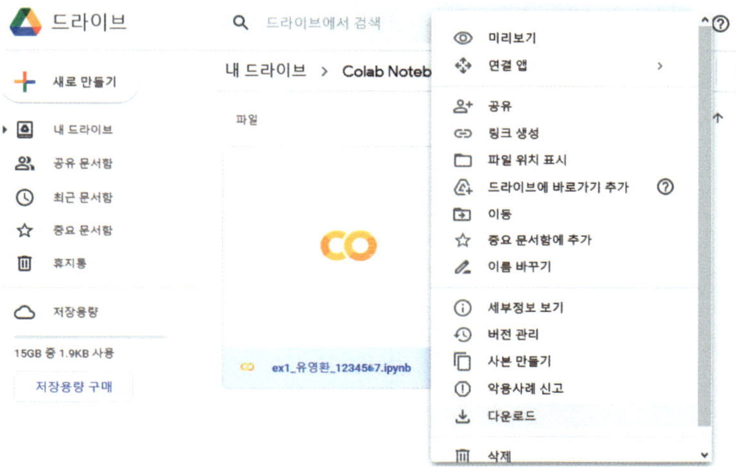

두 번째는 Colab에서 바로 다운로드 받는 방법이다.

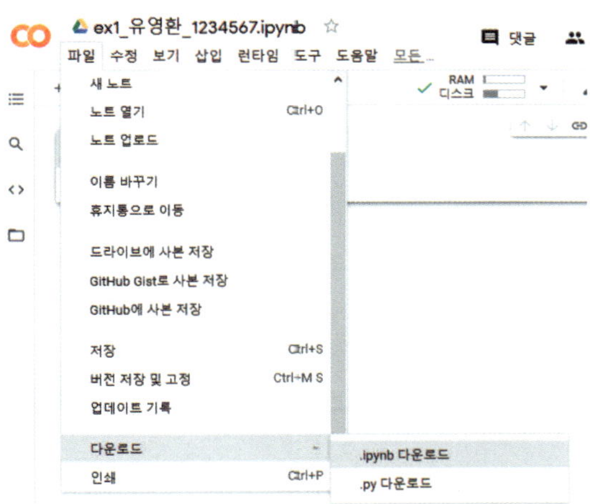

파일 메뉴에서 다운로드로 가면 .ipynb 다운로드와 .py 다운로드가 보인다. .ipynb 다운르드는 Colab의 기본 파이썬 파일을 다운로드 받는 메뉴이고, .py 다운로드는 일반적인 파이썬 파일로 다운로드 받는 메뉴이다. ('.py'와 '.ipynb'에 대해서는 3절에서 자세히 알아본다.)

■ 내 컴퓨터의 .ipynb 파일 업로드

만약 다운로드 받았던 .ipynb 파일을 Colab에 업로드해서 실행하고 싶을 때는 '파일' 메뉴에서 '노트 업로드'를 실행한다.

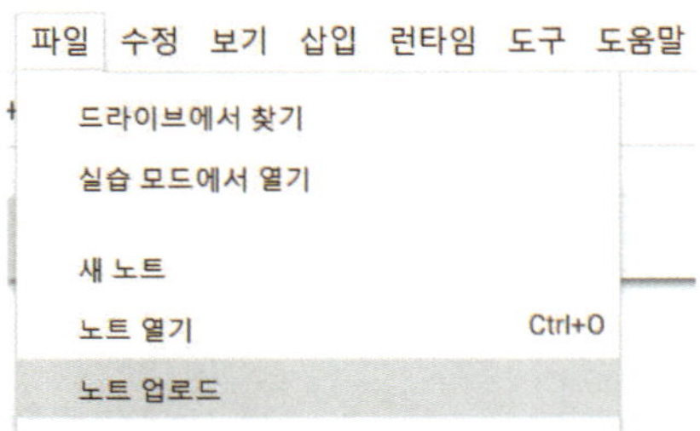

파일 선택 버튼을 이용해 원하는 .ipynb 파일을 선택하고 열기를 하면 해당 노트를 Colab에서 열 수 있다.

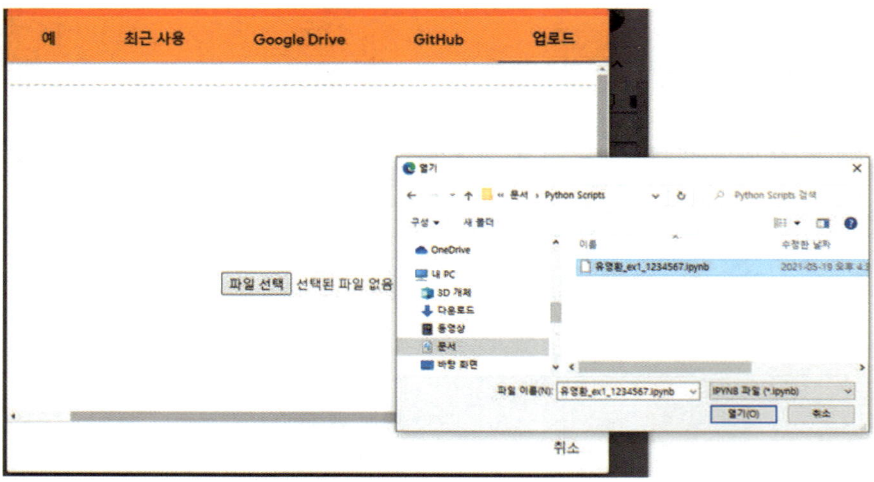

3 Colab 사용하기

3.1 Jupyter Notebook 소개

Colab에서 파일을 다운로드 받는 방법을 설명하면서 일반적인 파이썬 파일(.py)과 Colab 기본 파이썬 파일(.ipynb)을 언급했다. 두 종류의 파일에 대해 좀 더 자세히 알아보자.

우선 .py 파일은 내 컴퓨터에서 수행되는 일반적인 개발 환경에서의 파이썬 프로그램 파일이다. 내 컴퓨터에 파이썬 개발 환경을 만들기 위해서는 인터프리터의 직접 설치가 필요하다. 파이썬 다운로드 페이지(http://www.python.org/downloads)에서 최신 버전의 파이썬을 다운로드하여 설치하면 IDLE Shell을 이용해서 각 파이썬 명령어에 대한 결과를 즉시 확인할 수 있다.

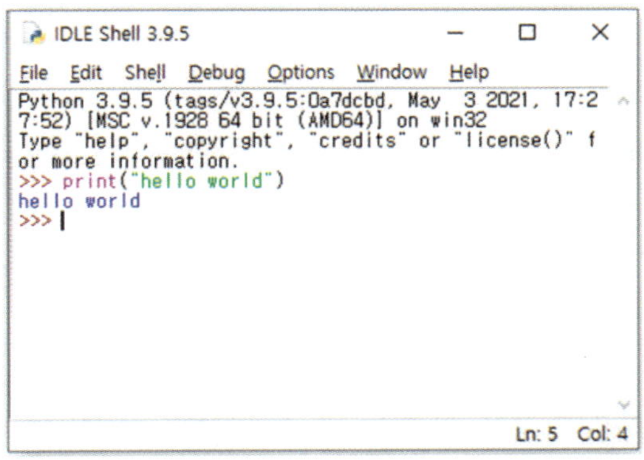

그러나 만일 'hello world'를 출력하는 별도의 파이썬 프로그램 파일을 만들어 수행하고 싶다면 IDLE의 'File' 메뉴에서 'New File'을 선택하고 오른쪽과 같은 편집창을 띄운다. 편집창에 출력을 위한 명령어들 입력 후 파일로 저장하면 된다. 이때 생성된 파일의 확장자가 .py이며 이 파일에 들어 있는 명령어는 파이썬 인터프리터를 통해 차례로 번역되며 모두 수행된다.

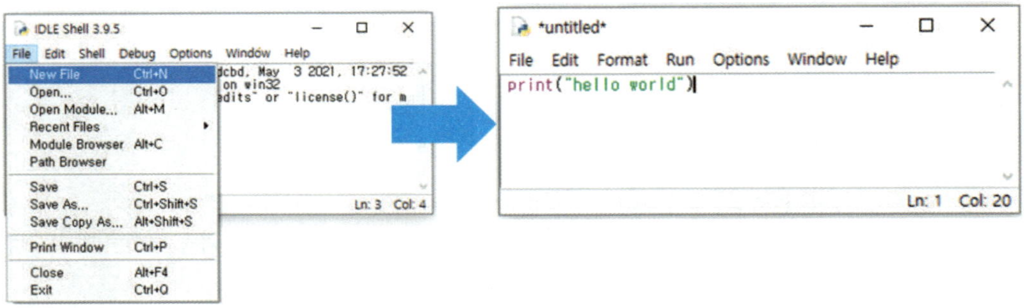

이번엔 .ipynb 파일에 대해서 알아보자. 이 파일은 원래 Jupyter Notebook이라는 개발 환경에서 사용하던 파일의 종류이다. Jupyter Notebook은 웹브라우저에서 동작하는 파이썬 개발 환경으로서 프로젝트 Jupyter라는 비영리 단체에서 제공하는 설치 프로그램을 내 컴퓨터에 설치한 후 실행할 수 있다. IDLE Shell 등의 다른 개발 환경과 달리 전체 프로그램을 블록별로 나눈 후 일부만 재실행하거나 순서를 달리해 실행해 볼 수 있어서 편리하다.

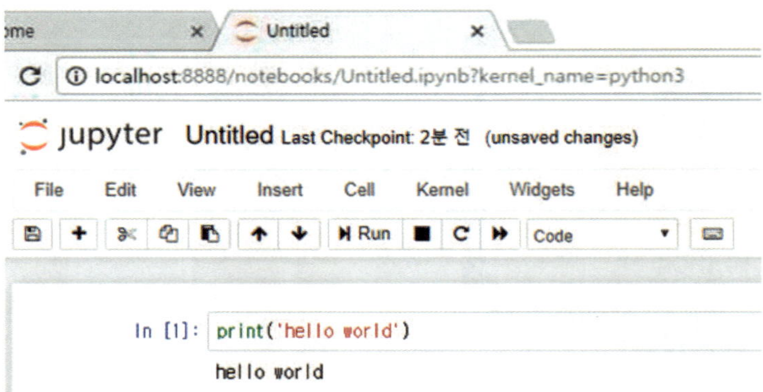

결국 Colab은 구글 클라우드 기반 가상 컴퓨터에서 동작하는 Jupyter Notebook이라고 할 수 있다. 우리는 인터넷을 통해 Colab에 접속하는 것만으로 나만의 파이썬 프로그램 개발용 컴퓨터를 제공받을 수 있고, 이 가상의 컴퓨터 위에서 바로 Jupyter Notebook을 사용할 수 있다. 클라우드 기반이므로 내 컴퓨터에 파이썬 인터프리터와 Jupyter Notebook을 직접 설치할 필요도 없고 실행한 명령어들이 저장된 노트들은 Google Drive에 자동 저장되어 언제 어디서든 다시 열어 이용할 수 있다.

.ipynb 파일과 .py 파일을 간단히 정리하면 아래 표와 같다. Colab에서는 .ipynb 파일만 지원하며, 일반적인 파이썬 개발 환경에서는 .py만 사용할 수 있다. 따라서 만약 본인의 컴퓨터에 Jupyter Notebook이 아닌 다른 파이썬 개발 환경이 구축되어 있는데 Colab에서 만들었던 프로그램을 실행하고 싶다면 Colab에서 .py 파일로 다운로드 해야 한다.

파이썬 파일	Jupyter Notebook용 파이썬 파일
.py	.ipynb

Colab의 Jupyter Notebook은 아래의 편의기능을 제공한다.

- 마크다운 지원
- tab 자동완성 기능

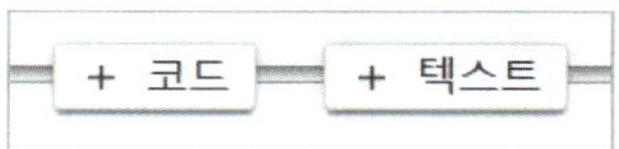

2절에서 설명했듯이 Colab의 Notebook 공간은 코드 셀과 텍스트 셀로 구성되는데, 그중 텍스트 셀은 '마크다운(Markdown)' 형식을 지원한다. 마크다운을 이용하면 간단하게 텍스트를 원하는 서식으로 꾸밀 수 있다. 기본이 되는 제목, 글머리 기호 등을 만들 수 있는 명령어들을 배워보자.

우선 제목은 #을 붙여서 입력하는데 #의 개수로 제목의 수준이 결정된다. 셀 내 점선 오른쪽에 왼쪽의 마크다운 형식이 실제 적용되었을 때 나타날 텍스트가 미리보기 형식으로 표시되므로 미리 모양을 확인하면서 셀을 작성할 수 있다.

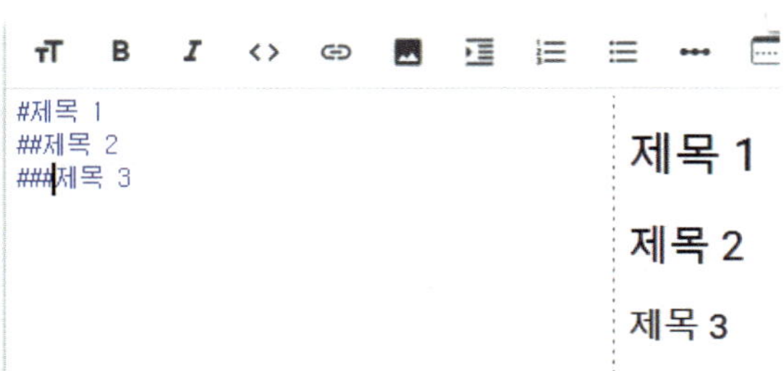

순서가 있는 리스트는 숫자와 점(.), 공백을 입력한 후 텍스트를 입력한다.

한편, 순서가 없는 리스트는 기호를 입력한 후 한 칸을 띄고 텍스트를 입력한다. 기호 입력 후 반드시 한 칸을 띄어야만 리스트가 만들어지니 주의한다.

리스트 내에 다시 리스트를 만들고 싶을 때는 tab키를 이용한다. 한 수준을 들여 쓰고 싶을 때는 tab을 1번, 두 수준을 넣고 싶을 때는 tab을 2번 입력한다.

줄바꿈을 하고 싶다면 문장의 끝에 공백 2개를 입력하고 Enter 키를 입력한다. 줄 사이를 한 줄 띄면 문단이 바뀐다.

코드 셀에서는 'tab 자동완성' 기능이 유용하다. Jupyter Notebook은 프로그래머가 현재까지 입력한 코드 내용을 바탕으로 현재 입력 가능성이 큰 변수나 함수를 추천해주는 기능을 가지고 있다. 예를 들어 아래 코드를 보면 프로그래머가 두 번째 줄에서 'total_scores'라는 변수를 정의했고 그 후에 'total_'까지 입력하는 것을 보고는 'total_scores'를 입력하려 한다고 파악하고 이를 추천해준다. 이때 프로그래머가 tab을 누르면 추천된 변수가 자동 완성된다.

```
scores = [90, 85, 75]
total_scores = 0
for n in scores:
  total_
```

abc total_scores

3.2 Colab 사용해보기

Colab의 코드 셀과 텍스트 셀을 이용하여 아래와 같은 노트를 완성해 보자.

```
[ ]  print("hello world")

     hello world
```

Jupyter notebook 이란?

파이썬이 설치되어 있는 컴퓨터에
Jupyter Notebook을 추가로 설치하여 웹브라우저로
파이썬을 실행할 수 있게 만든 웹 기반 어플리케이션이다.

특징

- 마크다운 지원
- tab 자동완성 기능

? 해결전략

❶ 코드 셀을 하나 추가해서 print("hello world")를 입력하고 실행시킨다.

❷ 텍스트 셀을 하나 추가한다.

- 'Jupyter Notebook이란?'은 '제목 1' 수준으로 작성한다.
- '특징'은 '제목 2' 수준으로 작성한다.

❸ 순서 없는 리스트를 만들어서 특징들을 나열한다.

! 해결과정

❶ 코드 셀을 추가하고 명령어를 입력한 후 실행해준다.

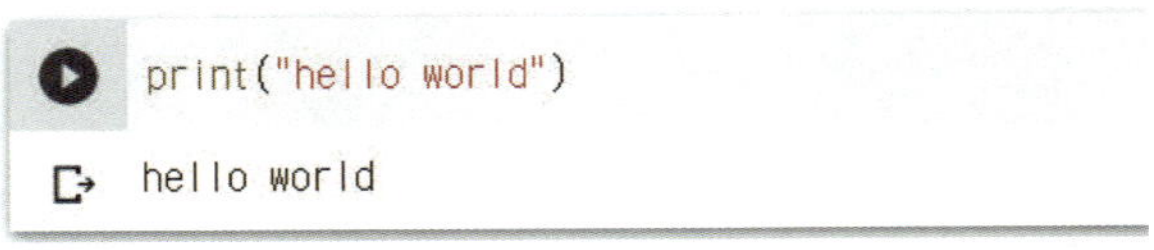

❷ 텍스트 셀을 추가하고 '제목 1' 수준으로 제목을 입력한다.

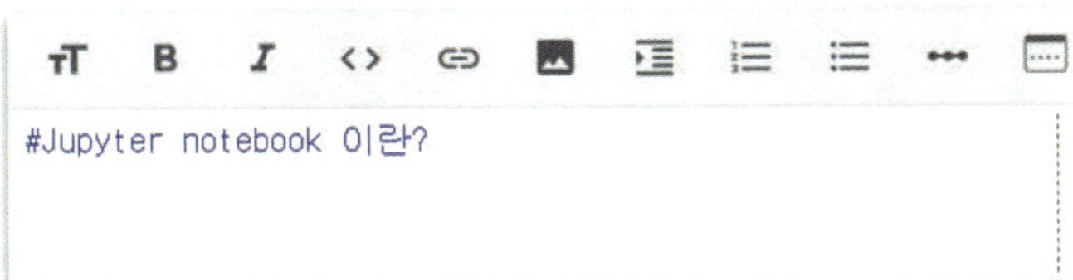

❸ 제목을 입력한 후 다음 문단으로 넘어가려면 Enter를 두 번 입력하여 한 줄을 띄어야 한다. 설명글을 입력한다. 줄바꿈이 필요할 땐 공백 두 칸과 Enter를 입력한다.

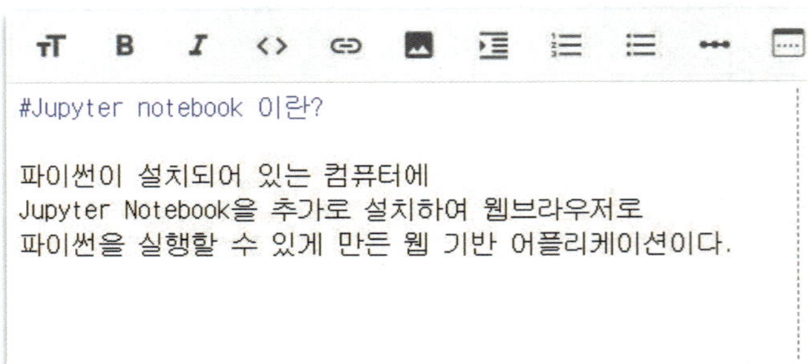

❹ '제목 2' 수준으로 '특징'을 입력하고, 순서 없는 리스트를 이용하여 특징들을 나열한다.

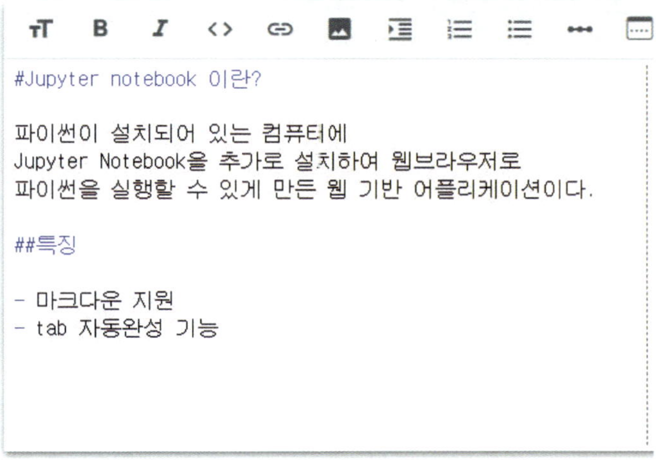

스스로 해결하기

01 인터프리터 언어와 컴파일러 언어에 대해 이해하기

인터프리터 언어와 컴파일러 언어에 대해서 간략히 설명하고, 파이썬은 어떤 언어에 속하는 작성해보자.

해결전략

❶ 인터프리터 언어와 컴파일러 언어에 대하여 설명한다.
❷ 파이썬은 어떤 언어에 속하는지 설명한다.

02 일반적인 파이썬과 Colab의 개발 환경에 대하여 설명해 보자.

일반적인 파이썬 개발 환경과 Colab의 개발 환경에 대해 각각 설명하고, 자신이 생각하는 장단점을 작성해보자.

해결전략

❶ 일반적인 파이썬 개발환경에 대해 설명한다.
❷ Colab의 Jupyter Notebook과 클라우드 컴퓨팅에 대해 설명한다.
❸ 각각의 장단점을 고민해본다.

02 기본자료형과 입출력

1 파이썬의 첫걸음

1.1 변수와 자료형

여러 재료들을 여러 그릇에 담아둔 뒤, 필요할 때 꺼내어쓴다.

변수는 프로그램이 사용하는 데이터를 일시적으로 저장할 목적으로 사용하는 메모리 공간이다. 변수는 요리할 때 사용하는 그릇에 비유할 수 있다. 요리를 할 때는 여러 가지 재료들을 어딘가 담아놓아야 한다. 우리는 그릇에 재료를 담아두고 필요할 때 꺼내어 사용한다. 변수도 프로그램에서 마찬가지 역할을 수행한다. 어떤 계산을 하려면 먼저 입력 데이터 값을 어딘가에 저장해야 하고 이때 변수가 사용된다.

먼저 두 개의 변수에 5와 9를 저장해보자. Colab에서는 간단히 아래와 같이 입력하면 된다.

```
a=5
b=9
```

위의 코드 셀을 실행하면 파이썬 내부에 'a', 'b'라는 이름의 변수가 생성되고, 여기에 5와 9가 저장된다. 위 명령어의 등호(=)는 수학식에서처럼 '좌변과 우변이 같다'는 의미가 아니라 '좌변의 이름을 가지는 변수에 우변의 값을 저장하라'는 의미이다. 따라서 컴퓨터 프로그램에서는 '='를 등호가 아니라 '대입 연산자' 또는 '할당 연산자'라고 부른다.

위의 예에서 보듯이 파이썬에서 변수를 만들고 데이터를 저장하는 방법은 매우 간단하지만, 변수 이름을 정할 때는 아래와 같은 규칙을 지켜야 한다.

- 변수명은 영문자, 한글, 숫자, 밑줄 기호(_)로 구성된다.
- 변수명은 공백을 포함해서는 안 된다.
- 변수명의 첫 글자는 숫자로 시작할 수 없다. (반드시 문자나 밑줄 기호(_)로 시작해야 한다.)
- 영문자의 대문자와 소문자는 구별된다. (AA와 Aa, aA, aa는 모두 다른 변수이다.)

또한, 파이썬 프로그램 내에서 특별한 목적으로 사용되는 예약어가 있다. 이를 변수명으로 사용하면 변수가 아닌, 그에 해당하는 특별한 의미로 해석되기 때문에 변수로 사용할 수 없다. 파이썬의 예약어로 사용되는 단어들이 궁금하다면 아래 코드를 수행해 보면 된다. 2번째 줄의 print는 괄호 안의 값을 출력해주는 함수이다.

```
1 import keyword
2 print(keyword.kwlist)
```

```
['False', 'None', 'True', 'and', 'as', 'assert', 'async', 'await', 'break', 'class',
'continue', 'def', 'del', 'elif', 'else', 'except', 'finally', 'for', 'from', 'global', 'if',
'import', 'in', 'is', 'lambda', 'nonlocal', 'not', 'or', 'pass', 'raise', 'return', 'try',
'while', 'with', 'yield']
```

파이썬의 변수에는 여러 가지 형태의 데이터가 저장될 수 있고, 이 데이터의 형태를 '자료형'이라고 한다. 한 개의 값으로 이루어진 데이터는 기본자료형, 여러 개의 값으로 이루어진 데이터는 연속자료형으로 구분하는데, 이번 장에서는 기본자료형에 속하는 숫자형과 문자형 자료에 대해 살펴본다. (참고로, 연속자료형은 4장에서 다룬다.)

1.2 숫자형

숫자형이란 숫자형태로 이루어진 자료형으로서 정수형, 실수형, 복소수형이 있다.

정수형	실수형	복소수형
123, -123, 0	123.23, -12.23, 5.4e5	12+3j, 3-5J

정수형 변수를 만드는 방법은 간단하다. 유효한 변수 이름을 정하고 아래와 같이 양의 정수, 음의 정수, 또는 0을 저장하면 변수는 자동으로 정수형 변수가 된다.

```
a = 123
b = -123
c = 0
```

실수형 변수도 마찬가지다. 아래와 같이 소수점이 포함된 수를 변수에 저장하면 변수는 실수형으로 정해진다. 변수 x와 y에 저장한 수는 일반적인 실수 형태이고, z와 w에 저장한 5.4e5, 5.4E-5는 '과학적 표기법'을 사용한 실수 표현이다. 5.4에 각각 10^5 또는 10^{-5}을 곱한 실수를 의미한다. 이를 '과학적 표기법'이라고 하는 이유는 e뒤에 붙은 숫자를 보고 바로 z와 w의 차이가 10^{10}배라는 것을 알 수 있기 때문이다.

```
x = 123.23
y = -12.23
z = 5.4e5
w = 5.4E-5
```

복소수는 실수와 허수를 모두 가지고 있는 수이다. 수학에서는 i를 붙여 허수를 나타내지만 파이썬에서는 i 대신 j를 사용한다. 소문자 j 대신 대문자 J를 사용해도 된다. 아래와 같이 저장하면 변수는 자동적으로 복소수형으로 지정된다.

```
a = 12+3j
b = 3+5J
```

산술 연산자

숫자형 변수는 수(數)를 담고 있기 때문에 이를 이용한 산술 연산이 가능하다. 파이썬은 아래와 같은 산술 연산자를 제공한다.

덧셈	뺄셈	곱셈	나눗셈	나머지	몫	지수연산
+	-	*	/	%	//	**

+과 -는 덧셈과 뺄셈 연산자이고, *는 곱셈 연산자이다. 나눗셈에 관련한 연산자로는 /, //, % 세 가지가 있는데, 가장 먼저 /는 일반적인 나눗셈의 결과를 실수형으로 보여준다. 반면 //는 나눗셈의 몫을, %는 나눗셈의 나머지를 구하는 연산자이다. 마지막으로 **는 지수연산을 위해 사용한다.

아래 코드를 수행해 보자.

```
a=3
b=2
a-b*2
```

```
-1
```

위의 결과에서 알 수 있듯이 파이썬에서 제공하는 연산자 간에도 일반적인 수학식에서와 동일한 연산 우선순위(아래 표 참조)가 적용된다.

우선순위	연산자	설명
1	( )	괄호(중첩될 경우 가장 안쪽 괄호부터)
2	**	지수 연산
3	+, -	양수, 음수 부호
4	*, /, //, %	곱셈, 나눗셈, 몫, 나머지
5	+, -	덧셈, 뺄셈

그러므로 아래와 같은 식을 수행할 때는 나눗셈보다 우선순위가 낮은 뺄셈식 a-b를 괄호로 묶어야만 정확한 결과를 얻을 수 있다.

$$a = 3, b = 2 \text{ 일 때, } \frac{a}{a-b}$$

```
a=3
b=2
a/(a-b)
```

```
3.0
```

만일 아래와 같이 연산자의 우선순위를 고려하지 않고 변수와 연산자를 순서대로 나열하기만 하면 정확한 답을 얻을 수 없다.

```
a/a-b
```

```
-1.0
```

연산 순서와 관련해서 또 한 가지 주의할 점은 우선순위가 같은 연산자들이 나란히 사용되는 경우이다. 예를 들어, 덧셈과 뺄셈 연산자가 함께 쓰이거나, 곱셈과 나눗셈 연산자가 함께 쓰인 경우에는 왼쪽부터 차례로 수행된다. 하지만, 나란히 쓰인 지수 연산자의 경우에는 오른쪽부터 수행됨에 주의해야 한다. 즉, a**b**c는 a**(b**c)와 같다.

마지막으로, Colab에 대해 한 가지 설명할 점은 파이썬에서 값을 출력하기 위해서는 일반적으로 print 함수를 사용해야 하지만 코드 셀의 마지막 줄에 있는 식의 결과는 자동으로 출력된다는 것이다. 위의 예에서도 a/(a-b)나 a/a-b가 코드 셀의 마지막 줄에 해당하기 때문에 값이 출력되었다. 변수 이름 하나만 있는 경우도 식이라고 볼 수 있다.

■ 복합 연산자

변수의 현재값에 연산을 수행한 결과를 다시 해당 변수에 저장하는 경우에는 복합 연산자를 사용할 수 있다. 아래 표는 산술 연산자와 대입 연산자(=)를 합친 복합 연산자의 종류와 그 동작들을 나타낸다.

복합 연산자	동작
a+=b	a=a+b
a-=b	a=a-b
a*=b	a=a*b
a/=b	a=a/b
a//=b	a=a//b
a%=b	a=a%b
a**=b	a=a**b

따라서 만일 현재 10이 저장되어 있는 변수 a에 4를 더해서 다시 a에 저장하고 싶다면 아래와 같이 수행하면 된다. 마지막 줄은 변수 a의 값을 자동 출력하기 위해 입력하였다.

```
a=10
a+=4
a
```

```
14
```

복합 연산 기호는 프로그램을 간결하게 만들어주고, 변수를 여러 번 입력하면서 혹시 있을지 모르는 변수명의 오기를 방지한다.

1.3 문자열

■ 문자열 만드는 방법

문자형 자료는 문자열이라고 하는데, 말 그대로 알파벳, 한글 등의 문자나 숫자(0~9), 기호들의 연속을 뜻한다. 파이썬에서는 문자열을 만들기 위해서는 큰따옴표(")로 감싸거나 작은따옴표(')로 감싸면 된다. 아래의 두 가지는 파이썬에서 동일하게 문자열로 취급된다.

```
"인공지능"
'파이썬'
```

파이썬은 왜 굳이 두 종류의 따옴표를 모두 지원할까? 그 이유는 문자열 중간에 큰따옴표나 작은따옴표가 들어가 있는 경우를 대비하기 위해서이다. 예를 들어 아래와 같이 작은따옴표가 내부에 포함되어 있는 문자열을 변수에 저장하려고 한다고 가정하자.

```
Hoon's bakery
```

이를 작은따옴표로 감싸 문자열로 만들고 name이라는 변수에 넣으면 아래와 같이 SyntaxError(구문 오류)가 발생하게 된다. 이는 문법에 오류가 있음을 알려주는 파이썬의 에러 메시지이다. 에러가 발생한 이유는 작은따옴표로 시작한 문자열은 반드시 작은따옴표로, 큰따옴표로 시작한 문자열은 큰따옴표로 감싸서 끝내야 하는데, 처음 시작한 작은따옴표와 Hoon 다음의 작은따옴표를 한 쌍으로 간주하여 Hoon을 하나의 문자열로 처리했기 때문이다. 이렇게 되면 그 뒤의 s Bakery'는 시작하는 작은따옴표 없이 끝나는 작은따옴표만 있는 것으로 판단하여 구문 오류를 발생시킨다.

```
name = 'Hoon's Bakery'

  File "<ipython-input-8-ce92991c7e98>", line 1
    name = 'Hoon's Bakery'
                 ^
SyntaxError: invalid syntax

SEARCH STACK OVERFLOW
```

따라서 이렇게 내부에 작은따옴표가 포함되어 있는 경우는 큰따옴표로 감싸야 정상적으로 동작한다.

```
name = "Hoon's Bakery"
print (name)
```

```
Hoon's Bakery
```

위와 같이 큰따옴표(")로 감싸주면 내부의 작은 따옴표(')는 문자열의 시작을 나타내는 기호가 아니라 문자열의 하나의 원소가 된다. 이를 print명령어로 출력해보면 작은 따옴표를 포함하는 문자열이 출력되는 것을 확인할 수 있다.

반대로 아래와 같이 큰따옴표(")를 문자열 내부에 포함시키기 위해서는 어떻게 하면 될까?

"We think Washington has gone crazy," says Andranik

이미 눈치챘겠지만, 전체를 작은따옴표로 감싸면 된다. 작은따옴표로 시작하고 끝맺은 문자열 내에서 큰따옴표(")는 단지 문자열의 원소가 된다.

```
msg = '"We think Washington has gone crazy," says Andranik'
print (msg)
```

```
"We think Washington has gone crazy," says Andranik
```

정리하면, 큰따옴표와 작은따옴표는 문자열을 지정하는 기능에는 차이가 없고, 다만 문자열 내부에 큰따옴표가 포함되어 있다면 작은따옴표로 감싸고, 반대로 작은따옴표가 포함되어 있다면 큰따옴표로 감싸면 된다.

참고 여러 줄의 문자열 생성

작은따옴표(') 또는 큰따옴표(") 세 개를 사용하면 여러 줄로 된 문자열을 생성할 수 있다.

```
msg = '''hi
My name is Python
Nice to meet you'''

print(msg)
```

```
hi
My name is Python
Nice to meet you
```

■ 문자열 인덱싱(indexing)

실제로 문자열은 컴퓨터 내에 어떤 형태로 저장될까? 문자열은 말 그대로 문자가 줄지어 있음을 뜻하고 문자열 내 각 문자는 0부터 시작하는 일련번호를 이용하여 접근할 수 있다. 예를 들어 아래와 같은 문자열이 있다고 하자.

```
a = '1$ 환율은 1100원입니다.'
```

이 문자열의 각 문자는 아래와 같이 일련번호가 부여된다.

번호	0	1	2	3	4	5	6	7	8	9	10	11	12	13	14	15
문자	1	$		환	율	은		1	1	0	0	원	입	니	다	.

'1$'의 숫자 1은 첫 번째 자리에 있지만, 파이썬에서의 첫 번째 자리의 번호는 0이므로 '0번 위치'라고 하겠다. 1번 위치의 '$'와 2번 위치의 빈 칸도 모두 하나의 문자다.

위처럼 번호가 부여되어 있기 때문에 특정 위치의 있는 문자를 사용하기 위해서는 아래와 같이 대괄호([])를 사용하여 해당 위치 번호를 입력하면 된다. print 함수에서 여러 개의 값을 같이 출력하고 싶을 때는 콤마(,)를 사용해서 나열하면 된다. 이와 같이 위치 번호로 문자열 내의 문자를 접근하는 기법을 인덱싱(indexing)이라고 한다.

```
a = '1$ 환율은 1100원입니다.'
print (a[1], a[3], a[5])
```

```
$ 환 은
```

때로는 우리가 접근하고 싶은 특정 위치 번호의 문자가 앞에서부터 문자 개수를 세는 것보다 뒤에서부터 세는 것이 쉬울 경우도 있다. 그럴 때는 번호에 음수를 사용한다. 단, -0은 0과 같으므로 사용할 수 없고 뒤에서 첫 번째 문자의 음수 위치 번호는 -1이 된다.

번호	0	-15	-14	-13	-12	-11	-10	-9	-8	-7	-6	-5	-4	-3	-2	-1
문자	1	$		환	율	은		1	1	0	0	원	입	니	다	.

```
a = '1$ 환율은 1100원입니다.'
print (a[-0], a[-4], a[-5])
```

```
1 입 원
```

음수를 입력하면 문자열의 뒤에서부터 n번째 있는 원소를 접근하는 것을 알 수 있다.

■ 문자열 슬라이싱(slicing)

문자열에서 여러 개의 문자를 읽어오는 것도 가능하다. 이를 슬라이싱이라고 하는데 아래와 같이 수행할 수 있다.

```
a = '1$ 환율은 1100원입니다.'
print (a[3:5], a[7:11])
```

```
환율 1100
```

```
print (a[7:], a[:6])
```

```
1100원입니다. 1$ 환율은
```

문자열에서 읽어오고 싶은 문자들의 번호를 확인하고, 대괄호 내부에 원하는 문자의 위치 값을 [시작번호 : 끝번호+1]로 입력하면 시작번호부터 끝번호까지 읽어온다. '환율'을 읽어오고 싶다면 a[3:5]로, '1100'을 읽어오려면 a[7:11]을 입력하면 된다. 3번 줄의 명령처럼 특정 번호부터 마지막까지 읽어오고 싶거나 0번째 원소부터 특정 원소까지 모두 읽어오고 싶다면, 끝번호를 생략하거나 시작 번호를 생략하면 된다.

■ 문자열 전용함수

지금까지 공부한 인덱싱과 슬라이싱만으로도 문자열을 여러 가지 방법으로 다룰 수 있다. 하지만 파이썬에서 기본적으로 제공되는 문자열 전용함수를 사용하면 좀 더 편리하다. 자주 사용되는 문자열 전용함수 몇 가지를 소개한다.

문자열 전용함수 count는 문자열에 포함된 특정 문자의 개수를 알려준다. 아래는 문자열 'hello world'에 알파벳 'o'가 몇 개 포함되어 있는지 알려주는 예이다.

```
'hello world'.count('o')
```
```
2
```

find는 문자열에서 찾는 문자가 처음으로 나타나는 위치를 돌려준다. 찾으려고 하는 문자열이 없다면 -1을 반환한다.

```
'hello world'.find('o')
```
```
4
```
```
'hello world'.find('k')
```
```
-1
```

join은 문자열의 각 문자 사이사이에 원하는 문자를 삽입해준다.

```
'*'.join('hello world')
```
```
'h*e*l*l*o* *w*o*r*l*d'
```

split은 문자열을 특정 문자 기준으로 나눠 리스트로 만들어준다. 리스트는 파이썬에서 지원하는 여러 값들의 집합으로 4장에서 자세히 다룬다.

1	`'h*e*l*l*o* *w*o*r*l*d'.split('*')`
⇨	['h', 'e', 'l', 'l', 'o', ' ', 'w', 'o', 'r', 'l', 'd']

문자열을 나눌 특정 기준 문자를 주지 않으면 공백을 기준으로 나눈다.

2	`'My name is Python'.split()`
⇨	['My', 'name', 'is', 'Python']

upper, lower, replace는 문자열을 변환해주는 함수이다. 대문자와 소문자의 경우는 대소문자의 구분이 있는 언어에서만 사용이 가능하다.

함수 이름	설명
upper()	문자열을 모두 대문자로 변환
lower()	문자열을 모두 소문자로 변환
replace(A, B [, count])	문자열에서 A를 찾아서 B로 교체 (count 옵션: count번째까지의 A만 B로 교체)

1	`'hello 안녕하세요'.upper()`
⇨	'HELLO 안녕하세요'
2	`'HELLO 안녕하세요'.lower()`
⇨	'hello 안녕하세요'
3	`'hello world'.replace('o','O')`
⇨	'hellO wOrld'
4	`'hello world'.replace('o','O',1)`
⇨	'hellO world'

2 입력과 출력

2.1 입력

지금까지 파이썬의 변수와 기본자료형에 대해서 살펴보았다. 이제부터는 사용자에게서 값을 입력받아 변수에 저장하는 방법을 알아보자. 사용자로부터 값을 입력받기 위해서는 input 함수를 사용해야 한다.

```
1  name = input('이름을 입력하시오: ')
2  print(name+'님 반갑습니다.')
```

위 코드 셀의 첫 번째 줄이 실행되면 아래 그림과 같이 input 함수 내부에 있는 문자열이 파이썬 명령창에 보이게 되며, 값을 입력할 칸이 보이게 된다. 사용자가 값을 입력하고 Enter 키를 누르면 입력한 내용이 변수 name에 저장된다.

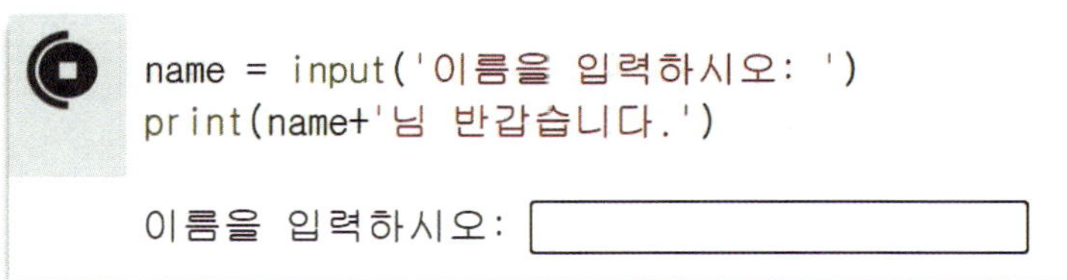

만일 사용자가 '유재석'이라고 입력했다면 실행 결과는 아래와 같다.

```
1  name = input('이름을 입력하시오: ')
2  print(name+'님 반갑습니다.')
```

```
이름을 입력하시오: 유재석
유재석님 반갑습니다.
```

두 번째 줄의 + 연산자는 name에 들어 있는 이름과 이후 문자열을 결합하기 위해 사용하였다. + 연산자는 숫자형 자료와 사용되면 두 값의 합을 구하지만, 문자열과 사용되면 두 문자열을 결합시킨다. 참고로, 아래 두 print 문을 비교해보자.

```
print("100"+"200")
```

```
100200
```

```
print(100+200)
```

```
300
```

큰따옴표로 감싼 "100"과 "200"은 문자열이므로 + 연산자에 의해 하나의 문자열 "100200"이 되었지만, 100과 200은 수이므로 덧셈이 수행되고 계산 결과인 300이 출력된다.

이번에는 과목별 점수를 입력받아 총점을 계산하는 프로그램을 만들어보자.

```
eng = input('영어 점수를 입력하시오: ')
math = input('수학 점수를 입력하시오: ')
totalScore = eng+math
print('총점 =', totalScore)
```

프로그램이 문제없이 만들어진 것 같은가? 그럼 실행을 시켜보자.

```
영어 점수를 입력하시오: 80
수학 점수를 입력하시오: 90
총점 = 8090
```

우리는 영어와 수학 점수의 합인 170이 결과로 나오길 기대했으나 전혀 엉뚱한 결과가 나왔다. 이런 결과를 보이는 이유는 input 함수가 입력받은 자료를 모두 문자열로 저장하기 때문이다. 결과적으로 변수 eng와 math에는 정수 80과 90이 아닌 문자열 '80'과 '90'이 저장되어 있고, + 연산자가 두 문자열을 결합하여 totalScore에는 문자열 '8090'이 저장된다.

그럼 수를 입력하려면 어떻게 해야 할까? 이때 사용하는 함수가 int, float, complex 함수이다. 이 함수들은 숫자로 구성된 사용자 입력을 그에 해당하는 정수형, 실수형, 복소수형 값으로 변환해준다. 사용방법은 input 함수 전체를 이들 함수 안에 넣어주면 된다. 아래는 사용자 입력을 정수값으로 변환하여 저장하는 예이다.

```
eng = int(input('영어 점수를 입력하시오: '))
math = int(input('수학 점수를 입력하시오: '))
totalScore = eng+math
print('총점 =', totalScore)
```

```
영어 점수를 입력하시오: 80
수학 점수를 입력하시오: 90
총점 = 170
```

사용자가 키보드로 80을 입력하면 input 함수는 이를 문자열 '80'으로 가져오지만 int 함수는 이를 다시 정수 80으로 변환해준다. 우리가 원했던 덧셈 연산이 제대로 수행되었음을 확인할 수 있다. 키나 체중같이 실수로 입력될 수 있는 값은 아래와 같이 float 함수를 이용하면 된다. float 함수는 숫자로 된 문자열 "175.4"를 실수 175.4로 변환해 준다.

```
height = float(input('키를 입력하시오: '))
```

참고 **자료형 확인하기**

변수의 자료형을 알고 싶으면 type 함수를 이용하면 된다. 아래의 예에서 input 함수가 입력받은 178 그 자체는 문자열(str)이지만, 이를 int 함수에 전달하면 정수형(int)으로 바뀜을 확인할 수 있다.

```
height = input("키를 입력하세요.")
type(height)
```

```
키를 입력하세요.178
str
```

```
height = int(input("키를 입력하세요."))
type(height)
```

```
키를 입력하세요.178
int
```

2.2 출력

출력은 기본적으로 print 함수에 의해 수행된다. 지금까지는 출력할 내용이 간단한 문장이어서 출력 방법이 복잡하지 않았지만 변수에 담긴 내용과 문장을 함께 출력하기 위해서는 문자열 포맷팅(formatting)을 이해하는 것이 좋다. 문자열 포맷팅이란 말 그대로 원하는 값들을 포함해서 문자열을 만드는 것이다. 문자열 포맷팅 방법에는 형식지정자를 이용하는 방법과 f-strings을 이용하는 방법이 있다.

■ 형식지정자를 이용한 문자열 포매팅

이름과 체중, 키가 변수에 저장되어 있고, 이를 문자열에 넣어 아래와 같이 출력하려 한다고 가정하자.

유재석 님의 체중은 67kg이고, 키는 175.4cm입니다.

먼저 체중만 변수 weight에 저장한 뒤 문자열 내에 추가하는 방법을 살펴보자. weight의 값을 문자열에 넣기 위해서는, 아래와 같이 문자열 내에서 출력할 위치를 '%d'로 정해 준 뒤 문자열 뒤에 % 기호와 함께 변수 weight를 넣어주면 된다.

```
weight = 67
print ("유재석 님의 체중은 %dkg이고, 키는 175.4cm입니다." % weight)
```

```
유재석 님의 체중은 67kg이고, 키는 175.4cm입니다.
```

위에서 weight의 출력 위치를 정하는 '%d'를 형식지정자라고 하고, 실행 결과에서 weight의 값이 실제로 해당 위치에 들어가 출력되는 것을 확인할 수 있다. 그런데, %d는 이 자리에 넣으려는 값이 정수형일 때 사용한다. 다른 자료형에 사용할 수 있는 형식지정자들은 아래 표를 확인하자.

형식지정자	자료형
%s	문자열
%c	문자 1개
%d	정수
%f	실수
%%	% 기호의 출력

이번엔 실수형 데이터인 175.4를 변수 height에 저장하고, 문자열에 넣어 출력해보자. 위의 표에서 보듯이 실수형에 대해서는 형식지정자 %f를 사용해야 한다.

```
height = 175.4
print ("유재석 님의 체중은 67kg이고, 키는 %fcm입니다." % height)
```

```
유재석 님의 체중은 67kg이고, 키는 175.400000cm입니다.
```

height의 값이 출력되기는 하지만 우리가 원하는 175.4의 형식이 아닌 175.400000으로 출력되고 있다. 상세한 출력 형식을 지정하기 위한 형식지정자 사용법을 알아보자.

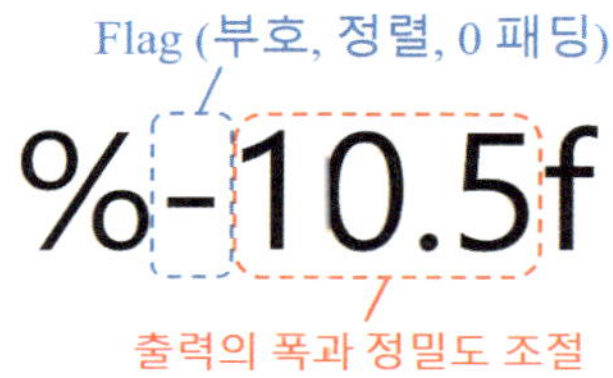

실수의 출력 형식을 지정하기 위해서 위의 그림과 같이 %와 f사이에 여러 가지 설정을 추가할 수 있다. 우선 f의 바로 앞에 있는 실수 형태의 값은 출력의 폭과 정밀도를 지정하는데, 소수점의 왼쪽에 있는 값은 출력의 폭을, 오른쪽 값은 정밀도를 나타낸다. 즉, 이 값이 10.5라면 출력할 값이 짧더라도 전체 출력의 폭으로 최소 10칸은 남겨두어야 하며, 소수점 이하 5자리까지 출력하라는 의미이다. 그리고 그 앞인 flag 자리에는 +, -, 0이 올 수 있는데 필요에 따라 이 세 가지 flag들의 조합도 가능하다. +가 있으면 부호가 표시되고, -가 있으면 지정한 출력폭이 값의 출력에 실제로 필요한 폭보다 넓을 때 값을 왼쪽 정렬하게 된다. 0은 출력폭이 넓고 오른쪽 정렬을 할 때 왼쪽에 남은 여백을 0으로 채우는 옵션이다.

아래 예들을 통해 출력 형식지정자의 사용법을 자세히 살펴보자. 2번 줄의 형식지정자인 '%+10.1f'은 height 값의 부호를 표시하고, 10칸의 공간에 소수점이하 첫째 자리까지 출력하라는 뜻이다. 한편 3번 줄의 '%-10.2f'는 height 값을 10칸의 공간에 왼쪽 정렬로 소수점이하 두 번째 자리까지 출력하라는 설정이다. 마지막으로 4번 줄의 '%05.0f'는 5칸의 공간에 소수점이하는 표시하지 않고 만약 왼쪽에 여백이 생기면 0으로 채우라는 의미이다.

```
height = 175.4
print ("유재석 님의 키는 %+10.1fcm입니다." % height)
print ("유재석 님의 키는 %-10.2fcm입니다." % height)
print ("유재석 님의 키는 %05.0fcm입니다." % height)
```

```
유재석 님의 키는     +175.4cm입니다.
유재석 님의 키는 175.40    cm입니다.
유재석 님의 키는 00175cm입니다.
```

지금까지는 변수값 한 개를 문자열에 포함시키는 방법을 살펴보았다. 만일 변수가 여러 개라면 어떻게 할까? 세 개의 변수 name, weight, height의 값을 문자열에 추가하려면 아래와 같이 하면 된다.

```
name = "유재석"
weight = 67
height = 175.4
print("%s 님의 체중은 %dkg이고, 키는 %.1fcm입니다." % (name, weight, height))
```

```
유재석 님의 체중은 67kg이고, 키는 175.4cm입니다.
```

문자열 내에 변수들을 포함시킬 위치를 해당 변수의 자료형에 맞는 형식지정자로 표시하고, 문자열 뒤에 %를 쓴 후 출력할 변수들을 순서대로 소괄호로 묶는다.

f-strings을 이용한 문자열 포매팅

형식지정자를 이용한 문자열 포매팅도 충분히 편하고, 프로그램 가독성도 좋아 보인다. 하지만 아래와 같이 좀 더 많은 변수를 사용하게 되면 단점이 보인다.

```
1 FirstName = "재석"; LastName = "유"; job1 = "개그맨"; job2 = "MC"
2 print("저는 %s이자 %s인 %c%s 입니다." % ( job1, job2, LastName,  FirstName))
```

```
저는 개그맨이자 MC인 유재석 입니다.
```

2번 줄 print 함수 내 문자열 `"저는 %s이자 %s인 %c%s 입니다."`의 예처럼 여러 개의 변수가 들어간 경우, 이 문자열로 무엇을 출력하려는지 한 눈에 알기가 어렵다. 이 단점을 해결한 문자열 포매팅 방법이 이제부터 살펴볼 f-strings을 이용한 포매팅이다.

아래는 f-strings 문자열 포맷팅의 예이다. 아래 2번과 4번 줄에서 볼 수 있듯이 문자열 앞에 f나 F를 입력하고, 변수를 넣고 싶은 곳에 중괄호({})로 감싼 변수명을 적어주면 된다.

```
1  FirstName = "재석"; LastName = "유"; job1 = "개그맨"; job2 = "MC"
2  print(f"저는 {job1}이자 {job2}인 {LastName}{FirstName} 입니다.")
```

```
저는 개그맨이자 MC인 유재석 입니다.
```

```
3  name = "유재석"; weight = 67; height = 175.4
4  print(F"{name}님의 체중은 {weight}kg이고, 키는 {height}cm입니다.")
```

```
유재석님의 체중은 67kg이고, 키는 175.4cm입니다.
```

f-strings 문자열은 변수의 이름(name, job 등)으로 어떤 값이 들어가는지를 바로 확인할 수 있으므로, 형식지정자를 이용한 문자열 포매팅에 비해 프로그램의 가독성이 높다.

f-strings에서도 정렬과 실수의 출력 형식 지정을 할 수 있다. 중괄호({}) 내의 변수 뒤에 콜론(:)을 붙이고 형식지정 옵션을 넣어주면 되는데, 변수의 자료형에 따라 문자열은 s, 정수는 d, 실수는 f를 사용하고 그 앞에 출력폭과 정밀도를 나타내는 정수 또는 실수 형태의 값을 적어준다. 아래의 {name:7s}은 name을 출력하기 위해 7칸을 사용한다는 의미이다. 문자열은 기본적으로 왼쪽 정렬이며, 삿갓 기호(^)를 넣어주면 가운데 정렬, 오른쪽 부등호(>)를 넣어주면 오른쪽 정렬을 해준다. 실수에 대한 출력 형식도 설정 가능하다.

```
name = "유재석"; height = 175.4
print(F"{name:7s}님의 키는 {height:+7.1f}cm입니다.")
print(F"{name:^7s}님의 키는 {height:7.2f}cm입니다.")
print(F"{name:>7s}님의 키는 {height:07.0f}cm입니다.")
```

```
유재석    님의 키는  +175.4cm입니다.
  유재석  님의 키는  175.40cm입니다.
    유재석님의 키는 0000175cm입니다.
```

■ print 함수의 end 옵션

출력에 대한 설명을 마치기 전에 마지막으로 print 함수의 end 옵션에 대해 알아보자.

```
1 print("안녕하세요.")
2 print("유재석")
3 print("입니다.")
```

```
안녕하세요.
유재석
입니다.
```

위에서처럼 print 함수를 이용해서 출력을 하면 출력할 때마다 줄이 자동으로 바뀐다. 그런데 이런 자동 줄바꿈을 하고 싶지 않다면 어떻게 할까? 예를 들어 위의 예에서 '유재석'을 출력한 후 줄바꿈없이 바로 붙여서 '입니다'를 출력하고 싶다. 이런 경우에는 2번 줄 print 함수의 end 옵션을 바꿔주면 된다. print 함수의 end 옵션은 출력 다음에 자동으로 붙는 문자열을 뜻한다. 기본값은 줄바꿈을 해주는 특수기호인 "\n"으로 정해져 있어서 end 옵션을 특별히 지정하지 않으면 줄바꿈("\n")이 되는 것이고, 이를 빈 문자열("")로 지정하면 출력 다음에 빈 문자열이 붙게 된다. 빈 문자열은 아무 내용이 없으므로, 아래의 예에서 "유재석" 다음에 줄바꿈이 일어나지 않고 "입니다"가 바로 이어져 출력되는 것을 확인할 수 있다.

```
1 print("안녕하세요.")
2 print("유재석",end="")
3 print("입니다.")
```

```
안녕하세요.
유재석입니다.
```

3 응용문제 풀기

3.1 분식가게 하루 매출 계산하기

부산대학교 앞에서 분식가게를 시작하였다. 메뉴는 떡볶이와 라면, 튀김이다. 매일 저녁 가게를 마치면서 정산을 한다. 이때 각 메뉴별 매출과 총 매출을 정리하여 아래와 같이 출력해주는 프로그램을 만들어 보자.

메뉴	가격
떡볶이	2,000
라면	3,000
튀김	500

```
-----<오늘의 매출 정산>------
떡볶이의 매출: 86000원
라면의 매출: 186000원
튀김의 매출: 44500원
오늘의 총 매출은 316500원입니다.
```

학습목표 **input(), int(), 연산자, f-strings**

해결전략

❶ 각 메뉴별로 판매 수량을 입력받는다.

❷ 판매 수량과 가격을 이용하여 총 매출을 계산한다.

❸ 각 메뉴의 이름과 함께 각 메뉴별 매출, 총매출을 형식에 맞는 문장으로 만들어 출력한다.

! 해결과정

❶ 일반적으로 변수의 이름은 알파벳을 사용하지만, 한글을 사용할 수도 있다. 이 예제에서는 떡볶이, 라면, 튀김의 판매 개수를 저장할 변수를 각각 '떡볶이판매수', '라면판매수', '튀김판매수'로 정하고 각각의 판매수를 입력받는다. input은 모든 입력값을 문자열로 간주하므로, int 함수를 이용하여 정수로 변환한다.

```
떡볶이판매수 = int(input('떡볶이는 몇 그릇 팔았나요? '))
라면판매수= int(input('라면은 몇 그릇 팔았나요? '))
튀김판매수 = int(input('튀김은 몇 개 팔았나요? '))
```

```
떡볶이는 몇 그릇 팔았나요? 43
라면은 몇 그릇 팔았나요? 62
튀김은 몇 개 팔았나요? 89
```

❷ 각 메뉴별 매출과 총매출을 저장하기 위한 변수인 '떡볶이매출', '라면매출', '튀김매출', '총매출'을 만들고, 판매수와 가격을 이용하여 매출을 계산하여 저장한다.

```
떡볶이매출 = 떡볶이판매수*2000
라면매출 = 라면판매수*3000
튀김매출 = 튀김판매수*500
총매출 = 떡볶이매출+라면매출+튀김매출
```

❸ f-strings를 이용하여 각 메뉴별 매출과 총매출을 출력한다.

```
print(f'-----<오늘의 매출 정산>------')
print(f'떡볶이의 매출: {떡볶이매출}원')
print(f'라면의 매출: {라면매출}원')
print(f'튀김의 매출: {튀김매출}원')
print(f'오늘의 총 매출은 {총매출}원입니다.')
```

```
-----<오늘의 매출 정산>------
떡볶이의 매출: 86000원
라면의 매출: 186000원
튀김의 매출: 44500원
오늘의 총 매출은 316500원입니다.
```

완성 프로그램

```python
떡볶이판매수 = int(input('떡볶이는 몇 그릇 팔았나요? '))
라면판매수= int(input('라면은 몇 그릇 팔았나요? '))
튀김판매수 = int(input('튀김은 몇 개 팔았나요? '))

떡볶이매출 = 떡볶이판매수*2000
라면매출 = 라면판매수*3000
튀김매출 = 튀김판매수*500
총매출 = 떡볶이매출+라면매출+튀김매출

print(f'-----<오늘의 매출 정산>------')
print(f'떡볶이의 매출: {떡볶이매출}원')
print(f'라면의 매출: {라면매출}원')
print(f'튀김의 매출: {튀김매출}원')
print(f'오늘의 총 매출은 {총매출}원입니다.')
```

```
떡볶이는 몇 그릇 팔았나요? 43
라면은 몇 그릇 팔았나요? 62
튀김은 몇 개 팔았나요? 89
-----<오늘의 매출 정산>------
떡볶이의 매출: 86000원
라면의 매출: 186000원
튀김의 매출: 44500원
오늘의 총 매출은 316500원입니다.
```

3.2 지하철 표 발권 프로그램

지하철을 이용할 승객에게 표를 판매하는 자판기를 만들어보자. 승객이 먼저 돈을 넣으면, 구간별로 표의 수량을 입력받는다. 표 가격을 제외한 거스름돈을 먼저 화면에 출력하고, 1,000원 지폐와 100원 동전만을 사용하여 반환하도록 한다.

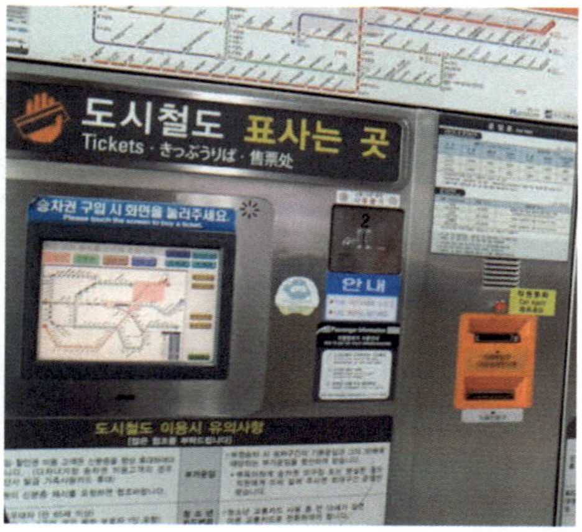

구간	가격
1구간	1,300
2구간	1,500

학습목표 **input(), int(), 연산자, f-strings**

해결전략

❶ 사용자로부터 금액과 구간별로(1구간, 2구간) 구매하려는 표의 수량을 순서대로 입력받는다.

❷ 거스름돈의 총액을 계산하여 출력한다.

❸ 거스름돈 반환을 위해 1,000원과 100원 짜리가 몇 개씩 필요한지 계산 후 출력한다.

해결과정

❶ 표를 살 돈과 각 구간별 표의 수량은 모두 숫자이다. 따라서 int 함수를 이용하여 변환한다.

```
money = int(input('투입한 돈은?'))
course1 = int(input('1구간 표의 수는?'))
course2 = int(input('2구간 표의 수는?'))
```

```
투입한 돈은?10000
1구간 표의 수는?3
2구간 표의 수는?2
```

❷ 투입된 금액과 구간별 표의 수량을 이용하여 거스름돈을 계산하고 출력한다.

```
change = money-course1*1300-course2*1500
print(f'거스름돈: {change}원')
```

```
거스름돈: 3100원
```

❸ 몫 연산 기호 //와 나머지 연산 기호 %를 이용하여 거스름돈 반환을 위해 필요한 1,000원 지폐의 수와 100원 동전의 수를 구하고 출력한다.

```
change1000 = change//1000
change = change%1000
change100 = change//100
print(f'1000원 지폐:{change1000}장')
print(f'100원 동전:{change100}개')
```

```
1000원 지폐:3장
100원 동전:1개
```

완성 프로그램

```
money = int(input('투입한 돈은?'))
course1 = int(input('1구간 표의 수는?'))
course2 = int(input('2구간 표의 수는?'))
change = money-course1*1300-course2*1500
print(f'거스름돈: {change}원')
change1000 = change//1000
change = change%1000
change100 = change//100
print(f'1000원 지폐:{change1000}장')
print(f'100원 동전:{change100}개')
```

```
투입한 돈은? 10000
1구간 표의 수는? 3
2구간 표의 수는? 2
거스름돈: 3100원
1000원 지폐: 3장
100원 동전: 1개
```

스스로 해결하기

01 섭씨 기온을 화씨 기온으로 변환하기

섭씨 온도를 입력받아 변환 공식을 이용하여 화씨 온도로 변환해서 아래와 같은 문장으로 출력하자.

$$F = C \times \frac{9}{5} + 32$$

섭씨 XX.X도는 화씨 XX.XX도이다.

학습목표 **연산자, f-strings**

해결전략

❶ 섭씨 온도를 입력받는다.

❷ 변환 공식을 이용하여 화씨 온도를 계산한다.

❸ f-strings를 이용하여 섭씨 온도와 화씨 온도를 아래의 형식으로 출력한다.

02 원의 넓이와 둘레 구하기

원의 반지름을 입력받아 아래 공식을 참고해서 원의 넓이와 둘레를 구하고, 아래와 같이 출력해주자.

$$\text{원넓이} = 3.14 \times \text{반지름}^2$$
$$\text{원주} = 2 \times 3.14 \times \text{반지름}$$

넓이는 XX.XX이고, 원주는 XX.XX이다.

학습목표 **연산자, f-strings**

해결전략

❶ 반지름을 입력받는다.

❷ 아래 공식을 이용하여 원주와 원 넓이를 구한다.

❸ 원주와 원의 넓이를 출력 형식에 맞춰 출력한다.

03 선택과 반복

어떤 일을 수행하다 보면 주어진 조건이나 선택에 의해 다른 방향으로 진행하거나 동일한 일을 반복해서 수행해야 할 경우가 있다. 프로그램도 원하는 결과를 내기 위해 무수히 많은 선택과 반복 과정을 거쳐야 한다. 이 장에서는 우리가 무언가를 선택하고 반복하는 과정을 파이썬으로 표현하는 방법을 공부한다.

우리가 프로그램을 작성할 때 사용할 수 있는 기본 구조는 다음과 같이 세 가지가 있다.

> 순차 구조(sequence) – 명령들이 순차적으로 실행되는 구조
> 선택 구조(selection) – 명령을 선택하여 실행되는 구조로 조건문으로 구현
> 반복 구조(iteration) – 동일한 명령이 반복되면서 실행되는 구조로 반복문으로 구현

아래의 그림은 세 가지 구조의 실행 순서를 순서도(flowchart)로 나타낸 것이다.

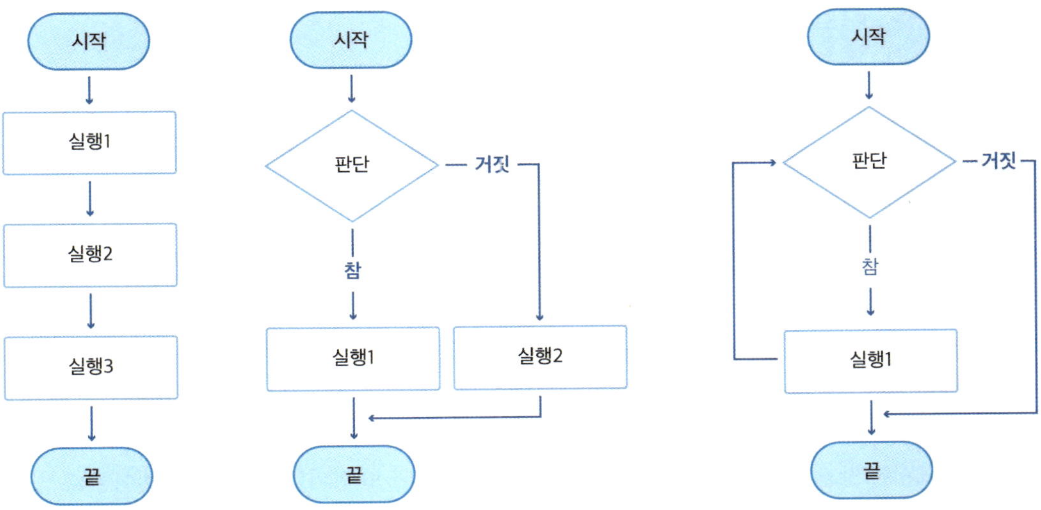

순차구조 선택구조 반복구조

실행되는 순서를 제어하는 문장을 제어문이라고 하는데, 순차구조의 경우에는 모든 명령문이 순서대로 실행되기 때문에 특별한 제어문이 필요 없지만 선택구조와 반복구조에서는 조건문과 반복문이라는 제어문이 필요하다. 조건문은 어떤 조건이나 선택에 의해 이후의 실행이 달라지는 것이며, 반복문은 특정 조건에 따라서 실행을 반복하는 명령문이다.

1 조건문(conditional statement)

파이썬 조건문의 구조는 아래와 같다. 우선 조건문임을 명시하기 위한 if 예약어가 사용된다. 그리고 if 뒤의 '조건'을 확인하고 참이면 바로 다음 문장들을 실행하고 else 예약어를 뒤따르는 문장들은 건너뛴다. 반대로 거짓인 경우, '참인 경우의 문장'들을 건너뛰고 '거짓인 경우의 문장'들을 실행한다. else 예약어는 거짓인 경우 실행할 문장이 없다면 사용하지 않아도 된다. 사소한 부분이라도 문법이 틀렸을 경우 오류가 발생하므로 규칙을 정확히 지켜야 한다. 전체 구조에서 '조건'과 else 뒤에 콜론(:)이 있다는 사실에 유의하자.

■ 조건문의 기본형식

```
if 조건 :  #조건의 참, 거짓에 따라 실행 결정
    문장1    # 조건이 참일 때 실행
    문장2    # 조건이 참일 때 실행
else :
    문장1    # 조건이 거짓일 때 실행
    문장2    # 조건이 거짓일 때 실행

문장3       # 조건문을 빠져 나왔을 때 실행
```

콜론(:)은 파이썬 인터프리터에게 "아직 전체 문장이 끝나지 않았으니 잠시 해석을 미뤄달라"고 요청하는 기호이다. 그리고 '조건'에 영향을 받는 문장들은 반드시 들여쓰기를 하여야 한다. 파이썬의 **if-else** 기본 구조에서는 참일 때 실행할 문장과 거짓일 때 실행할 문장들의 **범위**를 표시하는 방법이 따로 없다. 대신 파이썬은 이러한 모호성을 **들여쓰기**로 해결한다. 따라서 파이썬의 들여쓰기는 매우 중요하다. 들여쓰는 폭이 일정해야 하며, 보통 4개의 공백 문자나 탭(tab) 키를 사용한다. 만약 들여쓰기가 일정하지 않으면 프로그램은 바로 정지하고 오류 메시지를 출력한다.

1.1 비교/논리 연산자

조건문에 대한 더 깊은 설명으로 들어가기 전에 조건문의 기본 요소인 '조건'이 어떻게 표현되는지 알아보자. '조건'은 참(True) 또는 거짓(False) 값을 돌려주어야 하는데 이렇게 참 또는 거짓으로 판단될 수 있는 식에는 비교식과 논리식이 있다. 비교식에서 두 값을 비교하는 연산자를 비교연산자라고 하고, 논리식에서 '그리고'나 '또는'의 의미로 사용되는 연산자를 논리연산자라고 한다. 각각의 연산자에 대해서 자세히 알아보자.

■ 비교연산자(relational operator)

두 값을 비교하는 연산자를 비교연산자 또는 관계연산자라고 한다. 아래 표에 비교연산자의 종류와 각각의 의미를 정리하였다. 두 번째 열에 실제 파이썬에서 사용하는 기호들을 표시했으니 주의 깊게 살펴보기 바란다.

수학 기호	파이썬 기호	설명	
a = b	a == b	**참** : a와 b가 같으면	**거짓** : a와 b가 다르면
a ≠ b	a != b	**참** : a와 b가 다르면	**거짓** : a와 b가 같으면
a < b	a < b	**참** : a가 b보다 작으면	**거짓** : a가 b보다 크거나 같으면
a ≦ b	a <= b	**참** : a가 b보다 작거나 같으면	**거짓** : a가 b보다 크면
a > b	a > b	**참** : a가 b보다 크면	**거짓** : a가 b보다 작거나 같으면
a ≧ b	a >= b	**참** : a가 b보다 크거나 같으면	**거짓** : a가 b보다 작으면

비교의 결과는 참 또는 거짓으로 판단되고 True와 False는 파이썬에서 참과 거짓의 의미로 사용되는 예약어이다. 다음의 결과를 확인해 보자.

```
num1=100            #변수할당
num2=200            #변수할당
print(num1==num2)   #결과 : False
print(num1>=num2)   #결과 : False
print(num1<=num2)   #결과 : True
print(num1!=num2)   #결과 : True
```

참고 '==' 와 '=' 차이

조건문 사용 시 자주 범하는 오류가 두 값을 비교할 때 '==' 연산자를 사용하지 않고 '=' 연산자를 사용하는 것이다. '=' 연산자는 변수에 값을 할당하는 연산자이므로 주의해야 한다. 이 경우 파이썬에서는 구문 오류(SyntaxError)가 발생한다.

```
if x=0:       #비교연산자가 아니라 대입 연산자를 사용해서 오류 발생
   print('x가 0이다.')
```

비교 연산은 조건문에서 조건의 진위 여부를 판단하기 위한 기본 연산이다. 예를 들어 어떤 온라인 쇼핑몰이 주문금액이 50,000원 이상이면 배송비를 감면해 주고 그렇지 않으면 3,000원의 배송비를 붙이는 정책을 세웠다고 가정하자. 입력된 주문액에 따른 총지불액을 else 구문을 생략하고 다음과 같이 계산할 수 있다. 먼저 기본 배송비를 3,000원으로 정해놓은 뒤, 주문액이 50,000원 이상이라는 조건이 참일 때만 배송비를 0원으로 감면하고 거짓이면 그냥 빠져나와서 print 문을 실행한다.

```
price=int(input("주문금액 입력 : "))
shipping_cost=3000

if price >= 50000:     # 비교연산자 사용
  shipping_cost=0

print("총지불 금액은",price+shipping_cost,"원 입니다.")
```

```
주문금액 입력 : 30000
총지불 금액은 33000 원 입니다.

주문금액 입력 : 60000
총지불 금액은 60000 원 입니다.
```

■ 논리연산자(logical operator)

실행할 명령을 결정하기 위해 몇 가지 조건을 동시에 고려해야 하는 경우가 있다. 어떤 경우에는 몇 가지 조건을 동시에 만족해야 하고, 다른 어떤 경우에는 여러 가지 조건 중 한 가지만 만족하면 명령을 수행할 수 있다. 이런 조건식의 표현을 위해 논리연산자가 필요하다. 논리연산자의 종류에는 and, or, not이 있고 각각의 의미는 아래 표에 설명되어 있다.

논리 기호	설명
x and y (논리곱)	x와 y 모두 참이면 **참**, 하나라도 거짓이면 **거짓**
x or y (논리합)	x 또는 y 둘 중 하나라도 참이면 **참**, 모두 거짓이면 **거짓**
not x (논리 부정)	x가 거짓이면 **참**, x가 참이면 **거짓**

어떤 온라인 쇼핑몰이 두 가지 조건, 예를 들어 상품의 가격이 30,000원 이상이고 "python"이라는 특정 신용카드를 사용할 때만 배송료를 감면해 준다고 가정하자. 두 개의 조건이 동시에 만족해야 하므로 비교 연산자 하나만으로는 표현할 수 없고 두 개의 비교식을 and 논리연산자를 사용해서 연결해야 한다.

```
price=int(input("주문금액 입력 : "))
card=input('카드 종류 입력 : ')

if price>=30000 and card=='python':  # 모두 참일 때만 참
  print('배송료가 없습니다.')
else:
  print('배송료는 3000원 입니다.')
```

```
주문금액 입력 : 30000
카드 종류 입력 : python
배송료가 없습니다.
```

```
주문금액 입력 : 50000
카드 종류 입력 : java
배송료는 3000원 입니다.
```

논리연산자는 비교연산자보다 우선순위가 낮다. 따라서 위의 조건문 조건 부분에 괄호를 사용하지 않아도 and 양쪽의 비교 연산이 먼저 수행된 후 논리 연산이 수행되어 정상적으로 동작했다. 연산자 종류 간 실행 우선순위는 아래 표를 참조하기 바란다.

우선순위	연산자	의미
1	()	괄호
2	**	지수
3	+ - ~	단항연산자 (부호)
4	* / % //	산술연산자
5	+ -	
6	< > >= <=	관계연산자
7	== !=	동등연산자
8	= %= /= //= -= += *= **=	대입연산자
9	not	논리연산자
10	and	
11	or	

1.2 조건문의 활용

이전의 예에서는 조건의 참, 거짓에 따라 단 하나의 문장만을 수행하였다. 그러나 엄밀히 말해 파이썬 문법에는 조건에 따라 하나의 "문장"이 아닌 하나의 "블록"을 수행하도록 되어 있다. 파이썬은 들여쓰기가 일정한 연속된 문장들을 하나의 블록으로 취급하므로 실제로는 여러 문장을 한꺼번에 실행할 수 있는 것이다. 아래의 예는 if 절과 else 절에서 여러 문장을 수행하고 있다.

```
price=int(input("주문금액 입력:"))

if price >= 50000:
  print("주문액이 50000 원 이상이라 배송비 감면")
  shipping_cost=0
  print("배송비는",shipping_cost,"원 입니다.")
else:
  print("주문액이 50000 원 미만이라 배송비 추가")
  shipping_cost=3000
  print("배송비는",shipping_cost,"원 입니다.")

print("총지불 금액은",price+shipping_cost,"원 입니다.")
```

```
주문금액 입력 : 30000
주문액이 50000 원 미만이라 배송비 추가
배송비는 3000 원 입니다.
총지불 금액은  33000 원 입니다.
```

```
주문금액 입력 : 60000
주문액이 50000 원 이상이라 배송비 감견
배송비는 0 원 입니다.
총지불 금액은 60000 원 입니다.
```

아래는 들여쓰기의 중요성을 확인하기 위해 한 문장의 들여쓰기를 일부러 틀리게 한 예이다. 4~6번 줄이 하나의 블록으로 취급되지 않는다.

```
1 price=int(input("주문금액 입력:"))
2
3 if price >= 50000:
4   print("주문액이 50000 원 이상이라 배송비 감면")
5   shipping_cost=0
6     print("배송비는",shipping_cost,"원 입니다.")  # 들여쓰기 오류
7 else:
8   print("주문액이 50000 원 미만이라 배송비 감면")
9   shipping_cost=3000
10  print("배송비는",shipping_cost,"원 입니다.")
11
12 print("총지불 금액은",price+shipping_cost,"원 입니다.")
```

```
  File "<ipython-input-10-d4bd11a95627>", line 6
    print("배송비는",shipping_cost,"원 입니다.")  # 들여쓰기 오류
    ^
IndentationError: unexpected indent
```

pass 예약어

프로그래밍을 하다 보면 일단 전체의 골격을 만들어두고 나중에 세부 사항을 채우는 경우도 많다. 이때 사용할 수 있는 것이 pass 예약어이다. pass 예약어는 "나중에 채워 넣겠음"을 의미하기 때문에 아무 것도 수행하지 않고 넘어가고 싶을 때 사용한다. 조건문이나 반복문에 다 사용 가능하다.

```
if price>=50000:
  pass        # 이후에 작성할 부분
else:
  pass        # 이후에 작성할 부분
```

중첩 if문

if문 안에 다른 if문이 들어갈 수도 있다. 이것을 중첩 if문이라고 한다. 다음과 같은 예를 생각해보자. 많은 쇼핑몰들이 제주도에 대해서는 다른 지역보다 배송비를 높게 책정한다. 제주도는 주문금액이 100,000원 이상일 때 배송비가 무료, 아니면 8,000원이고, 다른 지역은 50,000원 이상일 때 배송비가 면제되고 아니면 3,000원의 배송비가 든다고 가정하고 프로그래밍 해보자.

```
price=int(input("주문금액 입력 : "))
local=input('지역 입력 : ')

if local=='제주도':
  if price>=100000:
    print('배송비는 0원 입니다.')
  else:
    print('배송비는 8000 원 입니다.')
else:
  if price>=50000:
    print('배송비는 0원 입니다.')
  else:
    print('배송비는 3000원 입니다.')
```

```
주문금액 입력 : 80000
지역 입력 : 제주도
배송비는 8000 원 입니다.
```

```
주문금액 입력 : 150000
지역 입력 : 제주도
배송비는 0원 입니다.
```

```
주문금액 입력 : 30000
지역 입력 : 부산
배송비는 3000원 입니다.
```

위의 예에서 볼 수 있듯이 중첩 if문에서 서로 대응되는 if와 else는 들여쓰기 폭이 같아야 한다.

■ 연속 if문

한편, 조건에 따라 **다중으로 분기**되어야 하는 경우가 있다. 예를 들어 다음 표와 같이 점수에 따라 평점이 결정된다고 가정하자.

점수	평점
90점 이상	A
80점 이상 90점 미만	B
70점 이상 80점 미만	C
60점 이상 70점 미만	D
60점 미만	F

위를 프로그래밍 하기 위해 "90점 이상인가?", "80점 이상 90점 미만인가?", "70점 이상 80점 미만인가?" 이런 식으로 if문을 계속해서 나열할 수 있을 것이다. 하지만 이렇게 하기보다 elif절을 사용하면 더 효율적이다. elif는 if절 다음에 개수의 제한없이 필요한만큼 나열할 수 있고 "else if"(그렇지 않고 ~라면)의 의미이기 때문에 위의 조건식이 모두 거짓일 때 수행된다. 점수 구간별 평점을 출력하는 프로그램은 다음과 같은데, 5, 7, 9, 11번 줄에서 OO점 미간인지 확인할 필요가 없는 이유는 이미 위의 조건식들이 만족하지 않은 사실을 알고 있기 때문이다.

```
1   score=int(input('점수입력 : '))
2
3   if score>=90:
4     grade='A'
5   elif score>=80:
6     grade='B'
7   elif score>=70:
8     grade='C'
9   elif score>=60:
10    grade='D'
11  else:
12    grade='F'
13
```

```
print(f'입력한 점수 {score} 에 대한 등급은 {grade} 입니다.')
```

```
점수입력 : 55
입력한 점수 55 에 대한 등급은 F 입니다.
```

```
점수입력 : 95
입력한 점수 95 에 대한 등급은 A 입니다.
```

```
점수입력 : 75
입력한 점수 75 에 대한 등급은 C 입니다.
```

참고 한 줄로 작성하는 if-else문

if와 else절에서 수행하는 명령문이 간단할 경우 전체 조건문을 한 줄로 작성할 수도 있다. 아래 2번 줄에서는 x와 y의 값을 비교하여 더 큰 값을 변수 max에 할당한다.

```
1 x, y = 5, 7
2 max = x if x > y else y
3 print(max)
```

```
7
```

2 반복문(loop statement)

은행에 업무 시작 전부터 고객들이 와서 번호표를 뽑고 기다리고 있다. 시간이 되어 업무를 시작하면서 "1번 고객님, 안녕하세요?", "2번 고객님, 안녕하세요?"라는 식으로 고객들에게 인사를 건네려고 한다. 가장 먼저 온 10명의 고객에게 인사말을 출력하는 프로그램을 작성해 보자. 지금까지 배운 내용을 활용한다면 아래 표의 왼쪽처럼 print문을 열 번 실행하여 해결할 수 있다. 하지만 만일 인사말을 1000번 출력해야 한다면 어떻게 할까? print문을 1000번 쓸 수 있을까?

<table>
<tr><th>단순 출력</th><th>for 와 while 반복문</th></tr>
<tr><td rowspan="2"><pre>print('1번 고객님, 안녕하세요?')
print('2번 고객님, 안녕하세요?')
print('3번 고객님, 안녕하세요?')
print('4번 고객님, 안녕하세요?')
print('5번 고객님, 안녕하세요?')
print('6번 고객님, 안녕하세요?')
print('7번 고객님, 안녕하세요?')
print('8번 고객님, 안녕하세요?')
print('9번 고객님, 안녕하세요?')
print('10번 고객님, 안녕하세요?')</pre></td><td><pre>for i in range(1, 11) :
  print(f'{i}번 고객님, 안녕하세요?')</pre></td></tr>
<tr><td><pre>i=1
while i<11 :
  print(f'{i}번 고객님, 안녕하세요?')
  i+=1</pre></td></tr>
</table>

이럴 때 필요한 것이 반복문이다. 위 표의 오른쪽은 두 종류의 반복문인 for와 while문으로 각각 작성한 코드로 왼쪽의 코드와 동일한 결과를 낸다. 하지만, 코드의 길이는 print를 단순히 반복하는 것보다 훨씬 짧다. 위에서 "1000번 고객님, 안녕하세요?"까지 출력한다 해도 코드는 전혀 길어질 필요 없이 반복문 코드 내 수 '11'을 '1001'로만 바꾸면 된다.

이처럼 반복문은 같은 처리 과정을 되풀이할 때 매우 유용하다. 전체 반복 횟수를 미리 지정할 수도 있고 특정 조건을 만족하는 동안만 반복할 수도 있다. 항상 참일 수밖에 없는 조건을 준다면 무한 반복도 가능하다. 이번 3장에서는 파이썬의 두 종류의 반복문 for와 while의 기본 사용법에 집중하여 설명한다.

2.1 for문 (for-statement)

지정한 범위에서 반복하는 for 반복문의 기본형식은 다음과 같다.

```
for 변수 in range(시작값, 끝값+1, 증가값) :
  반복실행 되는 문장들
```

for문도 if문과 똑같이 첫 줄에 콜론(:)을 사용해야 하며 반복되는 문장이 여럿일 경우 이 문장들의 들여쓰기를 통일해야 한다.

range 함수는 for문과 함께 많이 사용하는 함수로서 지정된 범위의 값을 반환한다. 함수가 뭔지 잘 몰라도 print를 사용했듯이 range 함수도 어떠한 기능을 수행하는지, 그리고 어떻게 사용하는지만 알면 된다. range(시작값, 끝값+1)는 시작값부터 끝값까지 1씩 증가하면서 값을 반환하는데 for문은 이 값들을 변수에 하나씩 대입하면서 반복문을 수행한다. 그래서 '끝값+1-시작값'의 횟수만큼 반복하는 것이다. range 함수의 사용법은 5장에서 더 자세하게 소개한다.

for문을 활용해 1부터 사용자가 입력한 마지막 수까지의 합을 구해보자. range 함수의 두 번째 인자 값 직전까지 반복하므로 '마지막 수'에 1을 더한 값을 range 함수에 넘겨주어야 한다.

```
sum=0
num=int(input('마지막 수 : '))
for i in range(1,num+1):    #'증가값'은 생략하면 1씩 증가
  sum+=i
print(f'1부터 {num} 까지의 합계는 {sum} 입니다.')
```

```
마지막 수 : 100
1부터 100 까지의 합계는 5050 입니다.
```

이번엔 구구단 중 원하는 단을 출력해보자.

```
dan=int(input('원하는 단 : '))
print(f'\n== {dan}단 ==')
for i in range(1,10):
  print(f'{dan} X {i} = {dan*i}')
```

```
원하는 단 : 8

== 8단 ==
8 X 1 = 8
8 X 2 = 16
8 X 3 = 24
8 X 4 = 32
8 X 5 = 40
8 X 6 = 48
8 X 7 = 56
8 X 8 = 64
8 X 9 = 72
```

for문은 지정 횟수만큼 반복하는 것 외에도 4장에서 공부할 리스트나 딕셔너리 같은 연속자료형 내의 모든 값들 각각에 반복적인 작업을 실행할 때 유용하다. 이에 대해서는 4장에서 다룬다.

2.2 while문 (while-statement)

while 반복문의 기본형식은 다음과 같다.

```
while 조건식 :
  반복할 문장들
```

while문은 조건식을 확인해 이 값이 참이면 '반복할 문장들'을 실행한다. 그리고 '반복할 문장들'이 끝나는 곳에서 다시 조건식으로 돌아와 같은 동작을 반복한다. 조건식이 참인 동안에는 계속 반복한다. for문은 for 예약어가 사용된 첫 번째 줄에 반복 범위가 지정되어 있지만, while문의 문법에는 시작값과 끝값이 없으므로 같은 역할을 하는 문장을 다른 위치에 넣어 사용해야 한다. while문으로 '안녕하세요?'를 5번 출력해보자.

```
i=0        # 초깃값설정
while i<5 :     # 조건식이 참인 동안 반복
  print('안녕하세요?')
  i+=1  # 이 문장이 없으면 조건식이 항상 참 => 무한 반복

print("i=",i)   # i 변수가 5일 때 조건식이 거짓
```

```
안녕하세요?
안녕하세요?
안녕하세요?
안녕하세요?
안녕하세요?
i= 5
```

1번 줄에서 변수 i는 0으로 초기화 되었다. while문 내 'i+=1'에 의해서 1씩 증가하고 i가 5가 되면 조건식이 거짓이 되어서 while문을 빠져나온다. 만일 'i+=1'과 같은 i를 변경시키는 문장이 없으면 2번 줄의 조건식이 언제나 참이어서 이 while문은 무한히 반복한다. 그러면 이 무한 반복에서 빠져 나오려면 어떻게 해야 할까? Colab에서는 코드 셀 왼쪽 위의 을 눌러주면 된다. 다른 개발 환경에서는 보통 Ctrl + C 키를 함께 눌러주면 프로그램을 종료할 수 있다.

앞서 for문으로 구현했던, 입력한 수까지의 합계를 구하는 프로그램과 구구단의 특정 단을 출력하는 프로그램을 while문으로 작성해보자.

```
sum, i = 0, 1
num=int(input('마지막 수 :'))
while i<=num:
  sum+=i
  i+=1
print(f'1부터 {num} 까지의 합계는 {sum} 입니다.')
```

```
마지막 수 :100
1부터 100 까지의 합계는 5050 입니다.
```

조건식에서 사용하는 변수 i는 최초 사용 전에 반드시 초기화 되어야 하고 while문 내에서 변경되어 무한 반복의 발생을 방지해야 한다.

while문으로 작성한 구구단의 특정 단 출력 프로그램은 다음과 같다. for문으로 구현한 프로그램과 비교해서 살펴보기 바란다.

```python
dan=int(input('원하는 단 : '))
print(f'\n== {dan}단 ==')
i=1
while i<=9 :
  print(f'{dan} X {i} = {dan*i}')
  i+=1
```

```
원하는 단 : 8

== 8단 ==
8 X 1 = 8
8 X 2 = 16
8 X 3 = 24
8 X 4 = 32
8 X 5 = 40
8 X 6 = 48
8 X 7 = 56
8 X 8 = 64
8 X 9 = 72
```

2.3 break와 continue

while문과 for문을 사용하다 보면 반복문에서 강제로 빠져나오든지, 아니면 현재의 반복 시행을 중단하고 다음 반복 시행으로 넘어가야 할 경우가 있다. 이때 break문이나 continue문을 사용할 수 있는데 기본 형식은 다음과 같다.

```
반복문 :
  if 조건 A:
    break    # 반복문을 탈출
  if 조건 B:
    continue  # 다음 차례의 반복을 실행
  내부 실행문
  ...
외부 실행문
```

위의 형식을 보면 반복문이 수행되다가 어떤 조건 A가 참이면 break가 실행되는데, 이때는 현재의 break문이 포함되어 있는 가장 안쪽의 반복문을 탈출하여 반복문의 다음 실행문인 8번 줄로 이동한다. 반면 조건 B가 참인 경우는 현재의 반복 시행을 중단하고 다시 1번 줄로 이동하여 다음 차례의 반복을 계속 실행할 것인지 검사한다.

그럼 실제 코드에 사용한 예를 살펴보자. 아래의 예는 1부터 100사이의 모든 짝수의 합을 구하는 프로그램이다. 물론 다른 방법도 있지만 무한 반복문 내에서 break와 continue를 사용하는 방식으로 구현하였다.

```
1   n,sum=0,0
2
3   while True :    # 무한 루프(True 대신 1 입력해도 됨)
4     n=n+1
5     if n % 2 == 1 : # 2로 나눈 나머지가 1이면 홀수
6       continue    # 홀수이면 3번 줄로 이동
7
8     if n > 100:    # n이 100보다 크면 반복문에서 빠져나옴. 13번 줄로 이동
9       break
10
11    print(n,end=', ')
12    sum+=n
13
14  print('\n 1부터 100까지의 짝수의 합 =', sum)
```

```
2, 4, 6, 8, 10, 12, 14, 16, 18, 20, 22, 24, 26, 28, 30, 32, 34, 36, 38, 40, 42,
44, 46, 48, 50, 52, 54, 56, 58, 60, 62, 64, 66, 68, 70, 72, 74, 76, 78, 80, 82,
84, 86, 88, 90, 92, 94, 96, 98, 100,
1부터 100까지의 짝수의 합 = 2550
```

필요한 경우 일부러 무한 반복을 사용하기도 하는데, 위의 예에서도 무한 반복문을 만들기 위해 while문의 조건식 자리에 True값을 두었다.[1] 이렇게 되면 조건식은 항상 '참'으로 판단된다. while문을 시작하기 전에 0으로 초기화했던 n의 값은 4번 줄에서 1만큼 증가한다. 그리고 5번 줄의 첫 번째 조건식에서 n이 홀수이면 continue문에 의해 아래 문장을 실행하지 않고 3번 줄로 다시 올라가 조건식을 검사하게 되고, 7번 줄의 두 번째 조건식에서 n이 100보다 크면 break문에 의해 반복문을 빠져나가 13번 줄로 이동한다. 따라서 짝수이면서 n이 100 이하일 때만 n값이 출력되고 sum에 더해진다.

---

1) 또는 True 대신에 1을 입력해도 된다. 파이썬은 0은 False로, 0이 아닌 모든 수는 True로 인식하는데 True 대신 수를 쓸 때는 통상적으로 1을 사용한다.

3 선택과 반복의 응용

지금까지 파이썬 제어문의 기본 구조를 학습하고 각 문법의 예제를 통해 사용법을 배워보았다. 또한 앞 장에서 파이썬에서 다루고 있는 다양한 자료형을 사용해 보았다. 프로그래밍 언어에서 자료형과 제어문을 숙지하면 자신이 원하는 어떤 프로그램도 작성할 수 있다. 프로그래밍을 위한 기초 체력이 다져졌으니 이 절에서는 조금 복잡한 프로그램을 작성해보자.

3.1 구구단 출력

구구단은 $A \times B$의 형태를 가지는데, 단을 나타내는 A도 2부터 9까지 증가하지만 각 단 내에서 B도 1부터 9까지 증가해야 한다. 즉 반복문이 이중으로 수행되어야 하고 이를 반복문의 '중첩'이라고 한다. for문 내부에 또 다른 for문을 넣음으로써 구구단 출력이 가능하다. 간단하게는 단에 해당하는 A의 값을 고정한 상태에서 B를 1부터 9까지 증가시키는 방식으로 단별로 세로로 출력하면 된다. 하지만 이 경우에는 위아래로 스크롤해야 전체 결과를 볼 수 있다. 이 절에서는 아래 방향으로 출력하지 말고 다음 그림과 같이 한 눈에 보이는 구구단을 만들어 보자.

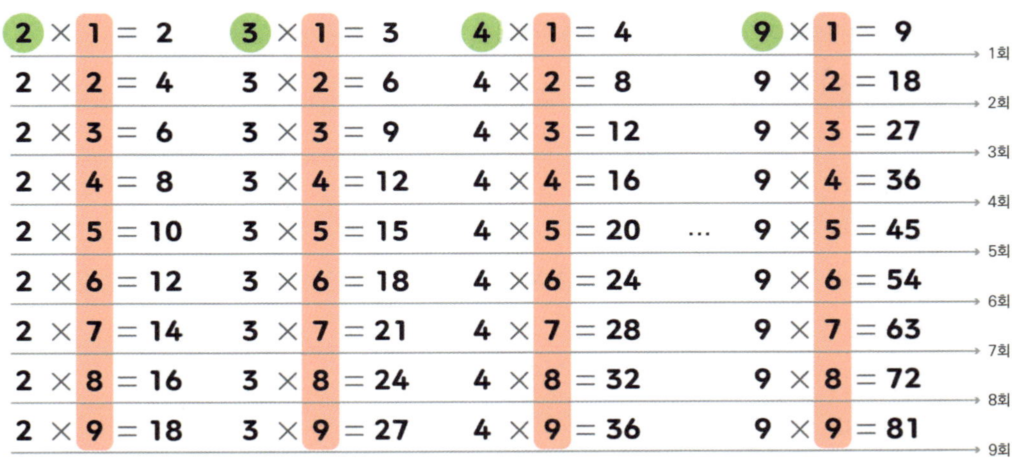

학습목표 **중첩 for문, range(), f-strings**

해결전략

❶ 2단부터 9단까지 각 단의 제목을 가로로 먼저 출력한다.
(예 : '===2단=== … ===9단===')

❷ 단별로 출력하지 않고 가로로 한 줄씩 완성한다.

해결과정

❶ 반복문(for문이나 while문)을 사용해서 각 단의 제목을 출력한다. 단 제목을 출력할 때마다 줄바꿈이 일어나는 것을 방지하고 단 제목간 적절한 간격을 띄우기 위해 print 함수의 end 옵션에 적절한 개수의 공백 문자를 준다. 마지막 9단 제목을 출력한 뒤에는 줄을 바꾸기 위해 아무 출력 내용이 없는 print 함수를 한 번 호출한다.

```
for i in range(2,10):
  print(f'==={i}단===',end='    ')
print()
```

❷ 반복문을 사용해서 가로로 한 줄씩 총 9줄로 출력해야 한다. 줄별로 달라지는 것은 각 단에 곱하는 수로서 1부터 9까지 증가해야 하므로 변수가 [1-9] 범위로 변하는 반복문을 준비한다.

```
for i in range(1,10):
```

❸ ❷의 반복문 내에 다른 반복문을 하나 중첩시켜 변수를 단 수에 해당하는 [2-9] 사이에서 차례로 증가시킨다. 즉 출력 한 줄 내에서 변하는 값은 곱하는 수가 아니라 단 수가 된다. 내부 반복문의 변수가 9까지 모두 증가하고 나면 외부 반복문 변수를 1증가시키고 내용 없는 print 함수를 호출하여 줄바꿈을 한 뒤 내부 반복문을 처음부터 다시 수행한다. 외부 반복문의 변수가 9보다 커지면 프로그램을 종료한다.

```
  print()
  for k in range(2,10):
    print('%d X %d = %2d' %(k,i,k*i),end='  ')
```

완성 프로그램 (for문 사용)

```
for i in range(2,10):
  print(f'==={i}단===',end='    ')
print()

for i in range(1,10):
  print()
  for k in range(2,10):
    print('%d X %d = %2d' %(k,i,k*i),end='  ')
```

```
===2단===  ===3단===  ===4단===  ===5단===  ===6단===  ===7단===  ===8단===  ===9단===

2 X 1 =  2  3 X 1 =  3  4 X 1 =  4  5 X 1 =  5  6 X 1 =  6  7 X 1 =  7  8 X 1 =  8  9 X 1 =  9
2 X 2 =  4  3 X 2 =  6  4 X 2 =  8  5 X 2 = 10  6 X 2 = 12  7 X 2 = 14  8 X 2 = 16  9 X 2 = 18
2 X 3 =  6  3 X 3 =  9  4 X 3 = 12  5 X 3 = 15  6 X 3 = 18  7 X 3 = 21  8 X 3 = 24  9 X 3 = 27
2 X 4 =  8  3 X 4 = 12  4 X 4 = 16  5 X 4 = 20  6 X 4 = 24  7 X 4 = 28  8 X 4 = 32  9 X 4 = 36
2 X 5 = 10  3 X 5 = 15  4 X 5 = 20  5 X 5 = 25  6 X 5 = 30  7 X 5 = 35  8 X 5 = 40  9 X 5 = 45
2 X 6 = 12  3 X 6 = 18  4 X 6 = 24  5 X 6 = 30  6 X 6 = 36  7 X 6 = 42  8 X 6 = 48  9 X 6 = 54
2 X 7 = 14  3 X 7 = 21  4 X 7 = 28  5 X 7 = 35  6 X 7 = 42  7 X 7 = 49  8 X 7 = 56  9 X 7 = 63
2 X 8 = 16  3 X 8 = 24  4 X 8 = 32  5 X 8 = 40  6 X 8 = 48  7 X 8 = 56  8 X 8 = 64  9 X 8 = 72
2 X 9 = 18  3 X 9 = 27  4 X 9 = 36  5 X 9 = 45  6 X 9 = 54  7 X 9 = 63  8 X 9 = 72  9 X 9 = 81
```

완성 프로그램 (while문 사용)

```
i=2
while i<10:
  print(f'==={i}단===',end='    ')
  i+=1
print()

i=1
while i<10:
  print()
  k=2
```

```python
  while k<10:
    print('%d X %d = %2d' %(k,i,k*i),end='   ')
    k+=1
  i+=1
```

```
===2단===  ===3단===  ===4단===  ===5단===  ===6단===  ===7단===  ===8단===  ===9단===

2 X 1 =  2  3 X 1 =  3  4 X 1 =  4  5 X 1 =  5  6 X 1 =  6  7 X 1 =  7  8 X 1 =  8  9 X 1 =  9
2 X 2 =  4  3 X 2 =  6  4 X 2 =  8  5 X 2 = 10  6 X 2 = 12  7 X 2 = 14  8 X 2 = 16  9 X 2 = 18
2 X 3 =  6  3 X 3 =  9  4 X 3 = 12  5 X 3 = 15  6 X 3 = 18  7 X 3 = 21  8 X 3 = 24  9 X 3 = 27
2 X 4 =  8  3 X 4 = 12  4 X 4 = 16  5 X 4 = 20  6 X 4 = 24  7 X 4 = 28  8 X 4 = 32  9 X 4 = 36
2 X 5 = 10  3 X 5 = 15  4 X 5 = 20  5 X 5 = 25  6 X 5 = 30  7 X 5 = 35  8 X 5 = 40  9 X 5 = 45
2 X 6 = 12  3 X 6 = 18  4 X 6 = 24  5 X 6 = 30  6 X 6 = 36  7 X 6 = 42  8 X 6 = 48  9 X 6 = 54
2 X 7 = 14  3 X 7 = 21  4 X 7 = 28  5 X 7 = 35  6 X 7 = 42  7 X 7 = 49  8 X 7 = 56  9 X 7 = 63
2 X 8 = 16  3 X 8 = 24  4 X 8 = 32  5 X 8 = 40  6 X 8 = 48  7 X 8 = 56  8 X 8 = 64  9 X 8 = 72
2 X 9 = 18  3 X 9 = 27  4 X 9 = 36  5 X 9 = 45  6 X 9 = 54  7 X 9 = 63  8 X 9 = 72  9 X 9 = 81
```

for문과 비교했을 때 어떤 반복문이 더 편리한가? while문의 경우 초기값 설정과 증감식이 따로 필요하다는 점을 제외하고는 비슷하다. for문과 while문의 구조를 생각하면서 해결하려는 문제의 성격에 따라 적절한 선택을 하여야 한다.

3.2 사칙연산 계산기

덧셈, 뺄셈, 곱셈, 나눗셈이 가능한 사칙연산 계산기를 만들어 보자. 네 가지 연산자 중 하나와 두 실수를 입력하면 계산 결과를 확인할 수 있다. 연산자를 입력하는 대신 'exit'을 입력하면 프로그램이 종료된다. 주의할 점은 나눗셈 연산에서 0으로 나누는 연산은 허용하지 말아야 한다.

학습목표 **무한 반복, break, continue, 논리연산자, 연속 if문**

해결전략

1. 프로그램은 무한반복이다.
2. 사칙연산자(+, -, *, /) 중 하나 또는 프로그램 종료를 위한 'exit'을 입력받는다. 'exit'이 입력된 경우에는 '프로그램을 종료합니다!!' 안내 후 프로그램이 종료된다.

③ 'exit'이 아닌 사칙연산자가 입력되었다면 두 수를 입력받는다.

④ 덧셈, 뺄셈, 곱셈 연산자인 경우 연산 결과를 출력한다.

⑤ 나눗셈 연산자인 경우 나누는 수가 0이면 '다시 입력하세요!!' 안내 후 연산자 입력 부분으로 돌아간다. 아니면 연산 결과를 출력한다.

⑥ 사칙연산자나 'exit' 아닌 다른 값이 입력되면 '연산자 오류입니다. 다시 입력하세요!!'를 출력하고 연산자 입력 부분으로 돌아간다.

해결과정

① 무한 반복을 위해 while문의 조건식에 True를 입력한다.

```
while True :    # 무한 반복
```

② 연산자를 입력을 요구하고 사용자가 'exit'을 입력하면 반복문을 벗어나기 위해 break를 사용한다.

```
  operator=input('연산자선택 : +, -, *, /, exit(프로그램종료) : ')
  if operator=='exit':
    print('프로그램을 종료합니다!!')
    break
```

③ 연산을 수행할 두 수를 입력받는다. 입력한 수가 실수형으로 저장될 수 있도록 float 함수를 사용한다.

```
  num1=float(input('num1 = '))  # 첫 번째 수 입력
  num2=float(input('num2 = '))  # 두 번째 수 입력
```

④ 연산자가 '+', '-', '*' 중 하나인 경우에는 연산 결과를 출력한다. '/'인 경우에는 num2를 검사한다. 이 값이 0이면 나눗셈 수행이 불가능하므로 오류 메시지를 출력하고 continue문을 이용하여 while문의 맨 처음으로 돌아간다. 0이 아니면 연산 결과를 출력한다. 연산자가 사칙 연산자 중 하나가 아니면 "연산자 오류"를 출력한다.

```
  if operator=='+':
    print(f'{num1} {operator} {num2} = {num1+num2}')
  elif operator=='-':
    print(f'{num1} {operator} {num2} = {num1-num2}')
  elif operator=='*':
```

```
    print(f'{num1} {operator} {num2} = {num1*num2}')
  elif operator=='/':
    if num2==0 :  #나누는 값이 '0' 이면 다시입력
      print('0 입력 오류! 다시 입력하세요!!')
      continue
    else: print(f'{num1} {operator} {num2} = {num1/num2}')
  else:
    print('연산자 오류입니다. 다시 입력하세요!!')
```

완성 프로그램

```
while True :   # 무한 반복
  operator=input('연산자선택 : +, -, *, /, exit(프로그램종료) : ')
  if operator=='exit':
    print('프로그램을 종료합니다!!')
    break

  num1=float(input('num1 = '))  # 첫 번째 수 입력
  num2=float(input('num2 = '))  # 두 번째 수 입력

  if operator=='+':
    print(f'{num1} {operator} {num2} = {num1+num2}')
  elif operator=='-':
    print(f'{num1} {operator} {num2} = {num1-num2}')
  elif operator=='*':
    print(f'{num1} {operator} {num2} = {num1*num2}')
  elif operator=='/':
    if num2==0 :  #나누는 값이 '0' 이면 다시입력
      print('0 입력 오류! 다시 입력하세요!!')
      continue
    else: print(f'{num1} {operator} {num2} = {num1/num2}')
```

```python
    else:
        print('연산자 오류입니다. 다시 입력하세요!!')
```

```
연산자선택 : +, -, *, /, exit(프로그램종료) : +
num1 = 30
num2 = 50
30.0 + 50.0 = 80.0
연산자선택 : +, -, *, /, exit(프로그램종료) : /
num1 = 30
num2 = 0
0 입력 오류! 다시 입력하세요!!
연산자선택 : +, -, *, /, exit(프로그램종료) : /
num1 = 30
num2 = 50
30.0 / 50.0 = 0.6
연산자선택 : +, -, *, /, exit(프로그램종료) : =
num1 = 30
num2 = 50
연산자 오류입니다. 다시 입력하세요!!
연산자선택 : +, -, *, /, exit(프로그램종료) : exit
프로그램을 종료합니다!!
```

스스로 해결하기

01 리히터 규모에 따른 피해 정도 출력하기

리히터 규모는 1935년 미국 지질학자인 찰스 리히터 (C. Richter)가 지진의 규모를 비교할 수 있도록 제안한 단위이며 "리히터 스케일(Richter scale)"이라고도 한다. 다음 그림은 리히터 규모에 따른 사람의 느낌이나 사물의 피해 정도를 나타낸다. 사용자로부터 지진의 리히터 규모를 입력 받아서 그 영향을 출력하는 프로그램을 작성해 보자.

규모 3.5 미만

사람이 거의 느끼지 못하지만 기록된다.

규모 3.5 - 5.4

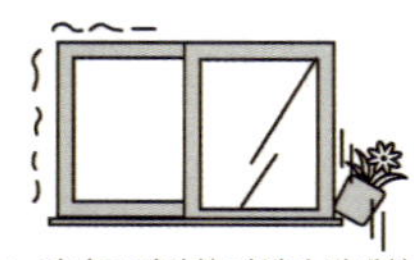

가끔 느껴지고 미약한 피해가 발생한다(창문 흔들리고 물건 떨어짐)

규모 5.5 - 6.0

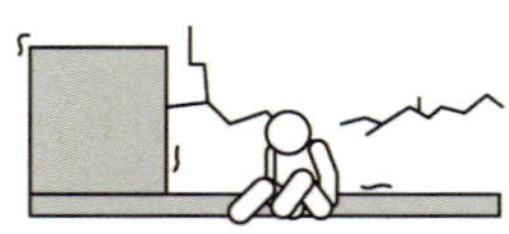

건물에 약간의 손상이 온다. (벽균열, 서있기 곤란)

규모 6.1 - 6.9

사람이 사는 곳이 파괴될 수 있다.
(가옥 30%이하 파괴)

규모 7.0 - 7.9

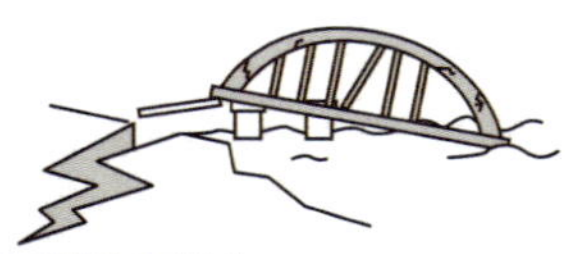

큰 피해를 야기한다
(가옥 전파,교량 파괴, 산사태, 지각 균열)

규모 8.0 이상

거대한 지진으로 모든 마을이 파괴된다.

학습목표 연속 if문

해결전략

❶ 사용자로부터 지진의 리히터 규모를 실수형 변수 'scale'로 입력 받는다.
❷ 입력된 값에 따라 피해 정도를 그림을 참조해서 출력한다.
❸ 연속 if문을 사용한다.

스스로 해결하기

02 2부터 100개의 소수를 출력하기

소수(prime number)란 1보다 큰 수 중에서 1과 자기 자신만을 약수로 가지는 수를 말한다. 소수를 구하는 가장 간단한 방법은 소수인지 판별하려는 수를 2부터 판별하려는 수보다 작은 수로 차례대로 나누어서 나누어 떨어지는 값이 없다면 소수로 판별한다. 2부터 100개의 소수는 다음과 같다.

```
2 3 5 7 11 13 17 19 23 29 31 37 41 43 47 53 59 61 67 71 73 79 83 89 97
101 103 107 109 113 127 131 137 139 149 151 157 163 167 173 179 181 191 193
197 199 211 223 227 229 233 239 241 251 257 263 269 271 277 281 283 293 307
311 313 317 331 337 347 349 353 359 367 373 379 383 389 397 401 409 419 421
431 433 439 443 449 457 461 463 467 479 487 491 499 503 509 521 523 541
```

학습목표 **중첩반복문, break, 나머지연산, 한 줄 출력**

해결전략

❶ 무한 반복문으로 2부터 시작해서 1씩 증가하며 소수인지 판별하고 찾은 소수의 개수가 100개가 될 때까지 반복한다.

❷ 2부터 판별하려는 수보다 작은 수까지 반복해서 나눈다.

❸ 나머지가 0이 되는 수가 있다면 소수가 아니다.

❹ 반대로 나머지가 0이 되는 수가 없다면 소수로 판별하고 화면에 출력한다.(가로로 출력)

❺ 소수를 찾으면 카운트가 1 증가되고 100이 되면 반복을 중단한다.

❻ 중첩 반복문을 사용한다. 변수는 임의로 설정한다.

컴퓨터 비전공자를 위한 인공지능 활용의 시작

P 파이썬 프로그래밍

04 연속자료형

지금까지 우리는 숫자형과 문자열 같은 파이썬의 기본자료형만을 사용하였다. 기본자료형 변수는 생성과 사용이 쉽다는 장점을 가지고 있으나 한 번에 하나의 자료만 담을 수 있다는 제약이 있고 값들 간의 관계를 설명하는 데에 어려움이 있다. 이번 장에서는 여러 개의 데이터를 저장하고 처리할 수 있는 파이썬의 **연속자료형**을 소개한다. 연속자료형 중에서 가장 많이 사용되는 리스트와 딕셔너리를 중심으로, 각 자료형의 특징과 사용방법을 알아보자.

1 리스트(list)

1.1 리스트 정의하기

프로그래밍을 할 때, 하나의 데이터만을 사용하는 프로그램은 거의 없을 것이다. 파이썬에서 다수의 데이터를 저장하고 관리하기 위해 가장 많이 쓰이는 자료형이 바로 리스트이다. 리스트는 **순서가 있는 변수**들이 나열된 집합이라고 생각하면 된다. 물론 메모리에 순서대로 쌓이는 것은 아니지만, 데이터들이 다음 순서에 대한 정보를 가지고 있기 때문에 순서가 정해져 있다고 할 수 있다. 순서가 있는 만큼 리스트는 처음이나 끝에서 데이터를 추가하거나 삭제하는 조작이 가능하다.

리스트의 유용성을 이해하기 위해 지난 일주일 동안 매일의 최고 온도를 기록하는 프로그램을 만든다고 가정해보자. 7일간의 최고 온도는 다음과 같았다.

일	월	화	수	목	금	토
27	30	32	34	29	26	25

만일 우리가 기본자료형 변수만을 사용한다면 위의 7개 온도를 저장하기 위해 아래처럼 7개의 서로 다른 변수를 정의해야 할 것이다.

```
# 7일간 매일의 최고 온도를 변수별로 저장
temp0=27
temp1=30
temp2=32
temp3=34
temp4=29
temp5=26
temp6=25
```

이 정도의 변수 정의는 가능하다 하더라도 한 달 또는 일 년의 온도데이터를 저장해야 한다면 30개의 변수 또는 365개의 변수 정의가 필요하게 된다. 그리고 변수를 만드는 것으로 끝나는 것이 아니라 이들의 평균 온도를 계산하기 위해서는 먼저 전체 변수의 합을 구하는 식 안에 이 365개 변수 모두를 나열해야 할 것이다. 이런 프로그래밍 방식이 과연 가능하겠는가?

다행히 파이썬은 '서로 관계있는 다수의 데이터'들을 효율적으로 관리할 수 있는 자료형인 리스트를 제공한다. 이를 사용하면 아래처럼 여러 개의 온도데이터를 하나의 변수 temps에 저장할 수 있다. 리스트 자료형을 이해하고 이를 능숙하게 활용할 수 있는 능력은 파이썬 프로그래밍에서 매우 중요하다.

```
temps=[27,30,32,34,29,26,25]     # 7일간 매일의 최고 온도를 리스트에 저장
```

■ 리스트 만들기

파이썬의 리스트는 대괄호([])를 이용하고 총 n개의 항목을 포함하는 리스트는 아래와 같이 정의된다. 리스트 안에 저장된 각각의 데이터를 항목(item) 또는 원소(element)라고 한다. 항목들은 콤마를 이용하여 분리하며 마지막 항목 뒤에는 콤마를 넣지 않는다.

```
리스트명 = [항목1, 항목2, 항목3, ..., 항목n]
```

간단하게 10 이하의 홀수 리스트를 정의하면 아래와 같다.

```
odd=[1,3,5,7,9]
odd     # [1, 3, 5, 7, 9] 출력
```

한편 값을 하나하나 입력하지 않고 list 함수를 사용해 문자열을 구성하는 문자들의 리스트를 만들 수도 있다. list 함수의 인자로 문자열을 전달하면 아래처럼 각 글자를 항목으로 가지는 리스트가 생성된다.

```
ex_str=list('PYTHON')
ex_str    # ['P', 'Y', 'T', 'H',  O', 'N'] 출력
```

리스트에는 어떤 것이든 저장할 수 있으며, 리스트는 항목들을 저장하는 컨테이너로서 그 안에 항목들이 순서를 가지고 저장된다. 항목의 개수가 증가하면 자동으로 늘어나고 항목의 개수가 감소하면 자동으로 줄어든다. 항목으로 가장 많이 사용하는 자료형은 다음과 같다.

1) 숫자형
2) 문자열
3) 리스트 자료형(리스트 안의 리스트)

한 리스트 안에 서로 다른 자료형들이 포함될 수도 있다. 아래는 다양한 리스트의 형태를 보여준다.

```
empty=[]                            # 빈 리스트
number=[1,2,3]                      # 숫자들을 포함하는 리스트
strings=['new','face']              # 문자열들을 포함하는 리스트
num_str=[1,2,3,'new','face']        # 숫자와 문자열을 포함하는 리스트
list_inlist=[[1,3,5],[2,4,6]]       # 리스트를 포함하는 리스트
```

1.2 리스트 다루기

■ 리스트 항목 접근하기(indexing)

리스트의 특정 항목에 접근하려면 어떻게 하면 될까? 리스트에서 하나의 항목에 접근하려면 문자열 내 문자를 접근할 때처럼 항목의 인덱스(index)를 사용하면 된다. 인덱스는 리스트에서의 항목의 위치 번호이다.

```
리스트명[인덱스]
```

각 항목의 인덱스는 항목이 리스트에 포함되는 순간 자동적으로 결정된다. 가장 처음 포함된 항목의 위치는 0, 이후에 저장되는 항목은 차례대로 1씩 증가한 위치를 부여받는다. 이 장을 시작할 때 예로 들었던, 7일간의 온도를 저장하는 temps 리스트가 정의될 때 각 항목의 인덱스는 아래와 같이 결정된다.

temps=[27,30,32,34,29,26,25]							
항목	27	30	32	34	29	26	25
인덱스	0	1	2	3	4	5	6
음수인덱스	-7	-6	-5	-4	-3	-2	-1

문자열과 마찬가지로 리스트의 인덱스는 0부터 시작하고 음수 인덱스도 가능하다. 앞에서부터의 시작 인덱스가 0인 반면, 리스트 가장 마지막 항목의 음수 인덱스는 -1이다. 그 이유는 파이썬에서 -0은 +0과 같아서 사용할 수 없기 때문이다.

```
temps=[27,30,32,34,29,26,25]
print("네 번째 항목 =",temps[3])
print("첫 번째 항목 =",temps[0])
print("마지막 항목 =",temps[6])
print("마지막 항목 =",temps[-1])
```

```
네 번째 항목 = 34
첫 번째 항목 = 27
마지막 항목 = 25
마지막 항목 = 25
```

그렇다면 위의 예에서 마지막 위치 번호인 6을 넘어서 7을 이용하여 인덱싱하면 어떤 일이 벌어질까? 즉, temps[7]의 결과는 무엇인지 궁금하지 않은가? 입력하고 실행해 보자.

```
temps[7]
```

```
---------------------------------------------------------------------------
IndexError                                Traceback (most recent call last)
<ipython-input-27-69d33868a4a1> in <module>()
----> 1 temps[7]

IndexError: list index out of range
```

SEARCH STACK OVERFLOW

결과는 위와 같이 접근하려는 인덱스가 지정한 리스트의 범위를 벗어난다는 에러메시지를 출력한다. 따라서 사용자는 리스트의 항목이 몇 개인지 파악하고 인덱스가 벗어난 위치를 지정하지 않도록 유의해야 한다.

우리는 언제든지 리스트의 항목 값을 변경할 수 있다. 예를 들어 리스트 temps의 인덱스 3번 값을 36으로 변경하고 싶다면 다음과 같이 하면 된다. 먼저 리스트 전체를 출력하고 해당 인덱스의 값을 변경하고 다시 전체 리스트를 출력해 보자.

```
temps=[27,30,32,34,29,26,25]
print(temps)
temps[3]=36     #인덱스 3번의 항목값 34를 36으로 변경
print(temps)
```

```
[27, 30, 32, 34, 29, 26, 25]
[27, 30, 32, 36, 29, 26, 25]
```

리스트의 원소로 다시 리스트가 포함되어 있는 경으를 살펴보자. 예를 들어 아래와 같은 리스트가 있다. 이 때 2번 줄과 같이 인덱스를 통해 접근하면 외부 리스트 list_inlist의 인덱스 2번 항목인 리스트 자체가 출력된다.

```
1  list_inlist=[[0,1,2],[3,4],[5,6,7,8],[9,10,11,12,13]]
2  list_inlist[2]
```

```
[5, 6, 7, 8]
```

그럼 위에 출력된 리스트 항목들 중에서, 예를 들어 값 6이 있는 자리에 접근하고 싶으면 어떻게 해야 할까? 답은 인덱스의 중첩 사용에 있다. 이 리스트의 구조는 아래와 같이 행의 길이가 각기 다른 행렬 형태로 가정할 수 있고 각각의 원소는 그에 해당하는 행과 열의 값으로 접근할 수 있다.

0	1	2		
list_inlist[0][0]	list_inlist[0][1]	list_inlist[0][2]		
3	4			
list_inlist[1][0]	list_inlist[1][1]			
5	6	7	8	
list_inlist[2][0]	list_inlist[2][1]	list_inlist[2][2]	list_inlist[2][3]	
9	10	11	12	13
list_inlist[3][0]	list_inlist[3][1]	list_inlist[3][2]	list_inlist[3][3]	list_inlist[3][4]

따라서 값 6에 해당하는 자리만 출력하고 싶다면 아래와 같이 하면 된다. 이렇게 리스트 항목을 직접 접근할 때는 행과 열에 해당하는 인덱스 모두 마지막 위치 번호인 유효 범위를 넘지 않도록 주의해야 한다.

```
list_inlist[2][1]
```

```
6
```

■ 리스트의 슬라이싱(slicing)

슬라이싱은 리스트 내에서 한 번에 여러 개의 항목을 추출하는 기법으로 문자열의 슬라이싱 방법과 동일하다. 주의할 점은 'stop'과 동일한 인덱스를 가진 항목은 포함되지 않는다는 것이다.

기본 슬라이싱 ➡ 리스트명[start:stop]
고급 슬라이싱 ➡ 리스트명[start:stop:step]

예제를 통해 살펴보자. 다음과 같이 리스트가 생성되었다.

```
numbers=[10,20,30,40,50,60,70,80,90,100]  # 리스트생성
```

만약 numbers[2:7]와 같이 슬라이싱을 한다면 인덱스 2번부터 시작해서 인덱스 7번 항목이 나오기 전에 중지한다. 따라서 슬라이싱으로 추출되는 항목의 개수는 두 번째 인덱스에서 첫 번째 인덱스를 빼서 계산할 수 있다('7-2=5'). 결국 추출되는 원소들의 인덱스는 2, 3, 4, 5, 6이 된다.

```
numbers[2:7]  # [30, 40, 50, 60, 70] 추출
```

고급 슬라이싱에서는 추출 간격(step)을 지정할 수 있다. 만약 numbers[2:7:2]와 같이 적으면 첫 번째 2는 시작 인덱스, 7은 종료 인덱스이고, 2는 추출 간격을 나타내는 값으로 인덱스 2에서 시작해서 2씩 증가하면서 항목들을 추출한다. 즉 추출인덱스는 2, 4, 6이 된다.

```
numbers[2:7:2] # [30, 50, 70]
```

더 간략한 형태의 슬라이싱도 가능하다. 슬라이싱의 시작 원소 번호가 0이라면 이를 생략하고 끝 원소 번호만 써도 된다. 아래의 슬라이싱은 0번 인덱스부터 시작해서 2번 인덱스까지 추출한다.

```
numbers[:3] # [10, 20, 30] start생략
```

어느 중간 지점부터 끝까지 추출할 때는 stop 값을 생략할 수 있다. 아래의 슬라이싱은 3번 인덱스부터 끝까지 추출한다.

```
numbers[3:] # [40, 50, 60, 70, 80, 90, 100] #stop생략
```

따라서 아래의 예처럼 슬라이싱의 시작과 끝 번호를 둘 다 생략하면 리스트 전체를 추출한다.

```
numbers[:]  # [10, 20, 30, 40, 50, 60, 70, 80, 90, 100] #둘 다 생략
```

추출 간격(step)이 음수이면 뒤에서부터 슬라이싱 한다. start와 stop을 생략하고 step을 -1로 한 후 슬라이싱 한 예는 아래와 같다. 즉 리스트 원소의 순서가 역순이 되었다.

```
numbers[::-1] # [100, 90, 80, 70, 60, 50, 40, 30, 20, 10] #step -1
```

이 절을 마치기 전에 한 가지 짚고 넘어갈 점은 슬라이싱은 원래의 리스트를 손상하지 않는다는 것이다. 새로운 리스트가 생성되어 반환된다. 즉, 슬라이싱의 결과는 원래 리스트의 부분 복사본이라고 생각하면 정확하다. 따라서 numbers[:]와 같은 방식의 슬라이싱을 활용하면 리스트의 복사본을 만들 수 있다.

1.3 리스트 전용함수

파이썬은 이미 생성된 리스트에 원하는 항목을 추가하거나, 항목 추출 및 삭제, 리스트 확장, 특정 항목 개수 반환, 정렬 등을 위한 풍부한 전용함수를 제공하고 있다. 리스트 관련 주요 전용함수들의 목록은 다음 표와 같다.

리스트 관련 전용함수	설명
append(x)	리스트의 마지막 위치에 x를 추가
insert(index, x)	리스트의 index 위치에 x를 삽입
extend([x1,x2])	리스트 끝에 [x1,x2] 리스트를 붙여서 확장
pop(index)	지정한 위치에서 항목을 삭제하여 반환. index를 생략하면 리스트의 마지막 항목을 삭제하고 반환
remove(x)	리스트에서 처음 발견된 x를 삭제
clear()	리스트의 모든 항목을 삭제
count(x)	리스트에 포함된 x의 개수를 반환
index(x)	리스트에 x가 있다면 그 위치를 반환
sort()	리스트 항목들을 오름차순으로 정렬. reverse 인자의 값이 True이면 내림차순으로 정렬

■ append

append 전용함수는 이미 존재하는 리스트의 끝에 항목을 삽입하는 기능을 한다.

```
a_str=['a','b','c','d','e']  # 문자 리스트생성
a_str.append('f')            # 'f' 항목 추가
a_str                        # 결과 : ['a', 'b', 'c', 'd', 'e', 'f']
```

■ insert

insert 전용함수는 지정된 위치에 항목을 삽입한다. 아래처럼 인덱스 2번 위치에 'f'를 추가하면 기존의 2번 인덱스 항목부터 이후의 모든 항목은 한 위치씩 뒤로 이동한다.

```
a_str=['a','b','c','d','e']  # 문자 리스트생성
a_str.insert(2,'f')          # 인덱스 2번 위치에 'f' 항목 추가
a_str                        # 결과 : ['a', 'b', 'f', 'c', 'd', 'e']
```

■ extend

extend 전용함수는 리스트의 끝에 새로운 리스트를 붙여서 확장한다.

```
a_str=['a','b','c','d','e']  # 문자 리스트생성
a_str.extend(['f','g'])      # 새로운 리스트 추가
a_str                        # 결과 : ['a', 'b', 'c', 'd', 'e', 'f', 'g']
```

■ pop

pop 전용함수의 기본 동작은 리스트의 마지막 항목을 추출하면서 삭제한다. 항목 번호를 인자로 주면 해당 위치를 추출하면서 삭제한다.

```
a_str=['a','b','c','d','e']  # 문자 리스트생성
a_str.pop()                  # 마지막 항목 추출
print(a_str)                 # 결과 ['a', 'b', 'c', 'd']
a_str.pop(1)                 # 인덱스 1번 항목 추출
print(a_str)                 # 결과 ['a', 'c', 'd']
```

■ remove

remove 전용함수는 리스트가 포함하고 있는 특정한 값을 리스트에서 삭제한다. 같은 값이 여러 개 존재한다면 첫 번째 것 하나만 삭제된다. 참고로, 아래 코드 셀에 사용된 del은 파이썬의 기본 명령어로 리스트 항목의 인덱스를 이용해 특정 항목만을 삭제하거나 리스트 이름을 가지고 리스트 자체를 삭제한다. clear() 명령은 리스트의 모든 항목 삭제이다. 먼저 아래를 그냥 실행해 본 후 9번 줄 맨 앞의 #을 지우고 다시 또 실행하여 결과를 비교해 보라.

```
1 a_str=['a','b','c','d','e'] # 문자 리스트생성
2 a_str.remove('c')           # 항목 'c'를 찾아서 삭제
3 print(a_str)                # 결과 ['a', 'b', 'd', 'e']
4 del a_str[1]                # 인덱스 1번 항목 삭제
5 print(a_str)                # 결과 ['a', 'd', 'e']
6 a_str.clear()               # 항목 모두삭제, 빈 리스트가 된다.
7 print(a_str)                # 결과 []
8 del a_str                   # a_str 리스트 자체가 사라진다.
9 # print(a_str)              # a_str이 정의되지 않았다는 메세지가 나옴
```

9번 줄의 주석 처리를 지우고 실행하면 오류가 발생한다. 이유는 del 명령어에 의해 리스트 자체가 사라졌기 때문이다.

■ count

count 전용함수는 리스트 내에서 특정값의 개수를 세서 돌려준다.

```
a_str=['a','b','a','c','a'] # 문자 리스트생성
a_str.count('a')            # 결과 : 3   # 항목 'a'의 개수
```

```
3
```

■ index

index 전용함수는 특정값을 가진 첫 번째 항목의 인덱스를 돌려준다.

```
a_str=['a','b','c','d','e'] # 문자 리스트생성
a_str.index('c')            # 결과 : 2  # 'c' 항목의 인덱스는 2 이다.
```

```
2
```

■ sort

sort 전용함수는 리스트의 항목들을 크기순으로 정렬하는 기능을 가지고 있으며, 기본은 오름차순 정렬이다. 'reverse=True' 옵션을 주면 내림차순으로 정렬한다.

```python
temps=[27,30,32,34,29,26,25]
temps.sort()              # 오름차순 정렬
print(temps)              # [25, 26, 27, 29, 30, 32, 34]
temps.sort(reverse=True) # 내림차순 정렬
print(temps)              # [34, 32, 30, 29, 27, 26, 25]
```

```
[25, 26, 27, 29, 30, 32, 34]
[34, 32, 30, 29, 27, 26, 25]
```

숫자뿐만 아니라 문자를 포함하는 리스트의 정렬도 가능하다. 숫자의 정렬에서는 크고 작음을 결정하는 기준이 그 값의 크기였다면 문자열의 정렬에서는 사전식 알파벳 순서를 따른다.

```python
a_str=['you','make','me','smile']
a_str.sort()    # 문자 오름차순 정렬
print(a_str)    # ['make', 'me', 'smile', 'you']
```

```
['make', 'me', 'smile', 'you']
```

1.4 리스트와 제어문

리스트 변수는 조건문과 반복문의 제어 구조를 구현하는 데 매우 효과적이다. 제어 구조에서의 사용 방법을 자세히 보기 전에 이들 제어 구조에서 자주 사용하는 연산자에 대해 알아보자.

■ 멤버 연산자 : in, not in

파이썬에서 자료형 내에 특정값이 포함되어 있는가를 묻는 연산자를 멤버 연산자라고 한다. 멤버 연산자는 참(True) 혹은 거짓(False)을 반환하는 연산자로서 in과 not in 두 가지가 있다. in 연산자는 특정값이 포함되어 있을 때 True를 반환하고, nct in은 반대로 포함되어 있지 않을 때 True를 반환하므로 주의한다.

다음의 결과는 생성된 리스트에 20이 있기 때문에 True이다.

```
a_list=[50,'파이썬',20,'부산대','기컴']
20 in a_list         # True
```

```
True
```

'기초컴' 이 리스트 안에 없기 때문에 False이다.

```
'기초컴' in a_list   # False
```

```
False
```

50이 리스트 안에 있기 때문에 False이다.

```
50 not in a_list    # False
```

```
False
```

'python'이 리스트 안에 없기 때문에 결과는 True이다.

```
'python' not in a_list   # True
```

```
True
```

■ 조건문 제어 구조

3장에서는 아직 연속자료형을 공부하기 전이어서 조건문의 제어 구조에 비교연산자(==, !=, >, <, >=, <=)만을 사용했지만, 리스트 내에 우리가 원하는 값이 존재하는지 아닌지 알기 위해서는 멤버연산자를 사용하는 것이 효율적이다. 1장에서 "메뉴에 피자가 있다면 '피자주세요'를 출력"하는 프로그램의 예를 든 적이 있다. 이 프로그램에서 메뉴를 아래와 같이 리스트 형태로 만든 후에는 인덱스를 사용하여 메뉴의 각각의 항목이 "pizza"와 같은지 하나하나 비교할 필요 없이 2번 줄처럼 in 연산자 하나만 사용하면 리스트 전체 항목 중에 "pizza"가 존재하는지 확인해서 True 또는 False 값을 돌려준다.

```
1  menu = [ "hamburger", "pizza", "pasta" ]
2  if "pizza" in menu:
3    print("I'd like a pizza.")
```

```
I'd like a pizza.
```

■ 반복문 제어 구조

리스트 변수는 반복문과 사용할 때 매우 효율적이다. 이 장의 처음에 최근 7일간 매일의 최고 온도를 저장한 리스트를 예로 들었다. 이번엔 이 최고 온도들의 평균을 계산한다고 가정해 보자. 평균 온도를 계산하기 위해서는 우선 모든 온도의 합을 구하고 이를 일 수로 나누어야 한다. 특정일의 온도에 접근하고 출력하기 위해서는 위치 번호를 활용한 인덱싱을 해야겠지만, 리스트 내 모든 값을 더할 때는 일일이 인덱싱을 할 필요 없이 for문을 사용하면 된다. 아래 코드를 보자.

```
1 temps=[27,30,32,34,29,26,25]
2 sum = 0
3 for i in temps:  # temps 내 모든 값을 차례로 i에 대입
4   sum += i
5 print(f"Avg = {sum/len(temps)}")
```

```
Avg = 29.0
```

위의 3번 줄에서 for문 다음에 쓰인 i는 temps 리스트에 들어있는 항목들의 값을 차례로 갖는다. 이 값들은 모두 4번 줄에서 sum에 하나하나 합산되고, 5번 줄에서 이 합계가 temps 리스트 항목 수로 나뉘어 평균이 계산된다. len 함수는 리스트 항목 수나 문자열 길이를 반환하는데, 자세한 내용은 5장 2절에서 다시 설명한다.

이러한 형태의 반복 구조는 앞서 인덱싱에 대한 설명에서 살펴봤던 리스트 내의 리스트 항목들에 접근할 때도 유용하다. 즉, 특정한 하나의 값이 아니라 전체 항목들을 순서대로 접근할 필요가 있을 때는 아래와 같이 하면 된다.

```
list_inlist=[[0,1,2],[3,4],[5,6,7,8],[9,10,11,12,13]]

for i in list_inlist: # i는 list_inlist[0]~list_inlist[3]까지 가짐
  for j in i: # j는 i가 현재 가리키는 각 리스트의 항목값을 차례로 가짐
    print(j, end=' ')
  print()  # 줄 바꿈
```

```
0 1 2
3 4
5 6 7 8
9 10 11 12 13
```

3번 줄에서 변수 i는 list_inlist[0]부터 list_inlist[3]까지 차례로 갖게 되며 그때마다 j는 i가 가리키는 리스트 항목들을 다시 차례대로 갖게 된다. 따라서 중첩 for문 내에서 j를 출력하면 리스트 내 리스트의 항목들을 모두 출력할 수 있다.

참고 튜플(tuple)

리스트와 튜플은 매우 유사하다. 하지만 리스트와는 다르게 튜플은 한번 정해진 항목의 순서를 바꿀 수 없으며 내용 변경이나 삭제가 불가능하다. 이것만 제외하면 튜플은 리스트와 동일하다 할 수 있다. 리스트와 마찬가지로 인덱싱, 슬라이싱이 지원된다.
아래는 튜플을 생성하는 여러 가지 방법이다.

```
temps=()  # 빈 튜플
temps=(27,)  # 하나의 항목을 가지는 튜플, 반드시 쉼표를 사용해야 함
temps=(27,30,32,34,29,26,25)   # 기본적인 튜플
temps=27,30,32,34,29,26,25     # 간단한 방식의 튜플
n_temps=[27,30,32,34,29,26,25] # 리스트
temps=tuple(n_temps)  # 리스트로부터 튜플 만들기
type(temps)           # 결과 :  tuple
```

```
tuple
```

튜플은 다른 자료형으로부터 생성할 수도 있다. 예를 들어 tuple 함수에 리스트를 인자로 넘겨주면 리스트와 동일한 원소를 가진 튜플이 생성된다. type() 함수는 자료형을 반환한다.

아래와 같이 튜플의 항목도 인덱스를 사용하여 접근할 수 있다. 하지만 리스트와는 달리 항목을 변경하려고 시도하면 오류가 발생한다. 만약 다른 개발자가 데이터를 변경하는 것을 금지하고 싶으면 튜플을 사용하면 된다.

```
print(temps[1])  # 튜플의 항목 접근
temps[1]=33 # 튜플의 항목 변경, 오류 발생
```

```
30
---------------------------------------------------------------------------
TypeError                                 Traceback (most recent call last)
<ipython-input-71-25e42d168a96> in <module>()
      1 print(temps[1])
----> 2 temps[1]=33 # 튜플의 항목 변경, 오류 발생

TypeError: 'tuple' object does not support item assignment
```

2 딕셔너리(Dictionary)

2.1 딕셔너리 정의하기

한영사전을 생각해보자. 한영사전에서는 한글 단어가 검색의 키워드가 된다. 만약 사과에 해당하는 영어 단어를 알고 싶다면 키워드 '사과'로 검색해서 그 결과 'apple'을 찾아 낼 수 있다. 파이썬의 자료형 중에도 이와 유사한 개념이 있는데 바로 딕셔너리(dictionary)다. 딕셔너리는 key와 value를 한 쌍으로 하는 원소들의 집합이다. 과일사전을 예로 들면 '사과'가 key에 해당하고 그에 대응하는 'apple'이 value에 해당한다.

키워드	사과	바나나	파인애플
영단어	apple	banana	pineapple

■ 딕셔너리 만들기

딕셔너리의 기본 형태는 아래와 같다. 딕셔너리는 중괄호({})를 사용하며, 하나의 key와 하나의 value가 쌍을 이루어 저장되는데 key와 value 사이에 콜론(:)으로 연결된다. key로는 숫자와 문자열이 사용될 수 있으며 value로는 숫자와 문자열, 리스트가 사용될 수 있다. 간혹은 필요에 따라 key와 value 쌍을 하나도 넣지 않은 빈 딕셔너리를 만들 때도 있다.

```
딕셔너리명={ key1:val1, key2:val2, key3:val3, ... }
```

딕셔너리를 사용할 때는 키가 중복되지 않도록 유의하야 한다. 예를 들어 '사과'는 이미 'apple'이라는 value의 key로 사용되고 있으므로, 또다시 'apology'의 key로 사용할 수 없다. key를 이용하여 value를 검색하게 될 텐데 key가 중복되면 하나의 value를 특정 지을 수 없기 때문이다. 그런데 정확히 말하면, 프로그램이 에러가 난다는 뜻은 아니고 key가 중복되었을 때 하나만 선택되고 나머지는 무시된다.

■ 딕셔너리의 유용성

그럼 딕셔너리는 어떤 때 사용할까? 아래와 같은 경우에 딕셔너리가 매우 유용하다.

1) 쌍으로 이루어진 데이터의 관리

2) 다양한 속성을 가지는 하나의 객체 표현

먼저 쌍으로 이루어진 데이터의 예로 우리나라 각 지역과 해당 지역의 대표 음식을 다룰 필요가 있다고 가정하자. 이 프로그램에서 필요한 딕셔너리 자료의 형태는 아래와 같다. 이렇게 저장해 둔 자료는 지역별 대표 음식 정보 안내 프로그램이나 퀴즈 프로그램을 만들 때 쉽게 활용할 수 있다.

```
food = {'춘천':'닭갈비', '횡성':'한우', '부산':'밀면', '전주':'비빔밥'}
```

한편 다양한 속성을 가지는 객체의 예로는 온라인 쇼핑몰의 고객 정보데이터를 들 수 있다. 쇼핑몰 고객 정보를 유지하려면 한 사람에 대한 다양한 정보를 보관해야 한다. 그런데 한 고객에 대한 정보를 여러 개의 변수에다 저장한다면 한 번에 불러오기도 복잡하고, 추가, 삭제, 수정 등 관리도 어렵다. 반면 아래처럼 고객의 정보를 하나의 딕셔너리 자료로 저장하면 어떤가? 고객 정보의 검색이나 유지 관리가 훨씬 용이하고 프로그래밍 코드 자체가 일목요연해질 것이다. 고객마다 아래와 같은 딕셔너리를 만들고 이를 리스트 내에 원소로 저장한다면 우리는 기본적인 고객 정보 관리 시스템을 이미 구축한 것이나 다름없다. 프로그래밍은 결코 어렵지 않다!!

```
user1={'이름':'파이썬','생년월일':'020726','연락처':'010-1234-5678','마일리지': 3100}
```

key	value
이름	파이썬
생년월일	020726
연락처	010-1234-5678
마일리지	3100

2.2 딕셔너리 다루기

딕셔너리의 기본 동작인 검색과 추가, 그리고 삭제 방법을 살펴보자.

딕셔너리에서 검색하기

딕셔너리의 가장 큰 장점은 원하는 value를 key로 직접 찾아낼 수 있다는 것이다. 아래는 key를 사용해서 value를 얻어내는 방법을 나타내고 있다.

```
딕셔너리명[key]
```

리스트에서의 인덱싱과 동일한 형태이지만 괄호 안에 들어가는 값이 원소의 위치 번호가 아니라 key 값이라는 것에 유의하자. 딕셔너리에서는 리스트처럼 원소들의 순서를 따지지 않고 key 값으로 검색이 가능하다. 이것이 key가 유일해야 하는 이유이다.

이제 앞에서 언급했던 지역 대표 음식 딕셔너리에서 쉽게 '부산'의 대표 음식을 검색할 수 있다.

```
food = {'춘천':'닭갈비', '횡성':'한우', '부산':'밀면', '전주':'비빔밥'}
food['부산']
```

```
'밀면'
```

그럼 존재하지 않는 key를 가지고 검색하려고 하면 어떻게 될까? 아래의 예처럼 유효한 key 값이 아닌 '서울'을 입력하면 오류가 발생하므로 주의해야 한다.

```
food['서울']
```

```
KeyError: '서울'
```

또한, 연산자 in과 not in으로 딕셔너리에 지정된 키가 포함되어 있는지 여부를 확인할 수 있다.

```
'서울' in food
```

```
False
```

■ 딕셔너리에 데이터 쌍 추가하기

딕셔너리에 데이터 쌍을 추가하는 방법은 아래와 같이 매우 간단하다.

```
딕셔너리명[key]=value
```

단, 만일 같은 key가 딕셔너리에 이미 존재하는 경우에는 key의 유일성을 유지하기 위해 value가 새로운 값으로 덮어 써지므로 유의해야 한다. 아래는 성공적으로 새로운 쌍이 추가된 예이다.

```
food = {'춘천':'닭갈비', '횡성':'한우', '부산':'밀면', '전주':'비빔밥'}
food['포항']='과메기'
food
```

```
{'부산':'밀면', '전주':'비빔밥', '춘천':'닭갈비', '포항':'과메기', '횡성':'한우'}
```

■ 딕셔너리에서 데이터 쌍 제거하기

아래는 딕셔너리에서 특정 key를 가지는 데이터 쌍을 제거하는 방법이다.

```
del 딕셔너리명[제거하려는 데이터 쌍의 key]
```

위처럼 del 이후에 딕셔너리 변수명을 적고 그 안에 제거하려는 데이터 쌍의 key를 기입하면 해당 key를 가지는 데이터 쌍이 딕셔너리에서 제거된다.

```
del food['춘천']
food
```

```
{'부산':'밀면', '전주':'비빔밥', '포항':'과메기', '횡성':'한우'}
```

반면 'del 딕셔너리명'을 하면 딕셔너리 자체가 사라진다. 아래 예에서 food라는 딕셔너리 자체가 사라진 이후에 food에 접근하려 했기 때문에 변수가 존재하지 않는다는 에러가 발생했다.

```
del food
food
```

```
NameError: name 'food' is not defined
```

2.3 딕셔너리 전용함수

딕셔너리 관련 주요 전용함수들은 다음 표와 같다. 리스트 전용함수와 중복되는 것도 있다.

딕셔너리 전용함수들	설명
get(key, value=None)	주어진 키를 가지고 값을 찾아 반환, 만약 없으면 value 반환
pop(key)	key에 해당하는 값을 반환하고 항목을 삭제
keys()	딕셔너리 안의 모든 키를 반환
values()	딕셔너리 안의 모든 값을 반환
items()	딕셔너리 안의 모든 (키, 값)을 반환
update(d)	기존 딕셔너리에 딕셔너리 d를 추가
clear()	딕셔너리의 모든 항목을 제거

예를 통해 사용법을 익혀보자. 딕셔너리 변수 menu를 아래와 같이 정의한다.

```
menu={'아이스 아메리카노':3000, '카라멜 마끼아또':4000, '카페모카':4500, '유자차':3500}
```

get

key 값으로 value를 검색할 때 '딕셔너리명[key값]' 형식을 사용하게 되면 해당 key가 존재하지 않을 경우 아래처럼 오류가 발생하면서 프로그램이 멈춘다.

```
order=input('어떤 메뉴를 원하세요? ')
menu[order]
```

```
어떤 메뉴를 원하세요? 우유
------------------------------------------------------------
KeyError: '우유'
```

프로그램을 직접 구현하지 않은 사용자에게서 key에 해당하는 값을 입력받을 경우 잘못된 key의 입력은 흔하게 있을 수 있는데 이때마다 프로그램이 멈춘다면 곤란할 것이다. 이러한 key 입력 오류로 인한 프로그램의 중단을 막기 위해서는 get 전용함수를 사용하면 된다. get 함수는 첫 번째 인자로 검색에 사용할 key를 전달받아 검색에 성공하면 그 key에 해당하는 value를 반환한다. 그렇지 않고 해당 key를 찾을 수 없는 경우에는 프로그램이 멈추지는 않고 보통은 두 번째 인자로 기본 지정된 None을 반환한다. None은 파이썬의 키워드 중 하나로 False와 같이 취급되는데, 만일 None 대신 다른 내용을 반환하게 하려면 두 번째 인자를 지정하면 가능하다. 아래의 예에서는 사용자가 메뉴에 있는 음료를 골랐을 때는 해당 메뉴의 가격을 반환하고, 아닐 때는 '죄송합니다. 없는 메뉴입니다.'를 반환하도록 구현하였다.

```
order=input('어떤 메뉴를 원하세요? ')
menu.get(order, '죄송합니다. 없는 메뉴입니다.')
```

```
어떤 메뉴를 원하세요? 카페모카
4500
```

```
order=input('어떤 메뉴를 원하세요? ')
menu.get(order, '죄송합니다. 없는 메뉴입니다.')
```

```
어떤 메뉴를 원하세요? 우유
죄송합니다. 없는 메뉴입니다.
```

keys

keys는 딕셔너리에 있는 모든 key를 반환한다.

```
menu.keys()
```

```
dict_keys(['아이스 아메리카노', '카라멜 마끼아또', '카페모카', '유자차'])
```

values

values는 딕셔너리에 있는 모든 value를 반환한다.

```
menu.values()
```

```
dict_values([3000, 4000, 4500, 3500])
```

update

update(d)는 기존 딕셔너리에 새로운 딕셔너리 d의 원소들을 추가하여 업데이트한다. 커피 매장에서 추가적으로 빵을 판매하기 위해 아래와 같이 메뉴를 업데이트 한다고 생각해보자.

```
bread={'왕밤빵':2000, '단팥빵':2000, '에그타르트':3000}
```

기존 menu변수에 빵의 메뉴를 정의한 딕셔너리 변수 bread를 추가하는 동작은 아래와 같다.

```
menu={'아이스 아메리카노':3000, '카라멜 다끼아또':4000, '카페모카':4500, '유자차':3500}
bread={'왕밤빵':2000, '단팥빵':2000, '에그타르트':3000}
menu.update(bread)
menu
```

```
{'단팥빵': 2000, '아이스 아메리카노': 3000, '에그타르트': 3000, '왕밤빵': 2000, '유자차': 3500, '카라멜 마끼아또': 4000, '카페모카': 4500}
```

clear

clear는 딕셔너리의 모든 항목을 제거하기 위해 사용한다.

```
menu.clear()
menu
```

```
{}
```

2.4 딕셔너리와 제어문

리스트와 마찬가지로 딕셔너리 변수도 조건문 및 반복문과 함께 자주 사용된다.

조건문 제어 구조

멤버연산자 in과 not in은 딕셔너리의 key들 중에 특정 key가 존재하는지 아닌지 알려준다. value에 있는 값은 알 수 없다. 사용법은 아래와 같다.

```
key in 딕셔너리명
```

이를 활용하면 '딕셔너리명[key값]' 형식으로 value를 찾기 전에 key가 딕셔너리에 존재하는지 미리 검사해서 KeyError의 발생을 방지할 수 있다.

```
order=input('어떤 메뉴를 원하세요? ')
if order in menu:  # order의 내용이 menu의 key 중 하나일 때만 True
  print(f"가격은 {menu[order]}원입니다.")
```

```
어떤 메뉴를 원하세요? 유자차
가격은 3500원입니다.
```

■ 반복문 제어 구조

반복문 제어 구조에서는 엄밀히 말해 딕셔너리 자체가 제어 변수의 값으로 사용되는 것은 아니지만 이를 기반으로 생성한 key의 리스트나 value의 리스트가 사용된다. 예를 들어 아래 코드는 딕셔너리에 들어 있는 key를 차례대로 출력할 수 있다.

```
bread={'왕밤빵':2000, '단팥빵':2000, '에그타르트':3000}
for k in bread.keys():  # key의 리스트
  print(k)  # key만 출력
```

```
왕밤빵
단팥빵
에그타르트
```

한편 딕셔너리 자료가 리스트의 원소로 사용되어 각각의 딕셔너리 자료를 반복문을 통해 접근하는 경우도 많다. 아래의 students는 딕셔너리를 원소로 갖는 리스트이다. 아래처럼 각각의 딕셔너리 자료를 순차적으로 접근하여 각 학생의 정보를 출력할 수 있다.

```
students = [{'학번':'202155523','이름':'김여자','점수':90},
            {'학번':'202155578','이름':'이남자','점수':85}]
for s in students:  # s는 각 학생에 대한 딕셔너리 자료
  print(f"{s['학번']} {s['이름']} 학생은 {s['점수']}점입니다.")
```

```
202155523 김여자 학생은 90점입니다.
202155578 이남자 학생은 85점입니다.
```

3 리스트와 딕셔너리를 사용한 다양한 문제 해결하기

지금까지 리스트와 튜플, 딕셔너리 자료형을 공부했다. 이것을 활용한 프로그램을 작성해 보자.

3.1 심사결과 프로그램

7명의 심사위원이 1~10점 사이를 점수를 입력한다. 심사 결과의 공정성을 위하여 입력된 점수 중 최고 점수와 최저 점수를 제외한 나머지 점수로 합계와 평균을 구한다.

학습목표 **빈 리스트 생성, sort(), append(), 리스트 슬라이싱, f-strings**

해결전략

❶ 7명 심사위원의 점수를 순차적으로 입력하여 score 리스트에 저장한다.
❷ score 리스트를 오름차순 정렬한다.
❸ 슬라이싱을 통해 처음 값과 마지막 값을 제외한 값을 불러오면서 합계를 구한다.
❹ 합계와 평균을 출력한다.

❗ 해결과정

❶ 점수 저장을 위한 리스트를 만들고, 사용자로부터 값을 입력받아 append 함수를 호출하여 리스트에 삽입하는 과정을 7번 반복한다.

```
score=[]  #점수 저장을 위한 빈 리스트 생성

for i in range(1,8):
  score.append(int(input(f'{i}번 심사위원 점수 = ')))
```

❷ 리스트 전용함수 sort를 사용하여 점수를 오름차순으로 정렬한다.

```
score.sort()  #오름차순 정렬
print('오름차순 점수 = ', score)
```

❸ 최저 점수와 최고 점수를 제외하기 위해 정렬된 리스트에서 슬라이싱을 통해 맨 처음 값과 맨 끝 값을 제외한 나머지 점수의 합을 구한다.

```
sum=0
for i in score[1:-1]:  #최저점과 최고점을 제외한 나머지 점수 합산
  sum+=i
```

❹ 제외된 심사위원 수를 뺀 나머지 심사위원의 수인 5로 점수의 합을 나누어 평균을 구한다.

```
print(f'합계점수 = {sum} , 평균점수 = {sum/5}')
```

완성 프로그램

```
score=[]  #점수 저장을 위한 빈 리스트 생성

for i in range(1,8):
  score.append(int(input(f'{i}번 심사위원 점수 = ')))

print('원점수 = ', score)

score.sort()  #오름차순 정렬
print('오름차순 점수 = ', score)

sum=0
for i in score[1:-1]:  #최저점과 최고점을 제외한 나머지 점수 합산
  sum+=i

print(f'합계점수 = {sum} , 평균점수 = {sum/5}')
```

```
1번 심사위원점수 = 10
2번 심사위원점수 = 5
3번 심사위원점수 = 9
4번 심사위원점수 = 1
5번 심사위원점수 = 6
6번 심사위원점수 = 8
7번 심사위원점수 = 7
원점수 =  [10, 5, 9, 1, 6, 8, 7]
오름차순 점수 =  [1, 5, 6, 7, 8, 9, 10]
합계점수 = 35 , 평균점수 = 7.0
```

3.2 나라를 입력하면 수도 이름을 출력하는 프로그램

나라 이름과 수도 이름을 각각 key와 value로 한 country_capital 딕셔너리를 만들고 나라 이름 조회를 통해 수도 이름을 출력하는 프로그램을 만들어 보자.

키(key)	아이슬란드	터키	캐나다	뉴질랜드	벨기에	우간다	파라과이
값(value)	레이캬비크	앙카라	오타와	웰링턴	브뤼셀	캄팔라	아순시온

학습목표 **딕셔너리, 무한반복, in, break**

해결전략

❶ 표를 참조해서 country_capital 딕셔너리를 만든다.

❷ 전체 무한 반복하면서 수도 이름이 저장되어 있는 나라 이름을 나열하고 사용자에게서 수도를 알고 싶은 나라를 입력받는다.

❸ 입력받은 나라 이름이 딕셔너리 key 값 중에 있으면 해당 수도 이름을 반환하고 없으면 다시 입력을 요구한다.

❹ 'exit'이 입력되면 무한반복을 빠져나와 프로그램이 종료된다.

해결과정

❶ 나라 이름을 key로, 수도 이름을 value로 하는 딕셔너리를 정의한다.

```
country_capital={'아이슬란드':'레이캬비크',
                 '터키':'앙카라',
                 '캐나다':'오타와',
                 '뉴질랜드':'웰링턴',
                 '벨기에':'브뤼셀',
                 '우간다':'캄팔라',
                 '파라과이':'아순시온'} #딕셔너리 정의
```

❷ 무한 반복을 위해 while문의 조건을 True로 하고 list 함수와 딕셔너리 전용함수 keys를 list(country_capital.keys())와 같이 사용하여 딕셔너리에 저장된 나라 이름의 리스트를 만들어 출력한다.

```
while True :
  country=input(f'{list(country_capital.keys())}중 수도를 알고 싶은 나라는? ')
```

❸ 사용자가 입력한 나라 이름이 딕셔너리에 있으면 수도를 출력하고, 나라 이름이 아니라 'exit'이면 break로 반복문을 빠져나간다. 두 경우 모두 아니면 수도가 저장되어 있지 않은 나라 이름으로 판단하고 재입력을 요구한다.

```
  if country in country_capital:
    print(f'{country}의 수도는 {country_capital[country]} 입니다.')
  elif country=='exit':
    print('프로그램을 종료합니다.!!')
    break
  else:
    print('학습하지 않은 나라입니다. 다시 입력하세요.!!')
```

완성 프로그램

```
country_capital={'아이슬란드':'레이캬비크',
                 '터키':'앙카라',
                 '캐나다':'오타와',
                 '뉴질랜드':'웰링턴',
                 '벨기에':'브뤼셀',
                 '우간다':'캄팔라',
                 '파라과이':'아순시온'}  #딕셔너리 정의

while True :
  country=input(f'{list(country_capital.keys())}중 수도를 알고 싶은 나라는? ')

  if country in country_capital:
    print(f'{country}의 수도는 {country_capital[country]} 입니다.')
  elif country=='exit':
    print('프로그램을 종료합니다.!!')
    break
  else:
    print('학습하지 않은 나라입니다. 다시 입력하세요.!!')
```

```
['아이슬란드', '터키', '캐나다', '뉴질랜드', '벨기에', '우간다', '파라과이']중 수도를
알고 싶은 나라는? 우간다
우간다의 수도는 캄팔라 입니다.
['아이슬란드', '터키', '캐나다', '뉴질랜드', '벨기에', '우간다', '파라과이']중 수도를
알고 싶은 나라는? 벨기에
벨기에의 수도는 브뤼셀 입니다.
['아이슬란드', '터키', '캐나다', '뉴질랜드', '벨기에', '우간다', '파라과이']중 수도를
알고 싶은 나라는? 대한민국
학습하지 않은 나라입니다. 다시 입력하세요.!!
['아이슬란드', '터키', '캐나다', '뉴질랜드', '벨기에', '우간다', '파라과이']중 수도를
알고 싶은 나라는? 파라과이
파라과이의 수도는 아순시온 입니다.
['아이슬란드', '터키', '캐나다', '뉴질랜드', '벨기에', '우간다', '파라과이']중 수도를
알고 싶은 나라는? exit
프로그램을 종료합니다.!!
```

스스로 해결하기

01 나라별 수도 이름 맞추기 게임

각 나라와 수도를 짝지어 딕셔너리를 생성할 수 있다. 7개 정도의 나라를 조사해서 country_capital 딕셔너리를 만들고 순차적으로 나라에 대한 수도를 물어보는 퀴즈 게임을 만들어 보자. 앞에서 만든 country_capital 딕셔너리를 사용해도 된다.

```
수도 맞추기 문제를 시작하겠습니다.
다음 문제를 보고 정확하게 수도 이름을 입력하시기 바랍니다.
아이슬란드의 수도는 어디입니까? 레이캬비크
정답입니다.
터키 의 수도는 어디입니까? 앙카라
정답입니다.
캐나다의 수도는 어디입니까? 잘모름
오답입니다.
  [생략]
파라과이의 수도는 어디입니까? 아순?
오답입니다.
총 7 문제 중 수도를 맞춘 정답수는 4 입니다.
```

학습목표 연속 if문

해결전략

❶ 순차적으로 나라 이름이 나오면 수도 이름을 입력한다.

❷ 나라별 수도와 입력된 수도가 같으면 '정답입니다.' 라고 출력하고 틀리면 '오답입니다.'라고 출력한다.

❸ 정답일 경우 정답개수가 1씩 증가한다.

❹ 게임이 끝나면 최종 정답개수가 출력된다.

스스로 해결하기

02 피타고라스 수 구하기

아래 그림과 같이 피타고라스 정리를 만족하는 삼각형의 변 길이에 대한 순서쌍 (a, b, c)를 구해보자. 삼각형 한 변의 길이는 1부터 30이하로 정해보자.

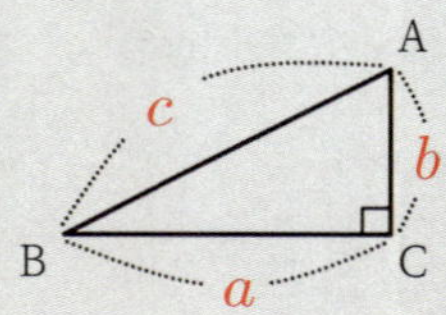

$$a^2 + b^2 = c^2$$

```
[[3, 4, 5],
[5, 12, 13],
[6, 8, 10],
[7, 24, 25],
[8, 15, 17],
[9, 12, 15],
[10, 24, 26],
[12, 16, 20],
[15, 20, 25],
[20, 21, 29]]
```

학습목표 **빈 리스트, 중첩 for문, append()**

해결전략

❶ 빈 리스트 pita_list를 만든다.

❷ a 변수는 1~30 까지 반복

❸ b 변수는 a~30 까지 반복

❹ c 변수는 b~30 까지 반복

❺ $a^2 + b^2 = c^2$을 만족하는 값을 튜플로 만들고 빈 리스트에 추가한다.
[힌트: pita_list.append([a,b,c])]

05 함수와 모듈

수학에서의 함수란 아래 왼쪽 그림(a)처럼 입력값 x_1을 주면 $f(x_1)$에 해당하는 값으로 사상을 시켜주는 어떤 식 f(x)를 말한다. 이 함수의 개념은 그림(b)처럼 확장되어 컴퓨터 프로그래밍에서 사용된다. 함수 F가 어떤 규칙을 가졌는지는 모르지만 매개변수 x를 받으면 그에 따라 반환값 F(x)를 돌려준다. 컴퓨터 프로그램의 많은 함수들이 이렇게 값을 돌려주지만, 어떤 함수들은 반환값 없이 특정한 기능을 수행하는 것으로 작업을 완료하는 경우도 있다. 함수의 영어 표현 "function"이 "기능"이라는 뜻도 가지고 있다는 점을 생각하면 그 이유를 이해할 수 있다.

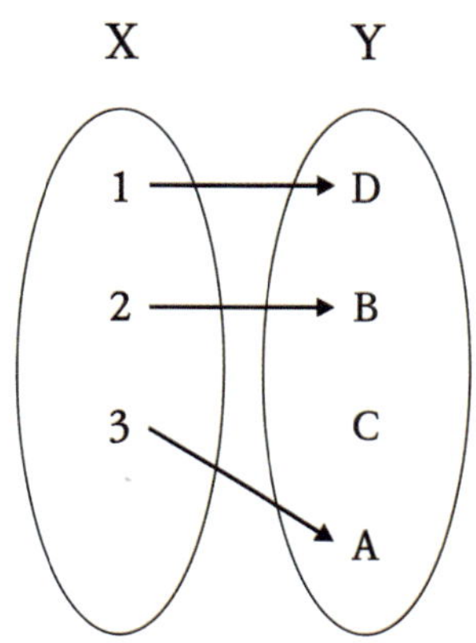

(a)

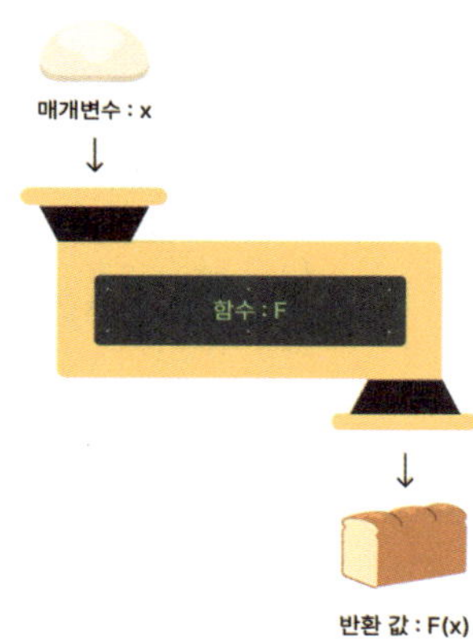

(b)

그럼 함수는 왜 사용할까? 아래와 같은 요구사항이 주어졌다고 가정해보자.

> 반지름을 입력받아 원을 그리고, 원의 둘레와 넓이를 계산하라.

문장은 단순해 보이는데, 실제로 프로그래밍을 하려고 하면 무엇부터 해야 할지 명확히 잡히지 않는다. 이렇게 복잡한 문제를 한 번에 처리하려고 하면 프로그램도 길어지고 코드도 난해해진다. 이런 경우 문제를 다루기 쉬운 작은 부분들로 나누어준다. 방금의 요구사항은 아래와 같이 네 가지 작은 부분들로 나눌 수 있고, 이렇게 나누어 놓으면 각 부분들을 어떻게 처리해야할지 머릿속에 쉽게 정리가 된다.

나누어진 부분의 문제들을 해결한 후, 이 결과들을 합치면 원래의 전체 문제를 해결할 수 있게 되는데 이를 '나누어 정복하기'라 부른다. 일반적으로 프로그래머들은 나누어진 각 부분들을 해결하기 위한 코드들을 묶어 각각의 함수로 구현하고 이들을 주프로그램에서 순서대로 호출한다.

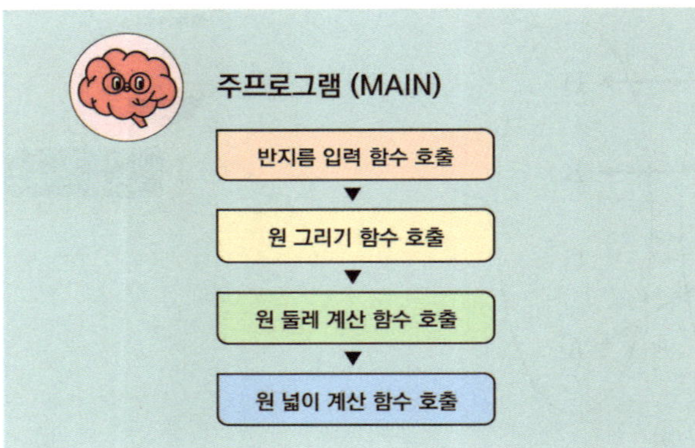

큰 문제를 '나누어 정복' 할 수 있다는 장점 외에도 함수 사용의 중요한 또다른 이유는 코드의 재사용성과 안정성을 높일 수 있기 때문이다. 자주 사용하는 특정 기능을 수행하는 함수를 구현해 놓으면 같은 기능을 필요로 하는 다른 프로그램을 구현할 때도 사용할 수 있어 프로그램 개발 시간을 단축시킬 수 있을 뿐만 아니라, 이미 이전 프로그램을 구현할 때 정상적으로 동작함을 확인했기 때문에 함수의 기능을 신뢰할 수 있다는 의미이다.

파이썬에는 내장함수, 외장함수, 사용자 정의함수라고 불리는 3가지 종류의 함수가 존재한다. input()과 print()처럼 파이썬 인터프리터에 기본으로 포함되어 있어서 바로 사용할 수 있는 함수를 내장함수라고 한다. 외장함수는 파이썬 문법으로 작성된 파일인 모듈에서 정의된 함수로서 모듈을 불러온 다음에 사용할 수 있다. 사용자 정의함수는 사용자의 특수한 목적을 위해 직접 작성하여 사용하는 함수이다.

이번 장에서는 함수의 기본 구조를 이해하고, 사용자 정의함수를 직접 만들어서 사용하는 방법에 대해 알아본다. 그리고 모듈의 개념과 자주 사용되는 몇 가지 모듈에 대해 설명한다.

1 사용자 정의함수

우리는 이미 앞에서 몇 가지 파이썬 내장함수들을 사용하였다.

```
x = input('x의 값을 입력하시오 >>')
x = int(x)
print(x + 10)
```

```
x의 값을 입력하시오 >>5
15
```

알다시피 input()은 사용자의 입력을 받아들이는 함수이고, print()는 괄호 내부에 있는 변수를 출력해 주는 기능을 하는 함수이다. 실제로 이 함수들이 어떻게 그렇게 하는지는 몰라도 우리는 이 함수들에게 매개변수를 전달하기만 하면 입력과 출력을 할 수 있다. 이렇게 파이썬은 입출력을 비롯한 각종 필수 함수들을 기본적으로 제공한다.

하지만 프로그래밍이 필요한 문제는 매우 다양하고 파이썬 인터프리터가 이런 모든 문제에 대한 해결책을 포함하고 있을 수는 없다. 그렇다면 프로그래머가 직접 자신의 문제를 해결하는 데 필요한 명령어들을 묶어서 하나의 함수로 작성하여 사용할 수밖에 없고 이런 함수를 사용자 정의함수라고 분류한다. 지금부터 파이썬의 함수를 만들어보자.

1.1 함수 정의와 호출

■ 함수 정의

간단한 함수를 정의하고 사용해 보자. 만들어볼 함수는 특정 가게의 아르바이트 점원을 뽑는 광고를 자동으로 만들어주는 함수이다.

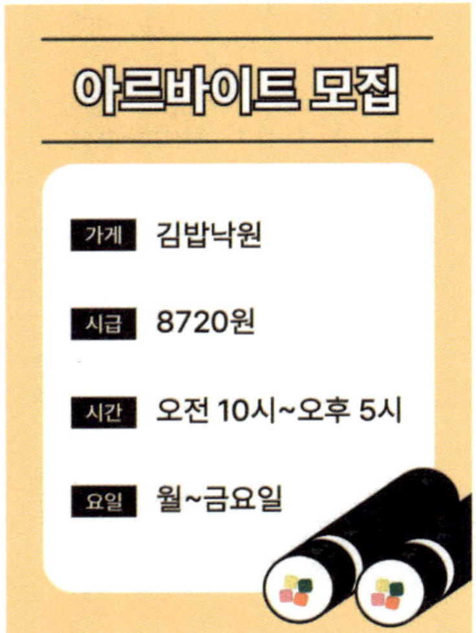

아르바이트 시간은 오전 10시부터 오후 5시며 요일은 월~금요일로 고정되어 있다고 가정하면, 함수에 더 필요한 정보는 가게 이름과 아르바이트 점원의 시급이다. 작성해야 하는 함수는 필요한 정보가 입력되면 이를 이용하여 광고를 만들어 출력해주는 함수로서 아래와 같이 동작한다. 함수의 이름은 workinfo이고 입력되어야 하는 정보는 가게 이름(문자열)과 시급(숫자형)이다. 함수는 2가지 입력값을 이용하여 아래와 같이 광고를 출력한다.

```
workinfo('김밥낙원', 8720)
```

```
가게: 김밥낙원
시급: 8720 원
시간: 오전10시~오후5시
요일: 월~금요일
```

함수를 만들기 위해서는 아래와 같이 먼저 첫 번째 줄에 def 예약어(keyword)를 이용하여 새로운 함수를 정의함을 파이썬에 알린다. 이어서 함수의 이름인 workinfo를 적어준다. 그리고 소괄호를 열어준다. 소괄호의 내부에는 name과 money 변수를 선언한다.

```
1 def workinfo(name,money):
2   print('가게:', name)
3   print('시급:', money, '원')
4   print('시간: 오전10시~오후5시')
5   print('요일: 월~금요일')
```

이 변수들은 '김밥낙원'과 8720이라는 값들을 받기위한 매개변수이다. 첫 줄의 마무리로 콜론(:)을 입력해주고, 그 다음 줄부터는 함수 내부에서 실행할 명령문들을 기술한다. 하나의 함수 내부에서 실행할 명령문들은 모두 같은 수준으로 들여쓰기가 되어 있더야 한다. 이 예에서는 두 번째 줄부터 다섯 번째 줄까지의 명령문들이 같은 칸만큼 들여쓰기가 되어 줄이 맞춰져 있으므로 이 함수가 호출되었을 때 순서대로 수행된다. '김밥낙원'과 8720이 name과 money 변수에 들어가 있으므로 print 함수를 사용해서 이를 광고처럼 출력해주면 된다.

■ 함수 호출

정의한 함수를 실행하기 위해서는 함수 호출을 하여야 한다. 함수의 호출은 아래와 같이 함수의 이름을 적고, 함수를 만들 때 괄호 안에 나열했던 매개변수긴 name과 money에 전달할 값을 순서대로 입력해주면 된다. 이렇게 호출할 때 소괄호 안에 넣어주는 '김밥낙원'과 8720과 같은 값을 '인수'라고 하고, 함수를 정의할 때 소괄호 안에 기술한 name, money와 같은 변수를 '매개변수'라고 한다.

아래 그림을 통해 함수 동작과정을 알아보자. ① 먼저 함수이름인 workinfo를 이용하여 함수를 호출하면서 소괄호 내부에 '김밥낙원'과 8720을 인수로 넣어준다. ② 함수로 넘겨진 '김밥낙원'과 8720은 같은 위치에 있는 매개변수인 name과 money에 저장된다. ③ 마지막으로 함수 내부의 코드가 실행되어 광고가 출력된다. 이때 매개변수인 name과 money 변수에 저장되어 있는 '김밥낙원'과 8720이 그대로 출력된다.

```
def workinfo(name, money):
    print('가게:', name)
    print('시급:', money, '원')
    print('시간: 오전 10시 ~ 오후 5시')
    print('요일: 월~금요일')
```

```
workinfo('김밥낙원', 8720)
```

```
가게: 김밥낙원
시급: 8720 원
시간: 오전 10시 ~ 오후 5시
요일: 월~금요일
```

그럼 지금까지 공부한 함수를 다시 한번 정리해보자. 호출할 때 인수로 값을 넘기고, 함수에서 매개변수로 받는 구조의 함수의 기본 구조는 아래와 같다. def는 함수를 선언할 때 사용하는 명령어이고, 함수명은 함수의 이름이며 임의로 정해주면 된다. 함수명 뒤 괄호 안의 매개변수는 호출할 때 넘겨주는 인수를 저장할 변수이다. 그리고 기존 조건문이나 반복문과 같이 수행할 명령문들을 나열해주면 된다.

```
def 함수명(매개변수):
    수행할 명령문 1
    수행할 명령문 2
    ...
```

■ 매개변수와 인수

함수를 정의할 때 매개변수가 두 개 이상 선언되었다면, 함수를 호출할 때도 매개변수의 개수와 순서에 맞춰서 인수를 전달해야 한다. 앞서 정의한 workinfo 함수는 매개변수가 두 개였다.

```python
def workinfo(name,money):
  print('가게:', name)
  print('시급:', money, '원')
  print('시간: 오전10시~오후5시')
  print('요일: 월~금요일')
```

먼저 만일 매개변수의 개수와 인수의 개수가 일치하지 않으면 에러가 발생한다. 전달하는 인수의 개수가 매개변수 개수보다 적은 경우와 전달하는 인수의 개수가 매개변수 개수보다 많은 경우를 구분하여 에러가 발생하기 때문에 에러 메시지를 통해 에러 원인을 확인할 수 있다. 다음은 전달하는 인수의 개수가 매개변수 개수보다 적은 상황에 대한 예이다.

```python
workinfo('김밥낙원')
```

```
---------------------------------------------------------------------------
TypeError                                 Traceback (most recent call last)
<ipython-input-8-089f7c7ee0f1> in <module>( )
      5   print('요일: 월~금요일')
      6
----> 7 workinfo('김밥낙원')

TypeError: workinfo( ) missing 1 required positional argument: 'money'
```

매개변수의 순서가 맞지 않을 때는 엉뚱한 결과를 얻게 될 수도 있다. workinfo 함수에 전달할 인수의 순서가 바뀐다면 아래와 같이 가게 이름과 시급이 뒤바뀌어 출력된다.

```
workinfo(8720, '김밥낙원')
```

```
가게: 8720
시급: 김밥낙원 원
시간: 오전10시~오후5시
요일: 월~금요일
```

이렇게 인수의 전달 순서가 잘 기억나지 않을 때에는 아래의 예처럼 매개변수 이름을 명시하여 인수값을 전달하면 꼭 순서를 맞추지 않아도 된다.

```
workinfo(money=8720, name='김밥낙원')
```

```
가게: 김밥낙원
시급: 8720 원
시간: 오전10시~오후5시
요일: 월~금요일
```

1.2 함수의 형태

지금까지 우리는 함수를 호출할 때 인수를 이용하여 데이터를 함수로 보내는 과정에 대하여 알아보았다. 하지만 함수가 매우 유용한 이유는 아래의 그림과 같이 우리가 입력하는 값을 받아서 처리하고, 그 결과를 우리에게 보내줄 수도 있기 때문이다. 함수로부터 우리에게 되돌아오는 값을 반환값이라고 한다.

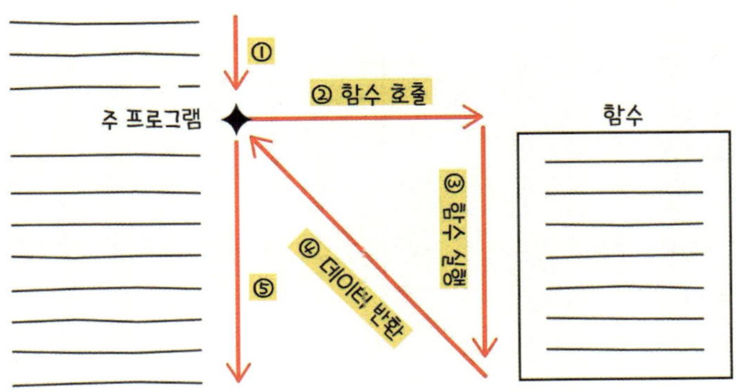

매개변수와 반환값의 유무에 따라 아래와 같이 네 가지 형태의 함수가 존재한다.

매개변수와 반환값이 모두 있는 함수	반환값만 있는 함수

def **함수명**(매개변수):
    수행할 명령문
    ...
    return 반환값
	def **함수명**( ):
	    수행할 명령문
	    ...
	    return 반환값

매개변수만 있는 함수	**모두 없는 함수**

def **함수명**(매개변수):
    수행할 명령문
    ...
	def **함수명**( ):
	    수행할 명령문
	    ...

먼저 가장 단순한 형태는 매개변수와 반환값 모두가 없는 함수이다. 이 함수는 내부에 있는 명령문만을 실행해주는 함수로서 단순히 같이 실행해주고 싶은 명령문들의 묶음일 뿐이다.

```python
def alertMsg():
  print('여기는 수심이 깊은 곳입니다.')
  print('입수 금지')

alertMsg()
```

```
여기는 수심이 깊은 곳입니다
입수 금지
```

매개변수만 있는 함수는 앞에서도 다뤄 보았다. workinfo 함수나 아래의 alertMsg 함수는 인수를 받아들여 내부에서 사용하는 것으로 작업이 끝난다.

```python
def alertMsg(msg1, msg2):
  print(msg1)
  print(msg2)

alertMsg('여기는 수심이 깊은 곳입니다', '입수 금지')
```

```
여기는 수심이 깊은 곳입니다
입수 금지
```

한편, 함수는 실행이 끝난 후에 나온 결과(데이터)를 함수를 호출한 곳으로 반환할 수 있다. 이때 return 이라는 예약어를 이용하는데, return 예약어 다음에 반환하려고 하는 값을 바로 쓰거나 값을 담고 있는 변수를 쓰면 된다.

다음은 매개변수는 없고 반환값만 있는 함수이다.

```
1  def milkPrice():
2    return 1200
3
4  price = milkPrice()
5  print(f'우유의 값은 {price}원입니다.')
```

```
우유의 값은 1200원입니다.
```

먼저 함수 선언문이 나오고 4번 줄에서 milkPrice 함수를 호출하면 함수가 실행되어 2번 줄의 return 이 실행 결과를 반환한다. 이 값은 4번 줄의 milkPrice 함수 호출문의 자리로 반환되어 price 변수에 저장되고 5행에서 출력된다. 이처럼 return 다음에 값이 있다면 값이 전달되고, 연산식이 있다면 연산의 결과가 전달된다. 혹은 return 예약어만 있다면 아무런 값을 반환하지 않고 호출한 곳으로 돌아간다.

이번엔 매개변수와 반환값 둘 다 있는 함수를 정의해보자. 우리가 작성해볼 함수는 체중과 키를 입력받고 체질량지수(BMI)를 계산해주는 함수 calcBMI이다. 체질량지수는 키(cm)와 체중(kg)을 이용하여 비만 정도를 추정하는 계산법으로 계산식은 다음과 같다.

$$BMI = \frac{체중}{키^2} \times 10000$$

작성한 함수는 아래와 같다. 체질량지수 계산에 필요한 키(cm)와 체중(kg)은 함수가 호출될 때 인수로서 함수로 넘어가게 된다. 매개변수인 weight와 height를 이용하여 BMI를 계산하고, 계산된 BMI 값을 밖으로 내보내기 위해서 return 예약어 다음에 BMI 변수를 쓰면 된다.

```
1  def calcBMI(weight, height):
2    BMI = weight/height**2*10000
3    return BMI
4
5  calcBMI(80,180)
```

```
24.691358024691358
```

3번 줄의 return 예약어는 함수 호출을 한 곳으로 BMI 변수의 값을 보내게 된다. 따라서 5번 줄의 calcBMI 함수 호출문이 BMI 계산 결과값인 24.6913으로 대치된 것으로 생각할 수 있다.

파이썬에서는 여러 개의 값을 반환하는 함수도 만들 수 있다. 다음은 2개의 정수를 전달받아 사칙연산(덧셈, 뺄셈, 곱셈, 나눗셈)의 결과를 반환하는 함수이다.

```
1  def calulator(num1, num2):
2    result1 = num1 + num2
3    result2 = num1 - num2
4    result3 = num1 * num2
5    result4 = num1 / num2
6
7    return result1, result2, result3, result4
8
9  result = calulator(10, 20)
10 print(result)
11
12 sum, sub, mul, div = calulator(10, 20)
13 print(sum, sub, mul, div)
```

```
(30, -10, 200, 0.5)
30 -10 200 0.5
```

7번 줄에서 return 다음에 반환할 값을 나열하게 되면 이 전체가 튜플의 형태로 반환된다. 따라서, 9번 줄의 result는 calulator() 함수에서 반환하는 여러 개의 값을 저장하고 있는 튜플이다. 9번 줄과 같이 하나의 변수를 이용해서 튜플 전체를 반환받을 수도 있고, 12번 줄과 같이 반환되는 값의 개수(튜플의 크기)와 일치하도록 여러 개의 변수를 사용하여 값을 따로 따로 반환받을 수도 있다.

2 내장함수와 모듈

2.1 내장함수

파이썬 인터프리터에는 별도의 작업 없이 바로 사용할 수 있는 많은 함수가 내장되어 있다. 아래는 주요 내장함수를 활용에 따라 구분한 것이다.

구분	내장함수
입출력 관련 내장함수	input(), print()
자료형 관련 내장함수	type(), str(), int(), float(), complex(), bool()
리스트 관련 내장함수	len(), sorted(), sum(), max(), min()
반복문 관련 내장함수	range()

■ 자료형 조회(type)

2장에서 변수는 여러 자료를 저장할 수 있다고 했다. 그렇다면 변수에 저장된 데이터가 어떤 자료형일지 모를 때는 어떻게 해야할까? type 함수를 이용하면 자료형을 알 수 있다. 다음 코드는 type 함수에 다양한 자료형을 넣고 실행한 결과이다.

```python
print(type(1))
print(type(1.0))
print(type('1'))
print(type(True))
```

```
<class 'int'>
<class 'float'>
<class 'str'>
<class 'bool'>
```

type 함수를 이용하면 프로그램 중간에 변수의 자료형이 변하더라도 쉽게 알 수 있다. 다음은 type 함수를 이용하여 변수 myVal의 자료형을 출력하는 코드이다.

```
myVal = 1
print(type(myVal))
myVal = 1.0
print(type(myVal))
myVal = '1'
print(type(myVal))
myVal = True
print(type(myVal))
```

```
<class 'int'>
<class 'float'>
<class 'str'>
<class 'bool'>
```

■ 자료형 변환(str, int, float, bool)

자료형은 서로 간에 변환이 가능하다. 예를 들어 정수형을 실수형 자료로, 실수형 자료를 문자형 자료로 변환할 수 있다. 이를 '자료형 변환' 또는 간단히 '형 변환'이라고 한다. 다음은 자료형을 변환하는 예이다.

```
myVal = 1
myVal = float(myVal)
print(myVal, '->', type(myVal))
myVal = str(myVal)
print(myVal,  '->', type(myVal))
myVal = bool(myVal)
print(myVal,  '->', type(myVal))
```

```
1.0 -> <class 'float'>
1.0 -> <class 'str'>
True -> <class 'bool'>
```

위의 예에서 확인할 수 있듯이 type()을 통해 확인한 자료형의 이름이 함수 이름으로 그대로 사용된 것을 알 수 있다. 아래 예의 '0.23%' 중 '%'처럼 문자형 자료를 숫자형 자료로 변환할 때 숫자형으로 변환될 수 없는 문자가 포함되어 있다면 변환 오류가 발생하므로 주의하여야 한다.

```
myVal = '0.23%'
myVal = float(myVal)
print(myVal, '->', type(myVal))
```

```
ValueError                                Traceback (most recent call last)
<ipython-input-15-659388599643> in <module>( )
      1 myVal = '0.23%'
      2 
----> 3 myVal = float(myVal)
      4 print(myVal, '->', type(myVal))

ValueError: could not convert string to float: '0.23%'
```

자료형 중에는 여러 데이터를 묶어서 저장하고 관리하는 연속자료형인 리스트, 튜플, 딕셔너리도 있다. 파이썬 내장함수 중에는 이러한 연속자료형을 효과적으로 다루기 위한 것들도 있다.

■ 연속자료형 길이(len)

```
myList = [1, 2, 3]
print(len(myList))

myTuple = (1, 2, 3)
print(len(myTuple))

myDict = {1:'one', 2:'two', 3:'three'}
print(len(myDict))
```

```
3
3
3
```

연속자료형의 길이란 포함하는 항목의 개수를 뜻하는 것으로 len 함수를 사용하여 확인할 수 있다. len 함수는 리스트, 튜플, 딕셔너리와 같은 연속자료형 외에도 문자열의 길이를 확인할 때도 사용한다.

■ 연속자료형 정렬(sorted)

```
myList = [2, 1, 3]
print(sorted(myList))
print(sorted(myList, reverse=True))
myTuple = (2, 1, 3)
print(sorted(myTuple))
print(sorted(myTuple, reverse=False))
```

```
[1, 2, 3]
[3, 2, 1]
[1, 2, 3]
[1, 2, 3]
```

sorted 함수는 연속자료형 변수의 원소들을 정렬할 때 사용한다. reverse 옵션이 False면 오름차순, True면 내림차순으로 정렬한다. 오름차순으로 정렬하고자 할 때, 오름차순 정렬이 기본(default) 설정이므로 'reverse=False' 옵션을 명시하지 않아도 된다. 주의할 점은 sorted 함수는 연속자료형 변수의 원소들을 가져와서 정렬된 새로운 변수를 만들기 때문에 원래 변수를 바꾸지는 않는다는 것이다. 연속자료형 변수 중 리스트는 원래 변수의 값을 변경할 수 있는데 원래 변수를 정렬하고 싶다면 sorted() 대신 리스트 전용함수인 sort()를 사용해야 한다.

■ 연속자료형 항목들의 합, 최댓값, 최솟값(sum, max, min)

```
myList = [3, 1, 2]
print(sum(myList), max(myList), min(myList))
myTuple = (3, 1, 2)
print(sum(myTuple), max(myTuple), min(myTuple))
myDict = {3:'three', 1:'one', 2:'two'}
print(sum(myDict), max(myDict), min(myDict))
```

```
6 3 1
6 3 1
6 3 1
```

sum 함수는 원소들의 합을 반환하고, max 함수는 원소 중에서 가장 큰 값을 반환하며, min 함수는 가장 작은 값을 반환한다.

for문과 range()

```python
for i in range(10):
  print(i, end=' ')
print()

for i in range(1, 10):
  print(i, end=' ')
print()

for i in range(0, 10, 2):
  print(i, end=' ')
print()
```

```
0 1 2 3 4 5 6 7 8 9
1 2 3 4 5 6 7 8 9
0 2 4 6 8
```

range 함수는 주로 for문과 함께 사용되는 함수로서 지정된 범위를 가지는 반복 가능한 객체를 반환한다. range 함수는 범위 설정을 위한 3개의 매개변수를 가지고 있다. 첫 번째는 범위 설정의 '시작', 두 번째는 '끝+1', 세 번째는 '간격'을 나타낸다. 범위의 시작 기본값이 0이기 때문에 위의 예에서 첫 번째 for문은 0부터 9까지 차례로 출력한다. 두 번째는 시작값이 1로 지정되어 1부터 9까지 출력하고, 세 번째에서는 간격이 2로 설정되어 0부터 8까지 짝수만 출력된다.

정리하면, range 함수를 호출할 때 3개의 매개변수에 입력하는 값 중 '시작'이 0인 경우와 '간격'이 1인 경우에는 생략가능하다. 다음 표는 range 함수를 호출할 때 입력하는 값의 생략에 따른 결과를 보여준다.

입력값개수	호출 예시	함수 정의	결과
3	range(1, 5, 2)	range(시작값, 끝값 + 1, 간격)	1 ~ 4까지 2씩 증가
2	range(1, 5)	range(시작값, 끝값 +1)	1 ~ 4까지 1씩 증가
1	range(5)	range(끝값 + 1)	0 ~ 4까지 1씩 증가

2.2 모듈

모듈이란 간단히 말해 "자주 쓰는 기능들을 하나로 묶은 것"이다. 일반적으로 자주 쓰는 기능은 주로 함수들로 구현되므로 모듈은 "함수들을 하나로 묶은 것"으로도 볼 수 있다. 이때 이 함수들을 외장함수라고 부른다. 물론 필요에 따라 변수나 실행코드도 포함할 수 있다. 보통 하나의 파이썬 파일(모듈이름.py)이 하나의 모듈이 된다. 모듈을 이용하여 프로그램을 작성하는 것은 마치 레고 블록을 맞추어 하나의 완성품을 만드는 것과 같다. 레고도 작품마다의 핵심 구조에 다양한 기본 블록들을 합쳐 작품을 완성한다.

모듈에 포함된 외장함수나 변수를 사용하기 위해선 먼저 수행되어야 하는 작업이 있다. 그것은 바로 import다. import의 사전적 의미는 "수입한다" 혹은 "들여온다"의 의미로 컴퓨터에서는 주로 내가 작업하는 공간에 사용하고 싶은 대상을 불러온다는 의미로 이해된다. 파이썬에서의 import 명령어는 컴퓨터에게 현재 프로그램에서 특정 모듈을 사용할 것을 알려주는 역할을 한다. 아래는 import를 이용하여 수치 계산을 위한 math 모듈을 적재하는 방법을 보여준다.

```
import math

print(math.log(4))
print(math.sqrt(9))
print(math.floor(1.6))
print(math.pow(2, 10))
```

```
1.3862943611198906
3.0
1
1024.0
```

1번 줄은 math 모듈을 사용자 프로그램으로 불러오는 명령문이다. 아래와 같이 import 다음에 원하는 모듈명을 적어주면 된다.

```
import 모듈명
```

특별한 설정이 없다면 import 명령어는 파이썬 인터프리터가 설치된 개발 환경에서 지정한 모듈을 찾는다. 만약 모듈이 존재하지 않는다면 파이썬 인터프리터는 사용자가 지정한 모듈을 찾지 못하기 때문에 오류 메시지를 출력할 것이다.

3번 줄 이후는 모듈 안에 있는 함수를 호출하는 명령문이다. 아래와 같이 모듈명 다음에 호출하고자 하는 함수의 이름을 적으면 된다.

```
모듈명.함수명
```

그런데 모듈 이름이 길 경우 함수를 호출할 때마다 붙여 쓰기엔 부담이 된다. 그런 이유로 파이썬은 모듈 이름을 별명으로 줄여 쓰는 방법을 제공한다. 아래와 같이 'as' 다음에 원하는 이름(별명)을 적으면 된다.

```
import 모듈명 as 별명
```

```python
1 import math as m
2 
3 print(m.log(4))
4 print(m.sqrt(9))
5 print(m.floor(1.6))
6 print(m.pow(2, 10))
```

```
1.3862943611198906
3.0
1
1024.0
```

1번 행은 'math' 모듈의 이름을 'm'으로 치환하는 명령이다. 이렇게 하면 모듈의 함수를 불러올 때 'math' 대신 'm'을 이용할 수 있다.

때로는 모듈에 포함된 모든 함수가 아닌 필요한 몇몇 함수만 import하고 싶을 때도 있다. 이럴 때 from이라는 명령어를 사용하여 대상 모듈에서 원하는 함수만 선별적으로 import 할 수 있다. 아래는 from과 import를 사용하여 특정 모듈에서 원하는 함수만 불러오는 방법을 나타낸다.

```
from 모듈이름 import 모듈에 포함된 함수1, 모듈에 포함된 함수2...
```

하나 이상의 함수를 불러올 경우, 원하는 함수를 콤마(,)로 구분하여 명시하면 된다. 이렇게 함수를 읽어올 경우 좋은 점이 또 하나 있다. 기존처럼 모듈 전체를 불러오는 방식에서 특정 함수를 사용할 때는 "모듈명.함수명" 방식으로 함수를 호출해야 하는데, 아래처럼 from과 import를 사용했을 경우는 그냥 "함수명"만으로 함수를 호출할 수 있다.

```python
from math import log, sqrt, floor, pow

print(log(4))
print(sqrt(9))
print(floor(1.6))
print(pow(2, 10))
```

```
1.3862943611198906
3.0
1
1024.0
```

이런 장점 때문에 모듈의 모든 함수를 불러오면서도 from과 import를 사용하는 경우가 있는데, 만약 모듈에 포함된 함수의 개수가 많다면 일일이 다 열거하는 것은 비효율적이다. 이럴 경우는 아래와 같이 모듈에 포함된 모든 함수를 한꺼번에 가져올 수 있다. *은 컴퓨터에서 일반적으로 모든(ALL)이라는 의미를 가지고 있다.

```
from 모듈이름 import *
```

모듈 중에는 파이썬 설치시 기본적으로 포함되는 것도 있고, 개인이나 단체가 만들어서 배포하는 것도 있다. 또는 사용자가 직접 자신만의 모듈을 만들어서 사용할 수도 있다. 모듈을 사용할 때 장점은 다음과 같다.

- 프로그램 개발 시간을 단축할 수 있다.
- 모듈은 이미 검증된 코드로 구성되어 있으므로 오류가 적다.
- 다른 사람과 협업 시 기능 구현을 분업하여 작업 속도를 향상할 수 있다.

현재 배포되고 있는 모듈의 종류는 매우 다양하므로 외워서 사용하기보다는 필요할 때 찾아서 사용하는 것이 좋다. 여기에서는 파이썬에서 기본적으로 제공하는 유용한 모듈 몇 가지를 살펴보겠다.

math 모듈

이전 예제에서 잠깐 다뤘던 math는 수학 함수와 관련된 모듈이다. 사칙연산보다 어려운 수식이 필요할 때 주로 사용한다.

```python
import math

print('절댓값:', math.fabs(-3.1415))
print('올림:', math.ceil(-3.1415))
print('내림:', math.floor(-3.1415))
print('버림:', math.trunc(-3.1415))
print('최대공약수:', math.gcd(9, 21))
print('팩토리얼:', math.factorial(10))
print('제곱근:', math.sqrt(4))
```

```
절댓값: 3.1415
올림: -3
내림: -4
버림: -3
최대공약수: 3
팩토리얼: 3628800
제곱근: 2.0
```

random 모듈

random은 무작위 수(난수)를 발생시키는 모듈이다.

```
import random

print('0 이상 1미만 임의 실수:', random.random())
print('0 이상 9이하 임의 정수:', random.randint(0, 9))  # 9 포함
print('0 이상 9미만 임의 정수:', random.randrange(9))   # 9 미포함
print('0 이상 9미만 난수 3개:', random.sample(range(0, 10), 3))
```

```
0 이상 1미만 임의 실수: 0.6446935559019615
0 이상 9이하 임의 정수: 9
0 이상 9미만 임의 정수: 5
0 이상 9미만 난수 3개: [0, 4, 5]
```

datetime 모듈

파이썬으로 날짜와 시간을 다룰 때는 datetime 모듈을 활용한다. 오늘 날짜를 확인하고 싶다면 datetime 내 date.today() 함수를 사용한 다음 year, month, day를 통해 연, 월, 일을 확인할 수 있다.

```
import datetime

today = datetime.date.today()
print(f'{today.year}년 {today.month}월 {today.day}일')
```

```
2021년 7월 24일
```

3 함수와 모듈 활용하기

3.1 계산기 프로그램

아래의 그림과 같이 두 개의 숫자에 대하여 덧셈, 빨셈, 곱셈, 나눗셈, 거듭제곱 연산을 지원하는 계산기 프로그램을 만들어 보자.

```
=== 연산 방법 ===
      1. 덧셈
      2. 뺄셈
      3. 곱셈
      4. 나눗셈
      5. 거듭제곱
      6. 종료
   선택 >> 1
첫 번째 숫자를 입력하세요 >> 10
두 번째 숫자를 입력하세요 >> 20
덧셈 결과: 30
=== 연산 방법 ===
      1. 덧셈
      2. 뺄셈
      3. 곱셈
      4. 나눗셈
      5. 거듭제곱
      6. 종료
선택 >> 6
```

학습목표 **함수, 산술연산자, 무한반복문**

해결전략

❶ 덧셈, 뺄셈, 곱셈, 나눗셈, 거듭제곱을 수행하는 함수를 각각 정의하여 이용한다.

- 덧셈 – 두 개의 정수를 전달받아 합을 반환한다.
- 뺄셈 – 두 개의 정수를 전달받아 첫 번째 수에서 두 번째 수를 뺀 값을 반환한다.
- 곱셈 – 두 개의 정수를 전달받아 곱을 반환한다.
- 나눗셈 – 두 개의 정수를 전달받아 첫 번째 수를 두 번째 수로 나눈 값을 반환한다. 이때, 두 번째 숫자가 0이면 0을 반환한다.

- 거듭제곱 –두 개의 정수를 전달받아 첫 번째 수를 두 번째 수만큼 거듭제곱한 값을 반환한다. 이때, 곱셈은 앞서 정의한 곱셈 함수를 사용한다.

❷ 사용자는 연산 방법을 선택할 수 있으며, '종료'를 선택할 때까지 반복해서 연산을 수행할 수 있다.

해결과정

❶ 덧셈 함수: 두 개의 정수를 전달받아 그 합을 반환하는 함수 addition()을 정의한다.

```
def addition(num1, num2):
  return num1 + num2
```

❷ 뺄셈 함수: 두 개의 정수를 전달받아 첫 번째 수에서 두 번째 수를 뺀 값을 반환하는 함수 subtraction()을 정의한다.

```
def subtraction(num1, num2):
  return num1 - num2
```

❸ 곱셈 함수: 두 개의 정수를 전달받아 그 곱을 반환하는 함수 multiplication()을 정의한다.

```
def multiplication(num1, num2):
  return num1 * num2
```

❹ 나눗셈 함수: 두 개의 정수를 전달받아 첫 번째 수를 두 번째 수로 나눈 값을 반환하는 함수 division()을 정의한다. 이때, 두 번째 수가 0이면 0을 반환한다.

```
def division(num1, num2):
  if num2 == 0:
    return 0
  return num1 / num2
```

❺ 거듭제곱 함수: 두 개의 정수를 전달받아 첫 번째 수를 두 번째 수만큼 곱한 값을 반환한다. 이때, 곱셈은 앞서 정의한 곱셈 함수를 사용한다. 예를 들어, 2의 10승은 2를 10번 곱한 것이므로 3번 줄과 같이 두 번째 수만큼 곱셈 연산을 반복해서 호출하여 계산할 수 있다.

```
def power(num1, num2):
  result = 1
  for i in range(num2):
    result *= multiplication(result, num1)
  return result
```

⑥ 사용자가 '종료'를 선택할 때까지 반복해서 연산을 수행할 수 있도록 무한반복으로 처리한다. 만약 제시된 메뉴에 없는 것을 선택하면 다시 선택을 받도록 하고(12행~13행), '종료'를 선택하면 반복문을 끝낸다(15행~16행).

```
1   while True:
2     msg = """=== 연산 방법 ===
3       1. 덧셈
4       2. 뺄셈
5       3. 곱셈
6       4. 나눗셈
7       5. 거듭제곱
8       6. 종료
9     선택 >> """
10    menu = int(input(msg))
11
12    if menu < 1 or menu > 6:
13      continue
14
15    if menu == 6:
16      break
17
18    input1 = int(input('첫 번째 수를 입력하세요 >> '))
19    input2 = int(input('두 번째 수를 입력하세요 >> '))
20
21    if menu == 1:
22      print(f'덧셈 결과: {addition(input1, input2)}')
```

```python
    elif menu == 2:
        print(f'뺄셈 결과: {subtraction(input1, input2)}')
    elif menu == 3:
        print(f'곱셈 결과: {multiplication(input1, input2)}')
    elif menu == 4:
        print(f'나눗셈 결과: {division(input1, input2)}')
    elif menu == 5:
        print(f'거듭제곱 결과: {power(input1, input2)}')
    else:
        print('다시 선택하세요')
```

3.2 만 나이 계산하기

생년월일에 따른 만 나이를 계산하는 프로그램을 만들어보자. 만 나이는 기준 연도에서 출생 연도를 뺀 후 출생일의 월일이 오늘을 기준으로 이후이면 1을 더 빼줘야 한다.

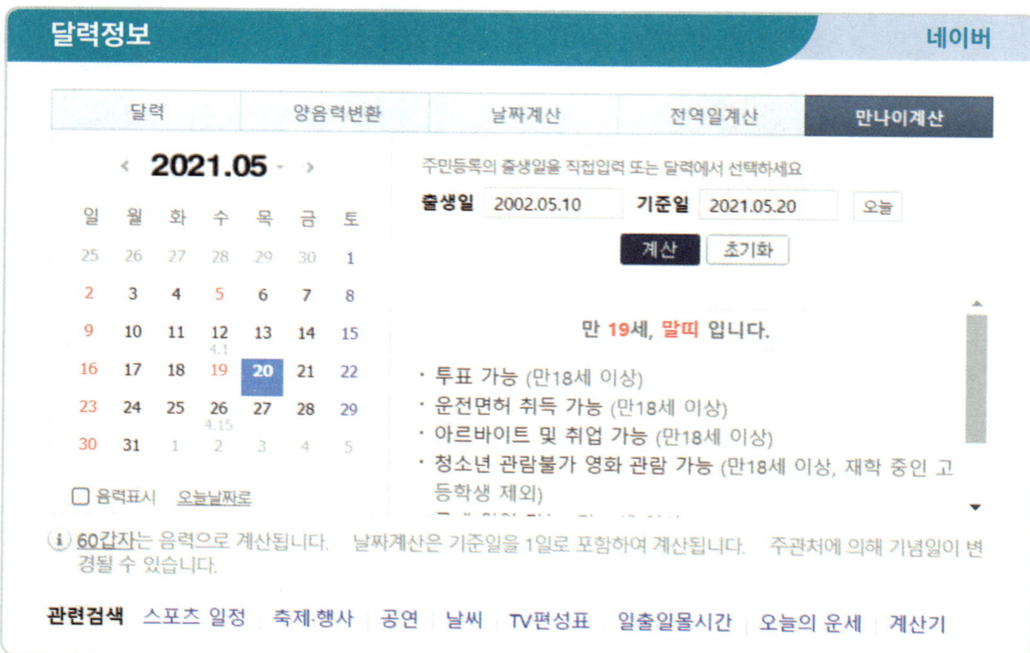

학습목표 **datetime 모듈**

해결전략

❶ 사용자로부터 생년월일을 입력받는다.

❷ 현재 날짜는 datetime 모듈을 사용하여 알아낸다.

❸ 현재를 기준일로 하여 만 나이를 계산한다.

해결과정

❶ 사용자로부터 자신의 생년월일을 입력받는다. 이때, 출생연도, 월, 일을 구분하여 입력받는다.

```
birthYear = int(input('출생연도: '))
birthMon = int(input('출생월: '))
birthDay = int(input('출생일: '))
print(f'생년월일: {birthYear}년 {birthMon}월 {birthDay}일')
```

```
출생연도: 2002
출생월: 6
출생일: 30
생년월일: 2002년 6월 30일
```

❷ datetime 모듈의 today() 함수를 사용하여 오늘 날짜를 구한다.

```
import datetime
today = datetime.date.today()
print(f'기준일: {today.year}년 {today.month}월 {today.day}일')
```

```
기준일: 2021년 6월 24일
```

❸ 출생연도에서 기준 연도를 빼서 만 나이를 계산한다. 이때, 출생일의 월일이 오늘을 기준으로 이후이면 1을 더 빼줘야 한다.

```
age = today.year - birthYear
if today.month < birthMon or (today.month == birthMon and today.day < birthDay):
  age -= 1
print(f'만 {age}세')
```

```
만 18세
```

스스로 해결하기

01 단위 환산 프로그램

mm 단위의 길이를 입력하면 cm, m, inch, ft 등으로 단위가 변환되어 출력되는 함수를 정의하고 사용 예를 보이시오.

[출처: 네이버 단위변환기]

학습목표 함수

해결전략

❶ mm 단위의 길이와 변환하고자 하는 단위를 입력으로 받는 convertUnit 함수를 정의한다.
def converUnit(len, unit)

❷ 단위 환산은 아래와 같다

1mm → 0.1cm

1mm → 0.001m

1mm → 0.03937inch

1mm → 0.003281ft

스스로 해결하기

02 가위/바위/보 게임

파이썬의 random 모듈을 사용하여 가위/바위/보 게임을 구현해보자.

```
===가위/바위/보 게임을 시작합니다.===
===5판 3선승제입니다.===
===1번째 판===
1.가위 2.바위 3.보 >> 1
  나: 가위
  컴퓨터: 바위
  현재 스코어: 0 : 1
===2번째 판===
1.가위 2.바위 3.보 >> 2
  나: 바위
  컴퓨터: 바위
  현재 스코어: 1 : 2
===3번째 판===
1.가위 2.바위 3.브 >> 3
  나: 보
  컴퓨터: 보
  현재 스코어: 2 : 3
당신이 졌습니다!
```

학습목표 **random 모듈, randint 함수**

해결전략

❶ 사용자로부터 숫자를 입력받아 사용자의 가위/바위/보를 결정한다.
(예: 가위 = 1, 바위 = 2, 보 = 3)

❷ random 모듈을 사용하여 1~3사이의 정수를 무작위로 생성하여 컴퓨터의 가위/바위/보를 결정한다.

❸ 사용자와 컴퓨터의 결과를 비교하여 승패를 판단한다.

❹ 5판 3선승제로 진행하며, 각 판이 끝날 때마다 현재 스코어를 출력한다.

컴퓨터 비전공자를 위한 인공지능 활용의 시작

파이썬 프로그래밍

06 파일 입출력

컴퓨터 안에는 다양한 종류의 파일이 있다. 한글, 워드, 또는 엑셀과 같은 프로그램이 저장한 파일도 있고, .txt로 끝나는 텍스트 파일, 사진이나 그림 같은 이미지 파일, 그리고 정체를 알 수 없는 각종 시스템 파일이 존재한다. 이러한 파일들의 내용을 보고 싶을 때 지금까지 우리는 주로 해당 파일을 만드는 데 사용했던 프로그램을 사용하여 열어보았다. 그런데 이 파일들을 파이썬을 활용해 열고 파일 내에 들어 있는 데이터를 사용해서 자동적으로 계산이나 작업을 할 수 있을까? 6장에서는 파이썬으로 텍스트 파일 내의 데이터를 읽어오거나 새로운 파일을 생성하고 데이터를 기록하는 방법에 대해 알아보자. 또한, 다양한 파일의 종류를 이해하고 CSV 파일을 다루는 방법도 알아보자.

1 파일의 종류와 경로

컴퓨터 내에는 많은 파일들이 저장되어 있다. 컴퓨터를 구동시키기 위한 시스템 파일이나 프로그램 실행 파일도 있지만, 우리가 저장하는 대부분의 파일은 데이터를 장기간 보관하거나 훗날의 재사용을 위해서이다. 그럼 데이터 처리에 있어서 파일의 유용성에 대해 한번 생각해보자. 여러분이 어떤 사안에 대해 100명에게 설문조사를 수행했다고 가정하자. 설문 데이터의 평균을 계산하고, 표준편차를 계산하기 위해 전자계산기에 100명의 데이터를 일일이 다 입력해야 한다면 얼마나 번거로울까? 더 나아가 요즘 생물정보학에서는 DNA 연구가 한창이다. DNA 분석을 위해 많이 쓰이는, 그나마 짧다는 초파리 DNA 염기쌍의 수만 해도 1억 6천 5백만 개에 달하는데, 이를 손으로 하나하나 컴퓨터에 입력해야 한다면 얼마나 끔찍할까? 반면에 초파리 DNA 염기쌍 정보를 파일로 저장해 두었다면 어떨까? 파이썬을 통해 순식간에 데이터를 읽어 들여 데이터를 분석하고 그 결과를 역시 파일로 저장할 수 있다.

trip_distance	cup_longit	pickup_latitude	dropoff_longitude	dropoff_latitude
0.61	-73.9559	40.781887	-73.963181	40.777832
3.28	-74.0055	40.745735	-73.964943	40.755722
1.5	-73.97	40.79977	-73.954567	40.787392
0	-73.9914	40.755081	-73.991417	40.755085
1.31	-73.9662	40.773716	-73.955399	40.782597
5.81	-73.9552	40.768978	-73.994064	40.720299
1.25	-73.9856	40.752197	-73.988777	40.737244
1.8	-73.9994	40.730137	-73.983047	40.741844
1.79	-73.9922	40.738644	-73.973099	40.749355
1.7	-74.0066	40.74054	-73.980469	40.730408
4.4	-73.9725	40.756424	-73.942612	40.80999
5.7	-74.0073	40.713177	-73.92041	40.706745
5.67	-73.9846	40.742928	-73.963608	40.675621
7.1	-73.988	40.764706	-73.987076	40.736557
3.8	-74.0061	40.723415	-73.965141	40.686752
3.5	-73.9887	40.768929	-73.984711	40.732773
0.6	-73.9821	40.751724	-73.973045	40.746899

1.1 파일의 종류

컴퓨터 파일은 크게 텍스트 파일(text file)과 이진 파일(binary file)로 구분한다. 텍스트 파일은 사람이 알아볼 수 있는 문자열로 이루어진 파일로서 정해진 형태에 따라 쉽게 처리할 수 있다. 반면에 이진 파일은 데이터의 저장과 처리를 목적으로 0과 1로 이루어진 이진값 형식으로 작성된 파일을 말한다.

■ 텍스트 파일

컴퓨터에서 사용되는 문서 파일은 한글이나 영문자와 같은 문자로만 구성된 파일부터 표나 그림까지 포함할 수 있는 사무용 프로그램 파일까지 다양한 종류가 있다. 이 중 사람이 사용하는 한글이나 영문자와 같은 문자로만 이루어진 문서 파일을 텍스트 파일이라고 한다. 텍스트 파일은 일반적인 문자열로만 구성되어 있어서 메모장 같은 간단한 프로그램을 사용해서 열어도 사람이 직접 내용을 읽을 수 있다. 그러나 같은 텍스트 파일이라도 특정 프로그램을 위한 파일인 경우에는 확장자(filename extension)를 이용하여 구분하는 경우가 많다. 예를 들어 텍스트 파일에 속하는 파이썬 코드 파일은 확장자 '.py'를 붙여 이 파일이 파이썬 파일임을 명시한다. 파이썬 편집기가 정상적으로 설치되어 있다면, 파일이 더블 클릭되는 경우, 운영체제는 확장자를 보고 파일을 처리하는 데 적합한 프로그램과 자동으로 연결할 수 있다. 아래는 .py 파일을 파이썬 편집기 IDLE(Integrated Development and Learning Environment)로 열었을 때의 모습이다. 편집기가 코드 문법을 파악하여 내장함수인 open()과 print()를 다른 색으로 표시하고 있다.

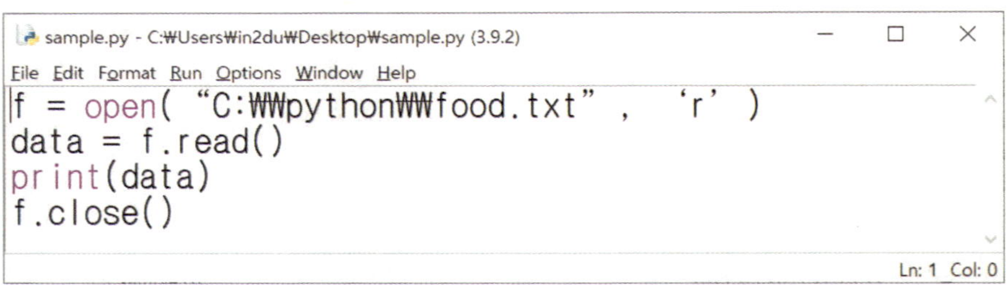

텍스트 파일은 저장 형식이 단순하고 일정하기 때문에 파이썬에서 제공하는 기본 함수를 통해 읽기, 쓰기, 수정 등의 작업을 할 수 있다.

■ 이진 파일

컴퓨터에서 사용되는 그림 파일이나 오디오 파일은 우리에게 친숙한 이진 파일이다. 파일의 내용이 0과 1로 작성되어 있으므로 메모장 프로그램으로 열어보더라도 사람이 직접 그 의미를 알기 힘들다. 대신에 우리는 윈도우즈나 Mac OS에서 기본으로 제공하는 사진 뷰어나 비디오 플레이어 등을 활용하여 그림 파일이나 오디오 파일의 내용을 확인한다. 이진 파일 역시 파이썬에서 기본 제공하는 함수를 통해 읽기, 쓰기, 수정 등의 작업을 할 수는 있지만, 0과 1만 사용하여 해당 작업을 수행할 수 있으므로 관련 모듈을 따로 설치하여 작업하는 것이 효율적이다.

1.2 디렉터리와 파일 경로

도서관이나 문서 창고를 떠올려 보자. 수많은 문서들을 아무런 기준 없이 마구잡이로 꽂아두었다면 원하는 문서를 찾기 위해 얼마나 많은 시간이 필요하겠는가? 따라서 도서관에서는 책을 종류별 또는 작가별로 섹션을 마련하여 보관한다. 컴퓨터 내의 파일도 마찬가지다. 컴퓨터 내에는 많은 파일들이 존재한다. 운영체제의 핵심 부분 중에서 파일 시스템(file system)이라는 부분이 있는데 컴퓨터에서 파일이나 자료를 쉽게 발견할 수 있도록 조직하고 유지 관리하는 방법을 제공한다. 파일 시스템의 핵심 구조가 이번 절에서 다룰 디렉터리(directory)이고, 파일 경로란 파일 시스템 내에서 어떤 파일이 저장된 위치를 디렉터리의 연속으로 표기한 것이다. 파이썬 프로그래밍으로 직접 파일을 다루기 위해서 디렉터리와 파일경로를 이해할 필요가 있다.

■ 디렉터리란?

디렉터리란 파일을 묶어 놓은 공간으로 보통의 파일뿐만 아니라 다른 디렉터리를 포함하기도 한다. MS 윈도우즈가 보편화되고 나서는 폴더라고도 부른다. 그러면 이 공간을 어떻게 구별할까? 파일과 동일하게 디렉터리도 이름을 가지고 있다. 우리가 윈도우 탐색기를 열었을 때 아래 그림처럼 서류철 모양 의 아이콘이 디렉터리이다. 모든 디렉터리들이 이름을 가지고 있는 것을 확인할 수 있다.

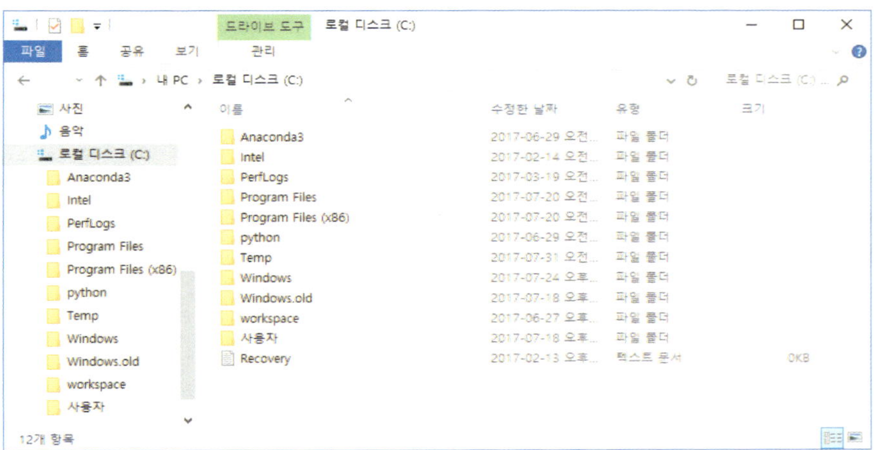

■ 파일경로란?

파일경로는 파일이 저장되어 있는 실제 위치를 명시하는 방법이다. 컴퓨터에서는 파일의 위치를 명시하는 규칙이 있다. 계층적 트리 구조로 된 디렉터리 이름을 순서대로 나열한다. 그리고 디렉터리와 디렉터리 사이는 '\' 또는 '₩' 기호를 사용하여 구분한다. 이 규칙에 따라 아래 그림과 같은 디렉터리 구조에서 '기초 파이썬.txt' 파일이 어디에 위치하는지 설명하고자 한다면 어떻게 할까? 우선 하드디스크를 나타내는 'C:\'로 시작한다. 이 디렉터리를 나무의 뿌리를 뜻하는 단어를 써서 '루트(root) 디렉터리'라고 한다. 그리고 순차적으로 디렉터리 이름을 작성하면 'C:\도서관\공학\컴퓨터공학\언어\파이썬\기초파이썬.txt'과 같이 파일경로를 명시할 수 있다.

- 로컬 드라이브(C:) ⇦ "C:" 하드 디스크를 나타내는 기호
  - 도서관
    - 공학
      - 기계공학
      - 컴퓨터공학
        - 언어
          - C
          - 자바
          - 파이썬 ⇦ "기초파이썬.txt" 파일이 저장된 위치
    - 인문학
    - 사회학

참고 '\' 또는 '₩' 기호

이 두 기호는 동일한 기호이다. 운영체제 또는 글꼴에 따라 표현이 다르기 때문에 혼동하지 말기 바란다.

■ 구글 Colab의 파일 경로

구글 Colab에서 파일을 처리하기 위해서는 해당 파일을 Colab에 업로드하는 과정이 우선되어야 한다. 구글 Colab에 파일을 업로드하는 방법은 크게 구글 Colab의 파일 탐색기를 이용하는 방법과 google.colab 모듈의 외장함수를 이용하는 방법이 있다. 여기서는 일단 구글 Colab의 파일 탐색기를 이용하여 파일을 업로드하고 해당 파일의 경로를 확인해본다.

구글 Colab 화면의 왼쪽에 위치한 파일 탐색기를 선택한 다음 '세션 저장소에 업로드'를 클릭하면 업로드할 파일을 선택하는 창이 나타난다. 해당 창에서 업로드할 파일을 선택하면 주의사항을 알려준 다음 업로드가 완료된다.

파일의 업로드가 완료된 다음에 해당 파일에서 마우스 오른쪽 클릭하면 업로드한 파일의 이름을 바꾸거나 해당 파일의 경로를 복사할 수 있다.

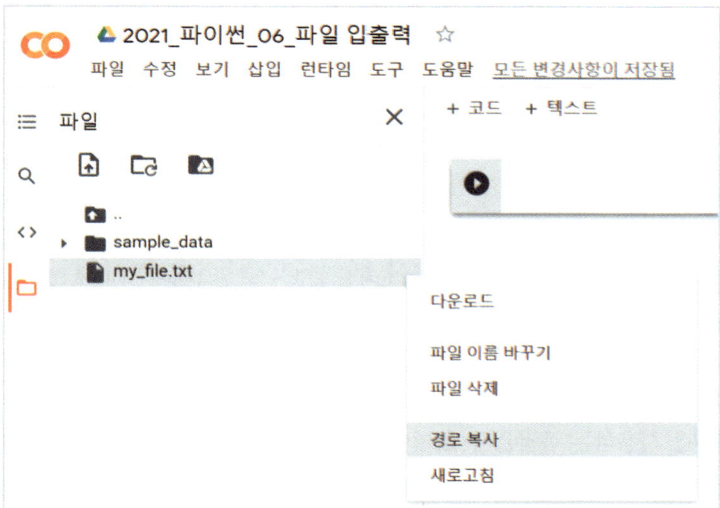

예를 들어 그림에서 보이는 'my_file.txt'의 경로는 '/content/my_file.txt' 이다.

2 파일 입출력

이번 절에서는 파이썬을 사용하여 파일 속의 데이터를 프로그램으로 어떻게 읽어 들이는지, 또 결과를 기록하기 위한 파일은 어떻게 만들고 어떻게 데이터를 쓰는지 알아본다.

2.1 파일 입출력 함수

파이썬은 파일 입출력을 위한 기본 함수들을 제공한다. 이 함수의 사용법만 알면 쉽게 파일을 작성하고 우리가 원하는 내용을 읽고 쓸 수 있다.

목적	함수	설명	사용예
파일 열기	open(파일경로, 모드)	파일을 읽기 또는 쓰기 모드로 준비	f = open('temp.txt', 'r')
파일 닫기	close()	파일을 디스크에 저장하고 끝냄	f.close()
내용 쓰기	write(자료)	자료를 파일에 기록	f.write('Hello!')
	writelines(연속형자료)	문자열 연속형자료를 한 번에 기록	f.writelines(strList)
내용 읽기	read()	파일 전체 내용을 읽어옴	data = f.read()
	readline()	파일 내용 중 다음 줄을 읽어옴	line = f.readline()
	readlines()	파일 내용 전체를 줄 단위로 읽어옴	lines = f.readlines()

■ 파일 열기

프로그램에서 파일을 사용하는 목적은 두 가지이다. 첫째는 파일 내에 들어있는 데이터를 읽어 들이기 위함이고, 둘째는 프로그램의 계산 결과를 파일에 기록하기 위함이다. 어떤 파일 내의 데이터를 읽어들이기 위해서는 해당 파일의 파일 경로를 사용하여 그 파일을 열어야 하고, 어떤 파일에 결과를 기록할 때도 그 파일을 열어야 그 속에 데이터를 쓸 수 있다. 이렇게 읽거나 쓸 목적으로 파일을 '열기' 위한 함수로는 파이썬의 기본함수인 open()이 있다. 이 함수는 인자로 넘겨받은 파일 이름과 일치하는 파일을 찾아 연 후에 '파일 객체'라고 부르는 특별한 종류의 파일 변수를 반환한다. 이 파일 변수는 파일 내에서 현재 읽거나 써야 할 위치 등 파일 관련 정보를 가지고 있다.

```
파일변수 = open(파일경로, 모드)
```

open 함수를 살펴보자. 이 함수는 파일 경로와 모드를 인자로 받는다. 앞에서 설명했듯이 첫 번째 인자인 '파일 경로'는 아래의 1번 줄과 같이 하드디스크에 저장된 계층적 파일 구조 내에서 원하는 파일의 현재 위치를 정확히 기술해야 하지만, 열려고 하는 파일이 실행 프로그램과 같은 디렉터리에 있으면 2번 줄과 같이 파일 이름만 써도 된다.

```
1  f = open('/content/newfile.txt', 'r')
2  f = open('newfile.txt', 'w')
```

파일 모드	설명
'r'	파일을 읽기만 할 때 사용
'w'	내용을 파일의 첫 부분에서부터 쓸 때 사용
'a'	파일 마지막에 내용을 추가할 때 사용

두 번째 인자인 모드에는 세 가지가 있는데, 우선 모드 'r'은 해당 파일에서 데이터를 읽기만 할 때 사용한다. 파일에서 데이터를 읽기 위한 목적이기 때문에 해당 파일이 지시한 파일 경로에 없다면 에러가 발생한다. 'w' 모드는 파일에 내용을 쓸 때 사용하는데 열려고 하는 파일이 컴퓨터 내에 존재하지 않는다면 해당 파일을 새롭게 생성한다. 단, 여기서 주의해야 할 것은 만일 같은 이름의 파일이 해당 파일 경로에 이미 존재하고 있었다면 기존의 파일 내용이 모두 지워지고 처음부터 새롭게 데이터가 기록된다. 따라서 기존 파일 내용을 유지하고 싶다면 'w' 모드 대신 다른 방법을 택해야 하는데, 이때 사용하는 모드가 'a' 모드이다. 'a'는 append의 뜻으로 현재 내용의 뒤에 새로운 데이터를 추가한다. 모드들에 대해서는 이후에 예제와 함께 다시 살펴보겠다.

■ 파일 닫기

문서 작성 중에 컴퓨터의 전원이 나가거나 프로그램이 먹통이 되어 기껏 작성했던 내용을 날려본 경험이 있을 것이다. 이렇게 된 이유는 우리가 작성했던 내용이 디스크에 저장되기 전에 컴퓨터가 꺼졌기 때문이다. 파일을 닫는다는 의미는 현재까지의 작성 내용을 디스크에 저장하고 해당 파일을 더 이상 사용 상태로 두지 않는다는 의미이다. 사실 파이썬 프로그램으로 어떤 파일을 열었을 경우, 그 프로그램이 종료되면 파일도 자동으로 닫히게 된다. 하지만, 앞서 말한 것처럼 프로그램 실행 중 문제가 발생하여 갑자기 종료될 수도 있으므로 작업이 끝난 파일은 디스크에 안전하게 저장될 수 있도록 명시적으로 닫는 것이 좋다. 게다가 "사용중"인 파일은 당연히 컴퓨터 자원을 소비하므로 더 이상 필요없는 파일을 닫음으로써 컴퓨터의 속도를 향상시키는 효과도 있다. 파일을 닫기 위해서는 간단하게 파일변수 뒤에 점을 찍고 close()를 호출하면 된다.

```
파일변수.close()
```

■ 파일에 내용 기록하기

파일에 내용을 쓰기 위해서는 파일 변수 뒤에 점을 찍고 write 함수를 호출한다. 기록할 자료를 인수로 준다. 기록할 자료가 문자열을 원소로 가지는 리스트나 튜플 등 연속형 자료일 때는 writelines 함수를 이용하여 한 번에 쓸 수도 있다.

```
파일변수.write(자료) #전체 자료를 한 번에 기록
파일변수.writelines(문자열연속형자료) #연속형 자료 내의 문자열들을 줄별로 기록
```

■ 파일에서 내용 읽어오기

파일의 내용을 읽으려면 파일 변수 뒤에 점을 찍고 아래의 함수들을 사용하면 된다. 파일의 내용을 읽어오는 함수에는 read(), readline(), readlines()가 있다.

```
변수 = 파일변수.read() #파일의 내용 전체를 한꺼번에 읽음
변수 = 파일변수.readline() #파일의 내용을 호출할 때마다 줄 단위로 읽음
변수 = 파일변수.readlines() #파일의 모든 내용을 줄 단위로 리스트 항목을 만들어줌
```

2.2 텍스트 파일 다루기

이번 절에서는 파일 입출력 함수의 사용법을 연습하기 위해 ①새로운 파일을 생성하여 내용을 기록한 후 ②이 파일에 기록된 데이터를 읽고 ③새로운 내용을 기존 내용 뒤에 추가해본다.

먼저 파일을 생성하여 내용을 기록하고 파일을 닫는 것까지 수행해보자. 다음 예제는 먹고 싶은 음식을 파일에 기록하는 간단한 내용이다. 파일 생성을 위해서는 open 함수를 사용해야 하고, open 함수는 파일 이름과 파일 모드를 인수로 받는다. 음식에 관한 내용이므로 파일 이름은 'food.txt'라고 하고, 이 파일은 내용을 쓰기 위해 여는 것이므로 모드는 'w'로 한다. 앞서 설명했듯이 'w' 모드로 파일을 열었을 때 동일한 이름의 파일이 이미 존재했다면 기존 파일의 내용이 모두 지워지므로 조심해야 한다. open 함수는 성공적으로 파일을 열었을 때 파일에 대한 정보를 담고 있는 파일 변수를 반환한다.

```
f = open('food.txt', 'w')
```

파일에 내용을 쓰고, 만일 더 이상 쓸 내용이 없다면 파일을 닫는 것까지 아래처럼 간단히 수행할 수 있다.

```
f.write('떡볶이\n')
f.write('피자\n')
f.close()
```

위의 코드셀들을 수행하고 나면 현재 Colab 파일이 실행되고 있는 위치에 'foot.txt' 파일이 생성된다. 그리고 참고로, 기록할 문자열 뒤에 있는 '\n'은 문자열을 기록한 뒤 줄을 바꾸라는 표시이다. 아래 그림에서 실행 후 해당 위치에 food.txt가 생성된 것을 볼 수 있고, 더블 클릭하여 내용도 확인할 수 있다.

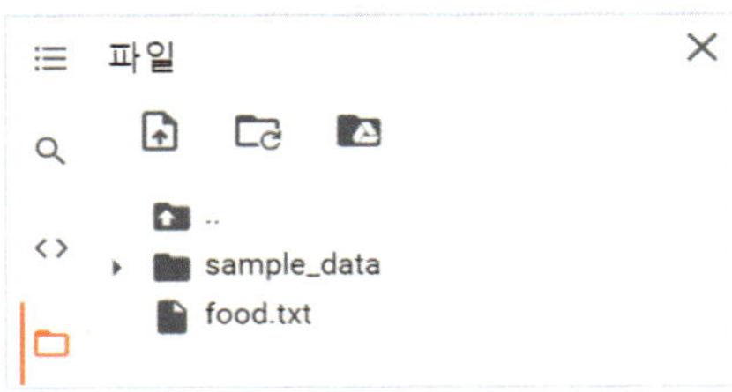

〈생성된 food.txt 파일〉

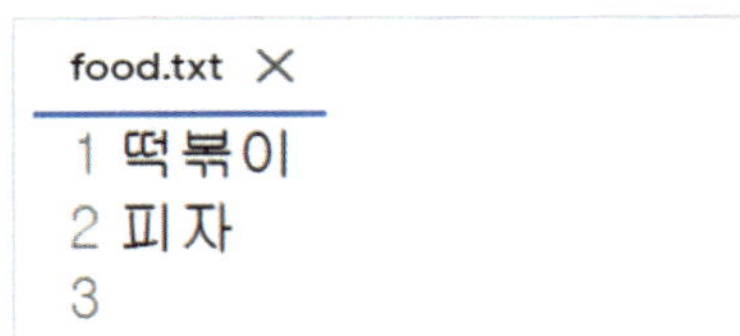

〈food.txt 파일 내용〉

이번엔 앞서 파일에 기록한 내용을 읽어보자. 이번인 파일을 읽기 위해 여는 것이므로 open 함수 호출 시 'r' 모드를 사용한다. 읽으려는 파일이 현재 디렉터리에 없다면 FileNotFoundError가 발생하므로 주의한다. 파일 내용을 읽어오는 함수에는 read(), readline(), readlines()가 있고 파일 변수 뒤에 점을 찍고 함수들을 사용하면 된다.

먼저, read() 함수를 사용하면 파일 전체 내용을 한 번에 가져온다.

```
f = open('food.txt', 'r')      # 파일 열기
data = f.read()
print(data)       # 파일 전체 내용 출력
f.close()
```

```
떡볶이
피자
```

readline() 함수는 한 번 호출될 때마다 파일에 저장된 내용을 한 줄씩 순서대로 가져온다.

```
f = open('food.txt', 'r')       # 파일 열기
line1 = f.readline()
print(line1, end='')        # '떡볶이' 출력
line2 = f.readline()
print(line2, end='')        # '떡볶이' 출력
f.close()
```

```
떡볶이
피자
```

마지막으로 readlines()함수는 파일 전체 내용을 가져오지만 한 줄씩 구분하여 파일 내용을 리스트 자료에 담아준다.

```
f = open('food.txt', 'r')       # 파일 열기
data = f.readlines()      # 문자열 리스트 생성
print(data)               # 리스트 출력
f.close()
```

```
['떡볶이\n', '피자\n']
```

지금까지 파일을 생성하여 기록하고 다시 그 내용을 읽어들이는 과정을 수행해 보았다. 그런데, 파일을 사용하다 보면 현재 파일에 내용을 추가해야 하는 경우도 있다. 기존 파일에 내용을 추가하기 위해서는 'a' 파일 모드를 사용해야 한다. 'w' 파일 모드와 'a' 파일 모드 둘 다 파일에 내용을 기록하기 위해서 사용되지만, 'w' 파일 모드는 파일을 열어 처음부터 내용을 기록하기 시작하는 반면 'a'모드의 경우 파일 내용의 마지막 위치에 새로운 내용을 추가한다. 아래 예에서처럼 'a' 모드로 파일을 열고 "파스타"를 기록하였다면 다음 그림에서 보듯이 기존의 마지막 줄인 "피자" 다음에 "파스타"가 추가되어 있음을 확인할 수 있다. 만일 'w' 모드로 파일을 열었다면 기존의 두 줄이 다 사라지고 첫 줄에 "파스타"만 남아있었을 것이다.

```
f = open('food.txt', 'a')       # 파일 열기
f.write('파스타\n')
f.close()
```

〈기존 food.txt 파일 유지〉

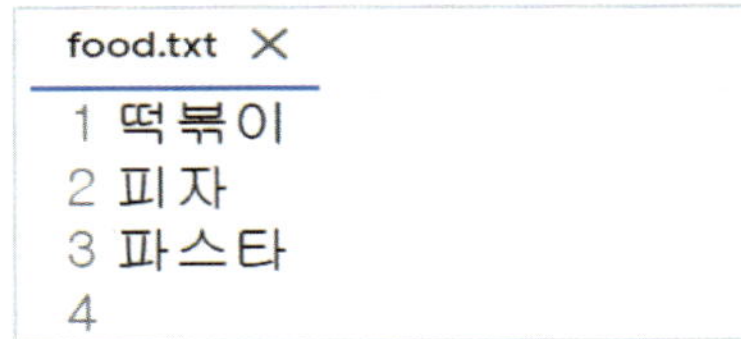

〈food.txt 파일 내용〉

이 절을 마치기 전에 파일을 열고 닫을 때 유용한 with문을 소개한다. 만약 파일을 열고 해당 파일에 대한 처리가 완료되었을 때 자동으로 파일을 닫아주면 편리하지 않을까? with문이 바로 이런 역할을 한다. 아래는 with문을 사용해서 파일을 처리하는 과정이다. 프로그램 실행 순서가 with절을 벗어나는 순간 food.txt 파일은 자동으로 닫힌다.

```
with open('food.txt', 'r') as f:
  print(f.read())
```

```
떡볶이
피자
파스타
```

참고 텍스트 파일 인코딩

```
f = open('food.txt', 'w')
f.write('파스타\n')
f.close()
```

```
Error! food.txt is not UTF-8 encoded.
Saving disabled.
See Console for more details.
```

만약 텍스트 파일의 입출력 과정에서 위와 같은 오류가 발생한다면 open() 함수에 파일 인코딩 옵션을 추가해야 한다.

```
f = open('food.txt', 'w', encoding='utf8')
f.write('파스타\n')
f.close()
```

여기에서 utf8은 UTF-8을 의미하며, 이는 세계 각국의 어느 문자라도 컴퓨터 내에 코드로 저장할 수 있도록 정의한 표준 인코딩 방식이다.

2.3 CSV 파일 다루기

CSV(Comma-Separated Values) 파일은 텍스트 파일의 일종으로 파일 각 행의 값이 콤마(,)로 분리된 파일이다. 서로 다른 파일 시스템을 사용하는 컴퓨터 간에 자료를 교환할 때 널리 사용되는 파일 형식 중 하나로서 일정한 형식을 가지는 자료의 저장에 적합하다. 아래는 각 행이 학생의 학번, 소속, 이름으로 구성된 CSV 파일의 예이다.

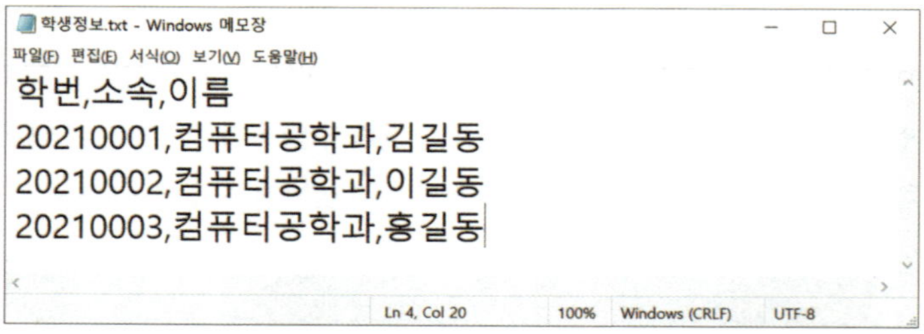

■ CSV 파일 읽기

파이썬에서는 CSV 파일의 입출력을 위해 csv 모듈을 기본적으로 제공한다. 이전 텍스트 파일에서 사용하였던 open() 함수를 이용하여 파일을 연 다음, csv 모듈의 reader() 함수를 이용하면 반복 가능 객체를 반환받을 수 있다. 아래 예제는 '학생정보.txt' 파일의 각 행을 읽어 출력하는 예제이다. csv.reader()에 의해 반환된 반복 가능 객체는 for문을 활용하여 각 행의 자료를 가져올 수 있다.

```python
import csv

f = open('학생정보.txt', 'r')
rdr = csv.reader(f)
for line in rdr:
    print(line)
f.close()
```

```
['학번', '소속', '이름']
['20210001', '컴퓨터공학과', '김길동']
['20210002', '컴퓨터공학과', '이길동']
['20210003', '컴퓨터공학과', '홍길동']
```

또, 각 행은 리스트 형식으로 구성되어 있으므로 아래 예제처럼 인덱스를 이용하여 원하는 열의 정보만 가져오는 것도 가능하다.

```python
import csv

f = open('학생정보.txt', 'r')
rdr = csv.reader(f)
for line in rdr:
    print(line[2])
f.close()
```

```
이름
김길동
이길동
홍길동
```

■ CSV 파일 쓰기

CSV 파일로 쓸 때는 csv모듈의 writer() 함수를 사용한다. open() 함수를 통해 파일경로와 모드를 지정한 다음 writer() 함수를 통해 한 행씩 기록한다.

```python
import csv

f = open('학과정보.txt', 'w')
wr = csv.writer(f)
wr.writerow(['순번', '학과코드', '학과명'])
wr.writerow([1, '001', '컴퓨터공학과'])
wr.writerow([2, '002', '수학과'])
f.close()
```

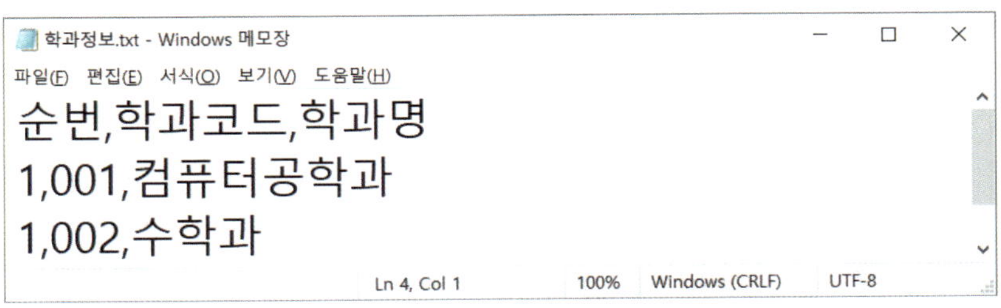

3 파일 입출력 연습

3.1 메모장 프로그램

새로운 메모를 기록하거나 기존 메모장에 새 메모를 추가할 수 있는 메모장 프로그램을 만들어보자. 메모를 기록할 때는 작성 시각도 함께 기록한다.

memo.txt

```
2021-06-24 00:44:17.817529: 새로운 메모입니다.
2021-06-24 00:44:24.778286: 추가한 메모입니다.
```

학습목표 **파일 읽기, 파일 쓰기, open(), close(), readlines()**

해결전략

❶ 무한반복을 하면서 사용자에게 '새로 만들기', '메모 보기', '메모 추가하기' 중 하나를 선택하도록 한다. 그 외의 것을 선택하면 종료하도록 한다.

❷ '새로 만들기'가 선택되면 'memo.txt' 파일이 생성되고, 메모를 입력받아 기록한다.

❸ '메모 보기'가 선택되면 'memo.txt' 파일을 열고, 모든 내용을 화면에 출력한다.

❹ '메모 수정하기'가 선택되면 'memo.txt' 파일을 열고, 메모를 입력받아 추가한다.

❺ 메모 시각을 기록하기 위해 datetime 모듈의 now() 함수를 사용한다.

해결과정

❶ 사용자가 '새로 만들기', '메모 보기', '메모 추가하기' 중 하나를 선택할 수 있도록 안내 메시지를 선언하고 출력한다.

```python
msg = """
  1. 새로 만들기
  2. 메모 보기
  3. 메모 추가하기
"""
```

```
print(msg)
```

```
1. 새로 만들기
2. 메모 보기
3. 메모 추가하기
```

❷ 사용자가 프로그램 종료를 원할 때까지 반복해서 메뉴를 실행할 수 있도록 무한반복문을 사용한다. 조건문을 사용하여 사용자가 선택한 메뉴에 따라 각각에 해당하는 함수를 호출한다. (아직 함수를 정의하기 전이기 때문에 함수 호출문은 주석으로 처리하였다.) 정해진 세 가지 중 선택하지 않으면 자동 종료한다.

```
while True:
  menu = int(input("메뉴를 선택하세요 >>"))
  if menu == 1:
    print('새로운 메모장을 생성합니다.')
    #create()
  elif menu == 2:
    print('메모장의 내용을 출력합니다.')
    #view()
  elif menu == 3:
    print('기존 메모장에 내용을 추가합니다.')
    #append()
  else:
    print('프로그램을 종료합니다.')
    break
```

❸ 메모장 생성: create() 함수 정의

with문과 open() 함수를 사용하여 메모장을 생성하는 함수이다. open() 함수를 호출할 때 파일명과 파일모드를 전달한다. 새로운 파일 생성과 동시에 첫 번째 메모를 입력할 수 있는데, 현재 시각도 함께 기록할 수 있도록 datetime 모듈의 now() 함수를 사용한다.

```
import datetime

def create():
  memo = input('메모 입력 >>')
  with open('memo.txt', 'w') as f:
    f.write(f'{datetime.datetime.now()}: {memo}\n')
```

④ 메모장 보기: view() 함수 정의

메모장에 작성된 내용을 출력하는 함수이다. readlines() 함수를 이용하여 파일의 전체 내용을 읽어온다. 이때, 개행문자(\n)를 포함해서 읽어오기 때문에 출력할 때 print() 함수의 end 옵션을 사용하여 빈 줄이 출력되지 않도록 한다.

```
def view():
  with open('memo.txt', 'r') as f:
    for line in f.readlines():
      print(line, end='')
```

⑤ 메모장 추가: append() 함수 정의

현재 생성된 메모장에 새로운 메모를 입력하는 함수이다. open() 함수에 전달하는 파일모드만 다르고 나머지는 create() 함수와 같다.

```
def append():
  memo = input('메모 입력 >>')
  with open('memo.txt', 'a') as f:
    f.write(f'{datetime.datetime.now()}: {memo}\n')
```

⑥ 전체 프로그램이 잘 실행되는지 확인한다.

```
while True:
  menu = int(input("메뉴를 선택하세요 >>"))
  if menu == 1:
    print('새로운 메모장을 생성합니다.')
    create()
  elif menu == 2:
    print('메모장의 내용을 출력합니다.')
    view()
  elif menu == 3:
    print('기존 메모장에 내용을 추가합니다.')
    append()
  else:
    print('프로그램을 종료합니다.')
```

```
        break
```

```
메뉴를 선택하세요 >>1
새로운 메모장을 생성합니다.
메모 입력 >>새로운 메모입니다.
메뉴를 선택하세요 >>2
메모장의 내용을 출력합니다.
2021-06-24 00:44:17.817529: 새로운 메모입니다.
메뉴를 선택하세요 >>3
기존 메모장에 내용을 추가합니다.
메모 입력 >>추가한 메모입니다.
메뉴를 선택하세요 >>2
메모장의 내용을 출력합니다.
2021-06-24 00:44:17.817529: 새로운 메모입니다.
2021-06-24 00:44:24.778286: 추가한 메모입니다.
메뉴를 선택하세요 >>4
프로그램을 종료합니다.
```

3.2 성적 관리 프로그램

학생 5명의 국어, 영어, 수학 점수가 CSV 파일로 작성되어 있다. 해당 파일을 읽어와서 총점과 평균을 계산하여 저장하는 프로그램을 만들어보자.

score.csv

총 5개 항목 중 1~5 필터

학번	국어	영어	수학
20210001	100	90	90
20210002	80	100	95
20210003	70	80	90
20210004	90	75	90
20210005	80	90	65

페이지당 10 개 표시

학습목표 **csv 모듈, reader(), writer(), writerows()**

? 해결전략

❶ CSV 모듈을 사용하여 학생의 과목별 점수를 읽어온다.

❷ 학생별 총점과 평균을 계산하여 CSV 파일로 다시 저장한다.

! 해결과정

❶ csv 모듈을 import 한다. csv 파일은 텍스트 파일이기 때문에 일반 텍스트 파일처럼 처리할 수도 있지만, csv 모듈을 사용하여 더 효과적으로 처리할 수 있다.

```
import csv
```

❷ Colab의 파일 메뉴를 이용하여 score.csv 파일을 Colab 작업 디렉터리에 업로드한 다음, open 함수를 이용하여 파일을 열고, reader 함수로 읽어온다.

```
FILE_PATH = '/content/score.csv'
f = open(FILE_PATH)
rdr = csv.reader(f)
```

❸ 빈 리스트를 만들어 두었다가 csv 파일을 한 줄씩 읽어와서 리스트에 저장한 후 파일을 닫는다.

```
students = []

for line in rdr:
  student = []
  for item in line:
    student.append(item)
  students.append(student)

f.close()
```

❹ 학생별 점수가 저장된 리스트를 전달받아서 총점과 평균을 계산하여 반환하는 getScores 함수를 정의한다. 이때, 학생의 점수는 문자열로 저장되어 있으므로 정수로 변환한다.

```
def getScores(student):
  scores = []
```

```
    for score in student[1:]:
        scores.append(int(score))

    total = sum(scores)
    avg = total / len(scores)

    return total, avg
```

⑤ getScores 함수를 이용하여 총점과 평균을 계산하여 기존 리스트에 추가한다.

```
students[0].append('총점')
students[0].append('평균')

for student in students[1:]:
    total, avg = getScores(student)
    student.append(total)
    student.append(avg)
```

⑥ csv 모듈의 writer 함수를 이용하여 총점과 평균이 추가된 리스트를 저장한다.

```
with open(FILE_PATH, 'w') as f:
    wr = csv.writer(f)
    wr.writerows(students)
```

⑦ csv 파일에 총점과 평균이 추가되었는지 확인한다.

score.csv ✕

총 5개 항목 중 1~5 필터

학번	국어	영어	수학	총점	평균
20210001	100	90	90	280	93.33333333333333
20210002	80	100	95	275	91.66666666666667
20210003	70	80	90	240	80.0
20210004	90	75	90	255	85.0
20210005	80	90	65	235	78.33333333333333

페이지당 10 개 표시

스스로 해결하기

01 가계부 관리 프로그램 1

텍스트 파일에 수입과 지출 내역을 기록하는 가계부 관리 프로그램을 만들어보자.

```
account_book.txt
[수입] 2021-06-24 00:44:17.817529: 10000원 용돈
[지출] 2021-06-24 00:44:24.778286: 5000원 커피

```

학습목표 **파일 처리, open(), close(), write(), readlines()**

해결전략

❶ 파이썬의 텍스트 파일 입출력 함수를 사용한다.

❷ 사용자는 '새로 만들기', '가계부 보기', '수입 추가하기', '지출 추가하기' 중 하나를 선택할 수 있다.

❸ '새로 만들기'를 선택하면 'account_book.txt' 파일이 생성된다.

❹ '가계부 보기'를 선택하면 'account_book.txt' 파일을 열고, 모든 내용을 출력한다.

❺ '수입 추가하기'를 선택하면 'account_book.txt' 파일을 열고, 금액과 내역을 입력받아 추가한다.

❻ '지출 추가하기'를 선택하면 'account_book.txt' 파일을 열고, 금액과 내역을 입력받아 추가한다.

스스로 해결하기

02 가계부 관리 프로그램 2

CSV 파일에 수입과 지출 내역을 기록하는 가계부 관리 프로그램을 만들어보자.

account_book.csv

총 2개 항목 중 1~2 필터

구분	시간	금액	내역	잔액
수입	2021-06-24 00:44:17.817529	10000	용돈	10000
지출	2021-06-24 00:44:24.778286	5000	커피	5000

페이지당 10 개 표시

학습목표 **csv 모듈, reader(), writer(), writerows()**

해결전략

① 파이썬의 CSV 모듈을 사용한다.

② 사용자는 '새로 만들기', '가계부 보기', '수입 추가하기', '지출 추가하기' 중 하나를 선택할 수 있다.

③ '새로 만들기'를 선택하면 'account_book.csv' 파일이 생성된다.

④ '가계부 보기'를 선택하면 'account_book.csv' 파일을 열고, 모든 내용을 출력한다.

⑤ '수입 추가하기'를 선택하면 'account_book.csv' 파일을 열고, 금액과 내역을 입력받아 추가한다. 이때, 잔액은 자동으로 계산되어야 한다.

⑥ '지출 추가하기'를 선택하면 'account_book.csv' 파일을 열고, 금액과 내역을 입력받아 추가한다. 이때, 잔액은 자동으로 계산되어야 한다.

Part Ⅱ

파이썬 인공지능 활용

컴퓨터 비전공자를 위한 인공지능 활용의 시작
파이썬 프로그래밍

컴퓨터 비전공자를 위한 인공지능 활용의 시작

P 파이썬 프로그래밍

07 웹 자료 수집하기

이번 장에서는 파이썬을 이용하여 인터넷 상의 자료를 수집하는 방법을 소개한다. 이를 위해 먼저 웹의 동작 원리와 웹페이지 구성 언어인 HTML 및 CSS에 대해 알아보고, 파이썬 프로그래밍을 통해 자료를 수집하는 방법을 공부한다.

1 웹(Web) 이해

1.1 웹 동작원리

우리는 흔히 인터넷에 접속해 자료를 '검색'한다고 한다. 이때 인터넷은 월드와이드웹(World Wide Web: WWW)을 의미하며 간단히 웹(Web)이라고 부르기도 한다. 인터넷과 웹은 흔히 같은 의미로 사용되지만, 정확히 말하면 인터넷은 전 세계의 컴퓨터를 하나로 연결한 통신망을 의미하고 이러한 인터넷을 통해 사용자들이 정보를 공유할 수 있도록 하는 서비스가 웹이다.

웹은 인터넷상에서 다양한 정보를 하이퍼텍스트(Hypertext) 형식으로 연결하여 제공한다. 하이퍼텍스

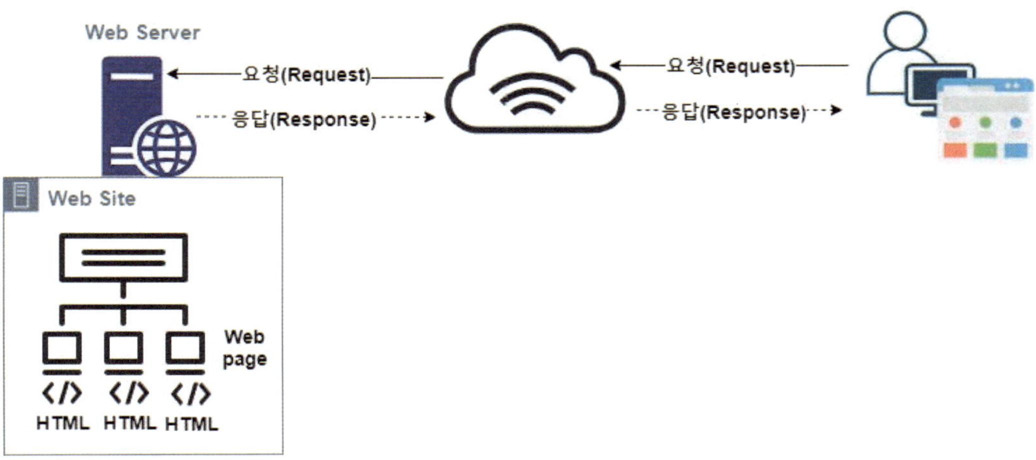

트란 텍스트로 된 웹 주소에 링크를 건 하이퍼링크(Hyperlink)를 이용하여 웹상에 존재하는 여러 문서를 서로 참조할 수 있도록 하는 기능을 말한다. 하이퍼텍스트 형식의 문서는 HTML(HyperText Markup Language)을 사용하여 작성한다. HTML로 작성된 문서를 웹페이지(web page)라고 하고 웹브라우저(크롬, 엣지, 사파리, 웨일 등)는 HTML의 내용을 해석하여 사용자가 읽기 편하게 보여준다. 관련 있는 웹페이지의 집합을 웹사이트(web site)라고 하며 웹사이트를 인터넷에 서비스하는 컴퓨터를 웹서버(web server)라고 한다.

웹의 동작 과정은 우선 사용자가 웹브라우저를 통해 접속하고 싶은 페이지의 주소를 입력한다. 이때, 웹브라우저에 입력하는 주소는 인터넷에 존재하는 다른 파일들과 구분할 수 있는 주소체계인 URL(Uniform Resource Locator)을 사용한다.

웹브라우저는 사용자로부터 받은 URL 정보를 이용하여 HTTP 요청메시지 형태로 변경하여 서버에 요청(request)한다. 웹서버는 요청받은 HTTP 메시지를 확인하고 이에 맞는 데이터를 찾아서 사용자의 웹브라우저에 HTTP 응답메시지 형태로 응답(response)을 보내준다. 크롬이나 엣지 브라우저 개발자 도구의 Network 메뉴에서 요청과 응답 메시지를 확인해 볼 수 있다.

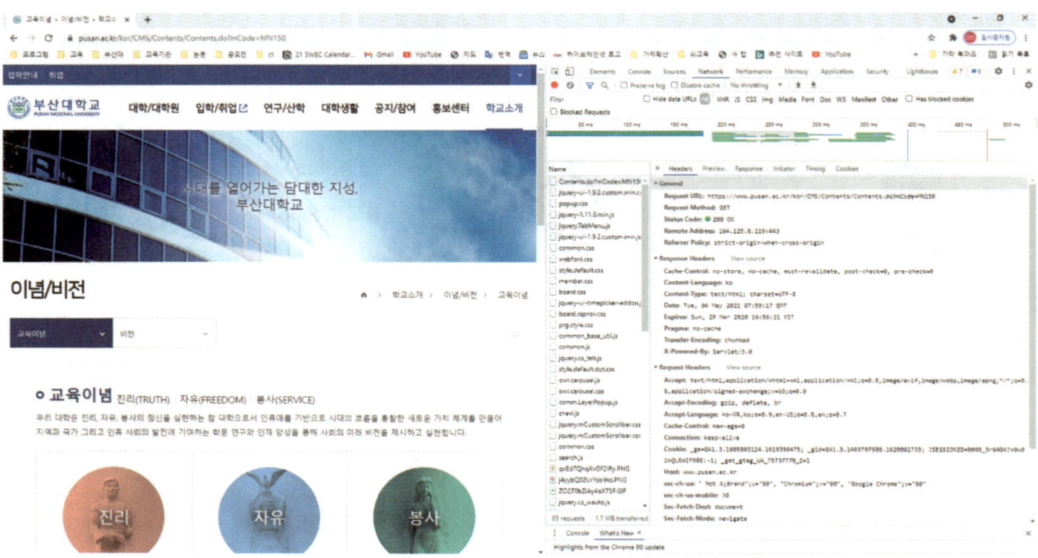

1.2 웹페이지 구성

웹페이지는 HTML, CSS, 자바스크립트로 구성된다. HTML은 웹페이지 상에서 문단, 제목, 표, 이미지, 동영상 등을 정의하여 웹페이지 내용을 구조화하고 의미를 부여하는 마크업 언어이다. CSS(Cascading Style Sheet)는 색상, 레이아웃 및 글꼴 등 웹페이지의 디자인 요소를 담당하는 선언형 언어로 스타일 시트(style sheet)라고도 하고, HTML로 작성된 웹페이지를 보기 좋게 꾸며주는 스타일 규칙 언어이다. HTML과 CSS가 정적인 페이지를 작성하는 정적인 언어라면 자바스크립트(Javascript)는 HTML과 CSS로 만들어진 웹페이지를 동적인 웹페이지로 변경할 수 있도록 하는 프로그래밍 언어이다.

HTML은 태그(Tag)라는 마크를 사용하여 문서에 대한 구조를 정의한다. 태그는 명령어를 꺽쇠기호(〈 〉)로 감싼 시작 태그와 명령어 앞에 /를 붙여 시작 태그와 쌍이 되도록 한 종료 태그로 이루어지고, 시작태그와 종료태그 사이에 지정된 태그 명령을 적용할 내용을 작성한다. 시작태그, 종료태그, 내용을 HTML의 요소라고 한다. 요소에 대한 추가 정보는 속성으로 정의하며 시작태그 명령어 다음에 한 칸 띄우고 '속성이름=속성값' 형식으로 작성한다.

HTML 태그의 종류에는 여러 가지가 있지만 대표적인 것들과 이후 본 교재의 예제에서 사용될 것들을 추려보면 다음 표와 같다.

분류	태그	설명
문서 정보	head	HTML 문서의 제목, 스타일 등 전반적인 내용 정의
	title	웹 브라우저 상단 바에 나타날 제목 기술
	style	문서 스타일 정보(CSS 코드) 삽입
문서 내용	body	웹 브라우저 메인 화면에 나타나는 내용 정의
문단 제목	h1, h2, h3, h4, h5, h6	문단 제목 지정, 숫자가 커질수록 크기가 작아짐
링크	a	다른 웹페이지로의 연결 링크 삽입

분류	태그	설명
이미지	img	이미지 삽입
리스트	ol	번호를 붙여 나열하는 목록 정의
	ul	번호 없이 나열하는 목록 정의
	li	목록의 각 항목 기술
테이블	table	테이블 정의
	tr	테이블 내 하나의 행 정의
	td	테이블 행 내 하나의 열 정의

HTML로 웹페이지의 구조를 만들었다면 CSS로 페이지를 꾸밀 수 있다. CSS로 표현된 스타일 정보는 HTML 문서 헤드에 〈style〉 태그로 감싸서 넣는데, 이렇게 디자인을 위한 부분을 따로 둔 이유는 문서 전체에서 같은 역할을 하는 항목들에 대해 한꺼번에 디자인 적용이 가능하도록 하기 위함이다. CSS는 선택자(selector)와 선언(declaration)으로 구성된다. 선택자는 웹페이지에 포함되어 있는 HTML 요소이다. 선언은 선택자에 적용할 규칙으로서 중괄호({ }) 내에 기술하는데, 하나의 규칙은 콜론(:)으로 묶인 속성과 값의 쌍으로 표현한다. 여러 개의 규칙이 존재하면 각 규칙을 세미콜론(;)으로 구분한다.

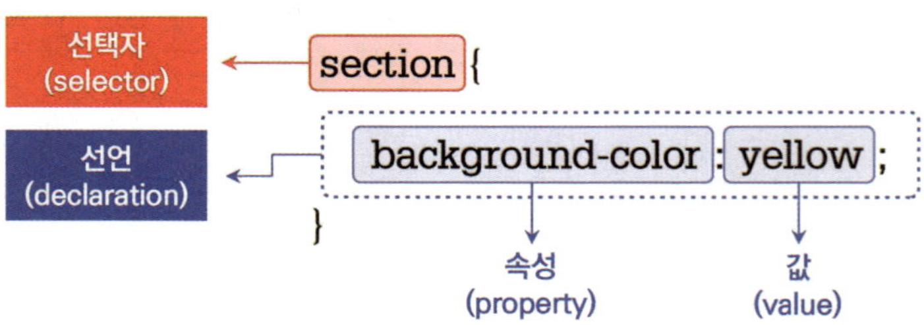

스타일을 적용할 HTML 요소를 표기하는 선택자의 종류에는 요소 선택자(element selector), 클래스 선택자(class selector), 아이디 선택자(ID selector)가 있다.

선택자	설명	구분
요소 선택자	HTML 태그를 기반으로 웹페이지의 요소를 선택	HTML 태그
클래스 선택자	HTML 요소 중에 class 속성을 가진 요소를 선택	.class 속성값
아이디 선택자	HTML 요소 중에 id 속성을 가진 요소를 선택	#id 속성값

HTML문서

```
<!DOCTYPE html>
<html>
<head>
    <title>웹 자료 수집하기</title>
</head>
<body>
   <h1>웹페이지 구성</h1>
   <ul>
       <li>HTML(Hyper Text Markup Language)</li>
      <li>CSS(Cascading Style Sheet)</li>
      <li>자바스크립트(Javascript)</li>
   </ul>
</body>
</html>
```

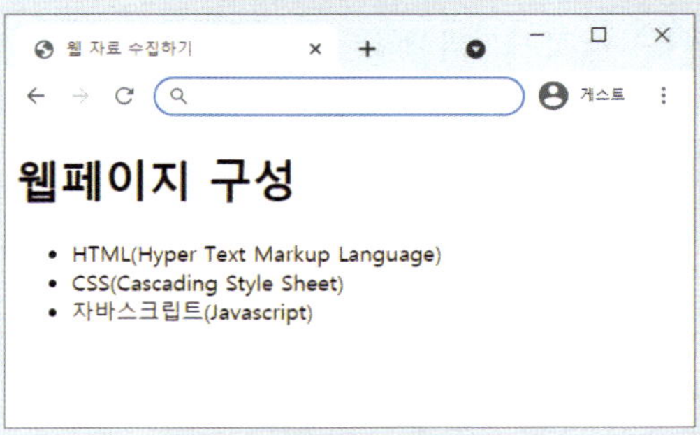

CSS를 적용한 HTML문서

```
<!DOCTYPE html>
<html>
<head>
    <title>웹 자료 수집하기</title>
    <style>
        h1 {
            background-color : blue ;
            color: white;
        }
        .c1 {
            color: green;
        }
        #id1 {
            color: red;
        }
    </style>
</head>
<body>
   <h1>웹페이지 구성</h1>
   <ul>
      <li class="c1" id="id1">HTML(Hyper Text Markup Language)</li>
      <li class="c1" id="id2">CSS(Cascading Style Sheet)</li>
      <li class="c2 id="id3">자바스크립트(Javascript)</li>
   </ul>
</body>
</html>
```

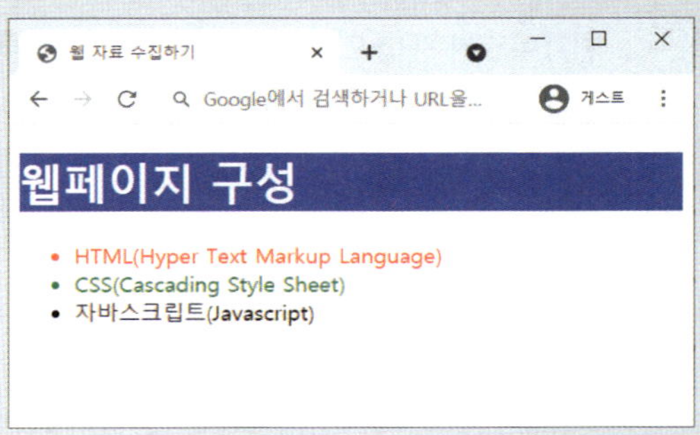

2 스크래핑(scraping)

스크래핑(scraping)은 웹사이트의 웹페이지를 가져와 필요한 데이터를 추출하는 기술을 말한다. 이런 기술을 크롤링(crawling)이라고 부르는 경우도 있지만 정확히 말하면 크롤링은 자동화 봇(bot)인 크롤러(crawler)가 정해진 규칙에 따라 스스로 여러 사이트를 탐색하면서 필요한 정보를 수집해서 분류하는 기술을 말한다. 이번 절에서는 스크래핑을 통해 한국에너지 공단에서 제공하는 자동차 표시연비 정보를 직접 추출하여 파일로 저장해 본다.

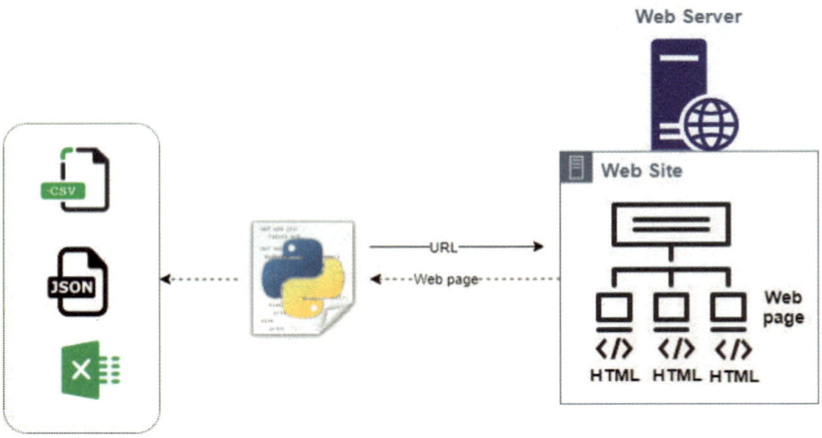

스크래핑을 위해서는 다음과 같은 단계를 거치게 된다.

1. 데이터를 추출하려는 웹사이트에 HTTP 요청을 보낸다.
2. 웹사이트가 응답으로 보내온 웹페이지를 분석해서 특정 패턴의 데이터를 찾는다.
3. 추출된 데이터를 작성자가 원하는 형식으로 변환한다.

파이썬을 이용하여 스크래핑을 하기 위해 필요한 모듈은 다음과 같다.

스크래핑에 필요한 모듈	
urllib	URL 작업을 위한 여러 모듈을 모은 파이썬 기본 내장 패키지
urllib.request	URL을 열고 읽기 위한 확장 가능 모듈
BeautifulSoup	HTML과 XML 형식의 데이터를 파싱(parsing)하고 다루는 모듈

■ 웹페이지 가져오기(urllib.request 모듈)

웹페이지에 접근하여 정보를 가져오려면 urllib.request 모듈의 urlopen 함수를 사용한다. 함수의 사용을 위해 먼저 해당 모듈을 import 한다.

```
from urllib.request import urlopen
```

urlopen 함수는 웹서버에 정보를 요청한 후 돌려받은 응답을 응답 객체(HTTPResponse) 형식으로 반환한다. 사용 방법은 다음과 같다. 우선 urlopen 함수의 인수는 추출을 원하는 웹페이지의 URL 주소이다. 예를 들어 한국에너지 공단에서 제공하는 자동차 표시연비 정보가 필요하다면 해당 사이트로 이동하여 URL 주소를 복사한다.

자동차 표시연비 정보를 받아올 웹페이지 URL

http://bpms.kemco.or.kr/transport_2012/car/car_choice.aspx?serorigin=&serecode=&serfuel=&sergear=&sercartype=&sergrade=&sertypegb=&sertab=&otype=&ptype=200&f=system&sermileage1=&sermileage2=&serco21=&serco22=&seramt1=&seramt2=&sermname=&serstyear=#search_top

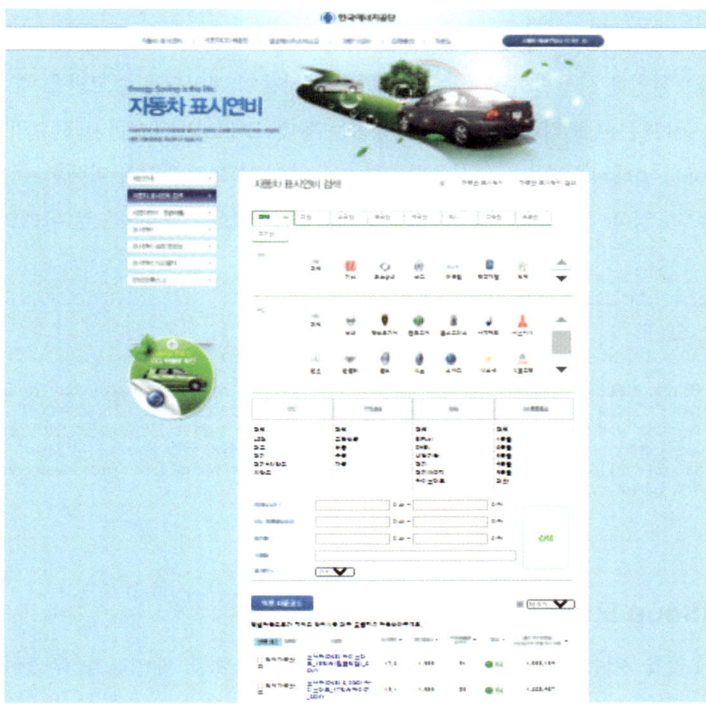

복사한 URL 주소를 urlopen 함수에 인수로 전달해야 하는데, 전체 데이터 중 200개의 데이터를 추출하기 위해 URL 쿼리 정보 중 ptype의 값을 200으로 수정하였다. 이후 urlopen 함수를 실행한다.

```
url = 'http://bpms.kemco.or.kr/transport_2012/car/car_choice.aspx?serorigin=&serecode=&serfuel=&sergear=&sercartype=&sergrade=&sertypegb=&sertab=&otype=&ptype=200&f=system&sermileage1=&sermileage2=&serco21=&serco22=&seramt1=&seramt2=&sermname=&serstyear=#search_top'
htmlData = urlopen(url).read()
htmlData
```

```
b'\r\n<!DOCTYPE html PUBLIC "-//W3C//DTD XHTML 1.0 Transitional//EN" "http://www.w3.org/TR/xhtml1/DTD
```

반환된 객체를 read 전용함수로 읽어서 변수에 저장한 후 내용을 확인해 보면 b'로 시작하면서 태그를 제외한 대부분의 내용이 읽을 수 없는 특수문자로 채워진 것을 확인할 수 있다. 이건 무엇일까?

```
type(htmlData)
```

```
bytes
```

type 함수로 htmlData 변수의 타입을 확인해보면 bytes라고 표시되는데, 이는 'bytes 자료형'의 의미로서 서로 다른 문자표현법을 사용할 수도 있는 원격의 컴퓨터들이 데이터를 주고받을 때 주로 사용하는 자료형이다. bytes 자료형은 메모리나 디스크에 저장되는 형태 그대로인 단순한 이진수의 연속으로서 우리 컴퓨터에서 사용하기 위해서는 decode 전용함수를 이용하여 우리 컴퓨터가 이해할 수 있는 형태로 변환해 주어야 한다. 우리 컴퓨터는 utf8이라는 형식의 데이터 표기법을 사용하므로 아래와 같이 변환한다.

```
htmlData = htmlData.decode('utf8')
htmlData
```

```
'\r\n<!DOCTYPE html PUBLIC "-//W3C//DTD XHTML 1.0 Transitional//EN" "http://www.w3.org/TR/xhtml1/DTD/xhtml1-transitional
patible" content="IE=edge" />\r\n<meta http-equiv="Content-Type" content="text/html; charset=utf-8" />\r\n<meta http-equ
e" content="text/css" />\r\n<meta name="author" content="한국에너지공단 수송에너지&lt;자동차 연비 등급제도 운영&gt;" />
/>\r\n<meta name="description" content="한국에너지공단 수송에너지&lt;자동차 연비 등급제도 운영&gt;" />\r\n<title>한국에너
type="text/css" rel="stylesheet" href="../common/css/default.css" />\r\n<script type="text/javascript" src="../common/js
s"></script>\r\n<script type="text/java...'
```

BeautifulSoup 모듈로 웹페이지 파싱하기

urllib.request 모듈을 이용하여 가져온 HTML 문서에서 필요한 데이터를 추출하는 과정을 파싱(parsing)이라고 한다. 이제부터 BeautifulSoup 모듈을 사용한 파싱 방법을 알아보자.

```python
from bs4 import BeautifulSoup as bs
```

BeautifulSoup 모듈을 사용할 때는 두 개의 인수를 사용한다. 첫 번째 인자는 HTML 형식의 문자열이고 두 번째 인자는 첫 번째 인자의 문자열을 해석하기 위한 파서이다. 우리는 html.parser를 사용하는데, 이렇게 되면 일반 텍스트의 연속이었던 urlopen 함수로 읽어온 문서가 HTML 태그로 이루어진 트리구조로 바뀌어 find 나 select 함수를 사용하여 원하는 값을 쉽게 찾을 수 있다. 아래 html 변수는 이러한 트리구조로 된 HTML 문서 내용을 가진다.

```python
html = bs(htmlData, 'html.parser')
html
```

```
<!DOCTYPE html PUBLIC "-//W3C//DTD XHTML 1.0 Transitional//EN" "http://www.w3.org/TR/xhtml1/DTD/xhtml1-transitional.dtd">

<html xmlns="http://www.w3.org/1999/xhtml">
<head>
<meta content="IE=edge" http-equiv="X-UA-Compatible"/>
<meta content="text/html; charset=utf-8" http-equiv="Content-Type"/>
<meta content="text/javascript" http-equiv="Content-Script-Type"/>
<meta content="text/css" http-equiv="Content-Style-Type"/>
<meta content="한국에너지공단 수송에너지&lt;자동차 연비 등급제도 운영&gt;" name="author"/>
<meta content="한국에너지공단 수송에너지&lt;자동차 연비 등급제도 운영&gt;" name="keywords"/>
<meta content="한국에너지공단 수송에너지&lt;자동차 연비 등급제도 운영&gt;" name="description"/>
<title>한국에너지공단 수송에너지&lt;자동차 연비 등급제도 운영&gt;에 오신 것을 환영합니다.</title>
<link href="../common/css/default.css" rel="stylesheet" type="text/css"/>
```

DOM(Document Object Model)

검색 엔진

DOM(Document Object Model)은 문서를 트리(tree) 형태로 구조적으로 표현하는 표준이다. 잘 구조화된 웹페이지는 DOM을 사용하여 태그들 계층적으로 표현할 수 있다. 이전 절에서 작성한 웹페이지를 DOM 트리로 그리면 다음과 같다.

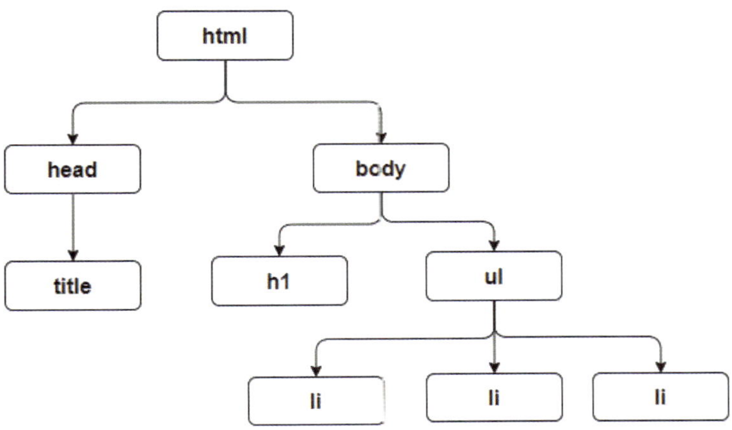

그럼 생성된 트리구조의 HTML 문서에서 자동차 연비 정보가 있는 테이블의 태그를 찾아 해당 행의 정보를 추출해 보자. BeautifulSoup 모듈은 태그를 이용하는 파싱과 선택자를 이용하는 파싱을 제공한다. 태그를 이용한 파싱 함수로는 find와 find_all 함수가 있고 선택자를 이용한 함수로는 select_one과 select가 있다.

BeautifulSoup 함수	
태그 파싱	.find(태그명) : 조건에 맞는 태그 1개만 찾음 .find_all(태그명) : 조건에 맞는 모든 태그를 찾음
선택자 파싱	.select_one(선택자) : 조건에 맞는 CSS 선택자 1개만 찾음 .select(선택자) : 조건에 맞는 모든 CSS 선택자를 찾음

select 함수를 이용하여 자동차 연비 정보를 추출하려면 해당 정보의 선택자를 찾아야 한다. 선택자를 찾기 위해서는 브라우저의 '개발자 도구'를 사용해야 하는데 크롬이나 엣지 등에서 공통적으로 〈Ctrl + Shift + I〉를 누르면 된다. 개발자 도구 메뉴 상단 왼쪽의 요소 선택 버튼을 누르고 원하는 정보가 있는 웹페이지 위치를 클릭한 후 오른쪽에 표시된 소스의 해당 위치에서 마우스 오른쪽 버튼 메뉴를 활용하여 Copy > Copy selector를 선택하면 해당 정보의 선택자를 가져올 수 있다.

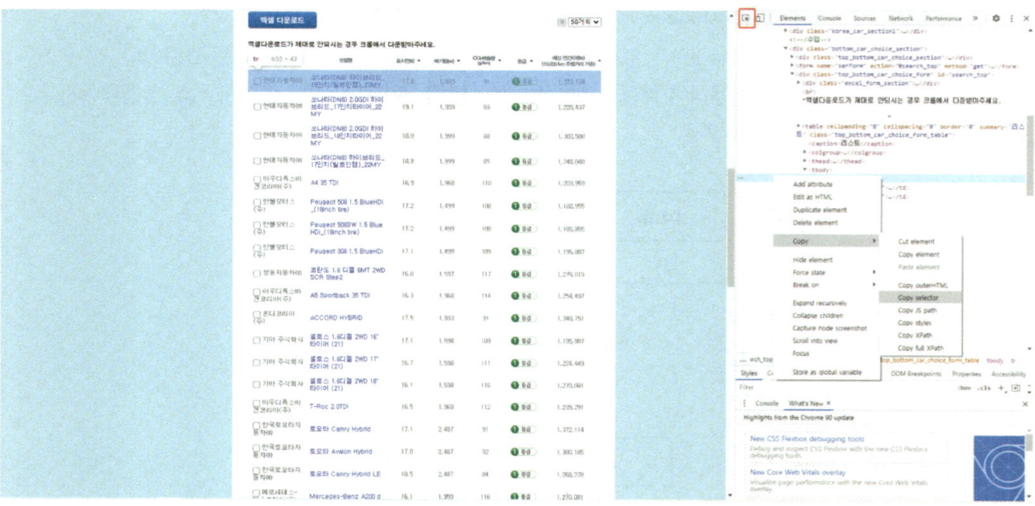

위의 자동차 연비 정보 테이블 첫 번째 행을 클릭하고 선택자를 복사하면 #search_top > table > tbody > tr:nth-child(1)가 복사된다. 우리는 첫 번째 행뿐만 아니라 모든 행 정보를 추출해야 하므로 복사한 선택자 내용 중에서 첫 번째 행을 지칭하는 'nth-child(1)'을 지우고 난 나머지인 #search_top > table > tbody > tr을 선택자로 사용한다. 아래의 select 함수는 이 선택자를 이용해서 모든 행의 정보를 가져와 리스트 형식으로 반환한다. 이 리스트 자료를 tr 변수에 저장한다.

```
tr = html.select('#search_top > table > tbody > tr')
tr
```

```
[<tr>
 <td class="lft_td"><input name="seq" type="checkbox" value="441154967"/> 현대자동차㈜</td>
 <td class="lft_td"><a href="javascript:send_check('441154967' 'read','car');">쏘나타(DN8) 하이브리드_18인치(빌트인캠)_22MY</a></td>
 <td>17.6</td>
 <td>1,999</td>
 <td>91</td>
 <td>
 <img id="list_RT__ctl0_ico_img" src="../images/ico/1.gif"/>
 </td>
 <td>1,333,134</td>
 </tr>, <tr>
```

tr 변수에 저장된 리스트의 각 원소는 자동차 연비 정보 테이블 각 행의 내용을 담고 있다. 아래 셀의 코드에서는 테이블에 있는 모든 자동차들에 대한 정보를 얻기 위해 전체적으로 반복문을 이용하고, 각 행마다 표시되어 있는 일곱 가지 정보(업체명, 모델명, 표시연비, 배기량, CO_2 배출량, 등급, 연간유류비)를 추출하기 위해 find_all 함수를 사용한다. 일곱 가지 정보는 모두 〈td〉 태그의 내용 부분에 제공되므로 find_all 함수의 인수로 'td'를 사용하고, 이 함수의 결과로 반환되는 일곱 가지 정보는 tds 리스트 변수에 각각의 항목으로 저장된다. 즉, tds[0]는 업체명, tds[1]은 모델명이 되는 식이다. 이때, 배기량과 연간유류비에 해당하는 tds[3]와 tds[6]는 원래 테이블에 있는 값이 자릿수를 표현하기 위한 쉼표(,)를 포함하고 있어서 이후 이 값들로 연산을 수행할 때 문제가 되지 않도록 미리 쉼표를 제거해 준다. 마지막으로 원래 테이블을 보면 여섯 번째 열에 연비 등급을 표시하였는데 다른 열들과는 달리 이미지 파일을 사용하고 있다. 이미지 파일 자체에서 1과 2라는 숫자를 읽어내기는 어려우므로 대신 이 등급 이미지 파일의 이름이 '1.gif'과 '2.gif'라는 점에 착안하여 select_one 함수로 추출한 이미지의 src 속성값에서 파일명을 확인한다. 결국 아래 5번 줄의 img 변수는 포함된 이미지의 파일경로를 갖게 되는데, 여기서 '.gif '의 시작 인덱스를 찾아 그 바로 앞에 있는 숫자, 즉 1이나 2를 읽어오는 방식이다. 7번 줄에서는 이렇게 정리된 일곱 가지 정보를 쉼표로 구분되는 하나의 f-string 문자열로 만든다.

```python
for item in tr :
    tds = item.find_all('td')
    tds3 = tds[3].text.replace(',','')
    tds6 = tds[6].text.replace(',','')
    img = tds[5].select_one('img')['src']
    gidx = img.index('.gif') - 1
    line = f'{tds[0].text.strip()},{tds[1].text},{tds[2].text},{tds3},{tds[4].text},{int(img[gidx])},{tds6}\n'
    print(line)
```

```
현대자동차㈜,쏘나타(DN8) 하이브리드_18인치(빌트인캠)_22MY,17.6,1999,91,1,1333134

현대자동차㈜,쏘나타(DN8) 2.0GDI 하이브리드_17인치타이어_22MY,19.1,1999,83,1,1228437

현대자동차㈜,쏘나타(DN8) 2.0GDI 하이브리드_18인치타이어_22MY,18.0,1999,88,1,1303508

현대자동차㈜,쏘나타(DN8) 하이브리드_17인치(빌트인캠)_22MY,18.8,1999,85,1,1248040

아우디폭스바겐코리아(주),A4 35 TDI,16.9,1968,110,1,1209959
```

원하는 정보가 제대로 추출되면 파일로 저장하여 활용할 수 있다. 아래 코드는 with ... as 구문을 사용하여 파일을 열고 닫도록 하고, 생성되는 파일의 첫 줄에 열의 이름을 추가한 후 각 행에서 추출한 정보를 파일에 기록한다. 이때, f-string 마지막에 '\n'을 넣어 줄바꿈을 함으로써 각 행을 구분한다.

```python
with open('car.csv', 'w') as fp:
    line = '업체명,모델명,표시연비,배기량,co2배출량,등급,연간유류비\n'
    fp.write(line)
    for item in tr :
        tds = item.find_all('td')
        tds3 = tds[3].text.replace(',','')
        tds6 = tds[6].text.replace(',','')
        img = tds[5].select_one('img')['src']
        gidx = img.index('.gif') - 1
        line = f'{tds[0].text.strip()},{tds[1].text},{tds[2].text},{tds3},{tds[4].text},{int(img[gidx])},{tds6}\n'
        fp.write(line)
```

3 영화 예매정보 수집하기

이번 절에서는 다음(Daum) 영화 사이트에서 제공하는 실시간 예매 순위 정보를 추출하여 파일로 저장해 본다.

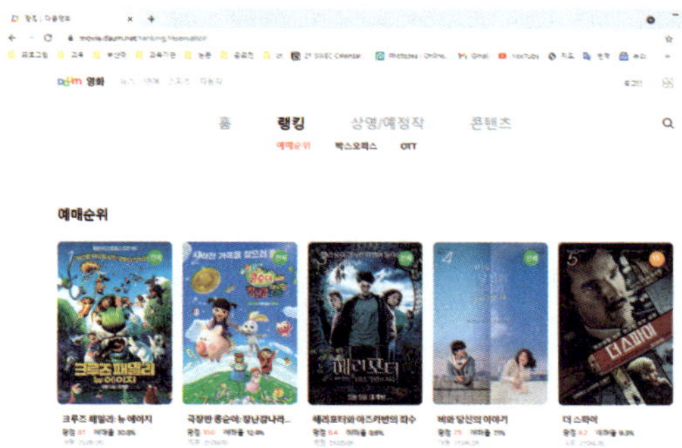

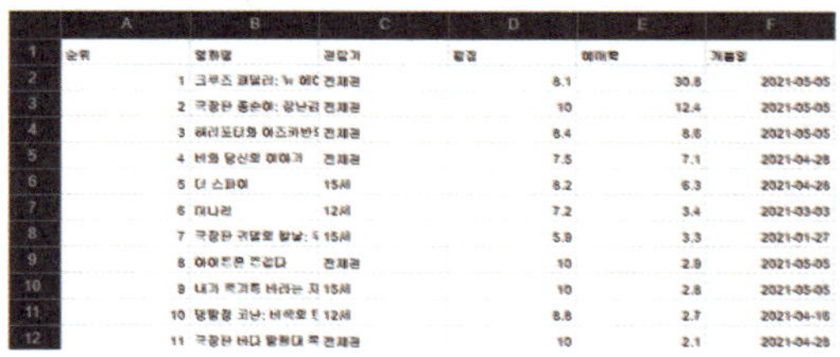

학습목표 **urllib.request 모듈, BeautifulSoup모듈, 파일쓰기**

해결전략

1. 다음 영화 사이트의 예매순위 웹페이지를 가져온다.
2. 웹페이지에서 영화 목록 정보를 추출한다.
3. 추출된 영화 목록 정보에서 순위 정보를 추출한다.
4. 순위 정보에서 순위, 영화명, 관람가, 평점, 예매율, 개봉일을 추출하여 파일로 저장한다.

해결과정

1. 영화 예매순위 정보를 가져오기 위해 urllib.request 모듈을 추가하고 영화 예매순위 웹페이지 주소를 url 변수에 저장한 후 urlopen 함수의 인수로 사용한다. urlopen 함수로 반환된 값을 read 전용함수로 읽어 htmlData변수에 저장한다.

```
from urllib.request import urlopen
url = 'https://movie.daum.net/ranking/reservation'
htmlData = urlopen(url).read()
htmlData
```

```
b'<!doctype html>\n<html lang="ko">\n<head>\n    <meta charset="utf-8">\n<title>\xeb\x9e\xad\xed\x82\xb9 |
```

② htmlData 변수에 저장된 bytes 자료형 문자열을 decode 전용함수를 이용하여 텍스트 문자열로 변환하여 htmlData 변수에 저장한다.

```python
htmlData = htmlData.decode('utf8')
htmlData
```

```
'<!doctype html>₩n<html lang="ko">₩n<head>₩n     <meta charset="utf-8">₩n<title>랭킹 | 다음영화</title>₩n₩n<li
t" type="text/css" href="//t1.daumcdn.net/media/kraken/movie/c75f96f/PcCommonCssBundle.merged.css" />₩n₩n<scr
cdn.net/media/kraken/movie/c75f96f/PcCommonScriptBundle.merged.js"></script><!-- 임시스크립트 -->₩n<script sr
ovie/v2/amchart/serial.js"></script>₩n₩n<meta property="og:author" content="다음영화" />₩n<meta property="og:
property="og:image" content="https://t1.daumcdn.net/movie/common/og_default.png" />₩n     <meta property="og:c
```

③ 텍스트 문자열로 저장된 웹페이지를 BeautifulSoup 모듈을 사용하여 트리구조를 가지는 문서로 생성한다. 이를 위해 BeautifulSoup 모듈을 import 한 후 BeautifulSoup 모듈의 첫 번째와 두 번째 인수로 각각 htmlData 변수와 'html.parser'를 준다.

```python
from bs4 import BeautifulSoup as bs
html = bs(htmlData, 'html.parser')
html
```

```
<div class="box_ranking" data-tiara-layer="list">
<ol class="list_movieranking">
<li>
<div class="item_poster">
<div class="thumb_item">
<div class="poster_movie">
<img alt="분노의 질주: 더 얼티메이트" class="img_thumb" src="https://img1.daumcdn.net/thumb/C408x596/?fname=https%3A%2F%2Ft1.dau
<span class="rank_num">1</span>
<span class="txt_tag">
<span class="ico_movie ico_see see12">12세이상관람가</span>
</span>
</div>
<div class="poster_info">
<a class="link_story" data-tiara-layer="poster" href="/moviedb/main?movieId=129101">
                                            기다림은 끝났다!전 세계가 기다려온 단 하나의 액션블록버스터! 도미닉(빈 디젤)은 자신과 가
                                        </a>
<span class="info_btn">
<a class="link_info" href="https://movie.yes24.com/Movie/Ticket?gId=M000076806" target="_blank">예매하기</a>
</span>
</div>
</div>
<div class="thumb_cont">
<strong class="tit_item">
<a class="link_txt" data-tiara-layer="moviename" href="/moviedb/main?movieId=129101">분노의 질주: 더 얼티메이트</a>
</strong>
<span class="txt_append">
<span class="info_txt">평점<span class="txt_grade">9.5</span></span>
<span class="info_txt">예매율<span class="txt_num">46.1%</span></span>
</span>
<span class="txt_info">
                                                        개봉<span class="txt_num">21.05.19</span>

</span>
</div>
</div>
</li>
```

④ 생성된 트리 구조의 문서에서 영화 목록 정보를 추출한다. 브라우저의 '개발자 도구' 를 사용하여 HTML 파일에서 영화 예매 순위 정보를 담고 있는 부분을 찾아 보면 〈ol〉 태그임을 확인할 수 있다.

```
<!DOCTYPE html>
<html lang="ko" class="os_windows">
▶<head>…</head>
▼<body class>
  ▶<div class="direct-link">…</div>
  ▼<div class="kakao_wrap ">
    ▶<header class="kakao_head" data-tiara-layer="gnb">…</header>
     <hr class="hide">
    ▼<main class="kakao_content">
      ▼<article id="mainContent" class="kakao_article">
         <h2 class="screen_out">영화 랭킹 본문</h2>
        ▼<div class="section_ranking">
          ▶<div class="head_section">…</div>
          ▼<div class="box_ranking" data-tiara-layer="list">
            ▼<ol class="list_movieranking"> == $0
              ▶<li>…</li>
```

<ol>태그의 class 속성 값은 list_movieranking이므로 클래스 선택자로 정보를 추출하여 ol 변수에 저장한다.

```
ol = html.select_one('.list_movieranking')
ol
```

```
<ol class="list_movieranking">
<li>
<div class="item_poster">
<div class="thumb_item">
<div class="poster_movie">
<img alt="크루즈 패밀리: 뉴 에이지" class="img_thumb" src="https://img1.daumcdn.net/thumb/C408x596/?fname=https%3A%2F%2F
<span class="rank_num">1</span>
<span class="txt_tag">
<span class="ico_movie ico_see ">전체관람가</span>
</span>
</div>
<div class="poster_info">
<a class="link_story" data-tiara-layer="poster" href="/moviedb/main?movieId=121250">
                                        인류 최초 가족들의 새로운 세상을 향한 스펙터클한 모험이 시작된다! 동굴을 떠나 새:
                                    </a>
<span class="info_btn">
<a class="link_info" href="https://movie.yes24.com/Movie/Ticket?gId=M000123499" target="_blank">예매하기</a>
</span>
</div>
</div>
<div class="thumb_cont">
<strong class="tit_item">
<a class="link_txt" data-tiara-layer="moviename" href="/moviedb/main?movieId=121250">크루즈 패밀리: 뉴 에이지</a>
</strong>
<span class="txt_append">
<span class="info_txt">평점<span class="txt_grade">8.1</span></span>
<span class="info_txt">예매율<span class="txt_num">30.8%</span></span>
</span>
<span class="txt_info">
                                        개봉<span class="txt_num">21.05.05</span>
</span>
</div>
</div>
</li>
<li>
```

⑤ 영화 예매정보가 저장된 ol 변수에서 각 순위별 영화 목록 정보를 추출하기 위해 〈ol〉 태그의 하위 태그인 〈li〉태그를 find_all 전용함수를 사용하여 모두 추출한다. 반환된 리스트는 li 변수에 저장한다.

```python
li = ol.find_all('li')
li
```

```
[<li>
<div class="item_poster">
<div class="thumb_item">
<div class="poster_movie">
<img alt="크루즈 패밀리: 뉴 에이지" class="img_thumb" src="https://img1.daumcdn.net/thumb/C408x596/?fname=https%3A%2F
<span class="rank_num">1</span>
<span class="txt_tag">
<span class="ico_movie ico_see ">전체관람가</span>
</span>
</div>
<div class="poster_info">
<a class="link_story" data-tiara-layer="poster" href="/moviedb/main?movieId=121250">
                                        인류 최초 가족들의 새로운 세상을 향한 스펙터클한 모험이 시작된다! 동굴을 떠나
                                    </a>
<span class="info_btn">
<a class="link_info" href="https://movie.yes24.com/Movie/Ticket?gId=M000123499" target="_blank">예매하기</a>
</span>
</div>
</div>
<div class="thumb_cont">
<strong class="tit_item">
<a class="link_txt" data-tiara-layer="moviename" href="/moviedb/main?movieId=121250">크루즈 패밀리: 뉴 에이지</a>
</strong>
<span class="txt_append">
<span class="info_txt">평점<span class="txt_grade">8.1</span></span>
<span class="info_txt">예매율<span class="txt_num">30.8%</span></span>
</span>
<span class="txt_info">
                                            개봉<span class="txt_num">21.05.05</span>
</span>
</div>
</div>
</li>, <li>
```

⑥ li 리스트 변수의 각 원소는 순위별 영화 정보를 포함하고 있다. 각 원소에 해당하는 트리구조는 다음 그림과 같다.

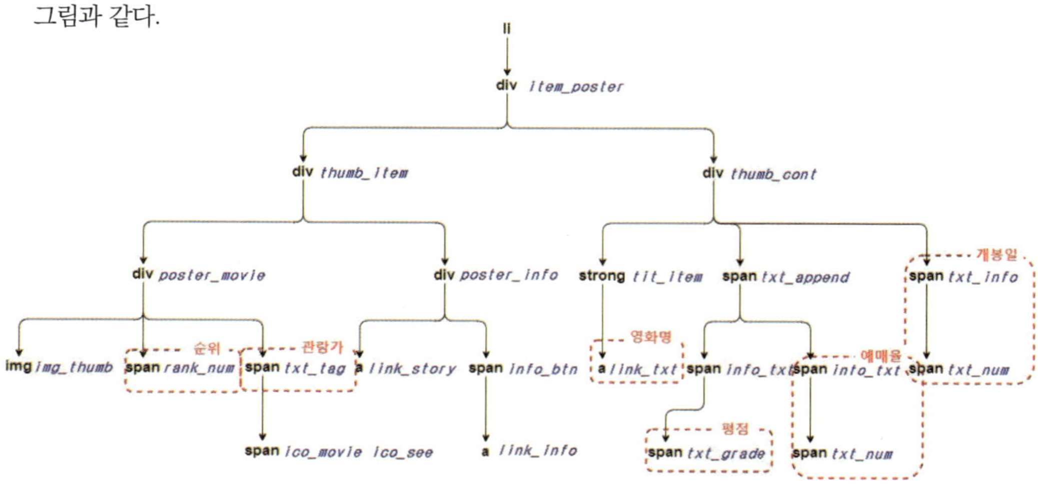

```
1  with open('movie.csv', 'w') as fp:
2      line = '순위,영화명,관람가,평점,예매율,개봉일\n'
3      fp.write(line)
4      for item in li :
5          rank = int(item.select_one('.rank_num').text)
6          mvname = item.select_one('.link_txt').replace(',', ' ')
7          tag = item.select_one('.txt_tag').text.strip()[:3]
8          grade = float(item.select_one('.txt_grade').text)
9          num = float(item.select_one('.info_txt > .txt_num').text[:-1])
10         mvdate = '20' + item.select_one('.txt_info > .txt_num').text.replace('.', '-')
11         line = f'{rank},{mvname},{tag},{grade},{num},{mvdate}\n'
12         print(line)
13         fp.write(line)
```

2번 줄은 생성되는 파일의 첫 줄에 기록될 열 이름들을 가진 문자열을 line 변수에 저장하고, 이를 3번 줄 write 함수의 인수로 사용하여 파일에 쓴다.

이후 for문에서는 순위, 영화명, 관람가, 평점, 예매율, 개봉일에 해당하는 class 속성 값을 찾아 select_one 전용함수의 인수로 사용하고 반환된 값에서 '.text'로 문자만 추출한다. 5번 줄에서는 순위 정보를 정수로 변환하여 rank 변수에 저장하고, 6번 줄에서는 영화명에 포함된 쉼표(,)를 공백으로 바꾸어 mvname 변수에 저장한다. 7번 줄 관람가능 연령 정보를 저장하는 tag 변수는 strip 함수를 이용하여 앞뒤 줄바꿈 정보를 제거하고 3글자만 추출한다. 8-9번 줄의 평점과 예매율 정보는 실수로 변환하여 변수에 저장한다. 이때, 9번 줄 예매율 정보는 % 문자를 포함하므로 마지막 % 문자를 제외한다. 9번 줄과 10번 줄의 예매율과 개봉일 정보를 저장하는 <span> 태그의 class 속성값은 모두 txt_num이므로 이를 구분하기 위해 상위 태그의 class 속성 값을 함께 사용한다. 상위 태그 속성 값 뒤에 '>' 기호를 붙이고 하위 태그 속성 값인 txt_num을 붙이면 된다. 개봉일 정보는 년도-월-일(yyyy-mm-dd) 형식으로 변경하기 위해 년도 앞에 '20'문자열을 추가하고 '.'를 '-'로 변경하였다. 추출된 정보는 f-string을 이용하여 문자열로 만들고 마지막에 '\n'을 넣어 줄바꿈을 함으로써 각 행을 구분한다.

스스로 해결하기

01 뉴스 자료 가져오기

다음 뉴스 사이트에서 많이 본 뉴스를 크롤링하여 news.csv 파일로 저장하시오.

	A	B	C	D
1	뉴스순위	타이틀	신문사	댓글수
2	1	[단독] 윤석열 "백넘버	국민일보	4283
3	2	여름 재난지원금 '1인	뉴스1	3669
4	3	송영길은 '조국 반성문	세계일보	2510
5	4	尹측 송영길에 "도 넘	연합뉴스	1709
6	5	女 부사관 "하지마세도	머니투데이	1612
7	6	감간당하는 여자 무시	중앙일보	1586
8	7	정부 백신대책 "부끄럽	이데일리	1492
9	8	이번엔 '해방대'..1000	KBS	1370
10	9	한달째 정민씨 친구 '벌	뉴스1	1236
11	10	홍남기 전국민 지원금	헤럴드경제	1177
12	11	김성주 '화이자 3천만	연합뉴스	1143
13	12	중국서 신종 AI 감염자	조선일보	1051

학습목표 urlopen(), bs(), select(), select_one(),write(), text, strip(), replace()

해결전략

❶ 다음 뉴스 > 랭킹 > 댓글 많은 > 뉴스를 선택한다.
(https://news.daum.net/ranking/bestreply)

❷ 해당 웹페이지의 뉴스 목록 정보를 추출한다.

❸ 추출된 뉴스 목록 정보에서 뉴스 순위 정보를 추출한다.

❹ 각 뉴스 순위 정보에서 뉴스순위, 타이틀, 신문사, 댓글수를 추출하여 파일로 저장한다. 단, 타이틀에 들어있는 쉼표는 공백으로 처리하고 댓글 수의 쉼표는 삭제한다.

스스로 해결하기

02 부산대 신문고 자료 가져오기

부산대학교 신문고 게시판 내용를 크롤링하여 board.csv 파일로 저장하시오.

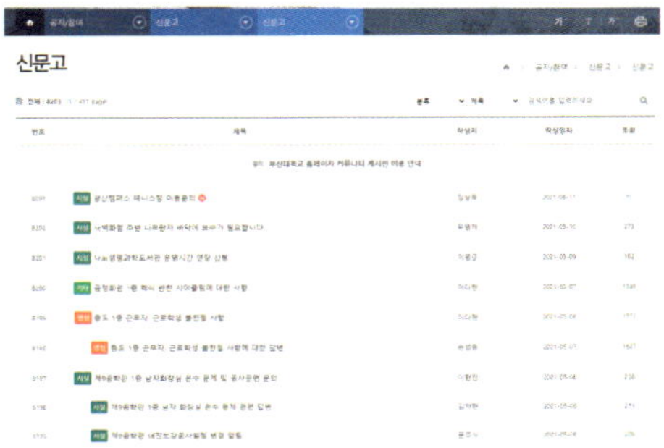

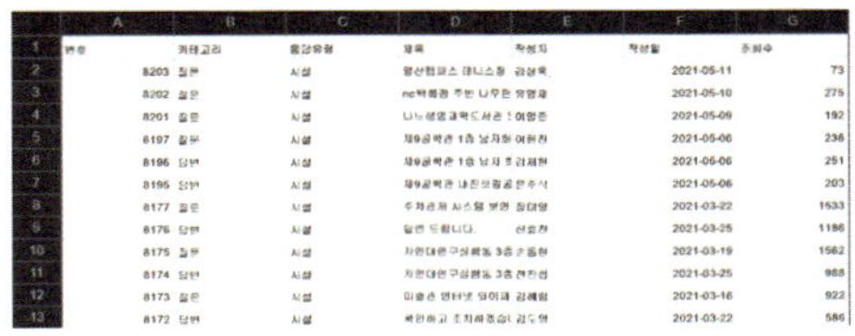

학습목표 **urlopen(), bs(), select(), select_one(), find_all()**
write(), text, strip(), replace()

해결전략

① 부산대학교 신문고 사이트로 접속한다.
(https://www.pusan.ac.kr/kor/CMS/Board/Board.do?robot=Y&mCode=MN097&mgr_seq=5&page=1)

② 10페이지의 정보를 가져온다. 해당 URL 주소의 page값을 변경하여 작성한다.

③ 각 페이지별로 추출된 자료의 첫 번째 공지 자료는 파일에 저장하지 않는다.

④ 삭제된 게시글은 파일에 저장하지 않는다.

⑤ 카테고리를 구분하여 추출한다.
– '복지', '시설', '학사', '행정', '교통', '기타'로 분류

컴퓨터 비전공자를 위한 인공지능 활용의 시작

P 파이썬 프로그래밍

08 데이터 분석

이전 장에서는 스크래핑을 이용하여 필요한 자료를 수집하였다. 이번 장에서는 데이터를 정리하고 변환하는 과정을 통해 의미 있는 정보를 찾아내는 데이터 분석(data analysis)과정을 수행해 본다. 파이썬 프로그램에서는 데이터를 쉽게 분석하기 위한 자료구조와 기능을 제공하는 판다스(Pandas) 모듈을 사용할 수 있다. 이번 장에서는 스크래핑을 통해 수집한 자료를 판다스를 이용하여 분석해 본다.

1 판다스(Pandas)

판다스는 행과 열로 이루어진 데이터 객체를 만들어 안정적으로 대용량의 데이터들을 처리하는 매우 편리한 도구이다. 다양한 방식으로 색인된 데이터를 다룰 수 있는 기능, 시계열 데이터[1]와 비시계열 데이터를 함께 다룰 수 있는 통합 자료 구조, 누락된 데이터를 유연하게 처리할 수 있는 기능, 데이터베이스 프로그램처럼 데이터를 합치고 관계 연산을 수행하는 기능을 제공해 준다. 판다스 패키지는 다음과 같이 불러온다. 주로 as 명령으로 pd로 줄여서 사용한다.

```
import pandas as pd
```

판다스에서 주로 사용하는 데이터 객체로는 시리즈(Series)와 데이터프레임(DataFrame)이 있는데, 시리즈는 항마다 인덱스를 가진 1차원 벡터이고 데이터프레임은 행과 열을 가진 2차원 테이블 형태이다. 데이터프레임의 각 열이 하나의 시리즈라고 생각하면 된다.

1) 시간의 함수로 표현되는 데이터. 하루 동안 1분마다의 미세먼지 양을 측정해서 기록하는 것을 예로 들 수 있는데, 주로 미래의 값을 예측하는 데 활용된다.

1.1 시리즈(Series)

시리즈는 인덱스(index)와 값(value)으로 이루어진 1차원 형태의 자료 저장방식이다. 시리즈의 인덱스는 데이터 값의 위치를 나타낸다.

■ 시리즈 생성

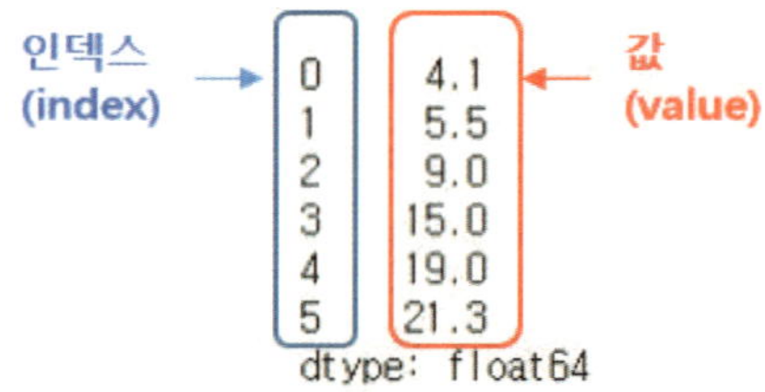

리스트, 튜플, 딕셔너리 형식의 데이터를 Series 함수를 사용하여 시리즈 객체로 만들 수 있다. 인덱스를 특별히 지정하지 않으면 인덱스는 보통의 연속형 자료들처럼 0부터 시작하는 정수값이 된다.

```
lt = [4.1, 5.5, 9.0, 15.0, 19.0 ,21.3]
sr = pd.Series(lt)
sr
```

```
0     4.1
1     5.5
2     9.0
3    15.0
4    19.0
5    21.3
dtype: float64
```

인덱스를 지정하려면 데이터의 길이와 원소의 개수가 동일한 자료를 index 옵션으로 지정한다. 아래 3번 줄에서는 lt 리스트와 ltk 리스트를 각각 sr 시리즈의 데이터와 인덱스로 사용한다고 지정하였다. 리스트 대신 딕셔너리를 index 옵션에 지정하면 딕셔너리의 키가 인덱스가 된다.

```
1  ltk = ['1월', '2월', '3월', '4월', '5월', '6월']
2  lt = [4.1, 5.5, 9.0, 15.0, 19.0 ,21.3]
3  sr = pd.Series(lt, index = ltk)
4  sr
```

```
1월     4.1
2월     5.5
3월     9.0
4월    15.0
5월    19.0
6월    21.3
dtype: float64
```

■ 시리즈 요소 가져오기

시리즈의 요소를 가져오는 방법은 리스트의 인덱싱 및 슬라이싱 방법과 유사하다. 아래 1번 줄은 인덱스가 '4월'인 하나의 요소만 가져오고, 2번 줄은 인덱스가 '4월', '6월'인 두 요소를 리스트에 넣어 가져온다. 3~5번 줄은 리스트의 슬라이싱과 유사한데 한 가지 차이점은 시리즈에서 인덱스를 직접 지칭할 때는 마지막 인덱스에 해당하는 값도 포함된다는 점이다. 따라서 3번 줄은 인덱스가 '4월'에서 '6월'까지인 요소를 가져오고 4번 줄은 처음부터 '4월'까지, 5번 줄은 '4월'부터 끝까지 요소를 가져온다.
또한 조건을 이용하여 값을 가져올 수도 있다. 6번 줄은 시리즈의 인덱스가 '4월'보다 큰 요소를 모두 가져오고 7번 줄은 시리즈의 값이 15.0보다 큰 요소를 모두 가져온다.

```
1  print(sr['4월'])  #결과 : 15.0
2  print(sr[['4월','6월']])  #결과 : 4월 15.0\n  6월 21.3
3  print(sr['4월':'6월'])  #결과 : 4월 15.0\n  5월 19.0\n  6월 21.3
4  print(sr[:'4월'])  #결과 : 1월 4.1\n  2월 5.5\n  3월 9.0\n  4월 15.0
5  print(sr['4월':])  #결과 : 4월 15.0\n  5월 19.0\n  6월 21.3
6  print(sr[sr.index > '4월'])  #결과 : 5월 19.0\n  6월 21.3
7  print(sr[sr > 15.0])  #결과 : 5월 19.0\n  6월 21.3
```

시리즈의 인덱스와 값은 index, values를 이용하여 리스트로 가져올 수 있다.

```
print('인덱스 :', list(sr.index))
print('값 :', list(sr.values))
```

```
인덱스 : ['1월', '2월', '3월', '4월', '5월', '6월']
값 : [4.1, 5.5, 9.0, 15.0, 19.0, 21.3]
```

1.2 데이터프레임(DataFrame)

데이터프레임은 행과 열이 있는 테이블 형태의 자료 저장방식이다. 2차원 구조이므로 행을 구분하는 행 인덱스와 열을 구분하는 열 인덱스의 쌍으로 각 요소를 구분한다.

■ 데이터프레임 생성

데이터프레임을 생성하는 방법은 다양하다. 앞서 생성했던 시리즈 여러 개를 합쳐서 만들 수도 있으나 여기서는 가장 기본이 되는, 리스트를 이용한 데이터프레임 생성 방법을 소개한다.

아래와 같이 요소의 개수가 같은 리스트 여러 개가 있다. 이 리스트들은 미세먼지의 양과 관련된 정보들인데, 리스트 각각은 우리가 만들 데이터프레임의 각 열이 될 것이다. 데이터프레임을 만드는 방법은 5~9번 줄을 참고하면 된다. 먼저 판다스 모듈의 DataFrame 함수를 이용하여 빈 데이터프레임을 만들고 각 열의 이름을 지정하면서 리스트를 할당한다. 각 열의 이름인 '지역', '평균', '최대', '최소'가 열의 인덱스로 사용된다.

```
1  area = ['서울', '부산', '대구', '인천', '광주', '대전', '울산', '세종', '경기', '강원', '충북', '충남', '전북', '전남', '경북', '경남', '제주']
2  pm25_avg = [20,13,15,20,19,16,14,18,20,14,19,23,23,14,15,13,14]
3  pm25_max = [22,18,18,30,23,20,16,19,27,18,26,29,30,27,23,17,16]
4  pm25_min = [16,10,11,12,15,12,11,17,13,9,14,19,14,10,8,9,11]
5  df = pd.DataFrame()
6  df['지역'] = area
7  df['평균'] = pm25_avg
8  df['최대'] = pm25_max
9  df['최소'] = pm25_min
10 df
```

	지역	평균	최대	최소
0	서울	20	22	16
1	부산	13	18	10
2	대구	15	18	11
3	인천	20	30	12
4	광주	19	23	15
5	대전	16	20	12
6	울산	14	16	11
7	세종	18	19	17
8	경기	20	27	13
9	강원	14	18	9
10	충북	19	26	14
11	충남	23	29	19
12	전북	23	30	14
13	전남	14	27	10
14	경북	15	23	8
15	경남	13	17	9
16	제주	14	16	11

데이터프레임 요소 가져오기

loc 함수와 iloc 함수는 데이터프레임 요소의 행과 열 정보를 이용하여 요소 값을 가져온다. 두 함수의 차이점은 loc 함수가 행과 열의 인덱스를 직접 사용하는 반면에 iloc 함수는 행과 열의 순서(0부터 시작)를 사용하여 요소를 가져온다는 점이다. 예를 들어 앞서 만든 지역별 미세먼지 데이터프레임의 경우 지역에 해당하는 열의 인덱스는 '지역'이지만 열의 순서로는 0번째이다. loc 함수는 '지역'이라는 인덱스를 사용하여 값을 가져오고 iloc 함수는 0번째라는 순서를 사용해서 값을 가져온다.

그럼 지역 열의 전체 내용을 가져와보자. 먼저 loc 함수를 사용하면 설명한대로 열 인덱스 값에는 열의 이름인 '지역'이 들어가야 하고, 행 인덱스 값에는 모든 행을 가져오기 위해 콜론(:)을 사용하면 된다. 만일 iloc 함수를 사용한다면 지역 열의 순서인 0을 사용하여 df.iloc[:, 0]가 된다.

```
df.loc[:,'지역']
```

```
0     서울
1     부산
2     대구
3     인천
4     광주
5     대전
6     울산
7     세종
8     경기
9     강원
10    충북
11    충남
12    전북
13    전남
14    경북
15    경남
16    제주
Name: 지역, dtype: object
```

이번에는 부산에 해당되는 행의 전체 내용을 가져와보자. 이 행은 인덱스도 1이고, 행의 순서로도 1번째 행이다. 따라서 loc 함수를 사용하든 iloc 함수를 사용하든 둘 다 행 정보는 1이 된다. 열 정보는 이 행의 모든 열을 가져와야 하므로 콜론(:)을 사용한다.

```
df.loc[1, :]
```

```
지역    부산
평균    13
최대    18
최소    10
Name: 1, dtype: object
```

하나의 요소나 테이블의 특정 부분을 가져오는 방법은 아래 코드셀에 예가 나와 있다. 1번 줄은 1행의 '지역' 열에 해당하는 한 개의 요소('부산')를 가져오고, 2번 줄은 1행에서 3행까지의 '지역' 열부터 '최대' 열까지 범위의 요소 9개를 가져온다. 3번 줄은 범위를 지정하는 게 아니라 리스트를 이용하여 관심 있는 행의 인덱스와 지역을 특정하고 있다. 즉, 1행과 3행의 '지역'과 '최대'에 해당하는 요소 4개를 가져온다.

```
1 print(df.loc[1, '지역'])  #결과 : 부산
2 print(df.loc[1:3, '지역':'최대'])  #결과 : 지역 평균 최대\n  1 부산 13 18\n  2 대구 15 18\n  3 인천 20 30\n
3 print(df.loc[[1,3], ['지역','최대']])  #결과 : 지역 최대\n  1 부산 18\n  3 인천 30\n
```

iloc 함수를 이용해서도 위의 코드셀과 똑같은 결과를 얻기 위한 코드를 만들 수 있다. 단, 주의해야할 점은 행과 열의 순서값을 이용하여 범위를 지정할 때는 마지막 순서에 해당하는 요소가 포함되지 않는다는 점이다. 위의 코드셀과 아래 코드셀의 2번 줄을 주의 깊게 비교해 보자.

```
1 print(df.iloc[1,0])  #결과 : 부산
2 print(df.iloc[1:4, 0:3])  #결과 : 지역 평균 최대\n  1 부산 13 18\n  2 대구 15 18\n  3 인천 20 30\n
3 print(df.iloc[[1,3], [0,2]])  #결과 : 지역 최대\n  1 부산 18\n  3 인천 30\n
```

행과 열의 인덱스나 순서가 아니라 조건에 맞는 값을 가진 요소를 가져오기 위해 조건식을 사용할 수 있다. 1번 줄은 지역이 부산인 행을 모두 가져오고 2번 줄은 최대가 25 이상인 모든 요소를 가져온다. 3번 줄은 최소가 10이하이고 최대가 25이상인 모든 요소를 가져온다. 이때, 각 조건식은 괄호로 묶어야 한다.

```
1 print(df[df['지역'] == '부산'])  #결과 : 지역 평균 최대 최소\n  1 부산 13 18 10
2 print(df[df['최대'] >= 25])  #결과 : 지역 평균 최대 최소\n  3 인천 20 30 12\n  8 경기 20 27 13\n  10 충북 19 26 14\n  11 충남 23 29 19\n  12 전북 23 30 14\n  13 전남 14 27 10
3 print(df[(df['최소'] <= 10) & (df['최대'] >= 25)])  #결과 : 지역 평균 최대 최소\n  13 전남 14 27 10
```

■ 데이터프레임 살펴보기

head(n) 함수는 상위 n개의 데이터만 조회하고 tail(n)은 하위 n개의 데이터를 조회한다. 이때, n이 생략되면 5개 값을 조회한다.

```
1  df.head()
```

	지역	평균	최대	최소
0	서울	20	22	16
1	부산	13	18	10
2	대구	15	18	11
3	인천	20	30	12
4	광주	19	23	15

```
1  df.tail(2)
```

	지역	평균	최대	최소
15	경남	13	17	9
16	제주	14	16	11

info 함수는 데이터프레임에 대한 전반적인 정보인 데이터프레임을 구성하는 행과 열의 크기, 열의 이름, 열을 구성하는 값의 자료형 등을 출력해 준다.

```
1  df.info()
```

```
<class 'pandas.core.frame.DataFrame'>
RangeIndex: 17 entries, 0 to 16
Data columns (total 4 columns):
 #   Column  Non-Null Count  Dtype
---  ------  --------------  -----
 0   지역      17 non-null     object
 1   평균      17 non-null     int64
 2   최대      17 non-null     int64
 3   최소      17 non-null     int64
dtypes: int64(3), object(1)
memory usage: 672.0+ bytes
```

describe 함수는 열 별로 데이터의 개수(count), 데이터의 평균값(mean), 표준편차(std), 최솟값(min), 4분위수(25%, 50%, 75%), 그리고 최댓값(max) 등 간단한 통계 정보를 보여준다.

```
df.describe()
```

	평균	최대	최소
count	17.000000	17.000000	17.000000
mean	17.058824	22.294118	12.411765
std	3.399827	5.009550	3.063063
min	13.000000	16.000000	8.000000
25%	14.000000	18.000000	10.000000
50%	16.000000	22.000000	12.000000
75%	20.000000	27.000000	14.000000
max	23.000000	30.000000	19.000000

행 인덱스와 열 인덱스는 index, columns를 이용하여 확인할 수 있다. columns에 열 이름을 나타내는 리스트를 할당하면 열 이름을 변경할 수도 있다.

```
print('행의 인덱스 :', df.index)
print('열의 인덱스 :', df.columns)
```

```
행의 인덱스 : RangeIndex(start=0, stop=17, step=1)
열의 인덱스 : Index(['지역', '평균', '최대', '최소'], dtype='object')
```

set_index()함수를 사용하면 특정 열의 값들을 행 인덱스로 사용할 수 있다. 변경된 내용을 데이터프레임에 반영하기 위해서는 데이터프레임에 다시 할당해 주어야 한다. reset_index()함수를 사용하면 변경 후 행 인덱스를 다시 일반 열로 변경할 수도 있다.

```
df = df.set_index('지역')
df.head()
```

	평균	최대	최소
지역			
서울	20	22	16
부산	13	18	10
대구	15	18	11
인천	20	30	12
광주	19	23	15

sort_index와 sort_values 함수를 사용하면 데이터를 정렬할 수 있다. sort_index 함수는 인덱스 값을 기준으로, sort_values 함수는 데이터 값을 기준으로 정렬한다. 내림차순으로 정렬하려면 'ascending=False' 인수를 사용한다.

```
df.sort_index(ascending=False)
```

지역	평균	최대	최소
충북	19	26	14
충남	23	29	19
제주	14	16	11
전북	23	30	14
전남	14	27	10

sort_values 함수는 'by' 인수로 정렬 기준이 되는 열을 지정해 주어야 한다. 두 개 이상 열을 지정하면 처음 열의 값으로 먼저 정렬한 후 그 값이 동일한 경우 다음 열의 값으로 정렬한다.

```
df.sort_values(by=['평균','최대'], ascending=False)
```

지역	평균	최대	최소
전북	23	30	14
충남	23	29	19
인천	20	30	12
경기	20	27	13
서울	20	22	16

■ 외부데이터 가져오기

판다스는 CSV파일, 텍스트파일, 엑셀파일 등 다양한 외부 데이터를 읽고 쓸 수 있는 기능을 제공한다. CSV 파일로부터 데이터를 읽어 데이터프레임을 만들 때는 판다스 모듈의 read_csv 함수를 사용하고 함수의 입력값으로 파일 이름을 넣는다. 이때, 파일명이 한글이면 engine='python' 인수를 넣어야 하고 파일의 내용에 한글이 포함된 경우 한글이 깨지면 encoding='cp949' 인수를 사용한다. 엑셀 파일을 읽을 때는 read_excel() 함수를 사용한다.

```python
df = pd.read_csv('car.csv')
df.head()
```

	업체명	모델명	표시연비	배기량	co2배출량	등급	연간유류비
0	아우디폭스바겐코리아(주)	A4 35 TDI	16.9	1968	110	1	1209959
1	한불모터스(주)	Peugeot 508 1.5 BlueHDi_(18inch tire)	17.2	1499	108	1	1188855
2	한불모터스(주)	Peugeot 508SW 1.5 BlueHDi_(18inch tire)	17.2	1499	108	1	1188855
3	한불모터스(주)	Peugeot 308 1.5 BlueHDi	17.1	1499	109	1	1195807
4	쌍용자동차㈜	코란도 1.6 디젤 6MT 2WD SCR Step2	16.0	1597	117	1	1278019

데이터 저장하기

판다스는 다양한 형태의 데이터 형식으로 자료를 저장할 수 있다. to_csv 함수를 이용하면 CSV파일로 저장할 수 있고 to_excel 함수를 사용하면 엑셀 파일로 저장할 수 있다. 이때, 인덱스를 제외하고 저장하려면 index 인수 값을 False로 지정하면 된다.

```python
df.to_csv('car2.csv', index=False)
df.to_excel('car.xls', index=False)
```

참고 구글 드라이브 경로 가져오기

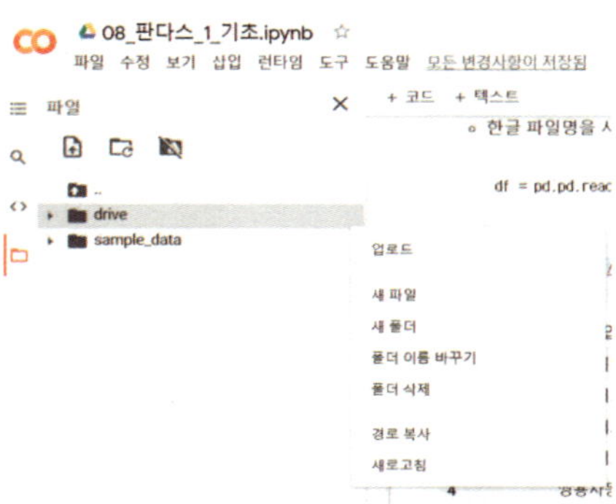

구글 드라이브에서 경로를 가져오기 위해서는 화면의 맨 왼쪽 아래 파일아이콘을 클릭하면 나타나는 세 개의 아이콘 중에 "드라이브 마운트"를 선택하여 구글드라이브를 연결시켜 준다.

드라이브가 마운트되면 drive폴더가 보인다. drive폴더에서 자신의 파일을 찾아서 해당 파일에 마우스를 놓은 후 오른쪽 마우스를 눌러 경로복사 메뉴를 선택하면 구글 드라이브의 경로를 찾을 수 있다.

2 판다스(Pandas)를 이용한 자동차 연비 분석

7장에서 작성한 자동차 연비 파일을 이용하여 자동차연비 자료를 분석해 본다.

```
df = pd.read_csv('car.csv')
df.head()
```

	업체명	모델명	표시연비	배기량	co2배출량	등급	연간유류비
0	현대자동차㈜	쏘나타(DN8) 하이브리드_18인치(빌트인캠)_22MY	17.6	1999	91	1	1333134
1	현대자동차㈜	쏘나타(DN8) 2.0GDI 하이브리드_17인치타이어_22MY	19.1	1999	83	1	1228437
2	현대자동차㈜	쏘나타(DN8) 2.0GDI 하이브리드_18인치타이어_22MY	18.0	1999	88	1	1303508
3	현대자동차㈜	쏘나타(DN8) 하이브리드_17인치(빌트인캠)_22MY	18.8	1999	85	1	1248040
4	아우디폭스바겐코리아(주)	A4 35 TDI	16.9	1968	110	1	1209959

■ 데이터프레임에 대한 정보 확인

info 함수, describe 함수 등을 이용하여 불러온 데이터프레임을 구성하는 행과 열의 크기, 열의 이름, 열을 구성하는 값의 자료형 등 데이터프레임에 대한 전반적인 정보를 확인해 본다. 200개의 행과 7개의 열로 구성되어 있는 것을 확인할 수 있고 각 열에 대한 데이터타입에 대한 정보를 확인할 수 있다.

```
df.info()
```

```
<class 'pandas.core.frame.DataFrame'>
RangeIndex: 200 entries, 0 to 199
Data columns (total 7 columns):
 #   Column  Non-Null Count  Dtype
---  ------  --------------  -----
 0   업체명     200 non-null    object
 1   모델명     200 non-null    object
 2   표시연비    200 non-null    float64
 3   배기량     200 non-null    int64
 4   co2배출량  200 non-null    int64
 5   등급      200 non-null    int64
 6   연간유류비   200 non-null    int64
dtypes: float64(1), int64(4), object(2)
memory usage: 11.1+ KB
```

```
df.describe()
```

	표시연비	배기량	co2배출량	등급	연간유류비
count	200.000000	200.000000	200.00000	200.000000	2.000000e+02
mean	15.810500	1839.930000	114.39000	1.630000	1.373007e+06
std	1.777537	283.807892	17.74549	0.484016	1.293492e+05
min	13.800000	1332.000000	68.00000	1.000000	1.047462e+06
25%	14.300000	1598.000000	104.75000	1.000000	1.292161e+06
50%	15.300000	1950.000000	118.00000	2.000000	1.372369e+06
75%	16.900000	1999.000000	130.00000	2.000000	1.448343e+06
max	22.400000	2487.000000	138.00000	2.000000	1.700228e+06

■ 조건에 맞는 자료 확인

업체명이 '현대자동차㈜'인 자료를 추출해본다. 업체명 열의 값이 '현대자동차㈜'인지 조건식을 적용해 확인해 보면 다음과 같다.

```
df['업체명']=='현대자동차㈜'
```

```
0       True
1       True
2       True
3       True
4      False
       ...
195    False
196     True
197     True
198     True
199    False
Name: 업체명, Length: 200, dtype: bool
```

데이터프레임에서 대괄호([ ])안에 조건식을 사용하면 조건식이 참인 행을 추출해 준다.

```
df[df['업체명']=='현대자동차㈜']
```

	업체명	모델명	표시연비	배기량	co2배출량	등급	연간유류비
19	현대자동차㈜	투싼 1.6T-GDI 하이브리드 6AT	16.2	1598	99	1	1448343
20	현대자동차㈜	아반떼 1.6GDI 하이브리드 (17"타이어)	19.5	1580	81	1	1203238
21	현대자동차㈜	쏘나타(DN8) 2.0GDI 하이브리드_18인치(빌트인캠)	17.6	1999	91	1	1333134
22	현대자동차㈜	아반떼 1.6GDI 하이브리드 (16"타이어)	21.1	1580	74	1	1111998
23	현대자동차㈜	쏘나타(DN8) 2.0GDI 하이브리드_18인치타이어	18.0	1999	88	1	1303508
31	현대자동차㈜	코나 1.6GDI 하이브리드 (18" 타이어)	17.4	1580	92	1	1348457
32	현대자동차㈜	코나 1.6GDI 하이브리드 (16" 타이어)	19.3	1580	82	1	1215707
33	현대자동차㈜	코나 1.6디젤 2WD (18" 타이어)	16.8	1598	110	1	1217161

CO_2 배출량이 115이상이고 연비가 1등급인 자료를 추출해본다. 이때, [ ]안에 조건식을 2개 이상 사용할 경우 각 조건식은 ()로 묶어서 사용한다. and 연산인 경우는 & 기호를 사용하고 or 연산인 경우는 |를 사용한다. 추출된 결과를 새로운 변수에 할당하면 결과를 데이터프레임으로 저장할 수 있다.

```
df115 = df[(df['co2배출량'] >=115) & (df['등급']==1)]
df115
```

	업체명	모델명	표시연비	배기량	co2배출량	등급	연간유류비
8	쌍용자동차㈜	코란도 1.6 디젤 6MT 2WD SCR Step2	16.0	1597	117	1	1278019
13	기아 주식회사	셀토스 1.6디젤 2WD 18" 타이어 (21)	16.1	1598	116	1	1270081
18	메르세데스-벤츠코리아(주)	Mercedes-Benz A200 d	16.1	1950	116	1	1270081
46	기아 주식회사	셀토스 1.6디젤 4WD (16" 타이어)	16.1	1598	116	1	1270081
60	현대자동차㈜	투싼 개조차 1.6디젤 2WD (17"타이어)	16.3	1598	115	1	1254497
63	BMW코리아㈜	MINI Cooper SD	16.1	1995	116	1	1270081

sort_values 함수는 데이터프레임의 특정열 값으르 정렬할 수 있다. 기본은 오름차순이고 ascending 옵션 값을 False로 주면 내림차순으로 정렬할 수 있다. 먼저 'co_2배출량'으로 내림차순으로 정렬하고 CO_2 배출량이 같은 경우 다시 '배기량'으로 정렬하려면 이 두 개의 열 이름을 리스트로 묶어주면 된다.

```
df115.sort_values(['co2배출량','배기량'], ascending=False)
```

	업체명	모델명	표시연비	배기량	co2배출량	등급	연간유류비
8	쌍용자동차㈜	코란도 1.6 디젤 6MT 2WD SCR Step2	16.0	1597	117	1	1278019
63	BMW코리아㈜	MINI Cooper SD	16.1	1995	116	1	1270081
18	메르세데스-벤츠코리아(주)	Mercedes-Benz A200 d	16.1	1950	116	1	1270081
13	기아 주식회사	셀토스 1.6디젤 2WD 18" 타이어 (21)	16.1	1598	116	1	1270081
46	기아 주식회사	셀토스 1.6디젤 4WD (16" 타이어)	16.1	1598	116	1	1270081
60	현대자동차㈜	투싼 개조차 1.6디젤 2WD (17"타이어)	16.3	1598	115	1	1254497

■ 새로운 열의 추가

국산차와 수입차를 구분하는 열을 생성하기 위해 던저 업체명을 조회한다. unique()함수를 이용하면 '업체명' 열에서 중복된 값을 제거하고 유일값을 출력할 수 있다.

```
df['업체명'].unique()
```

```
array(['현대자동차㈜', '아우디폭스바겐코리아(주)', '한불모터스(주)', '쌍용자동차㈜', '혼다코리아(주)',
       '기아 주식회사', '한국토요타자동차㈜', '메르세데스-벤츠코리아(주)', '르노삼성자동차㈜', '한국지엠주식회사',
       'BMW코리아㈜', '포드세일즈서비스코리아(유)', 'FCA코리아㈜', '(주)재규어랜드로버코리아'],
      dtype=object)
```

출력된 업체명 중에서 '쌍용자동차㈜', '기아 주식회사', '현대자동차㈜'만 '국산'이고 그 외의 업체는 '수입'으로 분류하여 새로운 '구분' 열을 만들어본다. '구분' 열에 할당하기 위해 아래와 같이 for문과 if 문을 사용하여 리스트를 생성한다. '업체명' 열 내용을 먼저 리스트로 만들어 하나씩 확인하면서 각 행의 값이 '쌍용자동차㈜', '기아 주식회사', '현대자동차㈜' 중 하나이면 항목값을 '국산'으로, 그렇지 않으면 항목값을 '수입'으로 하는 리스트를 만들어 구분열에 할당한다.

```
df['구분'] = ['국산' if item in ['쌍용자동차㈜', '기아 주식회사', '현대자동차㈜'] else
'수입' for item in list(df['업체명'])]
df.head()
```

	업체명	모델명	표시연비	배기량	co2배출량	등급	연간유류비	구분
0	현대자동차㈜	쏘나타(DN8) 하이브리드_18인치(빌트인캠)_22MY	17.6	1999	91	1	1333134	국산
1	현대자동차㈜	쏘나타(DN8) 2.0GDI 하이브리드_17인치타이어_22MY	19.1	1999	83	1	1228437	국산
2	현대자동차㈜	쏘나타(DN8) 2.0GDI 하이브리드_18인치타이어_22MY	18.0	1999	88	1	1303508	국산
3	현대자동차㈜	쏘나타(DN8) 하이브리드_17인치(빌트인캠)_22MY	18.8	1999	85	1	1248040	국산
4	아우디폭스바겐코리아(주)	A4 35 TDI	16.9	1968	110	1	1209959	수입

■ 자동차 연비 분석

두 데이터 간에 추측되는 연관성의 정도를 상관관계라고 한다. 상관관계는 -1에서 1사이의 값을 가지고 양수일 경우 양의 상관관계, 음수일 경우 음의 상관관계를 가진다고 한다. 양의 상관관계는 한 데이터의 값이 증가할 때 다른 데이터도 함께 증가하는 경향을 보인다는 뜻이고, 음의 상관관계는 한 데이터의 값이 증가할 때 다른 하나는 감소하는 경향을 보인다는 뜻이다. 상관계수의 절대값이 1에 가까울수록 두 데이터는 강한 상관성이 있는 것이고, 0에 가까울수록 상관성이 약하다고 생각할 수 있다. 데이터 프레임 각 열 간의 상관관계는 corr 함수를 사용하여 계산할 수 있다.

```
df.corr()
```

	표시연비	배기량	co2배출량	등급	연간유류비
표시연비	1.000000	-0.019367	-0.912178	-0.823327	-0.765776
배기량	-0.019367	1.000000	-0.057755	-0.038229	0.120017
co2배출량	-0.912178	-0.057755	1.000000	0.785506	0.467525
등급	-0.823327	-0.038229	0.785506	1.000000	0.661699
연간유류비	-0.765776	0.120017	0.467525	0.661699	1.000000

표시연비와 다른 열 간의 상관계수를 살펴보면 모두 음의 값이어서 연비가 높아지면 나머지는 낮아진다고 생각할 수 있는데, CO_2 배출량과 등급, 연간유류비는 상관계수의 절대값이 비교적 1에 가까워서 표시연비와 높은 상관이 있다고 볼 수 있는 반면 배기량은 0에 가까운 값이라 표시연비와 크게 관련이 없다고 분석할 수 있다.

3 영화 예매정보 분석

7장에서 CSV 형식으로 작성한 영화 예매정보 파일을 데이터프레임으로 읽어 분석해 보자. 5월에 개봉된 전체관람가 영화를 평점이 높은 순으로 정렬해 보고, 영화 등급별 평점과 예매율의 평균을 알아본다.

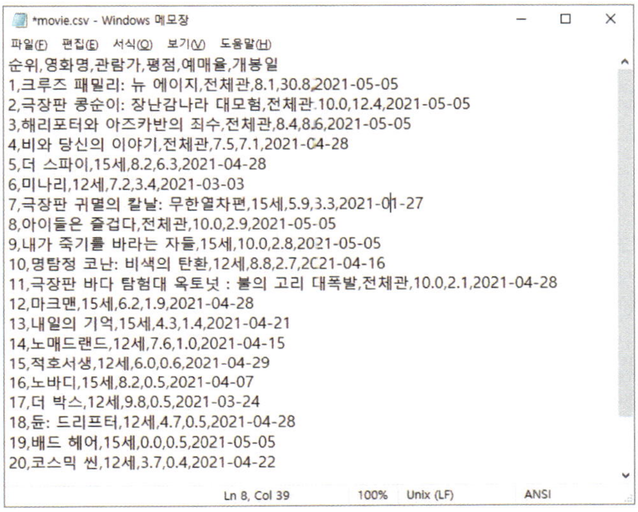
*movie.csv - Windows 메모장

파일(F) 편집(E) 서식(O) 보기(V) 도움말(H)

```
순위,영화명,관람가,평점,예매율,개봉일
1,크루즈 패밀리: 뉴 에이지,전체관,8.1,30.8,2021-05-05
2,극장판 콩순이: 장난감나라 대모험,전체관,10.0,12.4,2021-05-05
3,해리포터와 아즈카반의 죄수,전체관,8.4,8.6,2021-05-05
4,비와 당신의 이야기,전체관,7.5,7.1,2021-04-28
5,더 스파이,15세,8.2,6.3,2021-04-28
6,미나리,12세,7.2,3.4,2021-03-03
7,극장판 귀멸의 칼날: 무한열차편,15세,5.9,3.3,2021-01-27
8,아이들은 즐겁다,전체관,10.0,2.9,2021-05-05
9,내가 죽기를 바라는 자들,15세,10.0,2.8,2021-05-05
10,명탐정 코난: 비색의 탄환,12세,8.8,2.7,2021-04-16
11,극장판 바다 탐험대 옥토넛 : 불의 고리 대폭발,전체관,10.0,2.1,2021-04-28
12,마크맨,15세,6.2,1.9,2021-04-28
13,내일의 기억,15세,4.3,1.4,2021-04-21
14,노매드랜드,12세,7.6,1.0,2021-04-15
15,적호서생,12세,6.0,0.6,2021-04-29
16,노바디,15세,8.2,0.5,2021-04-07
17,더 박스,12세,9.8,0.5,2021-03-24
18,듄: 드리프터,12세,4.7,0.5,2021-04-28
19,배드 헤어,15세,0.0,0.5,2021-05-05
20,코스믹 씬,12세,3.7,0.4,2021-04-22
```

Ln 8, Col 39 100% Unix (LF) ANSI

학습목표 **pandas 모듈, 날짜 형식변경, 데이터 그룹화, 정렬**

해결전략

1. 영화 예매정보 파일(movie.csv)을 읽어 데이터프레임을 만든다.
2. 개봉일 열의 데이터 형식을 날짜형식으로 변경하고 월 정보를 추출하여 열을 추가한다.
3. 5월에 개봉된 전체관람가 영화를 평점이 높은 순으로 정렬한다.
4. 영화 등급별로 평점과 예매율 평균을 구한다.
5. 새로 추가된 '월' 열을 포함하여 'movie2.csv' 파일로 저장한다.

해결과정

1. 영화 예매정보 파일이 저장된 CSV파일을 불러오기 위해 판다스 패키지를 불러온다.

```python
import pandas as pd
```

❷ 불러올 CSV 파일의 경로와 파일명을 read_csv 함수의 인수로 사용하여 데이터프레임을 생성한다.

```python
df = pd.read_csv('movie.csv')
df.head()
```

	순위	영화명	관람가	평점	예매율	개봉일
0	1	크루즈 패밀리: 뉴 에이지	전체관	8.1	30.8	2021-05-05
1	2	극장판 콩순이: 장난감나라 대모험	전체관	10.0	12.4	2021-05-05
2	3	해리포터와 아즈카반의 죄수	전체관	8.4	8.6	2021-05-05
3	4	비와 당신의 이야기	전체관	7.5	7.1	2021-04-28
4	5	더 스파이	15세	8.2	6.3	2021-04-28

❸ info 전용함수로 생성된 데이터프레임의 정보를 확인해 본다. '개봉일' 열의 데이터 타입을 나타내는 Dtype을 살펴보면 문자열을 나타내는 object이다.

```python
df.info()
```

```
<class 'pandas.core.frame.DataFrame'>
RangeIndex: 20 entries, 0 to 19
Data columns (total 6 columns):
 #   Column  Non-Null Count  Dtype
---  ------  --------------  -----
 0   순위      20 non-null     int64
 1   영화명     20 non-null     object
 2   관람가     20 non-null     object
 3   평점      20 non-null     float64
 4   예매율     20 non-null     float64
 5   개봉일     20 non-null     object
dtypes: float64(2), int64(1), object(3)
memory usage: 1.1+ KB
```

❹ '개봉일' 열에서 월을 추출하기 위해 문자열을 날짜 형식으로 변경한다.

판다스의 to_datetime 함수의 인수로 변경하려는 '개봉일' 열을 지정한 후 반환된 값을 열에 반영하고, 데이터 타입을 확인해 보면 datetime64로 변경되어 있음을 확인할 수 있다.

```python
df['개봉일'] = pd.to_datetime(df['개봉일'])
df.info()
```

```
<class 'pandas.core.frame.DataFrame'>
RangeIndex: 20 entries, 0 to 19
Data columns (total 6 columns):
 #   Column  Non-Null Count  Dtype
---  ------  --------------  -----
 0   순위      20 non-null     int64
 1   영화명     20 non-null     object
 2   관람가     20 non-null     object
 3   평점      20 non-null     float64
 4   예매율     20 non-null     float64
 5   개봉일     20 non-null     datetime64[ns]
dtypes: datetime64[ns](1), float64(2), int64(1), object(2)
memory usage: 1.1+ KB
```

⑤ datetime64 타입은 dt 날짜 관련 변수를 사용하여 날짜 정보에 쉽게 접근할 수 있다. 사용방법은 아래의 날짜 관련 변수 표를 참고하기 바란다. dt.month를 사용하여 '개봉일' 열에서 월을 추출하여 새로운 '월' 열을 만든다.

```
df['월'] = df['개봉일'].dt.month
df.head(2)
```

	순위	영화명	관람가	평점	예매율	개봉일	월
0	1	크루즈 패밀리: 뉴 에이지	전체관	8.1	30.8	2021-05-05	5
1	2	극장판 콩순이: 장난감나라 대모험	전체관	10.0	12.4	2021-05-05	5

dt 날짜 관련 변수

변수	내용
dt.date	YYYY-MM-DD(문자)
dt.year	연(4자리숫자)
dt.month	월(숫자)
dt.month_name()	월(문자)
dt.day	일(숫자)
dt.time	HH:MM:SS(문자)
dt.hour	시(숫자)
dt.minute	분(숫자)
dt.second	초(숫자)
dt.quarter	분기(숫자)
dt.weekday	요일숫자(0-월, 1-화)
dt.weekday_name	요일이름(문자) (=dt.day_name())

⑥ 5월에 개봉된 전체관람가 영화를 평점이 높은 순으로 정렬하기 위해 우선 5월에 개봉된 전체관람가 영화만 추출한다. 새로이 생성된 '월' 열의 값이 5인 조건과 등급을 나타나내는 '관람가' 열에서 전체관람가에 해당하는 '전체관' 값을 가지는 조건을 and 연산하여 df5 데이터프레임을 생성한다. sort_values 함수를 이용하여 '평점' 열을 기준으로 내림차순으로 정렬한다. 내림차순으로 정렬하기 위해 ascending=False 인수를 사용한다.

```python
df5 = df[(df['월']==5) & (df['관람가'] == '전체관')]
df5.sort_values('평점', ascending=False)
```

	순위	영화명	관람가	평점	예매율	개봉일	월
1	2	극장판 콩순이: 장난감나라 대모험	전체관	10.0	12.4	2021-05-05	5
7	8	아이들은 즐겁다	전체관	10.0	2.9	2021-05-05	5
2	3	해리포터와 아즈카반의 죄수	전체관	8.4	8.6	2021-05-05	5
0	1	크루즈 패밀리: 뉴 에이지	전체관	8.1	30.8	2021-05-05	5

❼ 영화 등급별로 평점과 예매율의 평균을 구한다. 판다스는 동일한 값을 묶어 통계 결과를 구해주는 groupby 함수가 제공된다. groupby 함수의 인수는 동일한 값으로 묶어줄 열 이름이다. 이때, 여러 열을 기준으로 묶으려면 열 이름 리스트를 인수로 사용한다. groupby 함수가 반환한 값에 통계 함수를 사용하면 그룹별 통계 값을 구할 수 있다. 통계 함수로는 평균(mean), 중앙값(median), 최솟값(min), 최댓값(max), 합계(sum), 빈도(count)가 있다.

1번 줄은 등급을 나타내는 '관람가' 열 값으로 묶어서 평균값을 반환하는 데이터프레임에서 '평점'과 '예매율' 열의 정보를 추출하여 dfg 데이터프레임을 생성한다.

```python
1 dfg = df.groupby('관람가').mean()[['평점','예매율']]
2 dfg
```

관람가	평점	예매율
12세	6.828571	1.300000
15세	6.114286	2.385714
전체관	9.000000	10.650000

❽ 새로 추가된 '월' 열이 포함된 df 데이터프레임을 to_csv 함수를 이용하여 CSV 파일로 저장한다. to_csv 함수 인수는 저장할 경로의 파일 이름을 사용하고 인덱스 값을 제외하고 저장한다.

```python
df.to_csv('movie2.csv', index=False)
```

스스로 해결하기

01 댓글 많은 기사 찾기

다음 뉴스 사이트에서 댓글 많은 뉴스를 스크래핑하여 저장한 news.csv 파일 내용을 분석해서 평균 댓글보다 많은 댓글이 달린 뉴스를 찾아보고, 댓글 많은 뉴스를 제공한 상위 3개의 신문사를 찾아보자.

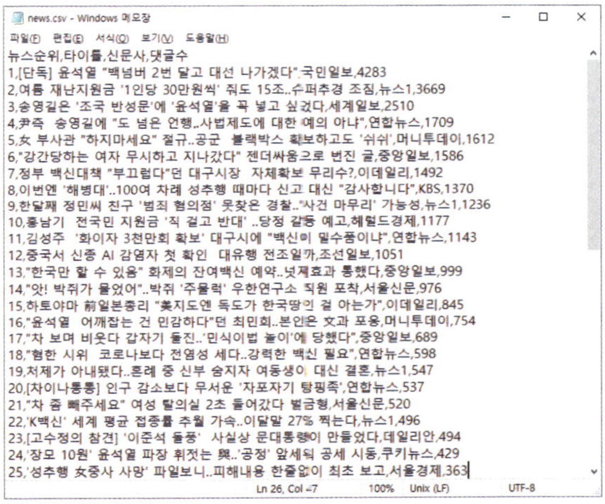

학습목표 read_csv(), mean(), sort_values(), groupby(), list(),head(),index

해결전략

① 댓글이 많은 뉴스를 스크래핑한 news.csv 파일을 불러온다.

② 댓글 수와 평균 댓글 수를 비교하는 조건식을 사용하여 자료를 조회한다.

③ 신문사별 뉴스 수를 groupby 함수와 count 함수를 이용하여 시리즈를 만든다.

④ 생성된 시리즈를 sort_values 함수를 이용하여 내림차순으로 정렬한다.

⑤ head 함수와 index를 이용하여 상위 3개 신문사를 추출하고 list 함수로 리스트로 만든다.

스스로 해결하기

02 웹 게시판 글 분석하기

부산대학교 신문고 게시글을 스크래핑한 board.csv 파일을 분석해 보자. 신문고 질문 게시글 중에서 조회수가 많은 상위 5개의 게시글을 조회해 본다. 게시글을 분류한 카테고리 중 어느 분야의 게시글이 가장 많고, 어떤 요일에 게시글이 많이 등록되었는지 확인해 본다. 요일 정보가 추가된 데이터프레임은 board2.csv로 저장한다.

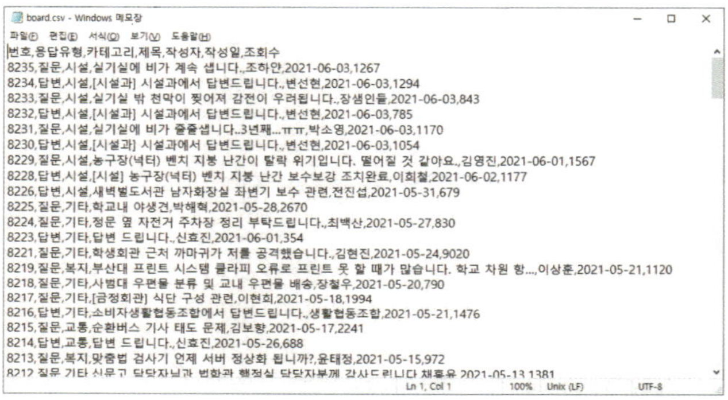
```
번호,응답유형,카테고리,제목,작성자,작성일,조회수
8235,질문,시설,실기실에 비가 계속 샙니다.,조하안,2021-06-03,1267
8234,답변,시설,[시설과] 시설과에서 답변드립니다.,변선현,2021-06-03,1294
8233,질문,시설,실기실 밖 천막이 찢어져 감전이 우려됩니다.,장샘인들,2021-06-03,843
8232,답변,시설,[시설과] 시설과에서 답변드립니다.,변선현,2021-06-03,785
8231,질문,시설,실기실에 비가 줄줄샙니다..3년째....ㅠㅠ,박소영,2021-06-03,1170
8230,답변,시설,[시설과] 시설과에서 답변드립니다.,변선현,2021-06-03,1054
8229,질문,시설,농구장(넉터) 벤치 지붕 난간이 탈락 위기입니다. 떨어질 것 같아요.,김영진,2021-06-01,1567
8228,답변,시설,[시설] 농구장(넉터) 벤치 지붕 난간 보수보강 조치완료,이희철,2021-06-02,1177
8226,답변,시설,새벽벌도서관 남자화장실 좌변기 보수 관련,전진섭,2021-05-31,679
8225,질문,기타,학교내 야생견,박해혁,2021-05-28,2670
8224,질문,기타,정문 옆 자전거 주차장 정리 부탁드립니다.,최백산,2021-05-27,830
8223,답변,기타,답변 드립니다.,신효진,2021-06-01,354
8221,질문,기타,학생회관 근처 까마귀가 저를 공격했습니다.,김현진,2021-05-24,9020
8219,질문,복지,부산대 프린트 시스템 클라피 오류로 프린트 못 할 때가 많습니다. 학교 차원 항...,이상훈,2021-05-21,1120
8218,질문,기타,사범대 우편물 분류 및 교내 우편물 배송,장철우,2021-05-20,790
8217,질문,기타,[금정회관] 식단 구성 관련,이현희,2021-05-18,1994
8216,답변,기타,소비자생활협동조합에서 답변드립니다.,생활협동조합,2021-05-21,1476
8215,질문,교통,순환버스 기사 태도 문제,김보향,2021-05-17,2241
8214,답변,교통,답변 드립니다.,신효진,2021-05-26,688
8213,질문,복지,맞춤법 검사기 언제 서버 정상화 됩니까?,윤태정,2021-05-15,972
```

학습목표 read_csv(), sort_values, groupby(), dt.day_name()

해결전략

❶ 부산대학교 신문고 게시글을 스크래핑한 board.csv파일을 불러온다.

❷ 응답유형이 질문인 자료를 '조회수' 열을 기준으로 내림차순으로 정렬하여 상위 5개의 게시글을 조회한다.

❸ 카테고리별로 묶어서 게시글 수를 저장하는 데이터프레임을 생성하고 게시글 수가 가장 많은 카테고리를 조회한다.

❹ '작성일' 열을 날짜 형식으로 변환하여 day_name 함수를 이용하여 '요일' 열을 생성한다.

❺ 요일별로 묶어서 게시글이 가장 많은 요일을 조회한다.

09 데이터 시각화

데이터 분석 결과를 한눈에 이해할 수 있도록 시각적으로 표현하고 전달하는 작업을 데이터 시각화라고 한다. 데이터 시각화를 잘하면 정보를 보다 쉽게 이해할 수 있다. 이번 장에서는 matplotlib 라이브러리와 이를 기반으로 한 seaborn 라이브러리를 사용하여 데이터 시각화를 연습해 본다.

1 matplotlib 라이브러리

matplotlib 라이브러리는 데이터를 여러 가지 방법으로 도식화할 수 있는 기능을 제공하는데, 파이썬에서는 주로 pyplot 모듈을 이용한다. 이를 사용하기 위해서는 다음과 같이 import 해주어야 한다.

```
import matplotlib.pyplot as plt
```

■ 기본 그래프 그리기

3월 한 달간의 기온을 나타내는 temp 리스트의 내용을 그래프로 그려보자.

```
temp = [10.8, 8.5, 8.7, 7.9, 5.1,
        8.1, 8.2, 10.4, 11, 9.9,
        7.8, 9.5, 11.6, 8.2, 7.7,
        6.6, 11.1, 12.2, 12.6, 10.4,
        13.7, 14.1, 12.6, 11.5, 13,
        14.5, 13.7, 9.4, 10.4, 11.6, 12.9]
plt.plot(temp)
plt.show()
```

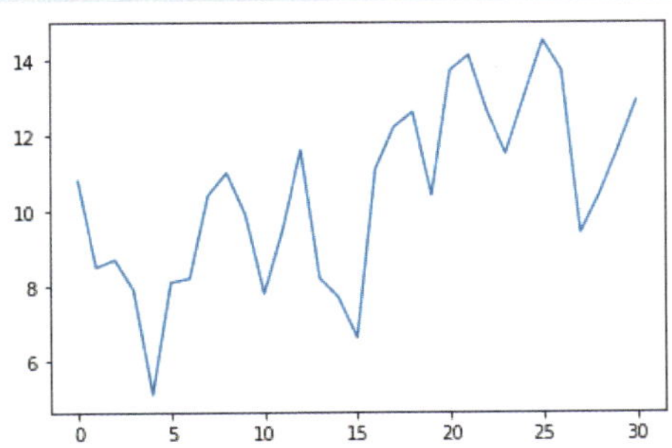

plot 함수는 각 요소의 인덱스를 x축으로, 값을 y축으로 하는 그래프를 그려준다. 실제 그림을 화면에 표시하기 위해서는 show 함수를 호출한다.

■ 그래프 제목과 축 제목

title 함수는 그래프의 제목을 붙이고 xlabel, ylabel 함수는 각각 x축과 y축의 제목을 달아준다.

```
plt.plot(temp)
plt.title('3월 기온')
plt.xlabel('날짜')
plt.ylabel('기온')
plt.show()
```

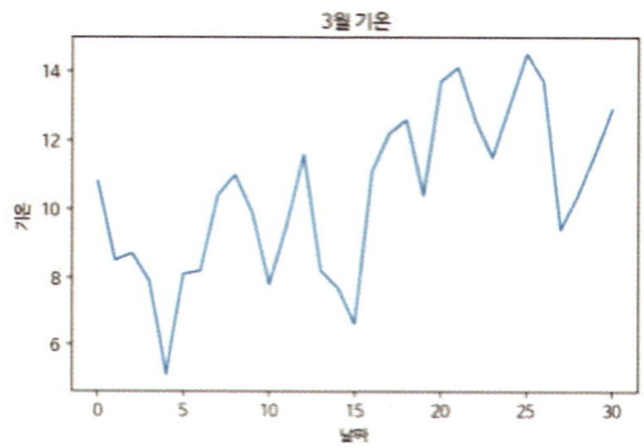

그런데 위의 코드를 실제로 실행해 보면 독자들 대부분이 제목에 있는 한글이 깨져서 보이지 않을 것이다. 이 이유는 matplotlib에서 한글을 사용하기 위해서는 한글 폰트가 미리 설치되어 있어야 하기 때문이다. 따라서 위의 코드를 실행하기 전에 아래를 수행해서 현재 노트의 Colab 실행 환경에 한글 폰트를 설치한다. 그리고 노트가 다시 새로운 설정에서 수행될 수 있도록 '런타임 -> 런타임 다시 시작'을 선택한다.

```
%config InlineBackend.figure_format = 'retina'
!apt -qq -y install fonts-nanum
```

폰트 설치 후 런타임을 다시 시작했다면 이제는 matplotlib의 함수들이 해당 폰트를 사용하도록 설정해야 한다.

```
import matplotlib.pyplot as plt
import matplotlib as mpl
import matplotlib.font_manager as fm
fontpath = '/usr/share/fonts/truetype/nanum/NanumBarunGothic.ttf'
font = fm.FontProperties(fname=fontpath, size=9)
plt.rc('font', family='NanumBarunGothic')
mpl.font_manager._rebuild()
```

이제 다시 그래프 제목과 축 제목을 표시해보면 한글이 잘 나타날 것이다. 정리하면 Colab 환경에서 그래프에 한글을 사용하기 위해서는 폰트를 설치하고 런타임을 다시 시작한 후 폰트 설정을 한 뒤에 그래프를 그려야 한다. 만약 런타임을 다시 시작해도 안 되는 경우는 다시 한 번 순서대로 실행해 본다.

참고 **Windows 환경일 경우**

```
from matplotlib import font_manager, rc
font_name = font_manager.FontProperties(fname="c:/Windows/Fonts/malgun.ttf").get_name()
rc('font', family=font_name)
```

■ 그래프 서식 지정하기

plot 함수의 옵션에 그래프의 색상과 선 유형을 나타내는 형식 문자열을 이용하여 그래프 서식을 지정할 수 있다.

색상	b(파란색), g(초록색), r(빨간색), c(청록색), y(노란색), k(검은색), w(흰색)
점 모양	o(원), v(역삼각형), ^(삼각형), s(네모), +(플러스), .(점)
선 유형	-(solid line), --(dashed line), -. (dash-dot line), : (dotted line)

```
plt.plot(temp, 'go--')
plt.title('3월 기온')
plt.xlabel('날짜')
plt.ylabel('기온')
plt.show()
```

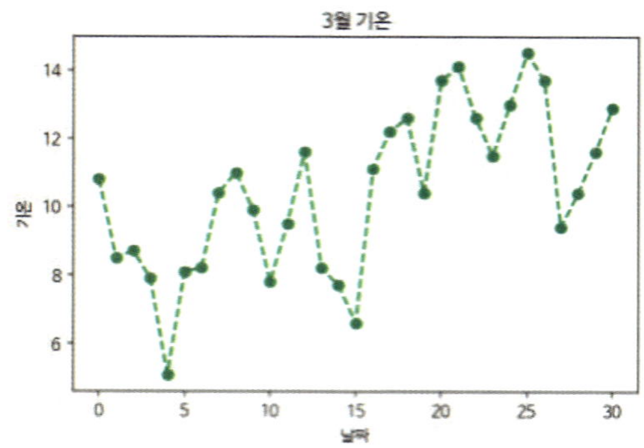

■ 그래프 크기 조절

figure 함수의 figsize 옵션 값에 가로, 세로 길이를 인치 단위의 튜플로 지정하면 그래프 크기를 조절할 수 있다. figure 함수는 plot 함수 전에 작성해야 한다.

```
plt.figure(figsize=(10,6))
```

■ 축 간격 조절

틱(tick)은 그래프의 축에 간격을 구분하기 위해 표시하는 눈금이다. xticks()와 yticks()를 이용하여 x축과 y축의 간격을 조정할 수 있다. 예를 들어, 3월 기온을 출력할 때 x축에 1일에서 31일까지를 의미하는 1부터 31까지의 눈금을 나타내려고 한다. 아래 코드 1번 줄의 x는 1부터 temp 리스트의 개수까지 숫자를 포함하는 리스트이다. 이를 이용해서 x축에 눈금을 표현하기 위해서 xticks()를 사용한다. 이때, 눈금에 표시되는 글자를 수직으로 표시하기 위해 rotation 옵션을 사용한다.

```
1 x = list(range(1, len(temp)+1))
2 plt.figure(figsize=(10,6))
3 plt.plot(x, temp, 'r--', label='기본그래프')
```

```python
plt.xticks(x, rotation=90)
plt.show()
```

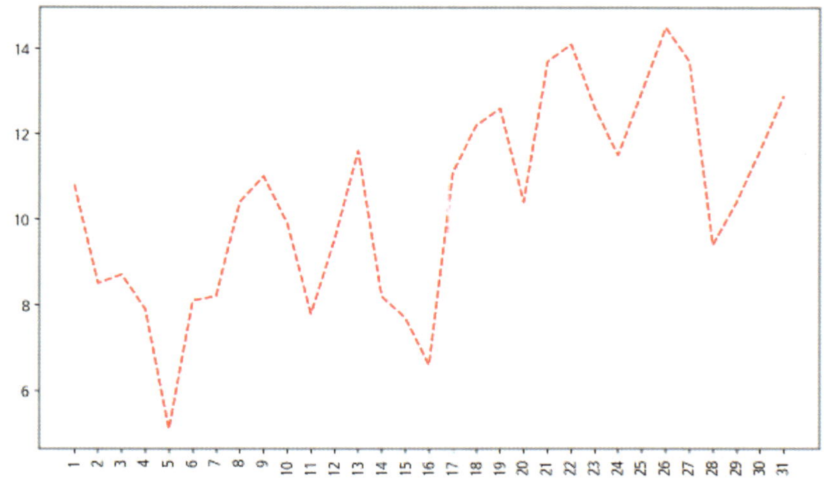

여러 종류의 그래프 겹치기

plot 함수 대신에 bar 함수를 사용하면 막대그래프, scatter 함수를 사용하면 산점도 그래프를 그릴 수 있다. 막대그래프를 그릴 때는 x축과 y축에 대응되는 각 리스트를 인수로 전달해야 한다.

```python
plt.bar(x, temp, label='막대그래프')
```

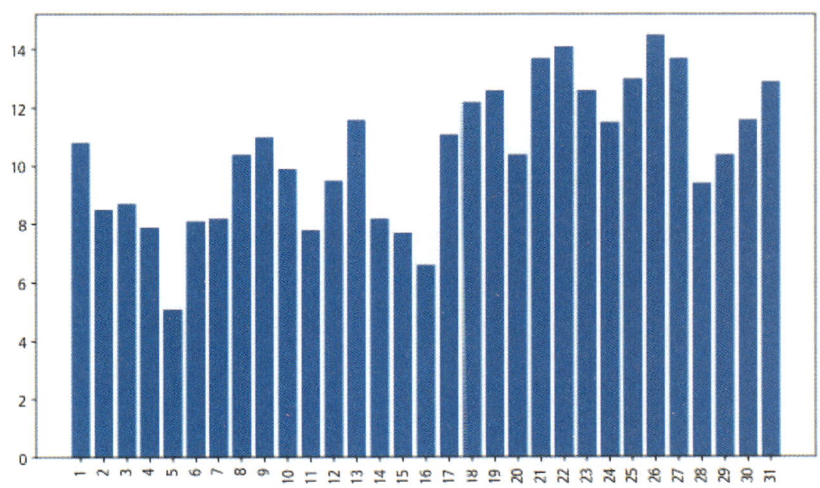

산점도 그래프에서도 x축과 y축에 대응되는 각 리스트를 인수로 전달해야 하고 s옵션과 c옵션을 사용하여 점들의 크기와 색을 지정할 수 있다. 1번 줄은 일자별 기온을 나타내는 temp 리스트의 각 요소의 제곱값을 갖는 xs 리스트를 생성하여 2번 줄의 산점도 그래프에서 각 점들의 크기와 색의 값으로 사용하였다.[1)]

```
1  xs = [i**2 for i in temp]
2  plt.scatter(x, temp, s=xs, c=xs, label='산점그래프')
```

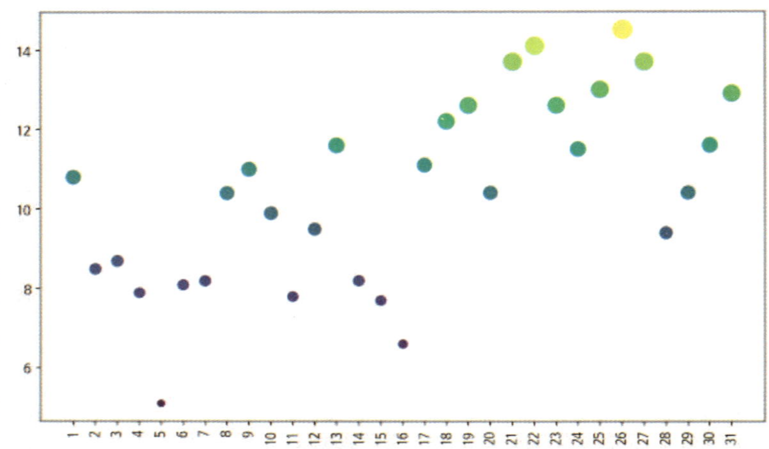

show 함수 호출 전에 여러 종류의 그래프를 그리면 겹쳐져서 나타난다. 이때, 각 그래프의 이름은 lable 인수로 지정하고 legend 함수를 사용하면 그래프에 범례를 표시할 수 있다. legend 함수의 loc 인수는 범례를 표시할 위치를 지정한다.

```
plt.figure(figsize=(10,6))
plt.plot(x, temp, 'r--', label='기본그래프')
plt.bar(x, temp, label='막대그래프')
plt.scatter(x, temp, s=xs, c=xs, label='산점도그래프')
plt.legend(loc='best')
plt.show()
```

1) 일반적으로 색을 지정할 때는 c옵션에 '#'에 이어지는 16진수 6개를 사용하는 경우가 많다. 처음 16진수 두 개는 빛의 3원색 중 빨강, 다음 두 개는 초록, 마지막 두 개는 파랑의 채도를 나타낸다. 예를 들어 c = '#FFFF00'으로 하면 가장 진한 빨강과 초록이 섞여 점이 순수한 노란색으로 그려진다.

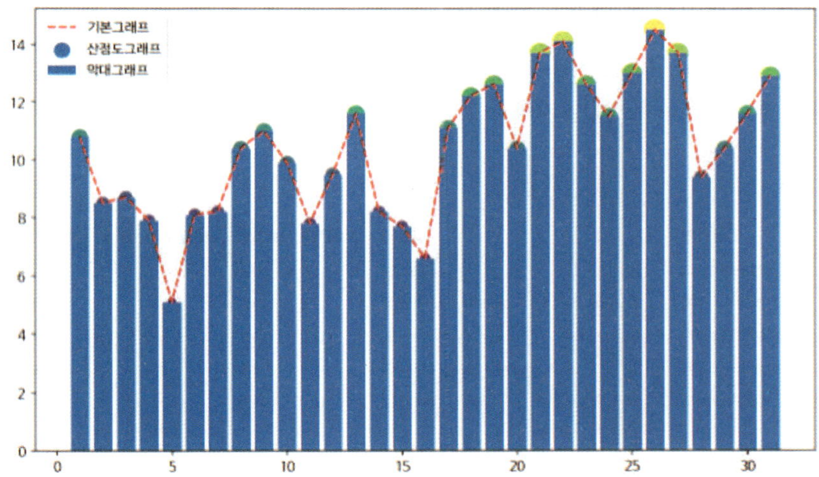

범례 위치 지정 문자열과 코드

범례위치를 지정하는 legend 함수의 loc 인수 값은 문자열이나 숫자 코드로 지정할 수 있다.

문자열	코드	설명
'best'	0	그래프의 최적의 위치에 표시 (기본값)
'upper right'	1	그래프의 오른쪽 위에 표시
'upper left'	2	그래프의 왼쪽 위에 표시
'lower left'	3	그래프의 왼쪽 아래에 표시
'lower right'	4	그래프의 오른쪽 아래에 표시
'right'	5	그래프의 오른쪽에 표시
'center left'	6	그래프의 왼쪽 가운데에 표시
'center right'	7	그래프의 오른쪽 가운데에 표시
'lower center'	8	그래프의 가운데 아래에 표시
'upper center'	9	그래프의 가운데 위에 표시
'center'	10	그래프의 가운데에 표시

■ 판다스 데이터프레임으로 그래프그리기

판다스 데이터프레임에 plot 함수를 적용하면 수치형 자료를 가지는 열의 내용을 자동으로 그려 준다. 연습으로 8장에서 분석한 연비자료를 가져와서 그래프를 그려보자.

```
df.head()
```

	업체명	모델명	표시연비	배기량	co2배출량	등급	연간유류비	구분
0	아우디폭스바겐코리아(주)	A4 35 TDI	16.9	1968	110	1	1209959	수입
1	한불모터스(주)	Peugeot 508 1.5 BlueHDi_(18inch tire)	17.2	1499	108	1	1188855	수입
2	한불모터스(주)	Peugeot 508SW 1.5 BlueHDi_(18inch tire)	17.2	1499	108	1	1188855	수입
3	한불모터스(주)	Peugeot 308 1.5 BlueHDi	17.1	1499	109	1	1195807	수입
4	쌍용자동차㈜	코란도 1.6 디젤 6MT 2WD SCR Step2	16.0	1597	117	1	1278019	국산

연비자료의 데이터프레임에서 표시연비, 배기량, CO_2 배출량, 등급, 연간유류비는 수치형 자료이다. plot()으로 그려보면 다음과 같이 자동으로 그려준다.

```
df.plot()
plt.show()
```

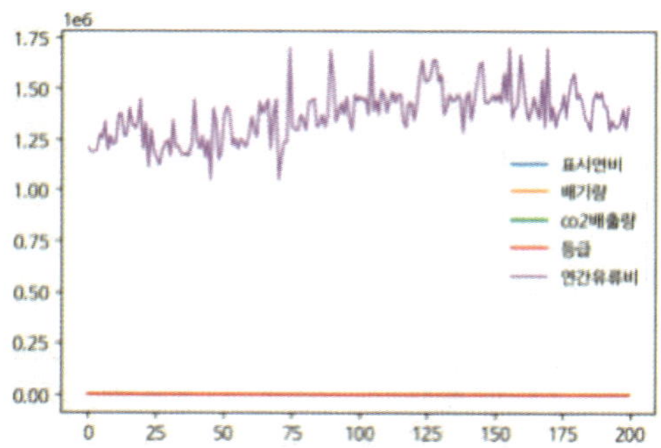

각 열에 대한 그래프를 따로 그릴 수도 있다. 그래프제목, 축, 범례와 같은 설정은 matplotlib으로 작성한다. 예를 들어, '연간유류비' 그래프를 그려보자. 1번 줄은 데이터프레임에서 '연간유류비' 열을 불러와 그래프를 그리고 2번 줄은 그래프에 제목을 표시한다.

```
1 df['연간유류비'].plot()
2 plt.title('연간유류비')
3 plt.show()
```

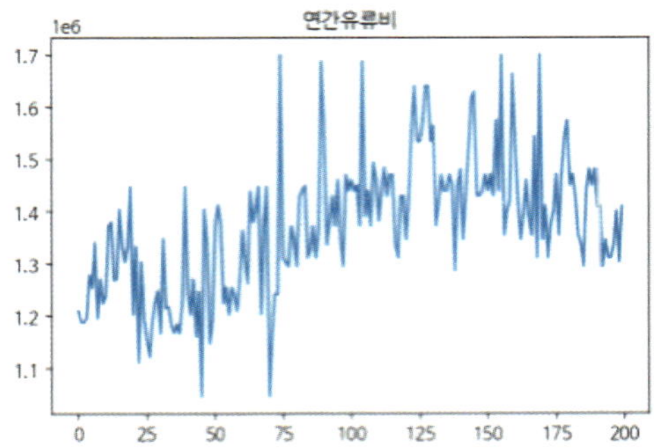

데이터프레임의 처음 10개 자료의 CO_2 배출량을 그래프로 그려보자. 데이터프레임을 이용한 그래프를 그릴 때 그래프의 종류는 plot()의 kind 옵션, 그래프의 크기는 figsize 옵션으로 지정한다. x축 눈금은 xticks 함수를 이용하여 표시하는데 labels 옵션을 이용하여 각 눈금의 이름을 지정할 수 있다.

```
df['co2배출량'].head(10).plot(kind='bar', figsize=(8, 6))
plt.title('co2배출량')
plt.xticks(range(10), labels=df['모델명'].head(10), rotation=90)
plt.show()
```

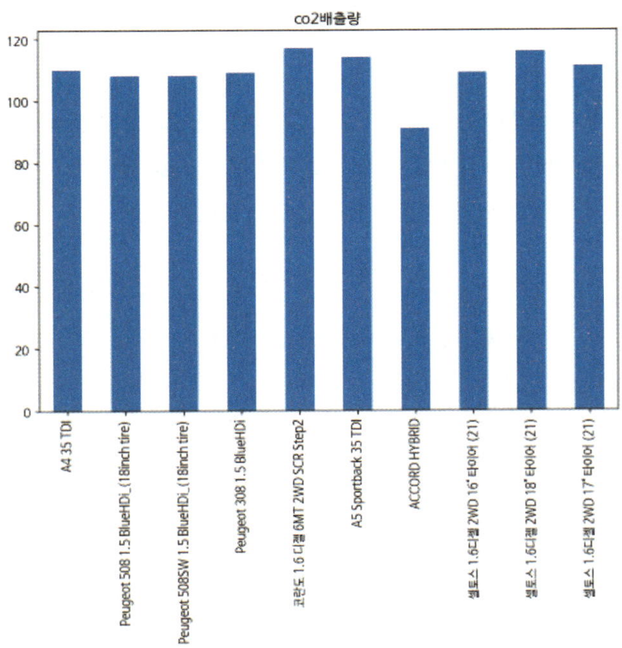

1번 줄은 'co_2배출량' 열의 처음 10개의 자료를 head 함수를 이용하여 가져온 후 plot 함수로 그래프를 그린다. 2번 줄은 그래프의 제목을 표시하고 3번 줄은 xticks 함수를 이용하여 x축의 눈금을 10개 표시하고 각 눈금에 표시할 내용은 '모델명' 열의 값을 labels 인수에 할당하여 표시하고 표시되는 문자열은 rotation 인수 값을 90으로 지정하여 수직으로 표시한다.

2 seaborn 라이브러리

seaborn 라이브러리는 matplotlib을 기반으로 만들어졌으며 데이터프레임으로 다양한 통계 지표를 추출해 내기에 적합한 데이터 시각화 모듈이다. 판다스의 데이터프레임과 높은 호환성을 가지고 통계 기반의 그래프를 쉽고 보기 좋게 그릴 수 있다. 이번 절에서는 seaborn을 이용하여 자동차연비 자료를 분석해 본다. seaborn을 아래와 같이 추가한다.

```
import seaborn as sns
```

■ barplot

자동차 연비 데이터프레임 상위 10개 자료의 CO_2 배출량으로 막대그래프를 그려보자. barplot 함수의 x옵션과 y옵션에 x축과 y축에 표시될 데이터프레임의 열 이름을 적어주고 data 옵션에 데이터프레임을 적어주면 축 제목이나 간격 등의 추가적인 코딩 작업 없이 자동으로 그려준다.

```
plt.figure(figsize=(10,7))
sns.barplot(x='모델명', y='co2배출량', data=df.head(10))
plt.title('co2배출량현황')
plt.xticks(rotation=90)
plt.show()
```

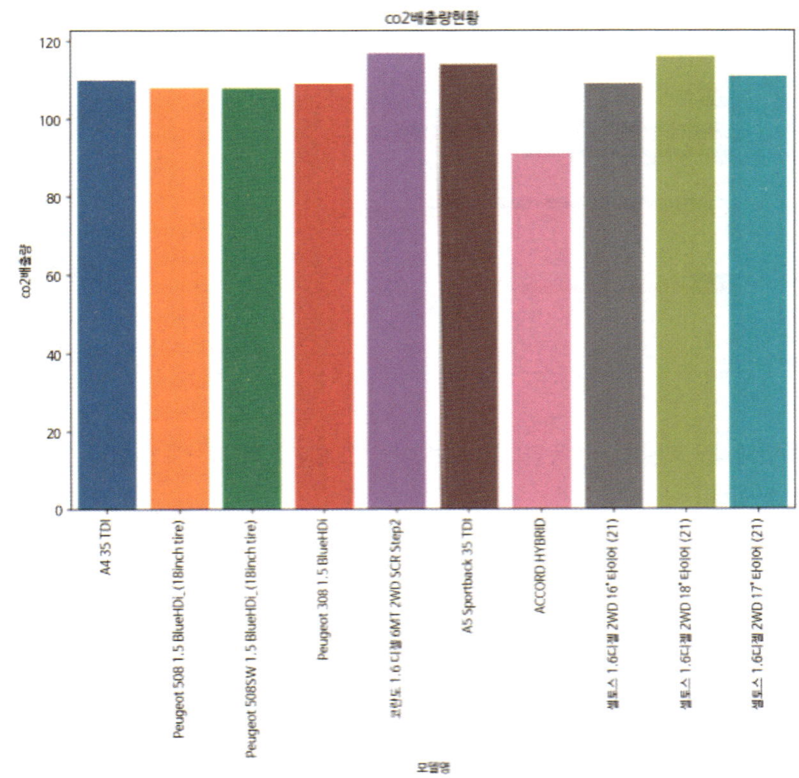

countplot

countplot 함수는 범주형 자료를 가지는 열의 값별 개수를 자동으로 계산하여 그래프를 그려준다. 다음 그래프는 업체별로 연비 1등급 차량과 2등급 차량의 수를 표시한다. 세로막대를 가로막대로 지정하려면 x옵션 대신 y옵션을 사용하면 되고, hue 옵션에 열 이름을 지정하면 해당 열에 포함된 값별로 막대를 구분해 준다.

```
plt.figure(figsize=(10,7))
sns.countplot(y='업체명', hue='등급', data=df)
plt.title('업체별 현황')
plt.show()
```

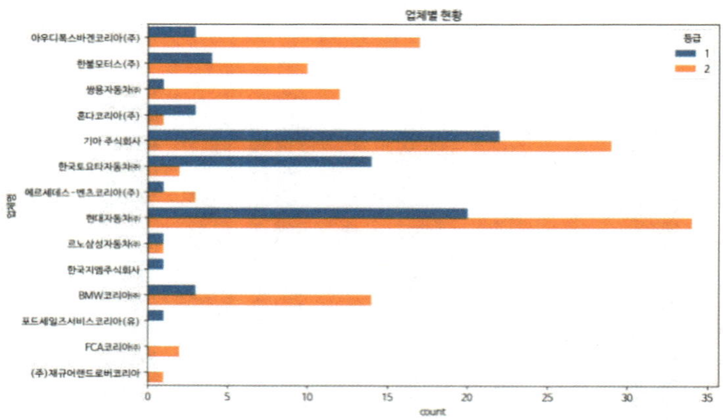

이 그래프를 통해 전체적으로는 연비 2등급 자동차가 더 많고 일본차와 국산차가 연비 등급이 대체로 높다는 사실을 알 수 있다.

■ distplot

distplot 함수는 matplotlib의 hist 그래프와 kdeplot을 통합한 그래프로서 분포와 밀도를 확인할 수 있다. distplot 함수의 인수는 수치형 자료를 가지는 열의 시리즈 값이다.

```
plt.figure(figsize=(10,7))
sns.distplot(df['연간유류비'])
plt.title('연간유류비 현황')
plt.show()
```

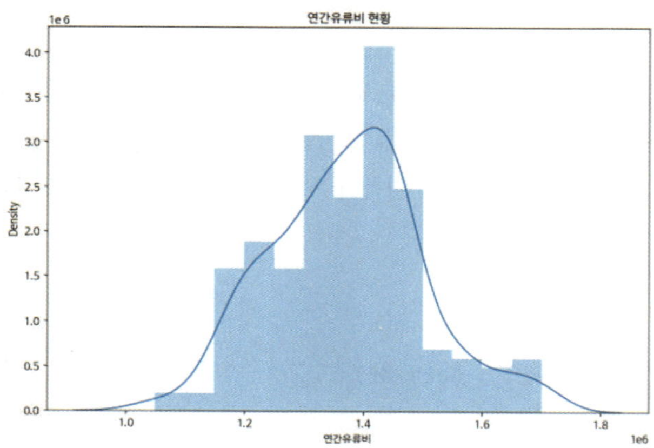

위 그래프를 보면 연간유류비가 150만원 내외인 차량이 가장 많다는 사실을 한눈에 알 수 있다.

boxplot

boxplot 함수는 데이터의 분포를 확인하고 싶을 때 가장 많이 사용하는 시각화 방법 중 하나로 데이터의 '범위'를 보여주고, 데이터의 대부분이 어디에 있는지, 이상치가 있는지 확인할 수 있다.

```
plt.figure(figsize=(10, 8))
sns.boxplot(x='등급', y='연간유류비', hue='구분', data=df)
plt.show()
```

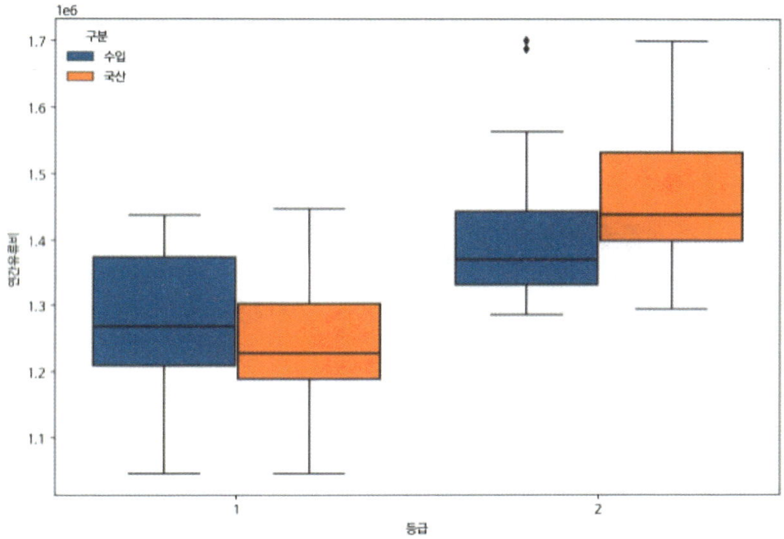

boxplot에서는 데이터의 분포를 다섯 개의 수치 요약값(five number summary)을 가지고 표현한다.

boxplot 수치 요약값 종류

- 최솟값 : 제 1사분위에서 1.5*IQR(InterQuartile Range)을 뺀 위치
- 제 1사분위(Q1) : 25%의 위치를 의미
- 제 2사분위(Q2) : 50%의 위치로 중앙값(median)을 의미
- 제 3사분위(Q3) : 75%의 위치를 의미
- 최대값 : 제 3사분위에서 1.5*IQR을 더한 위치
- 이상치(outlier) : 최솟값과 최댓값을 넘어가는 위치에 있는 값

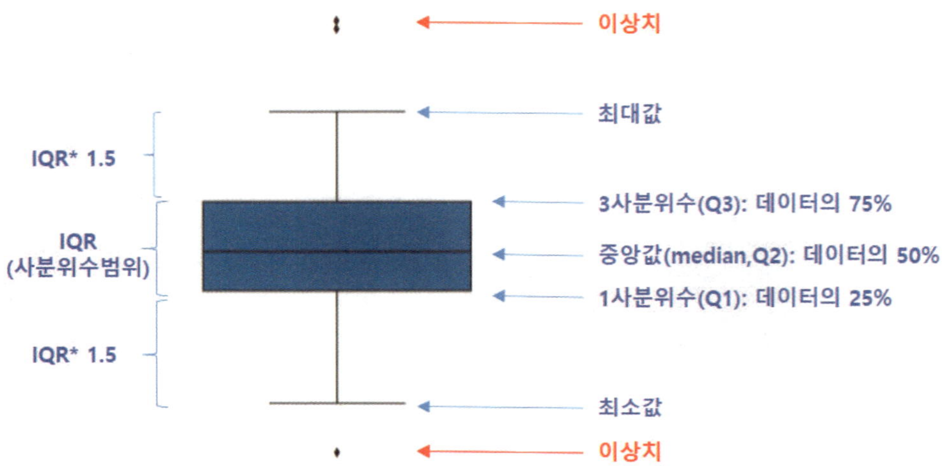

앞의 boxplot 그래프는 연비 1등급 차량은 국산차가, 2등급 차량은 수입차가 대체로 연간 유류비가 낮다는 사실을 나타낸다.

■ heatmap

heatmap 함수는 다양한 값을 갖는 수치 데이터를 값의 범위에 따른 색상을 이용해서 시각화한다. 데이터프레임에서 수치형 자료들의 상관관계를 구해주는 corr 함수를 이용하여 히트맵 그래프를 그려보자. 그래프에서 음수 값을 표현하기 위해서는 아래 1번 줄을 추가해야 한다. 3번 줄의 annot 인수 값이 True이면 수치값을 그래프에 표시해 주고 cbar 인수 값이 True이면 오른쪽 색상바를 표시한다.

```python
plt.rcParams['axes.unicode_minus'] = False
plt.figure(figsize=(10, 8))
sns.heatmap(df.corr(), annot=True, cbar=True)
plt.show()
```

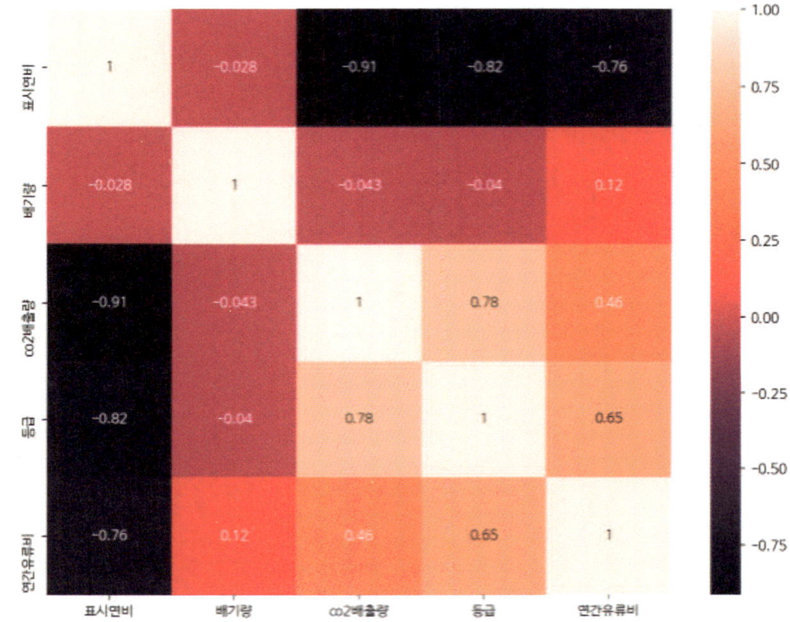

색이 진할수록 상관성이 크므로 CO_2 배출량과 표시 연비, 등급과 표시연비가 서로 크게 상관이 있음을 알 수 있다.

참고 상관분석

상관 분석(correlation analysis)은 확률론과 통계학에서 두 변수가 어떤 선형적 관계를 갖고 있는지를 분석하는 방법이다. 두 변수는 서로 독립적인 관계이거나 상관된 관계일 수 있으며 이때 두 변수간의 관계의 강도를 상관관계(correlation)라 한다. 상각관계의 정도를 파악하는 상관계수(correlation coefficient)는 두 변수간의 연관된 정도를 −1에서 1로 나타내는데 그 절대값이 1에 가까울수록 둘은 상관성이 높다.

■ pairplot

pairplot 함수는 수치형 자료를 가지는 열들을 그리드(grid) 형태로 각 데이터 열의 조합에 대해 산점도 그래프를 그리고 같은 데이터가 만나는 대각선 영역에는 해당 데이터의 히스토그램을 그려준다.

```
sns.pairplot(data=df, hue='구분')
plt.show()
```

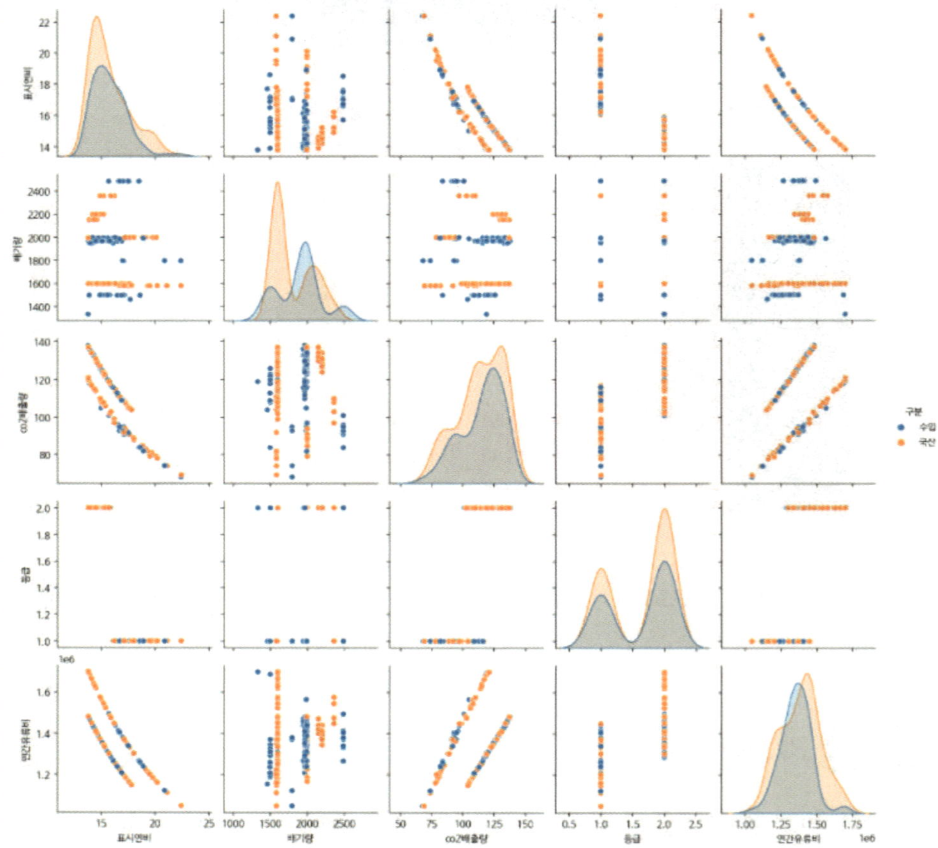

3 영화 예매정보 수집하기

개봉월이 포함된 영화 예매정보를 저장한 movie2.csv 파일의 내용을 시각화를 통해 분석해 보자. 데이터를 불러오기 전에 그래프에서 한글을 사용할 수 있도록 폰트를 설치하고 matplotlib 모듈을 추가해 둔다.

학습목표 **seaborn 시각화 모듈**

해결전략

❶ 영화 예매정보 파일(movie2.csv)을 읽어 데이터프레임을 만든다.

❷ 영화별로 예매율을 나타내는 가로 막대 그래프를 그려본다.

❸ 영화 등급별로 월별 개봉된 영화 수를 나타내는 그래프를 그려보자.

❹ 영화 평점 열을 그래프로 그려보고 분포를 분석해 보자.

❺ 영화 평점 열의 내용을 박스 플롯을 그려서 이상치 값이 있는지 확인해 보자.

해결과정

❶ CSV 파일을 불러오기 위해 판다스 모듈을 추가한다.

```
import pandas as pd
```

❷ 판다스 read_csv 함수로 movie2.csv파일을 가져온다.

```
df = pd.read_csv('movie2.csv')
df.head()
```

	순위	영화명	관람가	평점	예매율	개봉일	월
0	1	크루즈 패밀리: 뉴 에이지	전체관	8.1	30.8	2021-05-05	5
1	2	극장판 콩순이: 장난감나라 대모험	전체관	10.0	12.4	2021-05-05	5
2	3	해리포터와 아즈카반의 죄수	전체관	8.4	8.6	2021-05-05	5
3	4	비와 당신의 이야기	전체관	7.5	7.1	2021-04-28	4
4	5	더 스파이	15세	8.2	6.3	2021-04-28	4

❸ barplot 함수로 영화별 예매율을 나타내는 가로 막대 그래프를 그린다. 가로 막대 그래프를 그리기 위해서 세로 막대 그래프의 x와 y 인수 값을 바꾸어 준다. seaborn 모듈을 사용하면 자동

으로 x축과 y축의 제목을 붙여주는데 이를 지우기 위해서 xlabel와 ylabel 함수의 인수에 공백 문자열을 지정하여 제목을 지워준다.

```
plt.figure(figsize=(10,7))
sns.barplot(y='영화명', x='예매율', data=df)
plt.title('영화 예매율')
plt.xlabel('')
plt.ylabel('')
plt.show()
```

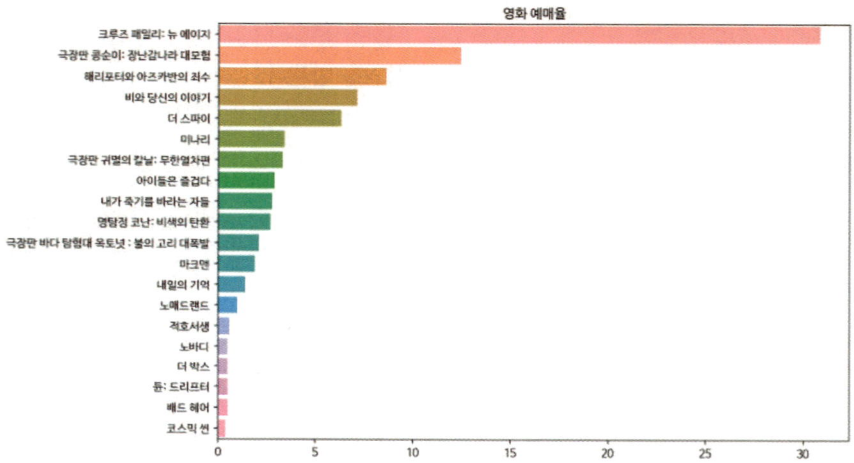

④ countplot 함수로 영화 등급별로 월별 개봉된 영화수를 나타내는 그래프를 그린다. 등급의 종류를 알기 위해 unique 함수를 사용하여 영화의 등급을 나타내는 '관람가' 열의 범주 값을 중복없이 읽어 들인 후, 정렬하여 grade 리스트 변수에 저장한다.

```
grade = sorted(df['관람가'].unique())
grade
```

```
['12세', '15세', '전체관']
```

countplot 함수의 x 인수에 '관람가' 열 이름을 지정하고 hue 인수에 '월' 열 이름을 지정하여 관람가별로 월별 개봉된 영화 수에 대한 막대를 그린다. order 인수에 등급 범주가 정렬된 grade 리스트 지정하여 x 축에 표시되는 등급을 정렬한다. set_title 함수를 이용하면 그래프의 제목을 작성할 수 있다.

```
plt.figure(figsize=(10,7))
sns.countplot(x='관람가',hue='월',data=df,order=grade).set_title('관람가분석')
plt.show()
```

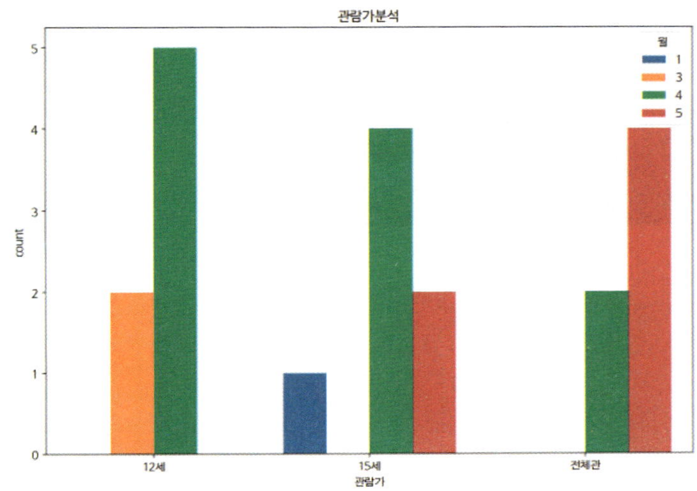

⑤ displot 함수를 이용하여 영화 평점의 분포를 그려보면 평점이 7.5점에서 10점 사이에 많이 분포되어 있음을 알 수 있다.

```
plt.figure(figsize=(10,7))
sns.distplot(df['평점'], kde = True)
plt.show()
```

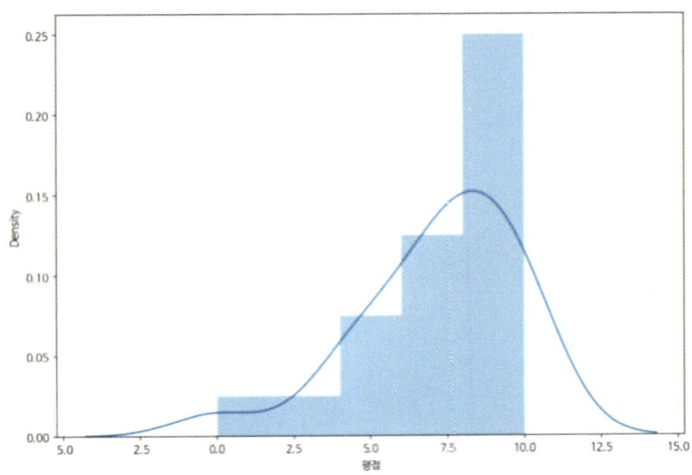

⑥ 영화 평점 열을 boxplot으로 그려본다.

```
plt.figure(figsize=(10,7))
sns.boxplot(data=df['평점'])
plt.show()
```

⑦ 평점이 0인 이상치가 발견되어 확인해 보면 다음과 같다.

```
df[df['평점'] == 0]
```

	순위	영화명	관람가	평점	예매율	개봉일	월
18	19	배드 헤어	15세	0.0	0.5	2021-05-05	5

스스로 해결하기

01 언론사별 댓글 많은 기사 개수 시각화하기

다음 뉴스 사이트에서 댓글 많은 뉴스를 스크래핑하여 저장한 news.csv 파일 내용을 시각화로 분석해 보자. 댓글 수가 평균 댓글 수보다 많은 기사를 시각화하고 댓글 순위에 많이 오른 언론사 순으로 시각화해 보자.

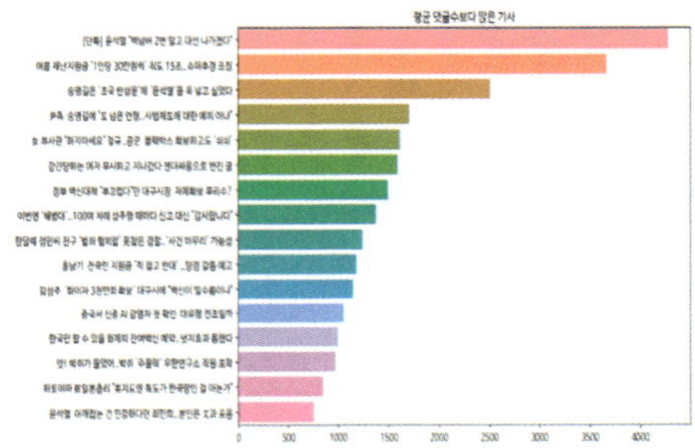

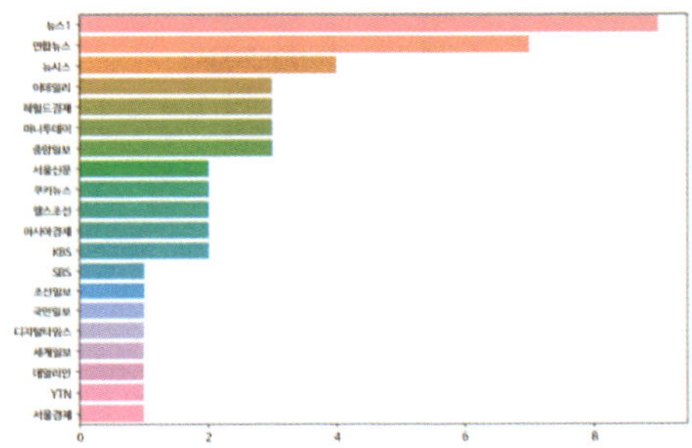

학습목표 **barplot(), countplot(),value_counts()**

해결전략

❶ 댓글 많은 뉴스를 스크래핑한 news.csv 파일을 불러온다.

❷ barplot 함수의 data 인수 값에 댓글 수가 평균 댓글 수보다 많은 데이터프레임을 지정한다.

❸ x축 제목과 y축 제목을 지워준다.

❹ countplot 함수를 이용하여 '언론사별개수'를 그래프로 그려본다.

❺ '언론사별개수'가 많은 순으로 정렬하기 위해 order 인수를 사용한다.

- '언론사별개수' 열에 대해 value_count 함수를 사용하면 언론사별로 개수를 세어 내림차순으로 정렬해준다.

스스로 해결하기

02 게시글 조회수 시각화하기

부산대학교 신문고 게시글을 스크래핑하여 작성 요일을 추가한 board2.csv 파일 내용을 시각화로 분석해 보자.

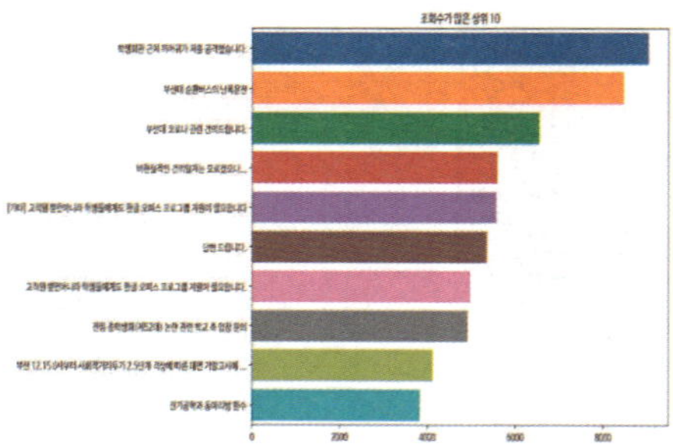

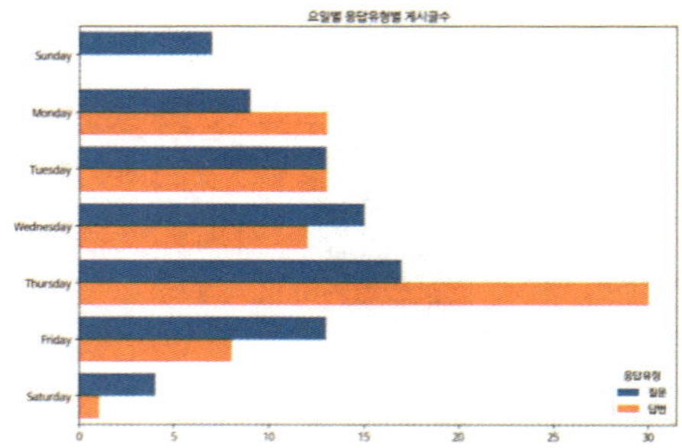

학습목표 **barplot(), countplot(), sort_values(), set_title()**

해결전략

① 부산대학교 신문고 게시글을 스크래핑한 board2.csv파일을 불러온다.

② 조회수가 많은 상위 10개의 게시글 제목을 표시하는 그래프를 그린다.
- 조회수를 내림차순으로 정렬한 상위 10개 데이터프레임을 사용
- 그래프 제목은 '조회수가 많은 상위 10'으로 작성

③ 요일별로 응답 유형을 구분하여 그래프를 그린다.
- 요일별로 정렬하기 위해 리스트를 활용

  wname = ['Sunday', 'Monday', 'Tuesday', 'Wednesday', 'Thursday', 'Friday', 'Saturday']

10 머신러닝

인공지능(AI; Artificial Intelligence)은 인간의 지적 능력-즉, 학습, 추론, 지각, 논증, 자연어 이해력 등을 모방하여 구현하는 학문 또는 기술을 의미한다. 인간의 지적 능력은 여러 능력이 결합하여 실현되므로 인공지능을 만드는 방법도 다양한 분야로 나뉘어 연구되고 있다. 일반적으로 인공지능 연구에서는 문제해결과 탐색, 추론, 학습, 그리고 인식 분야를 다루고 있다. 본 장에서는 인공지능을 위한 기술 중 하나인 머신러닝(machine learning)의 기본원리와 분류(classification), 회귀(regression), 군집화(clustering)와 같은 대표적인 머신러닝 문제에 대해 해결하는 방법에 대해 알아본다.

1 머신러닝 소개

머신러닝은 컴퓨터가 데이터로부터 유의미한 규칙을 찾아내는 것으로서 우리말로 기계학습이라고도 한다. 데이터로 학습을 하면 분류, 예측, 군집 등의 일을 할 수 있으며, 데이터가 많을수록 학습 결과가 더 정확해진다. 논리적 추론에 기반을 둔 전문가 시스템에서는 사람의 지식을 일일이 기호 형태로 표현하였다면, 학습에 기반을 둔 인공지능 시스템은 데이터로부터 지식을 자동으로 습득한다.

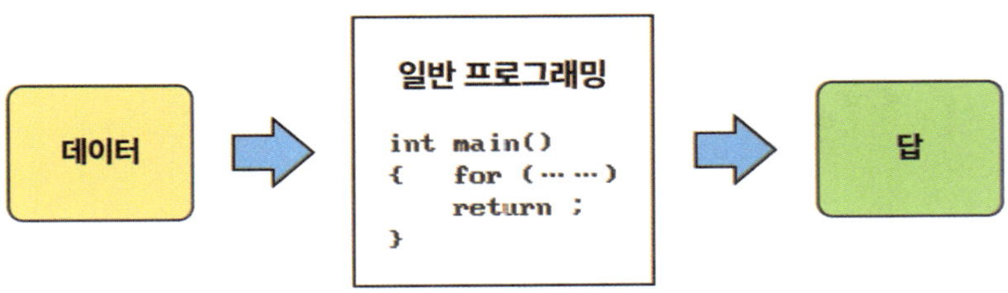

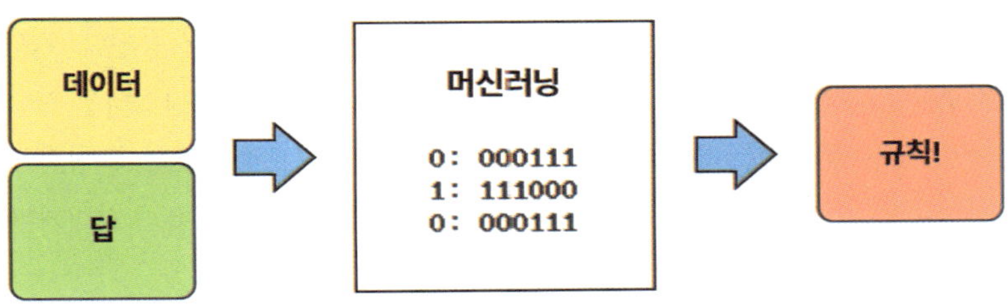

1.1 머신러닝의 종류

전통적인 머신러닝에서는 사람의 지식을 바탕으로 데이터에서 특징을 추출하는 전처리 작업이 중요하였다. 반면, 최근에는 기계학습의 한 종류인 딥러닝(deep learning)이 발전하면서 전처리 작업이 없더라도 소리, 이미지 등 다양한 데이터에 대한 학습이 가능하게 되었다. 머신러닝에 이용되는 데이터를 학습데이터라고 하며, 학습데이터의 형태에 따라 머신러닝 방법을 지도학습(supervised learning), 비지도학습(unsupervised learning), 강화학습(reinforcement learning)으로 구분할 수 있다.

지도학습은 모델의 학습에 사용되는 학습데이터의 각 샘플(sample)에 달린 레이블(label)의 유형에 따라 분류 문제와 회귀 문제로 나뉜다. 분류 문제는 예측되는 레이블의 데이터가 목록(카테고리)형인 경우이다. 예를 들면, 강아지와 고양이 사진을 구분하는 인공지능 시스템을 만들고자 할 때, 강아지와 고양이 사진에 각각 '강아지', '고양이'라는 레이블을 달아두고 모델을 학습하여 새로운 사진이 강아지인지 고양이인지 구분할 수 있다. 회귀 모델은 예측되는 레이블의 데이터가 연속형인 경우이다. 예를 들면, 주택 가격이나 중고차 가격을 예측하는 경우이다.

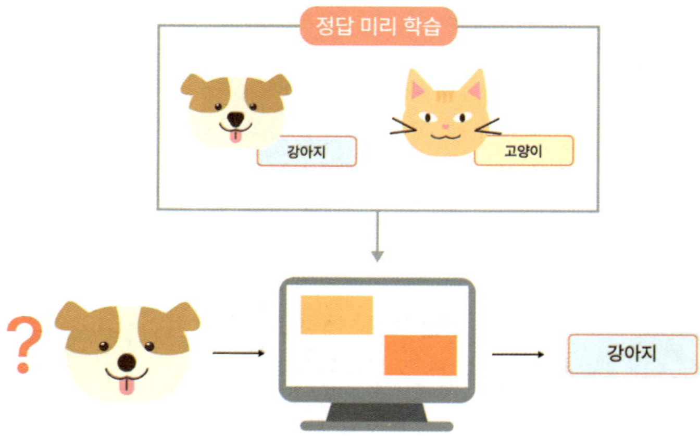

지도학습의 학습방식

비지도학습은 레이블이 없는 입력 값에 대한 규칙성을 찾아내는 목적으로 사용된다. 정답을 예측하는 용도로 사용되기보다는 데이터에 내재한 구조를 잘 파악하여 새로운 정보를 발견하는 작업이다. 비지도학습으로 해결할 수 있는 문제에는 특징이 유사한 사례를 같은 군집으로 모으는 군집화, 데이터로부터 확률분포를 추정하는 밀도 추정, 데이터의 특징들 중에서 중요한 특징 몇 개를 추려내거나 아니면 반대로 부가적인 특징을 생성해내는 데이터 변환 등이 있다.

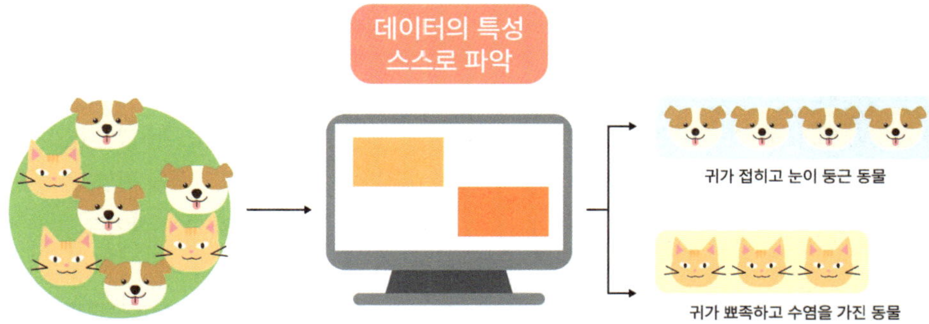

비지도학습의 학습방식

강화학습은 외부 환경과 상호작용하면서 목표를 달성하는 목표 지향적 머신러닝 방법이다. 지도학습과 마찬가지로 학습데이터에 정답을 포함하고 있지만, 샘플마다 하나의 정답(레이블)이 달린 것이 아닌 연속된 샘플에 하나의 정답만 주어진다. 일반적으로 강화학습에서는 현재의 상태(바둑판의 현재 상태)에서 택할 수 있는 행동(바둑알의 착수)에 따라 받을 수 있는 보상(상대에게 승리할 가능성)을 최대화하는 것을 목표로 한다.

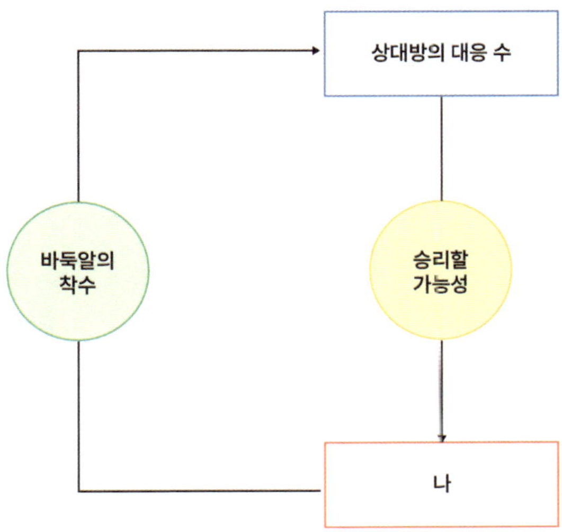

1.2 머신러닝 절차

프로그래밍을 처음 공부하는 사람들이 많이 사용하는 엔트리(entry)는 인공지능 확장 블록을 제공한다. 이 확장 블록의 종류에는 아래 그림과 같이 번역, 비디오 인식, 오디오 인식, 읽어주기가 있다. 또한 본 교재 11장과 12장에서는 이미지 인식과 오디오 인식을 쉽게 할 수 있도록 하는 파이썬 기반의 인공지능 도구들을 소개한다. 이러한 도구들의 특징은 우리가 직접 번역이나 비디오 인식을 위한 코딩을 하지 않아도 번역하고픈 문장이나 인식하고픈 이미지만 주면 자동으로 처리를 해준다는 점이다.

그렇다면 이러한 확장블록이나 인공지능 도구들은 어떻게 만들어졌을까? 이들은 모두 머신러닝 및 딥러닝 기술에 기반하고 있으며, 일반적으로 데이터 수집부터 배포까지 6단계를 거쳐 제작된다. 여러 데이터를 모아 학습 및 평가를 반복하여 정확성이 어느 수준에 이르면 새로운 데이터를 처리할 준비가 된 것이다.

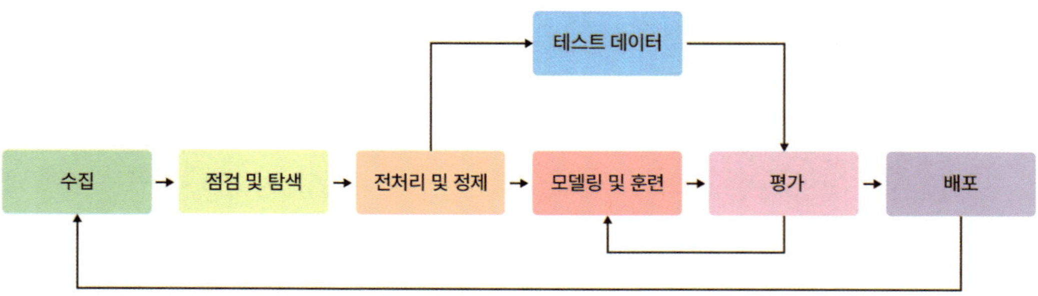

머신러닝의 워크플로우

■ 데이터 수집

머신러닝을 하기 위해서는 머신러닝 모델의 학습을 위한 학습데이터가 필요하다. 번역 모델을 위해서는 한국어-영어 문장 쌍과 같은 텍스트 데이터가 필요하며, 비디오 감지 모델을 위해서는 사진이나 영상과 같은 데이터가 필요하고, 오디오 감지 모델을 위해서는 소리데이터가 필요하다.

■ 점검 및 탐색

데이터가 수집되었다면, 다음은 데이터를 점검하고 탐색하는 단계이다. 데이터의 특징과 내재하는 구조적 관계를 알아내기 위해 독립 변수, 종속 변수, 변수 유형, 변수의 자료형 등을 점검한다. 이 과정에서 9장에서 배운 시각화와 간단한 통계 테스트를 진행하기도 한다.

■ 전처리 및 정제

데이터에 대한 파악이 끝났다면, 머신러닝에서 가장 까다로운 작업 중 하나인 데이터 전처리를 수행한다. 이 단계는 많은 단계를 포함하고 있는데, 가령 텍스트 데이터의 처리라면 문장을 작은 단위로 쪼개기, 오탈자 교정하기, 문장부호 제거하기 등의 단계를 포함한다.

■ 모델링 및 학습

해결하려는 문제에 적합한 머신러닝 알고리즘을 선택하여 모델링하고, 전처리가 완료된 데이터를 머신러닝 알고리즘을 통해 기계에게 학습시킨다.

■ 평가

학습이 끝나면 성능을 평가한다. 이를 위해서는 학습 단계에서 전체 데이터 중 일부는 평가용으로 남겨두고 나머지 데이터로만 학습해야 한다. 학습에 사용하지 않은 데이터로 평가를 진행해야 해당 학습 모델의 정확성을 제대로 평가할 수 있다. 평가 방법은 기계가 예측한 데이터가 평가 데이터의 실제 정답과 얼마나 가까운지를 측정한다.

■ 배포

평가 단계에서 성공적으로 학습된 것으로 판단되면 완성된 모델을 배포한다. 다만, 여기서 완성된 모델에 대한 전체적인 피드백을 통해서 모델을 변경해야 하는 상황이 온다면 다시 처음부터 돌아가야 하는 상황이 올 수도 있다.

2 머신러닝 기초

머신러닝 작업 절차 중 모델링 및 학습에서는 해결하고자 하는 문제에 따라 다양한 머신러닝 알고리즘이 사용될 수 있다. 정답이 달린 학습데이터를 사용할 수 있는 경우에는 지도학습 알고리즘을 사용할 수 있으며, 그렇지 않은 경우에는 비지도학습 알고리즘을 사용해야 한다. 또한, 학습데이터에 정답이 달려 있더라도 정답의 유형이 수치 데이터라면 회귀(regression) 알고리즘을, 카테고리 데이터라면 분류(classification) 알고리즘을 사용해야 한다. 지도학습 알고리즘의 대표적인 예로는 선형회귀(linear regression) 알고리즘이 있으며, 비지도학습 알고리즘의 대표적인 예로는 k-평균 군집화(k-means clustering) 알고리즘이 있다.

대부분 머신러닝 알고리즘은 확률, 통계, 미적분, 선형대수 등에 기반을 두고 있으며, 이를 프로그램으로 구현하려면 높은 수준의 프로그래밍 실력이 요구된다. 그러나 머신러닝을 위한 공개 파이썬 모듈인 사이킷런(scikit-learn)을 이용하면, 누구나 쉽게 머신러닝 작업을 수행할 수 있다.

2.1 사이킷런(scikit-learn) 모듈

사이킷런은 파이썬 환경의 머신러닝에서 유용하게 사용할 수 있는 공개 모듈로서 2007년 『Google Summer of Code Project』에서 처음 시작되었으며, 2010년 2월 1일에 일반 대중에게 공개되어 국내외 많은 기관에서 공동으로 개발하고 있다. 파이썬의 기본적인 문법만 이해한다면 알고리즘별 예제만 따라 하더라도 머신러닝 프로그램을 만들 수 있어 오늘날 가장 인기 있는 머신러닝 도구 중 하나가 되었다. 지금도 계속해서 새로운 머신러닝 알고리즘이 만들어지고 있으므로 사이킷런이 현시점의 모든 머신러닝 알고리즘을 포함하고 있을 수는 없다. 새로운 알고리즘이 발표되고 많은 사람들이 이를 널리 사용하게 되면 사이킷런 개발자들이 이 알고리즘을 추가하게 된다.

다음 그림은 사이킷런에서 제공하는 머신러닝 알고리즘에 대한 것으로서 머신러닝으로 해결하고자 하는 문제의 성격에 따라 어떤 알고리즘을 선택하는 것이 좋은지 판단할 때 사용된다.

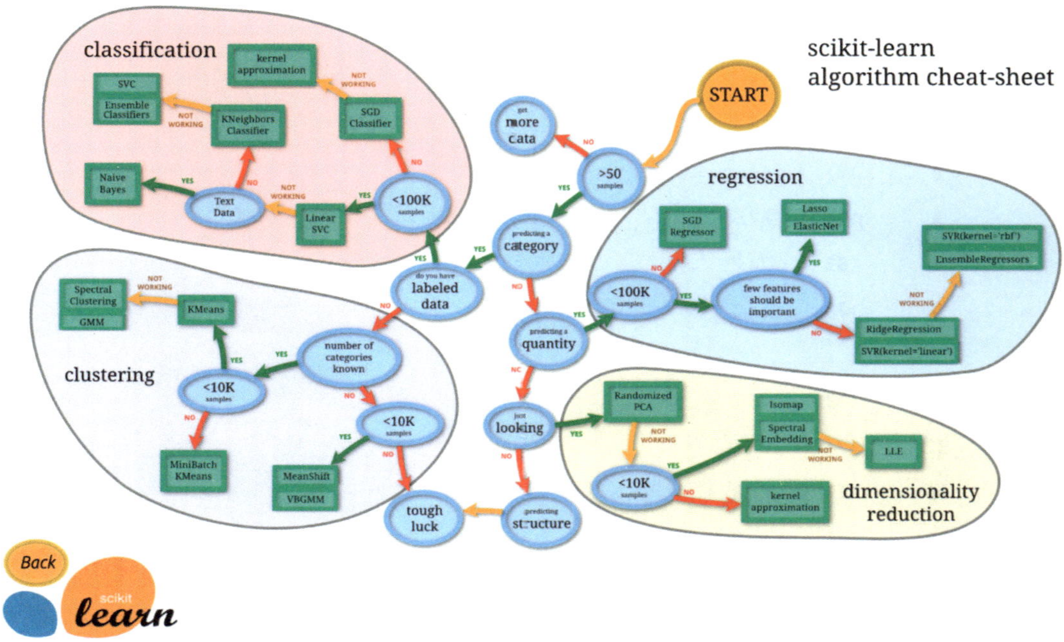

예를 들어 사람의 키를 이용하여 몸무게를 예측하는 문제를 가정해보자. 현재 내가 수집한 학습데이터의 수가 50개보다 많고(> 50 samples: YES), 예측하고자 하는 값이 성별이나 직업과 같이 구분되는 값이 아닌(predicting a category: NO) 수치값이기 때문에(predicting a quantity: YES) 회귀(regression)를 위한 알고리즘을 선택하면 된다.

그럼 사이킷런을 이용하여 키를 이용하여 몸무게를 예측하는 머신러닝을 프로그램을 만들어보자. 먼저 아래와 같이 키와 몸무게가 저장된 'weight.csv' 파일을 불러오자. 2번 행의 'index_col' 옵션은 원본 데이터에서 인덱스로 설정할 열 이름을 지정한다.

```
1  import pandas as pd
2  df = pd.read_csv('weight.csv', index_col='ID')
3  df
```

ID	height	weight
1	164	56.6
2	177	68.3
3	164	57.6
4	183	74.7
5	170	64.0
...	...	...
96	183	75.7
97	174	68.6
98	177	64.3
99	171	59.9
100	183	72.7

100 rows × 2 columns

학습에 이용할 데이터는 샘플의 ID, 키(height), 몸무게(weight)의 쌍으로 이루어진 100개의 샘플을 포함하고 있다.

```
df.info()
```

```
<class 'pandas.core.frame.DataFrame'>
Int64Index: 100 entries, 1 to 100
Data columns (total 2 columns):
 #   Column  Non-Null Count  Dtype
---  ------  --------------  -----
 0   height  100 non-null    int64
 1   weight  100 non-null    float64
dtypes: float64(1), int64(1)
memory usage: 2.3 KB
```

9장에서 공부한 데이터 시각화를 이용하여 키와 몸무게 데이터를 산점도로 표현해보자.

```
import matplotlib.pyplot as plt
plt.scatter(df['height'], df['weight'])
plt.show()
```

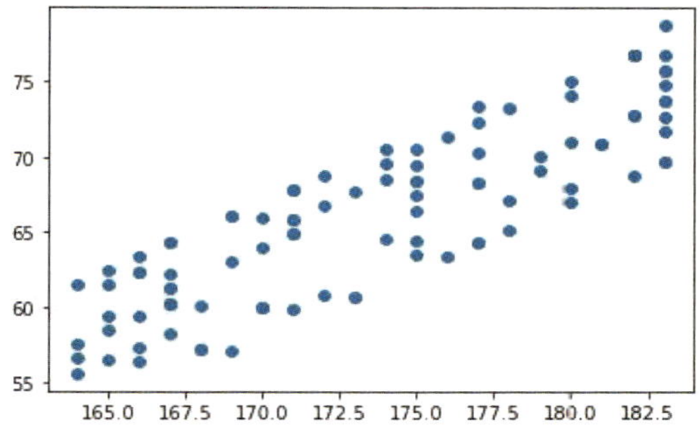

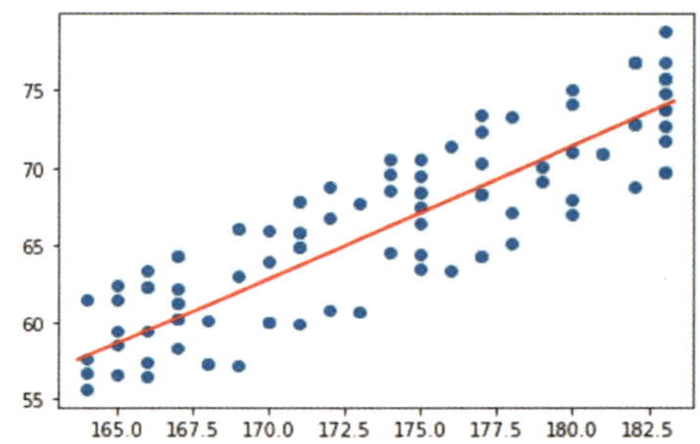

산점도에서 알 수 있듯이 키가 큰 사람일수록 몸무게도 무겁다는 것을 알 수 있다. 머신러닝 알고리즘 중에서 이러한 두 값의 관계를 이용하는 가장 간단한 알고리즘이 선형회귀이다. 선형(linear)이라는 단어에서 알 수 있듯이 두 값의 관계가 직선으로 나타날 때, 해당 직선을 구해서 예측에 활용한다. 오른쪽 그림은 위의 산점도 그래프에서 각각의 점들이 따르고 있는 추세선을 표시한 것이다. 선형회귀에 대한 자세한 내용은 다음 절에서 설명한다.

사이킷런은 sklearn.linear_model 모듈에 이러한 선형회귀 알고리즘을 포함하고 있다.

```
1  from sklearn.linear_model import LinearRegression
2  lr = LinearRegression()
3
4  x = df['height'].values.reshape(-1, 1)
5  y = df['weight'].values.reshape(-1, 1)
6
7  lr.fit(x, y)
8  lr.predict([[180]])
```

```
array([[71.45263158]])
```

선형회귀 알고리즘을 구현한 LinearRegression 함수를 이용하여 선형회귀 모델을 변수 lr에 저장한 다음(1~2번 줄), 모델의 학습을 위해 데이터프레임에 저장된 키와 몸무게 데이터를 2차원 행렬 형태로 변환한다(4~5번 줄). reshape 함수의 두 인자는 주어진 데이터로 만들어질 행렬의 행의 수와 열의 수를 결정하는데, 만일 그 중 하나의 값이 -1이면 전체 데이터의 개수와 다른 인자의 값에 의해 행이나 열의 수를 자동 결정하라는 뜻이다. 여기서는 행의 수가 -1, 열의 수가 1로 되어 있으므로 각 행에 열이 한 개씩만 존재하는 행렬이고 행의 수는 전체 데이터의 개수 100개로 결정된다. 변환된 데이터를 선형회귀 모델의 전용함수인 fit()을 통해 전달하면 학습이 완료된다(7번 줄). 학습이 끝난 선형회귀 모델은 키와 몸무게의 선형관계를 설명하는 직선이므로, 전용함수 predict()를 이용하여 키 값을 주면 그에 비례하는 몸무게를 예측할 수 있다. 8번 줄과 결과에서 볼 수 있듯이 키가 180인 사람의 몸무게는 약 71kg으로 예측되었다.

2.2 선형 회귀(linear regression)

9장에서 다룬 자동차 표시연비 데이터에는 자동차별 업체명, 모델명, 표시연비, 배기량, CO_2 배출량, 등급, 연간유류비가 포함되어 있다. 만약 데이터에 포함되어 있지 않은 새로운 자동차에 대한 표시연비, 배기량, 등급, 연간유류비 등의 정보만 알고 있는 상태에서 이 자동차의 CO_2 배출량을 예측할 수 있을까?

이전 절에서 선형회귀 알고리즘을 이용하여 키에 따른 몸무게를 예측하는 프로그램을 구현하였다. 선형회귀는 어떤 값이 다른 값에 주는 영향력을 선형적으로 분석하여 입력값에 따른 출력값을 예측하는 알고리즘이다. 이때, 입력값은 1개일 수도 있고 여러 개일 수도 있다. 입력값 1개만 이용하여 학습된 모델을 단변량 선형회귀 모델이라고 하고, 2개 이상의 입력값을 이용하여 학습된 모델을 다변량 선형회귀라고 한다.

예를 들어 자동차 표시연비 데이터에서 표시연비와 CO_2 배출량을 좌표상에 표시하고 이들의 관계를 가장 잘 설명할 수 있는 직선을 찾을 수 있다면, 새로운 자동차의 표시연비만으로도 해당 자동차의 CO_2 배출량을 예측할 수 있다.

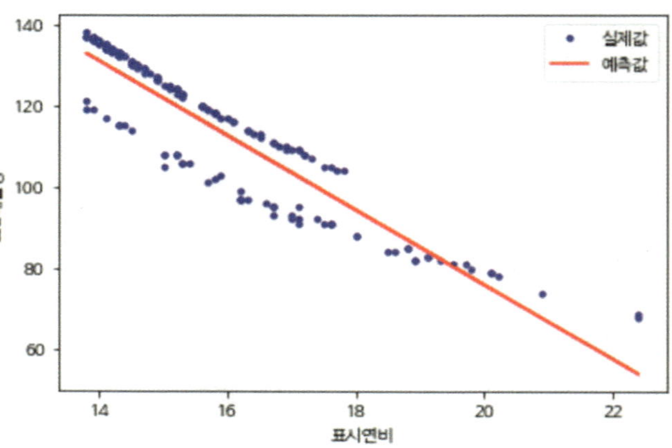

선형회귀 알고리즘은 초기에 무작위로 임의의 직선을 하나 정한 다음, 해당 직선을 통해 예측한 값과 실제값의 차이를 반복적으로 계산하면서 직선의 기울기와 절편을 수정하는 방식으로 최적의 직선을 찾아낸다. 즉, 아래와 같이 1차 직선식을 설정하고,

$$y = Wx + b$$

모든 학습데이터를 가장 잘 나타낼 수 있는 W와 b를 찾는 알고리즘이라고 할 수 있다.
사이킷런 모듈에 구현된 선형회귀 알고리즘을 이용하여 머신러닝 작업 절차에 따라 CO_2 배출량을 예측하는 머신러닝 프로그램을 만들어보자.

■ 데이터 수집

머신러닝을 이용한 문제해결 과정에서 가장 많은 시간이 걸리는 작업은 데이터 수집이다. 만약 공개된 학습데이터가 있다면 이 과정을 빨리 끝낼 수 있지만, 그렇지 않다면 수작업 등을 통해 일일이 데이터를 수집하고 정리하여야 한다. 우리는 이미 자동차 표시연비 데이터를 가지고 있으므로 'car.csv' 파일을 불러오자.

```
import pandas as pd
df = pd.read_csv('car.csv', index_col='ID')
df
```

	업체명	모델명	표시연비	배기량	co2배출량	등급	연간유류비
0	아우디폭스바겐코리아(주)	A4 35 TDI	16.9	1968	110	1	1209959
1	한불모터스(주)	Peugeot 508 1.5 BlueHDi_(18inch tire)	17.2	1499	108	1	1188855
2	한불모터스(주)	Peugeot 508SW 1.5 BlueHDi_(18inch tire)	17.2	1499	108	1	1188855
3	한불모터스(주)	Peugeot 308 1.5 BlueHDi	17.1	1499	109	1	1195807
4	쌍용자동차㈜	코란도 1.6 디젤 6MT 2WD SCR Step2	16.0	1597	117	1	1278019
...	...	...	...	...	...	...	...

■ 데이터 점검

학습데이터를 불러왔다면, 다음은 데이터를 점검하고 탐색하는 단계이다. 전체 샘플의 개수는 몇 개인지, 어떤 정보를 포함하고 있는지, 각 정보는 어떤 자료형으로 저장되어 있는지, 각 샘플에서 빠져있는 정보는 없는지를 확인한다.

```
df.info()
```

```
<class 'pandas.core.frame.DataFrame'>
RangeIndex: 200 entries, 0 to 199
Data columns (total 7 columns):
 # Column Non-Null Count Dtype
--- ------ -------------- -----
0 업체명 200 non-null object
1 모델명 200 non-null object
2 표시연비 200 non-null float64
3 배기량 200 non-null int64
4 co2배출량 200 non-null int64
5 등급 200 non-null int64
6 연간유류비 200 non-null int64
dtypes: float64(1), int64(4), object(2)
memory usage: 11.1+ KB
```

데이터프레임의 전용 함수인 info()를 통해 확인하였듯이 전체 200개의 샘플로 구성된 학습데이터이며, 각각의 샘플은 업체명, 모델명, 표시연비, 배기량, CO_2 배출량, 등급, 연간유류비의 특성으로 구성되어 있다. 선형회귀 알고리즘을 이용하여 CO_2 배출량을 예측할 것이므로 CO_2 배출량과 선형관계가 있는 특성을 찾아보자.

```
1 corr_matrix = df.corr()
2 corr_matrix['co2배출량'].sort_values(ascending=False)
```

```
co2배출량 1.000000
등급 0.782141
연간유류비 0.464866
배기량 -0.042783
표시연비 -0.912923
Name: co2배출량, dtype: float64
```

데이터프레임의 전용 함수 corr()을 이용하여 특성간 상관관계를 모두 구한 다음(1번 줄), CO_2 배출량과 다른 특성 간 상관관계를 내림차순으로 정렬하여 출력한다(2번 줄). 실행결과에서 알 수 있듯이 등급과 연간유류비가 강한 양의 상관관계를, 표시연비가 강한 음의 상관관계를 보인다.

■ 데이터 전처리

데이터 전처리 단계에서는 원본 학습데이터를 사이킷런에 적용하기 위해 입력값과 출력값을 분리한다. 앞서 데이터 점검을 통해 표시연비가 CO_2 배출량과 강한 음의 상관관계를 보인다는 것을 알았다. 즉, 표시연비가 낮을수록 CO_2 배출량은 높고, 반대로 표시연비가 높을수록 CO_2 배출량은 낮다. 표시연비를 통해 CO_2 배출량을 예측할 것이므로 입력값은 표시연비, 출력값은 CO_2 배출량으로 한다. 앞에서 사용했던 reshape 함수를 이용하여 200x1 행렬 형태로 표시연비와 CO_2 배출량을 x와 y에 저장하였다.

```python
x = df['표시연비'].values.reshape(-1, 1)
print('표시연비', x[:10])

y = df['co2배출량'].values.reshape(-1, 1)
print('co2 배출량', y[:10])
```

```
표시연비
[[16.9]
 [17.2]
 [17.2]
 [17.1]
 [16. ]
 [16.3]
 [17.5]
 [17.1]
 [16.1]
 [16.7]]
co2 배출량
[[110]
 [108]
 [108]
 [109]
 [117]
 [114]
 [ 91]
 [109]
 [116]
 [111]]
```

이전 절에서 구현한 몸무게 예측 프로그램에서는 전체 학습데이터를 전부 이용하여 선형회귀 모델을 학습하였다. 이는 우리가 가진 사례나 경험만으로 전체의 속성을 단정짓고 판단하는 성급한 일반화의 오류에 빠질 위험이 있다. 만약, 우리의 학습데이터에 일반적인 상황과 크게 다른 샘플이 포함되어 있었다면 어떻게 될까? 아마도 모델은 이러한 비정상적인 샘플을 예측할 수 있도록 학습될 것이며, 결과적으로 보다 일반적인 샘플에 대해서는 오히려 잘 예측하지 못하게 될 것이다.

머신러닝에서 성급한 일반화의 오류를 방지할 수 있는 가장 간단한 방법은 전체 학습데이터에서 평가데이터를 분리해두는 것이다. 사이킷런의 sklean.model_selection 모듈은 학습데이터와 평가데이터의 분리를 위한 함수인 train_test_split()을 제공한다. train_test_split 함수를 호출할 때 평가데이터의 비율만 정해주면, 간단히 학습데이터와 평가데이터를 분리하여 반환한다.

```
1 from sklearn.model_selection import train_test_split
2 x_train, x_test, y_train, y_test = train_test_split(x, y, test_size=0.2)
3 print('학습데이터의 샘플 수:', len(x_train))
4 print('평가데이터의 샘플 수:', len(x_test))
```

```
학습데이터의 샘플 수: 160
평가데이터의 샘플 수: 40
```

2번 줄에서 표시연비를 저장하고 있는 입력값 x, CO_2 배출량을 저장하고 있는 출력값 y에서 학습데이터와 평가데이터를 분리하기 위해 전체에서 평가데이터가 차지하는 비율과 함께 train_test_split 함수에 전달하면, 설정한 비율에 따라 각각 학습과 평가데이터로 분리하여 반환한다. 이때, 입력값과 출력값 각각이 학습용과 평가용으로 분리되기 때문에 4개의 변수로 반환되는 것에 유의한다.

■ 학습

분리된 학습데이터를 이용하여 선형회귀 모델을 학습한다.

```
from sklearn.linear_model import LinearRegression
lr = LinearRegression()

lr.fit(x_train.reshape(-1, 1), y_train)
y_pred = lr.predict(x_train.reshape(-1, 1))

for i in range(5):
  print(f'실제:{y_train[i]} 예측:{y_pred[i]}')
```

```
실제:[120] 예측:[116.75303541]
실제:[69] 예측:[55.03147416]
실제:[127] 예측:[123.10672554]
실제:[116] 예측:[112.21468532]
실제:[109] 예측:[103.13798513]
```

LinearRegression 함수를 이용하여 선형회귀 모델을 변수 lr에 저장한 다음(1~2번 줄), 학습데이터를 선형회귀 모델의 전용함수인 fit()에 전달하면 학습이 완료된다(4번 줄). 학습이 끝난 선형회귀 모델은 표시연비와 CO_2 배출량의 선형관계를 설명하는 직선이므로, 전용함수 predict()를 이용하여 CO_2 배출량을 예측할 수 있다. 실행결과에서 알 수 있듯이 실제값과 예측값의 차이가 크지 않다. 그렇다면 모델의 성능은 어떻게 평가할 수 있을까?

■ 평가

사이킷런에서는 모델의 평가를 위한 전용 함수인 score()를 제공한다. 전용 함수 predict()가 입력값에 따른 모델의 예측 결과를 반환하는 함수라면, 전용 함수 score()는 실제 입력값과 출력값을 전달하였을 때, 입력값에 따른 예측 결과를 실제 출력값과 비교하여 성능을 측정한다.

```
lr.score(x_train, y_train)
```

```
0.8367503142368388
```

아주 간단한 선형회귀 알고리즘을 사용하였음에도 약 83.66%의 정확도로 CO_2 배출량을 예측함을 알 수 있다. 그러나 앞서 설명하였듯이 x_train은 학습에 이용된 데이터이기 때문에 객관적인 성능이라고 할 수 없다. 이는 마친 모의고사 문제지로 연습을 한 다음에 실제 시험도 모의고사 문제지로 평가한 것과 같은 결과이다. 해당 모델의 학습이 충분히 이루어졌는지, 학습데이터로부터 일반화된 모델이 학습되었는지를 확인하려면 평가데이터를 대상으로 모델의 평가가 이루어져야 한다.

```
lr.score(x_test, y_test)
```

```
0.8148659492921282
```

평가데이터에 대한 모델의 예측 정확도는 약 81.49%로 학습데이터에 대하여 평가하였을 때보다 조금 낮을 수치이긴 하지만, 크게 차이가 나지 않기 때문에 어느 정도 일반화된 모델이 학습되었음을 알 수 있다. 만약 더 정확한 성능의 예측 모델을 학습하고 싶다면, 표시연비에 더해 다른 특성도 추가로 이용하거나, 학습데이터의 샘플 수를 늘리거나, 혹은 더 정교한 학습 알고리즘을 사용하여야 한다.

3 머신러닝 연습

앞서 선형회귀 알고리즘을 이용하여 표준연비에 따른 CO_2 배출량을 예측하는 머신러닝 프로그램을 구현하였다. 만약 예측하고자 하는 값이 양적인 수치가 아닌 '1등급', '2등급'과 같이 카테고리로 구분되는 값이라도 선형회귀를 적용할 수 있을까? 혹은 특성이 유사한 샘플끼리 그룹을 만들고 싶다면 어떤 머신러닝 알고리즘을 적용해야 할까?

3.1 데이터 분류(classification)

자동차 표시연비 데이터에는 에너지 효율에 따라 차량의 등급을 '1'과 '2'로 구분하는 '등급' 특성을 포함한다. 이 값은 숫자 자료형이긴 하지만 CO_2 배출량과 달리 연속되는 값이 아닌 '1등급'과 '2등급'처럼 구분되는 값이라고 할 수 있다. 이처럼 예측하고자 하는 값이 연속되는 값이 아닌 경우에는 입력값과 출력값에 따른 선형분석이 어렵기 때문에 선형회귀가 아닌 다른 알고리즘을 사용해야 한다.
입력값에 따라 임의의 수치값을 예측하는 '회귀'와 달리 , 입력값에 따라 미리 정해진 출력값인 클래스(class) 중 하나를 결정하는 문제를 '분류(classification)'라고 한다. 사이킷런은 분류를 위한 다양한 머신러닝 알고리즘도 포함하고 있는데, 이중 가장 간단한 알고리즘이 'k-최근접이웃(k-nearest neighbors; kNN)'이다.

k-최근접이웃 알고리즘의 원리는 간단하다. 예측하려는 샘플과 가장 유사한 샘플 k개를 선택하고, 이 샘플들이 가진 클래스를 확인하여 다수의 샘플들이 가진 클래스를 해당 샘플의 클래스로 결정한다. 예를 들어 아래 그림에서 초록색으로 표시된 새로운 샘플의 클래스를 결정하고자 한다. 초록색 샘플과 가장 유사한 3개의 샘플을 확인하였더니(그림상에서 거리가 가까울수록 유사한 샘플이다), 빨간색 샘플이 2개로 다수이기 때문에 초록색 샘플의 클래스는 빨간색 샘플의 클래스로 결정하면 된다.

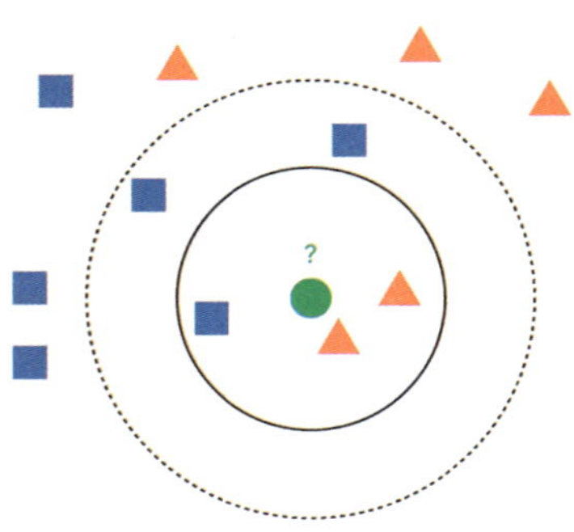

샘플 간 유사성은 어떻게 측정할 수 있을까? 널리 알려진 방법 중 하나는 샘플을 표현하는 각 특성을 축으로 하는 N차원 벡터를 만든 후 벡터의 유사도를 계산하여 샘플 간 유사도를 측정하는 것이다. 사이킷런에서 제공하는 k-최근접이웃 알고리즘은 선형회귀 알고리즘과 마찬가지로 간단한 명령문만으로 이 과정을 수행한다.

그럼 지금부터 자동차 표시연비를 이용하여 에너지 효율 등급을 예측해보자.

학습목표 **데이터분류, k-최근접이웃 모델**

해결전략

❶ 이전 장들에서 사용한 한국에너지공단의 자동차 표시연비 정보를 활용한다.
❷ 전체 데이터에서 20%를 평가 목적으로 분리한다.
❸ 나머지 80%의 데이터를 활용하여 k-최근접이웃 알고리즘을 적용한다.
❹ 평가 데이터로 평가를 수행한다.

해결과정

❶ 이전 절에서와 마찬가지로 판다스 모듈을 활용하여 자동차 표시연비 데이터인 'car.csv' 파일을 불러온다.

```
import pandas as pd
df = pd.read_csv('car.csv')
df
```

	업체명	모델명	표시연비	배기량	co2배출량	등급	연간유류비
0	아우디폭스바겐코리아(주)	A4 35 TDI	16.9	1968	110	1	1209959
1	한불모터스(주)	Peugeot 508 1.5 BlueHDi_(18inch tire)	17.2	1499	108	1	1188855
2	한불모터스(주)	Peugeot 508SW 1.5 BlueHDi_(18inch tire)	17.2	1499	108	1	1188855
3	한불모터스(주)	Peugeot 308 1.5 BlueHDi	17.1	1499	109	1	1195807
4	쌍용자동차㈜	코란도 1.6 디젤 6MT 2WD SCR Step2	16.0	1597	117	1	1278019
...	...	...	...	...	...	...	...

② 데이터 점검 목적으로 이전에 했던 것과 마찬가지로 데이터 시각화나 상관관계 분석을 하면 에너지 효율 등급을 예측하는 데 도움이 되는 특성을 파악할 수 있다. 우리는 이미 자동차 표시연비 데이터를 충분히 살펴보았기 때문에 표시연비가 등급을 결정하는 데 영향을 미친다는 것을 알고 있고, 따라서 이미 입력값은 '표시연비', 출력값은 '등급'으로 하기로 결정하였다. 전처리는 간단히 전체 학습데이터의 20%를 평가데이터로 분리하는 작업만 하면 된다.

```python
x = df['표시연비'].values.reshape(-1, 1)
y = df['등급'].values.reshape(-1, 1)

from sklearn.model_selection import train_test_split
x_train, x_test, y_train, y_test = train_test_split(x, y, test_size=0.2)
print('학습데이터의 샘플 수:', len(x_train))
print('평가데이터의 샘플 수:', len(x_test))
```

```
학습데이터의 샘플 수: 160
평가데이터의 샘플 수: 40
```

③ 분리된 학습데이터를 이용하여 k-최근접 이웃 모델을 학습한다. KNeighborsClassifier() 함수를 이용하여 k-최근접이웃 학습모델을 변수 neigh에 저장한 다음(1~2번 줄), 학습데이터를 전용함수인 fit()을 통해 전달하면 학습이 완료된다(3번 줄). 학습이 끝나면 전용함수 predict()를 이용하여 등급을 예측할 수 있다.

```python
1 from sklearn.neighbors import KNeighborsClassifier
2 neigh = KNeighborsClassifier(n_neighbors=3)
3
4 neigh.fit(x_train.reshape(-1, 1), y_train)
5 y_pred = neigh.predict(x_train.reshape(-1, 1))
6
7 for i in range(10):
8   print(f'실제:{y_train[i]} 예측:{y_pred[i]}')
```

```
실제:[2] 예측:2
실제:[2] 예측:2
실제:[1] 예측:1
실제:[2] 예측:2
실제:[2] 예측:2
```

④ 사이킷런은 서로 다른 알고리즘도 쉽게 사용할 수 있도록 공통된 전용함수를 제공한다. 선형회귀 알고리즘을 사용할 때와 마찬가지로 k-최근접이웃 모델의 평가를 위한 전용함수인 score()가 제공된다. 학습데이터를 평가에 그대로 사용하였을 때는 100%의 정확도를 보이지만, 평가데이터에는 97.5%의 정확도를 보인다.

```
print('학습데이터:', neigh.score(x_train, y_train))
print('평가데이터:', neigh.score(x_test, y_test))
```

```
학습데이터: 1.0
평가데이터: 0.975
```

3.2 데이터 군집화(clustering)

지금까지 살펴보았던 분류나 회귀는 학습데이터를 구축할 때 입력값과 출력값(예측값)이 구분되어 있는 경우이다. 자동차 표시연비 데이터에서 CO_2 배출량이나 에너지 효율등급을 예측하였던 것처럼 유사한 다른 문제에서도 예측하고자 하는 값이 학습데이터로 구축되어 있을 때 선형회귀나 k-최근접이웃과 같은 지도학습 알고리즘을 사용할 수 있다.

지도학습 알고리즘을 적용하기 위해 학습데이터를 구축하는 것은 많은 비용이 드는 작업이다. 예를 들어 스마트폰의 사진 관리 애플리케이션에서 사용자가 찍은 사진을 인물, 동물, 풍경과 같은 특정 클래스로 분류하는 기능을 만들려면 수백 수천 장의 사진에 일일이 클래스를 부여한 학습데이터를 만들어야 한다. 이 작업을 손쉽게 할 수 있는 방법은 없을까?

애플의 사진 앱은 '사람들 앨범 기능'을 제공한다. 사진 앱은 사람들의 얼굴을 인식하고 같은 사람들을 그룹화한다. 사용자는 사진 속 사람들에게 이름을 지정하고, 즐겨찾기로 표시하는 등의 작업을 수행할 수 있다. 이처럼 유사한 샘플들을 모아서 구분하는 것을 군집화(clustering)라고 한다. 군집화는 분류와 달리 해당 샘플을 특정 클래스로 예측하는 것이 아니라 유사한 샘플을 하나로 모으는 것을 얘기한다. 수백 수천 장의 사진에 일일이 클래스를 부여하는 대신 비슷한 사진들을 군집화한다면 수백 수천 장의 사진이 수십 개의 군집으로 구분될 수 있다. 이렇게 구분된 군집에 일괄적으로 클래스를 부여한다면 지도학습을 위한 학습데이터를 비교적 간단하게 구축할 수 있다.

k-평균(k-means) 알고리즘은 가장 대표적인 군집화 알고리즘이다. k-평균 알고리즘은 k-최근접이웃 알고리즘과 마찬가지로 샘플 간의 유사성을 측정하여 이용한다. k-평균 알고리즘의 학습 과정은 다음과 같다.

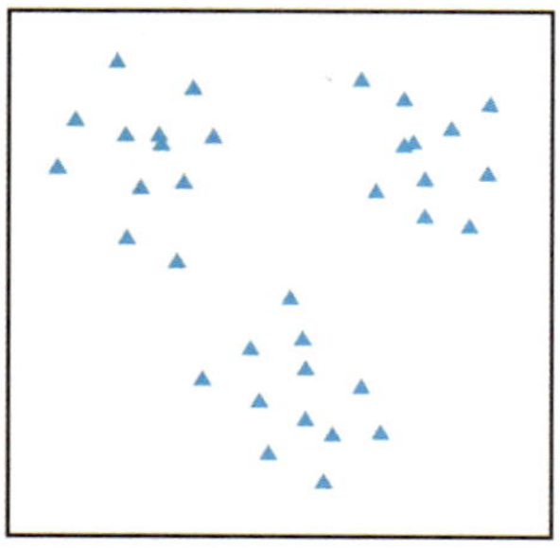

1. 입력 데이터

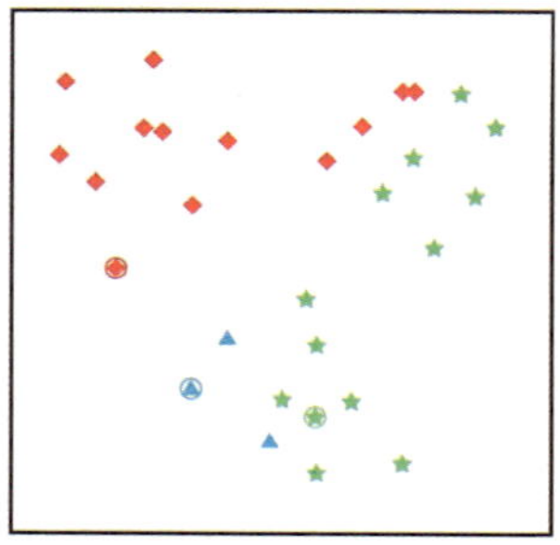

2. 임의의 중심점 설정

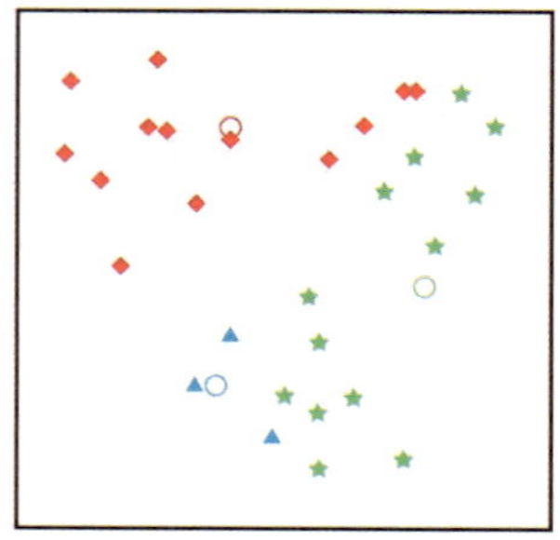

3. 반복2

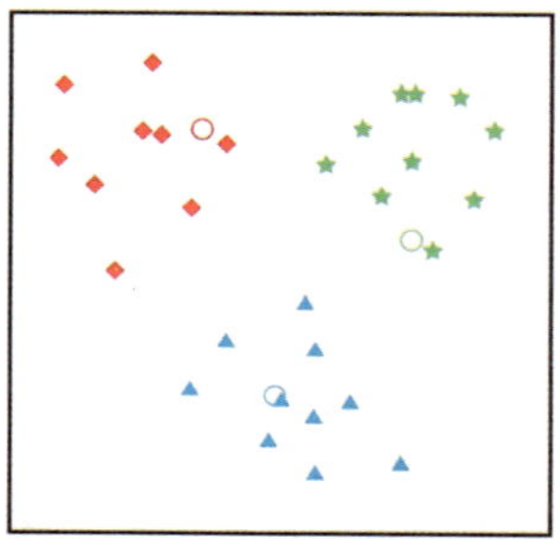

4. 반복3

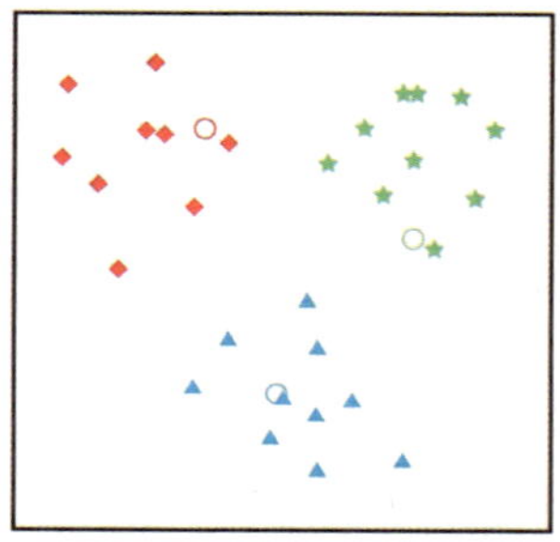

5. 최종 군집

1. 모든 샘플을 샘플의 특성들을 축으로 하는 공간의 벡터로 표현한다. 즉, 특성이 2개면 2차원, 3개면 3차원 벡터로 표현한다.
2. 무작위로 k개의 군집 중심을 설정하고, 각 샘플에서 k개의 군집 중심 중 가장 가까운 중심을 찾아 해당 군집의 샘플로 지정한다.
3. 각 군집에 속한 데이터들의 평균 중심을 군집 중심으로 설정하고, 다시 각 샘플에서 k개의 새로운 군집 중심 중 가장 가까운 중심을 찾아 해당 군집의 샘플로 지정한다.
4. 3을 반복한다.
5. 더 이상 군집 중심의 변경이 없으면 최종 군집으로 확정한다.

그럼 실제로 사이킷런에서 제공하는 k-평균 알고리즘을 이용하여 자동차 표시연비 데이터의 샘플을 군집화해보자.

학습목표 **군집화, k-평균 알고리즘**

해결전략

1. 한국에너지공단의 자동차 표시연비 정보를 활용한다.
2. 샘플 간 유사성 판단이 어려운 문자열 데이터는 군집화 기준에서 제외하고 수치 데이터 중에서 중요한 특성을 선택한다.
3. 선택된 수치 데이터를 대상으로 k-평균 알고리즘을 적용한다.
4. 산점도 그래프를 이용하여 군집결과를 확인한다.

해결과정

1. 이전 절에서와 마찬가지로 자동차 표시연비 데이터인 'car.csv' 파일을 불러온다. 군집화는 k-평균과 같은 비지도학습 알고리즘을 이용하는 방법으로서 분류나 회귀와 같이 출력을 위한 값을 구축하는 과정이 없기 때문에 데이터 수집이나 구축 과정이 비교적 간단하다. 사진 데이터에 대한 군집화 작업이라면 사진 데이터만 모으면 되고, 신문기사와 같은 텍스트 데이터를 유사한 데이터로 군집화하는 작업이라면 텍스트 데이터만 모아서 저장만 하면 된다.

```
import pandas as pd
df = pd.read_csv('car.csv')
df
```

	업체명	모델명	표시연비	배기량	co2배출량	등급	연간유류비
0	아우디폭스바겐코리아(주)	A4 35 TDI	16.9	1968	110	1	1209959
1	한불모터스(주)	Peugeot 508 1.5 BlueHDi_(18inch tire)	17.2	1499	108	1	1188855
2	한불모터스(주)	Peugeot 508SW 1.5 BlueHDi_(18inch tire)	17.2	1499	108	1	1188855
3	한불모터스(주)	Peugeot 308 1.5 BlueHDi	17.1	1499	109	1	1195807
4	쌍용자동차㈜	코란도 1.6 디젤 6MT 2WD SCR Step2	16.0	1597	117	1	1278019
...	...	...	...	...	...	...	...

❷ k-평균 알고리즘에서는 지도학습 때와 달리 입력값에 따른 출력값을 예측하는 것이 아니라 유사한 샘플을 군집화하는 것이기 때문에 샘플의 모든 특성이 입력값이라고 생각하면 된다. 하지만 읽어들인 데이터에서 '업체명'과 '모델명'은 문자열 데이터이므로 별도의 복잡한 전처리 과정이 필요하기 때문에 이번 예제에서는 사용하지 않는다. '등급'의 경우는 이미 군집을 위한 중요한 단서가 되므로 제외한다. 최종적으로 표시연비, CO_2 배출량만 활용하여 k-평균 알고리즘을 수행한다.

```
x = df[['표시연비', 'co2배출량'].values
x[:5]
```

```
array([[ 16.9, 110. ],
       [ 17.2, 108. ],
       [ 17.2, 108. ],
       [ 17.1, 109. ],
       [ 16. , 117. ]])
```

❸ 표시연비, CO_2 배출량으로만 구성된 샘플을 이용하여 k-평균 알고리즘을 수행한다. KMeans() 함수를 이용하여 k-평균 모델을 변수 kmeans에 저장한다(1~2번 줄). 이 때 몇 개의 군집을 찾을지를 n_cluseters 옵션에 설정한다. 우리는 해당 샘플들이 표시연비, CO_2 배출량에 의해 결국 1등급과 2등급이라는 2개의 군집으로 구분될 것이라 기대할 수 있기에 2로 설정했지만, 실제로 다른 문제에서는 k값을 다양하게 설정하여 그 결과를 비교하여 최적의 군집 개수를 설정해야 한다. 지도학습 알고리즘과는 달리 비지도학습 알고리즘은 입력값만 사용하여 학습하기 때문에 전용함수 fit()에 입력값만 전달하면 학습이 시작된다(3번 줄). 학습이 끝나고 나면 각각의 샘플이 어떤 군집에 속하는지를 label_ 변수를 통해 확인할 수 있다(4번 줄).

```
1 from sklearn.cluster import KMeans
2 kmeans = KMeans(n_clusters=2)
3 kmeans.fit(x)
4 kmeans.labels_[:5]
```

```
array([0, 0, 0, 0, 1], dtype=int32)
```

❹ 입력값에 따른 실제 출력값을 알고 있기 때문에 예측값과의 차이를 통해 성능을 평가할 수 있는 지도학습 알고리즘과 달리 k-평균과 같은 비지도학습 알고리즘의 결과는 주관적으로 평가할 수밖에 없다. 다만, 본 예제에서는 이미 각 샘플에 등급이 부여되어 있으므로 군집 결과와 비교해볼 수 있다. X축을 표시연비로, Y축을 CO_2 배출량으로 두고 전체 그래프 출력 영역을 subplot 함수[1]로 나누어 2개의 산점도를 그렸다. 첫 번째 산점도는 각 점을 등급에 의해 구분한 것이고(2번 줄), 두 번째 산점

도는 각 점을 군집 결과에 의해 구분한 것이다(4번 줄). 2개의 산점도가 거의 비슷하게 나타나기 때문에 k-means에 의한 군집화가 잘 수행된 것을 확인할 수 있다.

```
1 plt.subplot(211)
2 plt.scatter(df['표시연비'], df['co2배출량'], c=df['등급'])
3 plt.subplot(212)
4 plt.scatter(df['표시연비'], df['co2배출량'], c=kmeans.labels_)
```

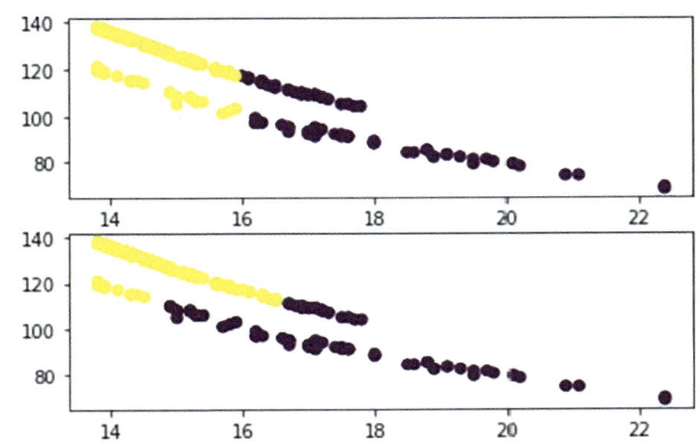

1) 두 개의 subplot 함수에 인수로 준 211과 212는 "전체 영역을 2행 1열 형태로 나누었을 때 1번째 자리와 2번째 자리에 그려라."라는 의미이다.

스스로 해결하기

01 자동차의 등급 예측하기 (심화)

k-최근접 이웃 알고리즘은 예측하려는 샘플과 가장 유사한 샘플 k개를 선택하는 알고리즘으로서 k에 따라 그 결과가 달라질 수 있다. 자동차 표시연비 데이터에서 '표시연비'로 '등급'을 예측할 때 k값에 따라 예측 성능이 어떻게 달라지는지 확인해보자.

학습목표 **k-최근접이웃 알고리즘**

해결전략

❶ KNeighborsClassifier( )의 n_neighbors 옵션을 수정한다.

02 자동차 군집화하기 (심화)

k-평균 알고리즘은 전체 샘플을 k개의 군집으로 구분하는 알고리즘으로서 몇 개의 군집을 찾을지를 미리 결정해야 한다. 자동차 표시연비 데이터에서 '표시연비'와 'co2배출량'으로 군집화할 때 k값에 따라 군집이 어떻게 달라지는지 확인해보자.

학습목표 **k-평균 알고리즘**

해결전략

❶ KMeans( )의 n_clusters 옵션을 수정한다.

11 시각데이터 다루기

시각데이터에서 원하는 정보를 추출하고 가공하는 이미지 처리 기술은 매우 중요하다. 게다가 최근 인공지능 기술과 결합되면서 이미지 처리 기술은 더욱 가치 있는 일들을 할 수 있게 되었다. 예를 들어, 급속도로 성장을 거듭하고 있는 자율주행 자동차 시장에서 이미지 처리는 가장 중요한 기술 중 하나이다. 신호등 판별, 정지선 구분, 보행자 인식, 장애물 인식 등 사람이 눈으로 보고 판단해왔던 모든 것들을 이미지 처리기술이 대신한다.

본 장에서는 파이썬 기반의 이미지 처리 기술을 알아본다. 특히 이미지 처리를 위해 가장 많이 사용하는 라이브러리인 OpenCV와 물체감지를 위한 YOLO를 소개한다. 이러한 라이브러리와 인공지능 도구들을 결합하여 물체인식, 얼굴인식, 성별인식, 글자인식과 번역 등을 수행해보자.

1 OpenCV

OpenCV(Open Source Computer Vision)는 인텔이 개발한 이미지 및 영상처리 관련 라이브러리로서 윈도우즈(Windows), 리눅스(Linux), 안드로이드(Android), iOS 등 다양한 플랫폼에서 사용할 수 있다. 컴퓨터가 사람의 눈처럼 인식할 수 있도록 각종 기능을 제공하며, 우리가 많이 사용하는 카메라 어플에서도 OpenCV가 사용된다. 즉, 카메라로 찍어서 할 수 있는 모든 일은 OpenCV로 처리할 수 있으며, 여기에 머신러닝을 비롯한 다양한 인공지능 기술과 결합하여 그 활용도를 더욱 넓혀가고 있다.

1.1 이미지 읽기와 보기

가장 먼저 아래와 같이 OpenCV 모듈을 import 해야 한다. 모듈명은 cv2 이다. 포함된 다양한 함수들을 이용하여 내가 원하는 방식대로 이미지를 다룰 수 있다.

```
import cv2
```

■ 이미지 읽기

이미지 파일을 읽어오는 방법을 살펴보자. 이미지 파일을 읽으려면 cv2모듈의 imread 함수를 이용하면 된다. 형식은 다음과 같다.

```
cv2.imread('파일경로를 포함하는 파일이름', 옵션)
```

두 번째 인자의 옵션은 아래 표와 같이 선택 가능하다. 특별히 옵션을 지정하지 않으면 이미지를 컬러로 읽어들인다. 단, 원본이 흑백인 그림을 컬러로 바꾼다는 뜻은 아니다. 반면, GRAYSCALE 옵션을 선택하면 컬러 이미지를 회색조로 바꿔 읽어들인다. UNCHANGED 옵션은 원본 색상을 그대로 유지한다.

옵션	의미
cv2.IMREAD_COLOR	컬러 이미지로 읽어들임 (기본설정값)
cv2.IMREAD_GRAYSCALE	회색조의 이미지로 변경하여 읽어들임
cv2.IMREAD_UNCHANGED	원본 그대로 읽어들임

컬러는 빛의 3원색인 빨강(Red), 초록(Green), 파랑(Blue)의 조합으로 이루어진다. 이렇게 Red, Green, Blue를 이용하여 색을 표현하는 방법은 각각의 앞 글자를 따서 "RGB"라고 부른다. 각각의 요소는 0~255사이의 값을 가질 수 있다. 예를 들어 빨강색은 빨강색 요소의 값만 있으므로(R:255, G:0, B:0)로 표현된다. 노란색은 빨강색과 녹색을 섞으면 만들어지므로 (R:255, G:255, B:0)로 표현할 수 있다. 여기서 주의해야 사항은 파이썬에서는 색상을 파랑, 초록, 빨강 순서, 즉, BGR로 이해한다. 이 점을 반드시 기억하자.

〈빛의 3원색 Red, Green, Blue〉

이제 직접 이미지를 읽어와 보자. 부산대학교 홈페이지에 있는 부산캠퍼스 맵을 가져와 'pnu_map.jpg'라는 이름으로 저장해서 사용한다. Colab에 업로드 하는 방법은 Colab 메뉴를 이용하는 방법과 files 모듈을 이용하는 방법이 있다. 이 장에서는 두 번째 방법을 사용해 보자.

files 모듈을 활용하여 파일을 업로드 하는 방법은 아래 예와 같다. 코드를 실행시키면 '파일선택' 버튼이 활성화되고, '파일선택' 버튼을 클릭하면 열기 창이 활성화 된다. 하나의 파일이나 여러 파일을 한꺼번에 업로드 할 수 있다.

```
from google.colab import files
files.upload();
```

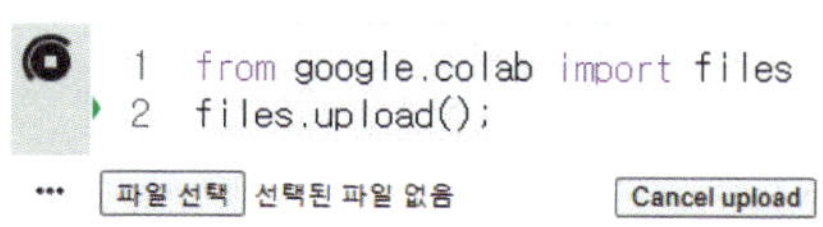

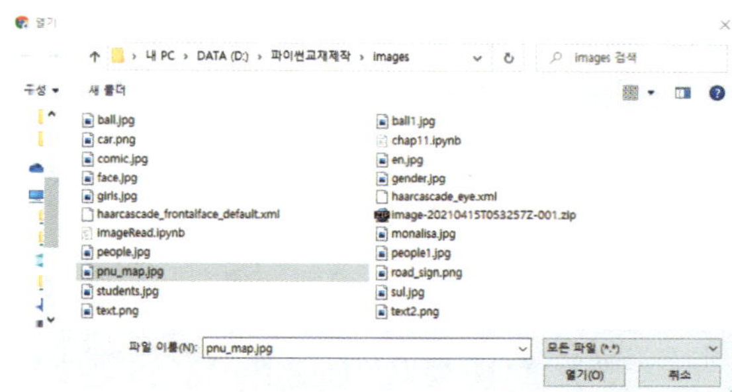

〈파일선택 클릭〉 〈열기창〉

'pnu_map.jpg' 파일이 저장된 폴더로 이동해서 파일을 선택해주면 업로드가 되고 아래 그림처럼 파일이 추가된 것을 확인할 수 있다.

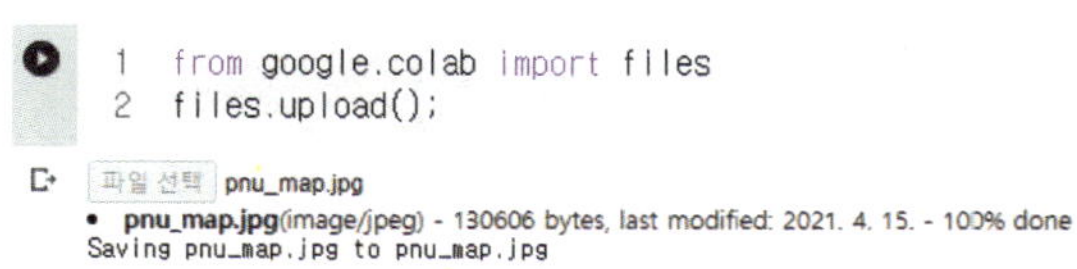

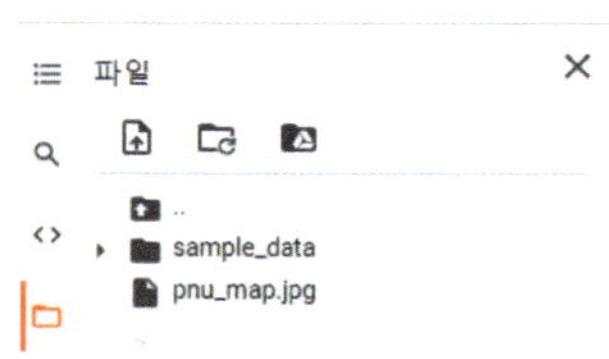

파일을 읽어오는 코드는 다음과 같다. 직접 업로드 했을 때는 현재 작업 폴더에 업로드 되므로 파일명만 적어주면 된다.

```
import cv2
img_path='pnu_map.jpg'      # 파일경로저장
img=cv2.imread(img_path, cv2.IMREAD_COLOR)
```

■ 이미지 보기

imread 함수를 통해 이미지가 잘 읽혀졌는지 눈으로 확인하기 위해서 읽은 이미지를 화면으로 출력해 보자. 이는 마치 print함수를 이용하여 숫자형 혹은 문자형 데이터를 화면에 출력하는 것과 동일하다. 일반적인 '내 컴퓨터' 환경에서는 cv2모듈의 imshow 함수를 이용하면 되는데 Colab 에서는 별도의 그림 창을 열 수 없어서 사용할 수 없다. 대신 Colab에서는 google.colab.patches 모듈에 포함되어 있는 cv2_imshow 함수를 사용하면 이미지를 코드셀 아래의 결과 출력 부분에서 볼 수 있다. 함수의 사용방법은 아래처럼 매우 간단하다.

```
cv2_imshow (이미지를 저장한 변수)
```

그림 파일을 불러와서 변수에 저장된 그림 정보를 화면에 나타내는 전체 코드는 다음과 같다.

```python
import cv2
from google.colab.patches import cv2_imshow
img_path='pnu_map.jpg'
img=cv2.imread(img_path, cv2.IMREAD_COLOR)
cv2_imshow(img)
```

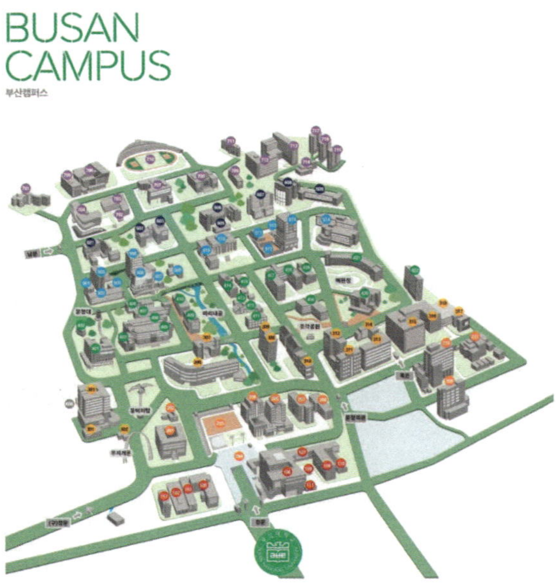

그렇다면 이미지는 어떤 형태로 저장되어 있을까? 이를 확인하기 위해서 아래와 같이 입력해보자.

```
print(img.shape)
```

```
(783, 747)
```

783과 747은 이미지의 세로와 가로 길이를 나타내는 수치이다. 그런데 이 수치의 의미를 정확히 알기 위해서는 단위를 알아야 한다. 이미지에서 길이를 나타내는 픽셀(pixel)이다. 픽셀의 이해를 돕기 위해 다음 그림을 살펴보자.

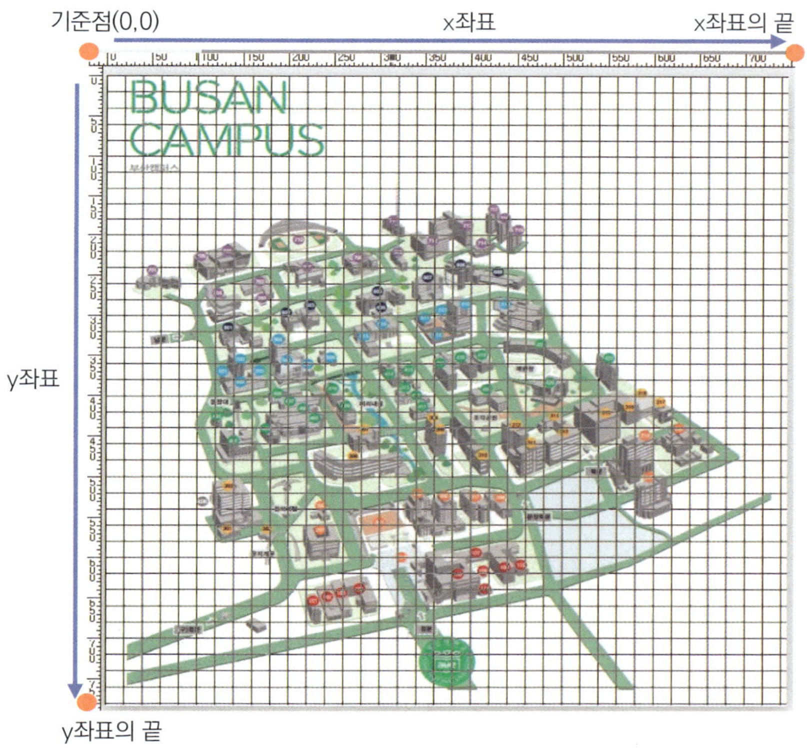

위 그림의 모눈 각각은 가상의 픽셀을 묘사한다. 그림에서 알 수 있듯이 하나의 이미지는 여러 개의 픽셀을 합친 것이다. 따라서 이미지 크기가 (783, 747)라는 것은 세로로 783개의 픽셀, 가로로 747개의 픽셀로 이루어져 있으며 전체 픽셀의 수는 783x747라는 의미이다. 각 픽셀은 RGB 방식으로 색상 정보를 가지며, 좌표 값으로 서로 구별된다. 위의 그림을 통해 알 수 있듯이 좌측 상단의 모퉁이가 기준이 되는 (0,0)이고 이미지의 오른쪽 방향으로 갈수록 x좌표가, 아래로 갈수록 y좌표가 증가한다.

1.2 선과 원 검출

이번 절에서는 물체의 외곽선이나 직선과 원 모양 등을 검출해보자.

■ 외곽선 검출

이미지 처리에서 가장 많이 사용하는 기능 중 하나는 물체의 외곽선을 검출하는 것이다. 물체의 외곽선을 검출하면 해결하려는 문제를 단순화시킬 수 있기 때문이다. 물체의 외곽선을 찾을 때 가장 많이 사용하는 함수는 Canny 함수이며 그 형태는 아래와 같다.

```
Canny(이미지, 기울기 최솟값, 기울기 최댓값, 필터의 크기)
```

Canny 함수는 입력한 이미지를 마치 스캔하듯이 훑으며 검사한다. 외곽인지 아닌지 판별하는 기준은 이미지의 색상과 기울기에 의해 결정되므로 Canny 함수의 입력 값에서 기울기의 최소, 최댓값을 설정해주어야 한다. 필터의 크기는 외곽을 얼마나 세밀하게 검사할지 결정하는 값으로 3, 5, 7 중 하나의 값을 가질 수 있다. 값이 클수록 더 세밀하게 외곽을 검출하지만 지나치게 많은 외곽을 검출하면 핵심적인 외곽선만을 구별해내는 데 오히려 방해가 되기 때문에 3 정도가 적당하다.

그런데 Canny 함수로 외곽선을 찾으려 할 때는 이미지를 먼저 회색조로 변경한다. 컬러인 경우보다 특징을 뽑아내기 용이하며, 이미지의 용량도 줄어들어 처리 속도가 빨라지는 장점이 있기 때문이다. 이미지의 색상을 변화시키는 함수는 cvtColor()이며 그 형태는 아래와 같다.

```
cvtColor(이미지, 색상 변경 옵션)
```

색상 변경 옵션에는 다양한 값이 들어갈 수 있지만 가장 흔히 사용되는 옵션은 컬러 이미지를 회색조로 변환할 때 사용하는 옵션인 cv2.COLOR_BGR2GRAY이다. 이는 일상에서 더 흔하게 만날 수 있는 컬러 이미지를 컴퓨터가 처리하기에 용이한 흑백 이미지로 바꾸는 경우가 많기 때문이다.

외곽선을 검출하는 코드와 실행결과는 다음과 같다.

```
from google.colab.patches import cv2_imshow
import cv2
img_path='monalisa.jpg'
```

```
4  img=cv2.imread(img_path,cv2.IMREAD_UNCHANGED)
5  img_g=cv2.cvtColor(img,cv2.COLOR_BGR2GRAY)
6  img_edges=cv2.Canny(img_g,50,150,apertureSize=3)
7
8  cv2_imshow(img_edges) #외곽선 검출 이미지
```

5번 줄에서 컬러로 된 원본이미지를 흑백이미지로 변환한다. 6번 줄에서 Canny 함수를 이용하여 이미지의 외곽선을 검출하고 있다. 검출된 외곽선 정보는 img_edges라는 변수에 저장된다. 8번 줄에서 검출된 외곽선을 화면에 보여준다.

검출된 외곽선을 살펴보면 인물 이외에 상당히 많은 배경도 검출되는 것을 확인할 수 있다. 그렇다면 검출된 배경을 제거하고 인물의 외곽만 추출하는 방법은 없을까? 이때 사용하는 것이 필터링 함수, 즉 blur 함수이다. blur 함수의 입력은 이미지와 필터링의 강도이다. 필터링의 강도란 현재 이미지를 얼마나 부드럽게 변형시킬 것인가를 결정하는 값이다. 코드와 실행결과는 다음과 같다.

```
from google.colab.patches import cv2_imshow
import cv2
img_path='monalisa.jpg'
img=cv2.imread(img_path,cv2.IMREAD_UNCHANGED)
```

```
img_blur=cv2.blur(img,(3,3))    #필터처리
img_gray=cv2.cvtColor(img_blur,cv2.COLOR_BGR2GRAY)    #흑백이미지 변환
img_edges=cv2.Canny(img_gray,50,150,apertureSize=3)    #외곽선 검출
cv2_imshow(img_edges)
```

원본 이미지에 blur 필터링을 하고 흑백 전환 후 외곽선을 검출했다. 인물의 외곽도 약간 사라졌지만 배경이 상당히 제거되었음을 확인할 수 있다.

■ 선 검출

자율주행 자동차의 주요한 기능 중 하나는 현재 자동차가 어디에 있는지 아는 것이다. 즉, 차량 스스로가 차선을 침범하지 않도록 계속해서 차선을 관찰해야 한다. 차량에서 찍은 영상에는 차선뿐만 아니라 지나가는 행인, 신호등과 같이 다양한 물체들이 포함되어 있다. 이러한 상황에서 차선을 찾아내기 위한 방법 중 하나는 차선이 직선이라는 사실을 이용하는 것이다. 즉, 영상에서 직선을 찾아내면 차선의 위치를 파악하는 데 큰 도움이 된다.

이미지에서 직선들을 찾아내는 OpenCV 함수는 HoughLines이며 그 형태는 아래와 같다.

```
HoughLines(edge, r, theta, threshold)
```

edge는 앞서 설명한 Canny 함수를 이용하여 찾아낸 물체의 외곽선들의 모음이다. r과 theta는 이미지에서 선을 찾을 때, 검사 대상이 선인지 아닌지를 판별할 때 사용하는 값이다. 일반적으로 r 값은 1, theta 값은 $\pi/180$을 사용한다. (theta는 호도법 기준으로 표현된 각도, 즉 라디안 단위로 입력을 받으므로, $\pi/180$은 60분법으로 표현했을 때 1°와 같다.) 파이썬에서 π는 numpy 모듈에 정의되어 있으므로 "import numpy as np"를 이용하여 모듈을 import 하고 np.pi를 사용하면 π를 표현할 수 있다. 즉, theta는 np.pi/180를 일반적으로 설정하면 된다. 만약 이것이 번거롭게 느껴진다면 np.pi 대신 3.14라는 근사값을 대신 사용해도 된다.

threshold는 어떤 선이 직선인지 아닌지를 판정할 때 사용하는 기준값으로 threshold가 작을수록 이미지에서 선들이 직선으로 인식되기 쉽고 클수록 직선으로 인식되기 어렵다. 따라서 threshold가 크면 많은 직선이 검출되나 직선이 아닌 물체도 직선에 포함될 수 있다. 반면 threshold가 작으면 검출된 것들은 확실히 직선이지만 너무 엄격한 기준으로 인해 내가 원하는 직선이 검출되지 않는 경우도 발생한다. 일반적으로 100~250 사이의 값을 사용하며 이미지에 따라 적절한 threshold를 선정하는 것이 중요하다.

이제 HoughLines 함수를 이용하여 도로 이미지에서 차선을 검출하고 이를 빨간색 선으로 표시해 보자. 결과와 코드는 다음과 같다.

〈원본 이미지〉

〈검출된 선들〉

```
from google.colab.patches import cv2_imshow
import cv2
#import numpy as np
img = cv2.imread('road.jpg')
```

```
5  img = cv2.blur(img,(3,3))
6  gray = cv2.cvtColor(img,cv2.COLOR_BGR2GRAY)
7  edges = cv2.Canny(gray,50,150,apertureSize = 3)
8  cv2_imshow(img)  # 원본이미지
9
10 lines = cv2.HoughLines(edges,1,3.14/180,220)
11
12 for line in lines:
13   rho = line[0][0]
14   theta = line[0][1]
15   a = np.cos(theta)
16   b = np.sin(theta)
17   x0 = a*rho
18   y0 = b*rho
19   x1 = int(x0 + 1000*(-b))
20   y1 = int(y0 + 1000*(a))
21   x2 = int(x0 - 1000*(-b))
22   y2 = int(y0 - 1000*(a))
23   cv2.line(img,(x1,y1),(x2,y2),(0,0,255),2)
24
25 cv2_imshow(img) #직선 검출이미지
```

10번째 줄에서 HoughLines 함수를 이용하여 선들을 찾아내고 있다. 함수를 사용할 때, 입력으로 들어간 edges를 주목하여 보자. HoughLines 함수는 이미지 자체를 입력으로 받지 않고 이미지에서 검출된 외곽선들을 입력으로 받는다. 함수가 성공적으로 동작하면 찾아낸 선들에 대한 정보가 lines라는 변수에 저장된다. 선과 원점 사이의 거리와 선의 기울기를 나타내는 각도를 이용하여 검출한 선의 정보를 유지한다. 12~23번 줄은 찾아낸 선들을 이미지에 그리기 위한 코드이다. 12번 줄에서 반복문을 사용한 이유는 이미지에서 찾은 선이 여러 개일 수 있기 때문이다. 23번 줄에서는 line 함수를 이용하여 이미지 위에 찾아낸 선을 그린다. line 함수는 첫 번째 인자로 받은 이미지 위에 다음 두 개의 인자로 받은 시작점과 끝점 좌표를 잇는 선을 그린다. 반면, 우리가 찾은 선의 정보는 거리와 각도로 표현되어 있기 때문에 12~22번 줄에서 거리와 각도로 저장된 직선 정보로부터 시작점과 끝점을 찾아낸다.

■ 원 검출

이미지에서 원을 검출하기 위해 사용되는 OpenCV 함수는 HoughCircles이며 형태는 아래와 같다.

```
HoughCircles(image, method, dp, minDist, param1, param2, minRadius, maxRadius)
```

이 함수의 매개변수를 살펴보면 먼저 회색조의 이미지를 불러온다. method 즉 검출방법은 원을 검출할 때 사용할 알고리즘을 지정하는데, 현재는 허프 변환이라는 방법밖에 제공되지 않기 때문에 무조건 cv2.HOUGH_GRADIENT를 사용하면 된다. dp는 얼마나 정확한 원 모양을 찾을 것인지 결정한다. 값이 작을수록 원을 찾는 기준이 엄격해지기 때문에 너무 작으면 완벽한 원만 찾으려 해서 많은 원이 검출되지 않을 수 있다. 1과 2사이의 값이 적당하다. minDist는 일차적으로 검출된 원과 원 사이의 최소거리이며 이 값은 원이 여러 개 검출되는 것을 줄이는 역할을 한다. 실제로 이 값을 설정할 때는 이미지의 크기와 이미지에 나타난 원들의 분포를 바탕으로 적절한 값을 설정해야 한다. parma1은 내부적으로 사용하는 Canny edge 검출기에 전달하는 값이고 param2는 중심 임겟값이라 부르는데 이 값이 낮을 경우 더 많은 원이 검출된다. 대략 아래 예제대로 설정하도록 하자. minRadius 와 maxRadius는 원의 최소 반지름과 최대 반지름을 나타낸다. 최소 반지름과 최대 반지름에 각각 0을 입력할 경우 반지름을 고려하지 않고 검출하며, 최대 반지름에 음수를 입력할 경우 검출된 원의 중심만 반환한다.

이제 HoughCircles 함수를 이용하여 이미지에서 원을 검출해 보자. 검출 결과와 코드는 아래와 같다.

〈원본 이미지〉

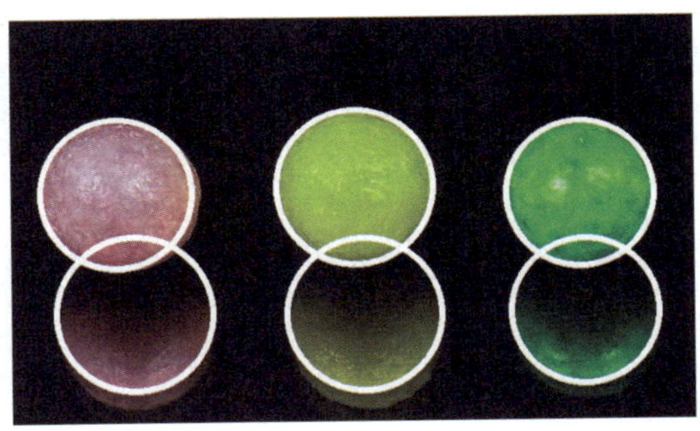

〈원 검출 이미지〉

```python
from google.colab.patches import cv2_imshow
import cv2
img_path='ball.jpg'
img=cv2.imread(img_path,cv2.IMREAD_UNCHANGED)
```

```
5   cv2_imshow(img)
6
7   cimg = cv2.cvtColor(img,cv2.COLOR_BGR2GRAY)
8   circles = cv2.HoughCircles(cimg, cv2.HOUGH_GRADIENT, 1, 100, param1 = 250,
     param2 = 10, minRadius = 80, maxRadius = 120)
9
10  for i in circles[0,:]:
11    cv2.circle(img, (i[0], i[1]), i[2], (255, 255, 255), 5)
12
13  cv2_imshow(img)
```

8번 줄을 살펴보면 HoughCircles 함수를 이용하여 원을 찾고 있다. 검출을 통해 반환되는 circles 변수에 저장된 값은 다음과 같은 형식을 가지고 있다.

```
circles
```

```
array([[[381.5, 190.5,  87.4],
        [116.5, 196.5,  84.1],
        [631.5, 199.5,  82.1],
        [136.5, 332.5,  87.1],
        [391.5, 334.5,  86.3],
        [636.5, 332.5,  82.3]]], dtype=float32)
```

총 6개의 원이 검출되었으며 [x좌표, y좌표, 반지름] 으로 저장된다.

10~11번 줄은 이미지에서 찾은 모든 원들을 반복문을 이용하여 이미지에 그리고 있다. 반복문을 활용해 circles 변수에서 중심점과 반지름을 순차적으로 반환하고 원 그리기 함수를 활용해 원을 표시한다.

본 장에서 설명한 선이나 원을 검출할 때 사용한 함수들의 입력값이 모든 이미지에 정확하게 동작하는 것은 아니다. 따라서 자신이 다루고자 하는 이미지의 특성을 파악하여 함수의 입력 값을 달리하는 작업이 필요할 것이다.

참고 **이미지 위에 직선, 사각형, 원그리기**

- 직선: cv2.line(대상이미지, 시작점, 끝점, 선 색, 선 두께)
- 사각형: cv2.rectangle(대상이미지, 사각형 왼쪽 상단점, 사각형 오른쪽 하단점, 선 색, 선 두께)
- 원: cv2.circle(대상이미지, 중점, 반지름, 선 색, 선 두께)

2 인공지능 활용하기

2.1 OpenCV와 인공지능

OpenCV에서 오브젝트를 인식하는 대표적인 방법 중 하나는 Haar Cascades 라이브러리를 사용하는 방법이다. OpenCV에서 기본으로 제공하는 라이브러리로서 머신러닝을 이용한 객체 탐지 알고리즘이다. 이 라이브러리를 사용하여 인식할 수 있는 오브젝트는 사람의 정면 얼굴, 얼굴 안의 눈, 고양이 얼굴, 사람의 몸 각 부분들, 컬러 및 차량 등이다. 얼굴 검출, 눈 검출 등 대표적인 Haar Cascades 분류기는 아래 표와 같다.

XML 파일 이름	검출 대상
haarcascade_frontalface_default.xml	정면 얼굴 검출
haarcascade_smile.mxl	웃음 검출
haarcascade_eye.xml	눈 검출
haarcascade_frontalcatface.xml	고양이 얼굴 검출
haarcascade_fullbody.xml	사람의 전신 검출
haarcascade_russian_plate_number.xml	러시아 자동차 번호판 검출

Haar Cascades 분류기의 원리를 간단히 설명하면, 먼저 인식하고자 하는 물체를 포함하는 이미지와 그렇지 않은 이미지를 준비한다. 예를 들어, 사람의 얼굴을 인식하기 위해서는 사람의 얼굴이 들어 있는 여러 장의 이미지와 들어 있지 않은 여러 장의 이미지를 준비한다. 분류기는 학습을 통해 사람이 들어있는 이미지의 특징과 들어 있지 않은 이미지의 특징을 분석하고 이들의 차이를 발견한다. 이후, 새로운 이미지가 들어오면 습득한 정보를 바탕으로 이미지 속에서 얼굴 형상이 있는지 없는지를 판별하게 된다.

원하는 대상 검출을 위해 먼저 https://github.com/opencv/opencv/tree/master/data/haarcascades 에서 분류기 파일을 다운로드 받는다. 본 예제에서는 haarcascade_eye.xml과 haarcascade_frontalface_default.xml 파일을 다운로드 받아 Colab에 직접 업로드 후 사용한다.

아래는 이미지 속에서 사람의 얼굴과 눈을 찾아주는 파이썬 코드이다.

```
1 from google.colab.patches import cv2_imshow
2 import cv2
3
4 face_cascade = cv2.CascadeClassifier('haarcascade_frontalface_default.xml')
5 # 얼굴찾기 haar 파일
6 eye_cascade = cv2.CascadeClassifier('haarcascade_eye.xml')
7 # 눈찾기 haar 파일
8
9 img = cv2.imread('comic.jpg')
10 face = cv2.cvtColor(img, cv2.COLOR_BGR2GRAY)
11 cv2_imshow(img)
12
13 faces = face_cascade.detectMultiScale(face,1.3,5)
14 for (x,y,w,h) in faces:
15   cv2.rectangle(img,(x,y),(x+w,y+h),(255,0,0),2)
16   roi_gray = face[y:y+h, x:x+w]
17   roi_color = img[y:y+h, x:x+w]
18   eyes = eye_cascade.detectMultiScale(roi_gray,2.5)
19   for (ex,ey,ew,eh) in eyes:
20     cv2.rectangle(roi_color,(ex,ey),(ex+ew,ey+eh),(0,255,0),2)
21 cv2_imshow(img)
```

필요한 모듈들을 import 한 후 4번과 6번 줄에서 각각 얼굴과 눈을 찾아주는 분류기를 변수 face_cascade와 eye_cascade에 할당하였다. 그리고 13번 줄과 18번 줄에서 이 두 분류기에 포함되어 있는 detectMultiScale 함수를 이용하여 얼굴과 눈을 검출한다.

```
detectMultiScale(입력이미지, scaleFactor, 인접객체최소거리, 탐지객체최소크기)
```

이 함수의 첫 번째 인자는 검출 대상인 이미지 파일이고, 두 번째 인자인 scaleFactor는 이 함수가 다양한 크기의 객체 탐지를 위해 이미지를 여러가지 크기로 바꾸면서 탐지하는데 그 변화율이라고 생각하면 된다. 변화율 값이 크면 큼직큼직하게 변화시켜가며 분석하기 때문에 탐지율은 낮아지지만 연산량 또한 감소하게 된다. 나머지 두 개의 인자는 탐지하려는 객체 간 최소 거리와 최소 크기인데 생략 가능하다. 13번 줄의 detectMultiScale 함수가 여러 개의 얼굴을 찾아 faces 변수에 저장하면 14번 줄부터 시작하는 for문이 각각의 얼굴에서 눈을 찾아낸다. 또한 19번 줄에서 반복문을 사용한 이유는 얼굴에서 눈이 한 개 이상 찾아지기 때문이며, 20번 줄은 찾은 눈을 녹색 사각형으로 표시하고 있다.

실행결과는 다음과 같다.

〈원본 이미지〉

〈얼굴과 눈 인식〉

2.2 YOLO

YOLO는 You Only Look Once의 약어로, 이미지를 한 번 보는 것만으로 물체의 종류와 위치를 추측하는 딥러닝 기반의 물체 인식 알고리즘을 말하며, 다른 딥러닝 알고리즘에 비해 속도가 매우 빠르며 높은 정확성을 가진다. YOLO는 PyTorch라는 오픈소스 머신러닝 라이브러리를 기반으로 2016년 처음 개발된 이후 지금까지 계속 발전하여 2020년에는 YOLOv5까지 공개되었다. YOLO를 활용하는 방법은 두 가지가 있다. 첫째는 YOLO가 이미 학습시켜 탑재한 실시간 객체탐지를 사용하는 방법이고, 둘째는 사용자가 탐지하고 싶은 객체를 담고 있는 이미지 데이터를 모아 YOLO를 직접 학습시키는 방법이다. 본 장에서는 YOLOv5가 기본적으로 제공하는 실시간 객체탐지 기능을 확인해 본다.

YOLOv5를 사용하기 위해서는 먼저 아래와 같이 YOLOv5 관련 소스와 데이터들이 저장되어 있는 GitHup 저장소 자체를 복사해 온 후 yolov5 폴더로 이동하여 requirement.txt에 지시된대로 관련 모듈들을 모두 install 한다.

```
!git clone https://github.com/ultralytics/yolov5  # clone repo
%cd yolov5
%pip install -qr requirements.txt  # install dependencies
```

다음은 PyTorch와 그림을 Colab 페이지에 보이기 위한 모듈을 import하고 셋업된 결과를 확인하기 위한 출력 문장도 추가한다. 실행하면 셋업이 완료되고 Colab 화면에서 여러 개의 폴더와 파일이 추가된 것을 확인할 수 있다.

```
import torch
from IPython.display import Image, clear_output  # to display images

clear_output()
print(f"Setup complete. Using torch {torch.__version__} ({torch.cuda.get_device_properties(0).name if torch.cuda.is_available() else 'CPU'})")
```

```
Setup complete. Using torch 1.9.0+cu102 (CPU)
```

참고 CUDA

CUDA(Compute Unified Device Architecture)는 그래픽 처리 장치(GPU)에서 수행하는 (병렬 처리) 알고리즘을 C 프로그래밍 언어를 비롯한 산업 표준 언어를 사용하여 작성할 수 있도록 하는 GPGPU(General-Purpose Graphics Processing Unit) 기술이다.

실제로 테스트를 해보자. 아래와 같은 그림이 있다. 이게 만일 자율주행 자동차 전방의 광경이라면 자율주행 차는 과연 이를 어떻게 보고 있을까?

〈원본 이미지〉

위의 이미지 파일 'road1.jpg'를 YOLOv5를 설치한 yolov5 폴더에 업로드 하고 다음의 코드를 실행해 보자. 인자로 주는 weights는 완료된 학습 모델이고, conf는 'confidence threshold'의 뜻으로 이 확률값 이상으로 확신하는 경우에만 화면에 표시하라는 것이다. 따라서 이 값은 0 ~ 1 사이의 값이 된다. 마지막으로 source는 테스트 이미지의 파일경로이다.

```
!python detect.py --weights yolov5s.pt --conf 0.25 --source road1.jpg
```

```
...(생략)
image 1/1 /content/yolov5/road1.jpg: 448x640 17 persons, 1 bicycle, 8 cars, 6 traffic lights, Done. (0.407s)
Results saved to runs/detect/exp
Done. (0.450s)
```

실행 결과, 17명의 사람, 1대의 자전거, 8대의 자동차 그리고 6개의 교통신호등이 탐지되었다는 보고와 함께 결과 이미지가 runs/detect/exp 에 저장했다고 보고하고 있다.

결과 이미지를 확인해 보자.

```
Image(filename='runs/detect/exp/road1.jpg', width=600)
```

좀 더 단순한 그림으로 결과를 확인해 보자. 'road2.jpg'를 업로드하고 다음 코드를 실행한다.

〈원본이미지〉

```
!python detect.py --weights yolov5s.pt --conf 0.25 --source road2.jpg
Image(filename='runs/detect/exp2/road2.jpg', width=600)
```

```
...(생략)
image 1/1 /content/yolov5/road2.jpg: 384x640 1 person, 1 car, 1 teddy bear,
Done. (0.328s)
Results saved to runs/detect/exp2
Done. (0.344s)
```

1명의 사람, 1대의 자동차 그리고 1개의 teddy bear를 탐지했다는 보고와 함께 결과 이미지가 runs/detect/exp2에 저장되었다고 보고하고 있다.

3 인공지능 도구 활용

3.1 얼굴 인식 및 성별 예측

파이썬에서 사용할 수 있는 간단하지만 높은 수준의 오픈 소스 Computer Vision 라이브러리로 cvlib가 있다. 이 라이브러리는 OpenCV와 Google에서 제공하는 머신러닝 도구인 TensorFlow를 기반으로 하기 때문에 이 둘이 먼저 설치되어 있어야 한다. cvlib를 사용하여 이미지에서 사람 얼굴을 인식하고 성별을 감지해 보자.

학습목표 **cvlib, cv.detect_face, cv.detect_gender, cv2.putText**

해결전략

❶ 그림을 불러와서 사람의 얼굴을 감지한다.

❷ 각각 감지된 사람 얼굴에서 성별을 감지하고 사각형테두리를 만들고 성별과 신뢰도를 표시한다.

❸ 성별에 따라 남자, 여자 인원수를 파악한다.

해결과정

❶ OpenCV는 이전 절에서 설치했고, TensorFlow는 Colab에 이미 포함되어 있으므로 cvlib만 설치하면 바로 사용 가능하다. cvlib 라이브러리 설치 과정은 다음과 같다.

```
! pip install cvlib
```

설치가 끝났다면 다음과 같이 모듈을 추가한다.

```
import cvlib as cv
```

❷ 얼굴인식은 OpenCV의 사전 학습 모델로 추론해준다. 별다른 것 없이 cv.detect_face 함수를 호출해주면 된다. 이 함수로 반환되는 결과는 얼굴의 좌표들과 예측된 얼굴 각각의 confidence(신뢰도)이다. faces에 예측된 얼굴 좌표는 (xmin, ymin, xmax, ymax) 순으로 반환된다. confidence는 0~1사이의 float값이다.

```
faces, confidences = cv.detect_face(img)
```

❸ 얼굴인식 이후에는 성별을 예측해야 한다. 성별을 예측하기 위해서는 cv.detect_gender 함수를 사용하면 되는데, 여러 개의 얼굴이 인식되었을 수 있으므로 반복문 내에서 수행한다. 반복할 때마다 이미지 위에서 인식한 얼굴 하나를 선택하여 그 위치를 roi(관심영역)로 지정한 후 cv.detect_gender 함수에 인자로 전달한다. 그럼 성별과 신뢰도가 반환된다.

```
    # 얼굴 roi 지정
    face_img = img[y:y2, x:x2]

    # 성별 예측하기
    label, confidence = cv.detect_gender(face_img)
```

❹ 성별은 ['male', female']의 리스트 형식으로 되어 있고 각각의 성별에 따른 신뢰도가 [0.1, 0.9] 와 같은 식으로 반환되기 때문에 신뢰도가 더 높은 성별로 결정하면 된다. 신뢰도 값이 높은 성별의 index를 가져오기 위해 np.argmax()를 사용했고, 이 index로 성별과 신뢰도를 각각 원본 이미지에 출력한다. 코드는 아래와 같다.

```
    gender = np.argmax(confidence)
    text = f'{label[gender]}:{confidence[gender]:.1%}'
    cv2.putText(img, text, (x,y-10), cv2.FONT_HERSHEY_PLAIN, 1, (255, 0, 0), 1)
```

❺ 실행결과와 전체 코드는 다음과 같다. 그리고 남자와 여자의 인원 수도 집계해 보았다.

〈남자=3, 여자=2 성별 인식결과〉

```
from google.colab.patches import cv2_imshow
import cv2
import cvlib as cv
import numpy as np

img = cv2.imread('family.jpg')
cv2_imshow(img)

# 얼굴 찾기
faces, confidences = cv.detect_face(img)
male=0
female=0
for (x, y, x2, y2)in faces:

    # 얼굴 roi 지정
    face_img = img[y:y2, x:x2]

    # 성별 예측하기
    label, confidence = cv.detect_gender(face_img)

    cv2.rectangle(img, (x, y), (x2, y2), (0, 255, 0), 2)

    gender = np.argmax(confidence)
    text = f'{label[gender]}:{confidence[gender]:.1%}'
    cv2.putText(img, text, (x,y-10), cv2.FONT_HERSHEY_PLAIN, 1, (255, 0, 0), 1)
    if label[gender]=='female':
      female+=1
    else:
      male+=1
# 이미지 출력
cv2_imshow(img)
print(f'남자={male}, 여자={female}')
```

3.2 이미지 속 글자 인식

이미지로부터 텍스트를 인식하고, 추출하는 소프트웨어를 일반적으로 OCR(Optical Character Recognition)이라고 한다. Tesseract는 1984~1994년에 HP 연구소에서 개발된 오픈 소스 OCR 엔진이며, 2006년 이후로 Google에 의해 현재까지도 딥러닝 방식을 통해 텍스트 인식률을 지속적으로 개선하고 있다. 지금부터 Tesseract를 이용하여 이미지로부터 텍스트 추출하고 번역하는 방법을 알아보자.

학습목표 **Tesseract, pytesseract, tesseract-ocr-kor, googletrans**

해결전략

❶ Tesseract를 이용하여 이미지 내에서 글자를 인식한다.

❷ 인식된 글자를 Google 번역기로 번역해서 출력한다.

해결과정

❶ Tesseract를 이용하기 위해서 우선 다음과 같이 관련 프로그램을 설치한다.

```
!sudo apt install tesseract-ocr          # Google Tesseract-OCR 엔진 설치
!pip install pytesseract                 # 파이썬 Tesseract wrapper 설치
!sudo apt install tesseract-ocr-kor      # 한글폰트 설치
!pip install googletrans==4.0.0-rc1      # 구글번역기 설치
```

❷ 필요한 모듈을 import 한다.

```
import pytesseract
import cv2
from google.colab.patches import cv2_imshow
import googletrans
from googletrans import Translator
```

❸ 이미지에서 글자를 인식하는 코드는 다음과 같다.

```
text = pytesseract.image_to_string(image, lang='eng', config='--psm 6 ')
```

옵션 중에서 lang='eng'는 영어를 인식하겠다는 뜻이며, 한글인식의 경우 lang='kor'을, 영문과 한글을 같이 인식할 경우는 lang='kor+eng'라고 하면 된다. psm 옵션은 텍스트구조에 대한 추가 정보를 주는 옵션이다. 이미지에 따라서는 컬러 그림을 흑백으로 전환해서 글자를 추출하면 인식률이 높아지는 경우도 있다. 본 장에서는 원본 이미지를 그대로 사용했다.

❹ 인식된 글자를 번역해주는 코드는 다음과 같다. 18번 줄에서 소스는 영어이며 타겟 언어는 한글로 지정되어 있다.

```
15  translator = Translator() # 구글번역기
16  trans1 = translator.translate(text, src='en', dest='ko')
17  print(trans1.text)
```

❺ 전체 코드와 실행 결과는 다음과 같다.

```
1   import pytesseract
2   import cv2
3   from google.colab.patches import cv2_imshow
4   import googletrans
5   from googletrans import Translator
6   
7   image = cv2.imread('text1.jpg')
8   
9   # 이미지를 글자로 변환
10  text = pytesseract.image_to_string(image,lang='eng',config='--psm 6 ')
11  
12  cv2_imshow(image)
13  print(text)  # 결과 확인
14  
15  translator = Translator()
16  trans1 = translator.translate(text, src='en', dest='ko')  # 번역 수행
17  print(trans1.text)  # 결과 확인
```

Chobab Korea Special
for 3 person 100,000
Assorted Sliced Raw Fish + Chobab 24pcs + Grilled Fish
+ Deep-fried Shrimp

Chobab Korea Standard
for 2 person 70,000
Assorted Sliced Raw Fish + Chobab 10pcs + Grilled Fish
+ Stir-fried Cooking + Deep-fries + Abalone Soup

Tuna / Sliced Raw Fish
Assorted Tuna One Dish 24pcs 40,000
(Bigeye Tuna, Bluefin Tuna, Swordfish)
Bluefin Tuna One Dish 20pcs 40,000
Assorted Sliced Raw Fish 28pcs 40,000
Salmon Sliced Raw Fish 20pcs 27,000
Flatfish Sliced Raw Fish 20pcs 35,000
Sea Bream Sliced Raw Fish 20pcs 40,000

〈원본 이미지〉

Chobab Korea Special
for 3 person 100,000
Assorted Sliced Raw Fish + Chobab 24pcs + Grilled Fish
+ Deep-fried Shrimp
Chobab Korea Standard
for 2 person 70,000
Assorted Sliced Raw Fish + Chobab 10pcs + Grilled Fish
+ Stir-tried Cooking + Deep-fries + Abalone Soup
Tuna / Sliced Raw Fish
Assorted Tuna One Dish 24pes 40,000
(Bigeye Tuna, Bluefin Tuna, Swordfish)
Bluefin Tuna One Dish 20pcs 40,000
Assorted Sliced Raw Fish 28pcs 40,000
Salmon Sliced Raw Fish 20pes 27,000
Flatfish Sliced Raw Fish 20pcs 35,000
Sea Bream Sliced Raw Fish 20pes 40,000

〈글자 추출〉

Chobab Korea Special.

3 인용 100,000.
모듬 슬라이스 생선 + Chobab 24pcs + 구이 물고기
튀김 새우 튀김
Chobab Korea Standard.

2 인 70,000.
모듬 된 얇게 썬 생선 + Chobab 10pcs + 구운 생선
+ 시도한 요리 + 튀김 + 전복 수프
참치 / 얇게 썬 생선
모듬 된 참치 1 접시 24pes 40,000.
(Bigeye 참치, Bluefin 참치, 황새치)
Bluefin 참치 1 접시 20pcs 40,000.
모듬 된 얇게 썬된 생선 28pcs 40,000.
연어 얇게 썬 생선 20pes 27,000.
넙치는 20pcs 35,000을 얇게 썬 것입니다
바다 도미는 20pes 40,000을 얇게 썬 생선을 얇게 썬 것입니다

〈영문번역〉

스스로 해결하기

01 부산대 맵 윤곽선 검출하기

부산캠퍼스 맵을 가져와서 그레이 스케일 전환 후 윤곽선을 검출해 보자.

학습목표 **cv2.imread(), cv2.COLOR_BGR2GRAY, cv2.Canny(), cv2_imshow()**

해결전략

❶ 그림을 불러와서 회색 이미지로 바꾼다.

```
gray_img=cv2.cvtColor(img,cv2.COLOR_BGR2GRAY)
```

❷ Canny 함수를 사용해 외곽선 검출을 한다.

```
edges=cv2.Canny(gray_img,50,150,apertureSize=3)
```

스스로 해결하기

02 이미지에서 한글 인식 및 추출

이미지에서 한글을 추출하고 영어로 번역해보자.

너를 기다리는 동안

황지우

네가 오기로 한 그 자리에
내가 미리 가 너를 기다리는 동안
다가오는 모든 발자국은
내 가슴에 쿵쿵거린다.
바스락거리는 나뭇잎 하나도 다 내게 온다
기다려본 적이 있는 사람은 안다
세상에서 기다리는 일처럼 가슴 에리는 일 있을까
네가 오기로 한 그 자리, 내가 미리 와 있는 이곳에서
문을 열고 들어오는 모든 사람이
너였다가
너였다가, 너일 것이었다가
다시 문이 닫힌다
사랑하는 이여
오지 않는 너를 기다리며
마침내 나는 너에게 간다
아주 먼데서 나는 너에게 가고
아주 오랜 세월을 다하여 너는 지금 오고 있다
아주 먼 데서 지금도 천천히 오고 있는 너를
너를 기다리는 동안 나도 가고 있다
남들이 열고 들어오는 문을 통해
내 가슴에 쿵쿵거리는 모든 발자국 따라
너를 기다리는 동안 나는 너에게 가고 있다.

〈원본 이미지〉

너를 기다리는 동안
황지우
네가 오기로 한 그 자리에
내가 미리 가 너를 기다리는 동안
다가오는 모든 발자국은
내 가슴에 쿵쿵거린다.
바스락거리는 나뭇잎 하나도 다 내게 온다
기다려본 적이 있는 사람은 안다
세상에서 기다리는 일처럼 가슴 애리는 일 있을까
네가 오기로 한 그 자리, 내가 미리 와 있는 이곳에서
문을 열고 들어오는 모든 사람이
너였다가
너였다가, 너일 것이었다가
다시 문이 닫힌다
사랑하는 이여
오지 않는 너를 기다리며
마침내 나는 너에게 간다
아주 먼데서 나는 너에게 가고
아주 오랜 세월을 다하여 너는 지금 오고 있다
아주 먼 데서 지금도 천천히 오고 있는 너를
너를 기다리는 동안 나도 가고 있다
남들이 열고 들어오는 문을 통해
내 가슴에 쿵쿵거리는 모든 발자국 따라
너를 기다리는 동안 나는 너에게 가고 있다.

〈글자 추출〉

While waiting for you
Hwang Ji Woo
On that place as you came to
While I wait for you in advance
All the upcoming footprints
I have a tongue on my chest.
I will come to me one of the rides.
People who have been waiting for
Could I be working like a world like waiting in the world?
That place as you came to come, I am in advance
Everyone who opens the door and comes in
You were
It was you, you would be you.
The door is closed again.
Loving
Waiting for you
Finally I go to you
I go to you very much.
You are coming now to a long time.
It's very dull, I still have slowly come to you.
I'm going while waiting for you.
Through others open and coming in
Following all the footprints of my breasts on my chest
I am going to you while waiting for you.

〈영문번역〉

학습목표 **pytesseract, googletrans, pytesseract.image_to_string(), translator.translate()**

해결전략

❶ 영문에 비해 한글의 인식률은 아직 미흡하므로 옵션을 변경해서 해결한다.

```
text = pytesseract.image_to_string(image,lang='kor',config='--psm 6 --oem 3')
```

❷ 한글을 영문으로 바꾼다.

```
trans1 = translator.translate(text, src='ko', dest='en')
```

12 음성데이터 다루기

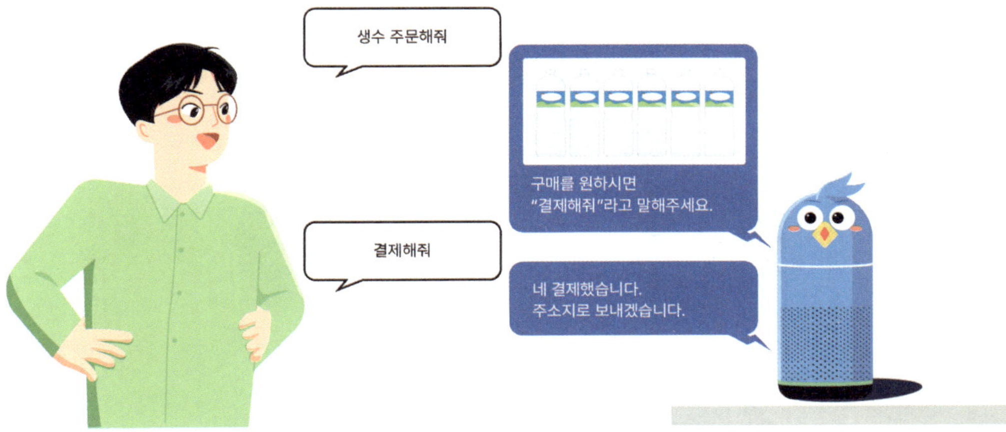

간단히 음성으로 명령을 내리면 인공지능 스피커가 원하는 음악을 검색하여 재생하거나 물품을 주문해 준다. 음성 인공지능은 스마트 TV, 커넥티드 카 등 활용분야가 늘어나면서 스마트폰의 뒤를 이을 차세대 인터페이스로 기대되고 있다. 해외, 국내 기업들도 음성 AI 시장에 잇달아 진출하며 기업 간 경쟁과 제휴도 활발히 나타나고 있다. 이번 장에서는 음성 기반 시스템의 근간이 되는 음성 인식 기술 및 음성 합성 기술과 관련된 파이썬 모듈을 사용해보자.

1 음성 처리 기술

1.1 음성 AI 현황

음성을 이용하는 것은 인간과 컴퓨터의 상호작용에 가장 이상적인 인터페이스로 여겨져 왔다. 음성이야말로 인간이 가진 가장 본질적인 커뮤니케이션 도구이기 때문이다. 음성인식 관련 연구의 시작점은 1954년 IBM과 조지타운 대학이 공동으로 참여한 기계번역 기술 개발 프로젝트로 거슬러 올라갈 수 있다. 그러나 방대한 음성데이터 처리를 위한 컴퓨터의 연산 능력 부족과 낮은 인식률로 말미암아 음성인식 기술은 2000년 중반까지도 일반에 널리 사용되지 못했다. 하지만 이후 인공지능의 세부 분야 중 하나인 딥러닝 기술에 힘입어 비약적으로 발전하게 되었다. 구글은 방대한 사람의 음성 데이터를 학습해 음성 인식의 오류를 줄이고 정확도를 향상시키는 딥러닝 기법을 활용해 2013년까지 80% 아래에 머물던 음성 인식 정확도를 2017년 인간 속기사의 정확도 수준인 95%까지 끌어올리는 데 성공하였다. 음성 인식 정확도의 향상은 음성 AI 서비스의 활용도 향상으로 이어지고 있다.

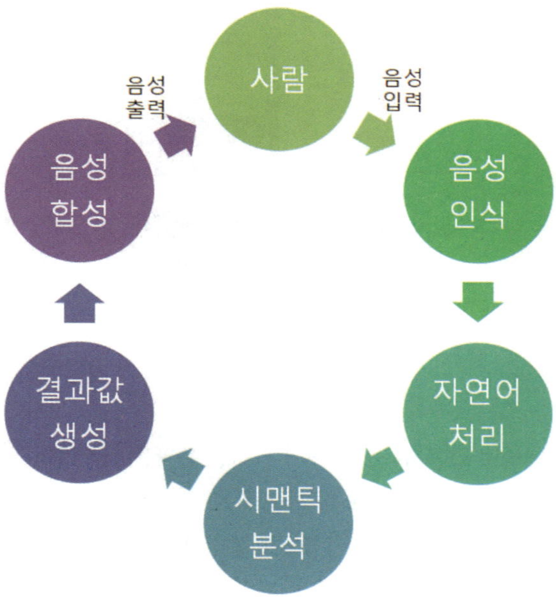

〈음성 AI 시스템〉

음성 AI 시스템은 여러 기술들에 기반해 구현된다. 가장 기본이 되는 기술은 사람의 음성을 문자로 해석해주는 음성 인식 기술이다. 그리고 정확히 문자로 해석되었다면, 문자를 컴퓨터가 이해할 수 있는 형태로 변환하는 자연어 처리 과정을 거친다. 자연어 처리는 머신러닝, 딥러닝 기술을 활용하여 문자에서 최소 의미의 단위인 '형태소'를 추출해주는 기술이다. 추출된 형태소는 시맨틱 분석으로 의미를 해석한다. 그리고 사람이 원하는 검색이나 서비스에 해당하는 결과값을 생성하고, 만약 음성 출력이 가능한 환경이라면 음성 합성 기술을 이용하여 출력한다.

글로벌 IT 기업인 애플, 마이크로소프트, 아마존, 구글 등은 2011년부터 음성 비서 서비스를 출시하였다. 그 중에서 가장 먼저 출시된 것은 애플의 시리(Siri)로서 현재 애플 기기 전반에 탑재되어 사용되고 있다. 아마존은 2014년 출시한 스마트 스피커 에코에 알렉사라는 음성 인식 AI 플랫폼을 탑재하여 출시하였다. 개방형 API(application programming interface)[1]인 알렉사는 다른 업체의 서비스를 손쉽게 추가할 수 있으며, 2019년 9월 기준 추가할 수 있는 서비스의 수가 10만개를 넘어섰다. 현재 삼성전자, LG의 스마트 TV뿐만 아니라 중국의 다양한 스마트 TV, GM과 람보르기니의 자동차 인포테인먼트 시스템 등이 알렉사를 채택하고 있다. 구글은 2016년 구글 어시스턴트를 공개하였다. 구글 어시스턴트는 구글이 보유하고 있는 강력한 검색 엔진과 함께 방대한 사용자 데이터를 기반으로 뛰어난 성능의 음성 비서 서비스를 제공하고 있다. MS는 2015년 음성 인식 AI 비서 서비스인 코타나(Cortana)를 출시하여 윈도우 기기 중심으로 서비스를 제공하고 있다. 중국의 검색 엔진 기업 바이두(Baidu)는 2017년 두어(Duer)를 출시했다. 바이두가 밝힌 바에 따르면 두어의 음성 인식 성능은 97%를 넘어설 정도로 정확하며, 2018년 8월 기준 두어가 설치된 기기가 1억대를 넘어섰다고 한다.

기업	시스템명	설명
아마존	알렉사	- AI 스피커 기반 개인비서 '에코'(2014년 출시)에 알렉사 탑재 - 개방형 API인 '알렉사 스킬'을 통해 서드 파티 기업의 서비스를 쉽게 추가 가능
구글	어시스턴트	- 2016년, 스피커 기반 가정용 집사 서비스인 Home 출시 - 검색, 캘린더, 지도 등의 기능 사용, 스마트홈 기기 제어 - 방대한 사용자 데이터 확보로 타사 대비 뛰어난 응답 성능 확보
애플	시리	- iOS에 특화된 음성인식 인공지능 비서로서 2011년 출시 - 주요 21개국어 서비스 가능 - 애플 기기에만 탑재되는 폐쇄형 서비스
MS	코타나	- 2014년 윈도우 폰에 탑재, 데스크탑/노트북 기반 서비스 - 안드로이드 OS 탑재 기기에서는 앱 설치 방식으로만 동작
바이두	두어	- 대화형 인공지능 기술 플랫폼 - 음성 인식 정확도 97% 이상 - 2018년 8월 두어OS 설치 기기 1억대 돌파

4차 산업혁명의 시대에 특히 음성 인식이 주목받는 이유는 입력과 설치의 편리성에 있다. 음성인식 사용자 인터페이스(UI)는 신체를 기기에 접촉시키지 않고도 기기나 소프트웨어 기능을 실행한다. 즉, 앞으로 연결될 무한한 기기들 모두에게 터치패드나 키보드 같은 입출력 장치를 더해주는 대신 음성인식 UI만 탑재해 주면 되는 것이다. 과거 전통매체에서 PC/모바일로 하드웨어가 변할 때 '터치 UI'가 새로운 인터페이스로 각광받았던 것처럼, 4차 산업혁명 시기에는 음성인식이 주요 UI가 될 전망이다. 말 그대로 기기와 기기, 기기와 인간이 대화하는 시대가 오는 것이다.

---

1) API란 응용 프로그래머가 프로그램을 작성할 때 시스템의 기본 데이터나 서비스를 호출하여 활용할 수 있도록 제공하는 함수 형태의 도구를 말한다.

1.2 음성 인식 기술

음성 AI 기술의 시작은 음성 인식이다. 컴퓨터가 사람의 말을 정확히 이해해야 그에 따른 서비스를 해줄 수 있다. 음성 인식을 위한 많은 데이터와 다양한 지식은 음향학적 관점과 언어학적 관점에서 살펴볼 수 있다. 음향학적 관점에서는 화자의 음성 데이터, 배경의 잡음 데이터, 마이크로폰의 수와 성능 등이 영향을 줄 수 있을 것이고, 언어학적 관점에서는 어떤 언어를 사용하는지에 따라 그 언어의 어휘가 다를 것이고, 문법이 다를 것이며, 문맥의 다양성도 다를 것이다. 이와 같은 많은 정보를 음성 인식 알고리즘에서 사용한다.

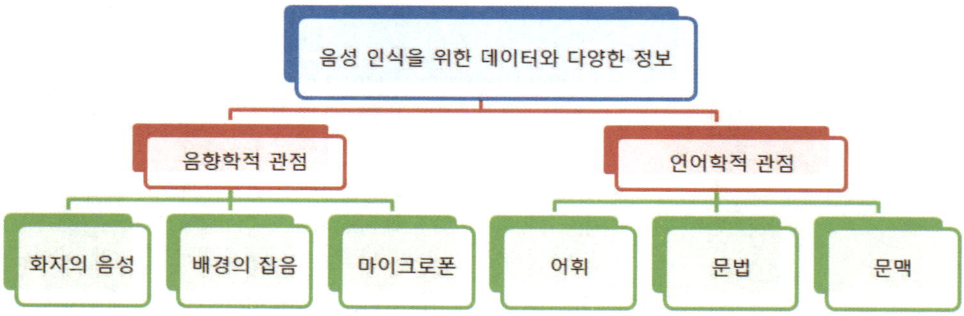

음성 인식 알고리즘은 사람의 음성 신호를 문자 기호로 해석한다. 음성 인식 알고리즘은 음향 모델(acoustic model), 언어 모델(language model), 발음 사전(pronunciation lexicon)을 이용하여 입력된 음성 데이터의 특징을 찾아내고, 모델과 비교하여 더 높은 점수를 받은 문자 기호를 최종적으로 결정하게 된다.

음향모델링은 해당 언어의 음운 환경별 발음의 음향적 특성을 분석하여 대표 패턴을 생성하는 과정이다. 언어 모델링은 어휘 선택, 문장 단위 구문 구조 등 해당 언어에서 많이 사용되는 문법적 체계를 통계적으로 분석/학습하는 과정이다. 발음 사전을 만드는 과정은 문자에 대한 발음을 그대로 저장하는 음소 변환 과정이 필요하며, 또한 높은 인식률을 위해서는 표준 발음과 방언에 대한 사전이나 사용자의 발화 습관과 어투에 따른 별도의 사전을 만드는 과정도 필요하다.

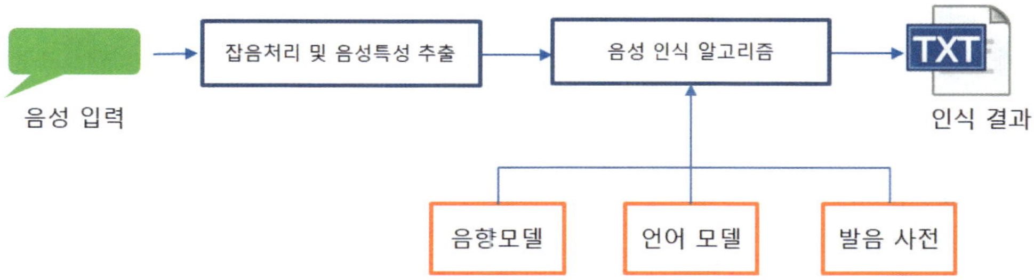

1.3 음성 합성 기술

음성 합성(speech synthesis)은 말소리의 음파를 기계가 자동으로 만들어내는 기술로, 간단히 말하면 모델로 선정된 한 사람의 말소리를 녹음하여 일정한 음성 단위로 분할한 다음, 부호를 붙여 합성기에 입력하였다가 지시에 따라 필요한 음성 단위만을 다시 합쳐 말소리를 인위로 만들어내는 기술이다. TTS(Text-to-Speech)라고도 한다.

음성 합성 기술은 문자를 읽기 어려운 장애인이나 문자를 읽을 수 없는 사람(아이, 외국인 등)에게 화면 읽어주기 소프트웨어로서 오랫동안 쓰이고 있어 말로 발표하는 것이 곤란한 사람이 대체 수단으로서 이용하는 경우도 많다. 사람이 직접 녹음을 한다면 대사가 바뀔 때마다 그 부분을 다시 녹음해야 하지만 음성 합성 기술이 있으면 데이터만 수정하면 된다. 이 기술을 활용하는 분야로는 장애인의 웹 사용을 도와주는 스크린리더 기술이 있다.

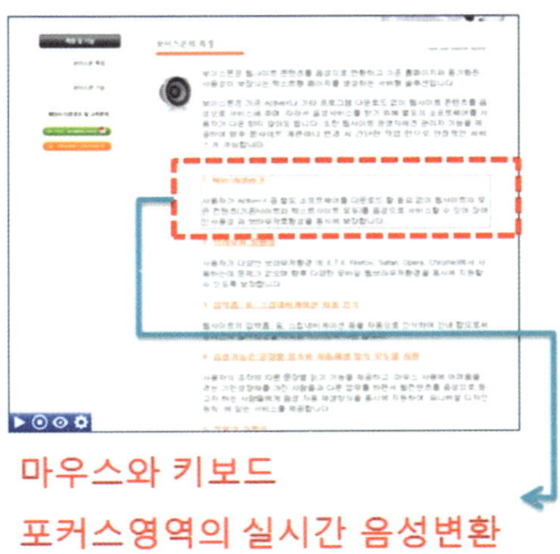

스크린리더 기술은 Jaws와 같은 PC형 스크린리더와 보이스몬, 웹톡스와 같은 웹스크린리더 방식의 두 가지가 있는데, PC형 스크린리더는 전혀 앞을 보지 못하는 시각장애인이 주로 사용하며, 웹스크린리더는 저시력시각장애인과 난독증 등의 학습장애 및 인지장애를 가진 사람, 노인, 다문화가족 등의 웹 사용을 돕기 위해 사용된다. 또한 최근에 개발된 애플의 보이스오버는 아이폰과 같은 모바일 기기형 스크린리더에 사용되고 있다. 유사한 기술로는 AHS사의 VOICEROID가 있고, 이를 이용하는 VOCALOID는 인공적으로 인간의 목소리를 합성하여 노래를 불러주는 소프트웨어이다. 보카리나도 유사한 기능을 가진 소프트웨어이다.

■ 음성 합성 시스템의 구조

기본적인 음성 합성 시스템은 자연어처리 모듈과 음소/운소 추출 모듈, 음성신호 합성 모듈로 나눌 수 있다.

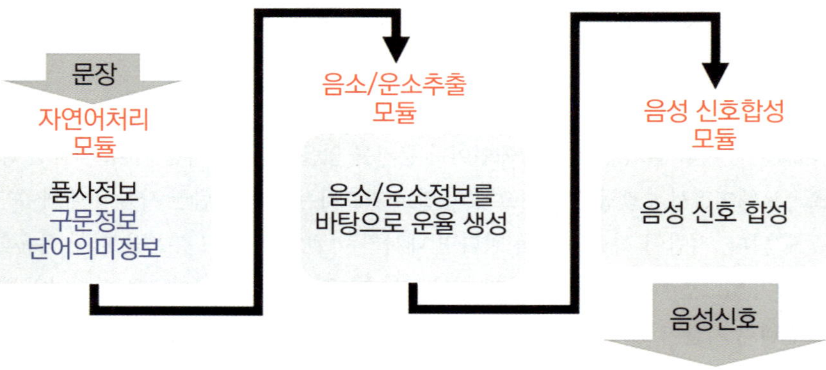

자연어처리 모듈은 문서 형태의 문장을 입력으로 받아서 분석한다. 음소/운소 추출모듈은 자연어처리기의 언어분석 결과를 바탕으로 입력문서에 해당하는 발음으로 변환하고, 좀 더 자연스러운 음성을 합성할 수 있도록 운율을 생성한다. 자연어처리 모듈과 음소/운소 추출모듈에서 생성된 정보를 바탕으로 음성신호 합성모듈에서 음성신호를 생성한다.

2 음성 처리 라이브러리

2.1 카카오 음성 API 등록

음성 처리에 대한 API는 Google, 네이버, 카카오 등 다양한 기업들이 제공하고 있다. 본 교재는 카카오에서 제공하는 음성 API를 사용한다.

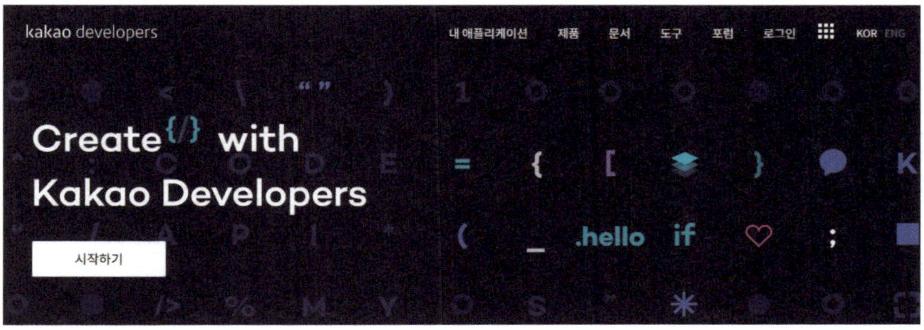

카카오의 음성 API를 이용하기 위해서는 카카오 Developers(http://developers.kakao.com)에 접속해야 한다. 카카오 Developers는 개인 개발자나 기업에게 카카오의 여러 가지 OPEN API를 제공하기 위한 사이트이다. 카카오에서 제공하는 OPEN API에는 카카오톡, Daum 검색, 지도, 내비게이션, 번역, 음성 등이 있다.

카카오톡 계정을 이용하여 로그인을 하면 Developers 사이트 회원가입이 나온다. 이는 Developers 사이트의 기능을 이용하기 위한 과정이니 동의를 하고 회원가입을 진행한다.

로그인과 회원가입을 한 후 첫 화면에서 [내 애플리케이션] > [애플리케이션 추가하기]를 눌러 앱을 생성할 수 있다. 앱 아이콘과 앱 이름, 사업자명을 임의로 입력하고 저장을 눌러 앱 등록을 한다. 본 교재에서는 이름을 '음성 테스트', 사업자명을 '부산대'로 하겠다.

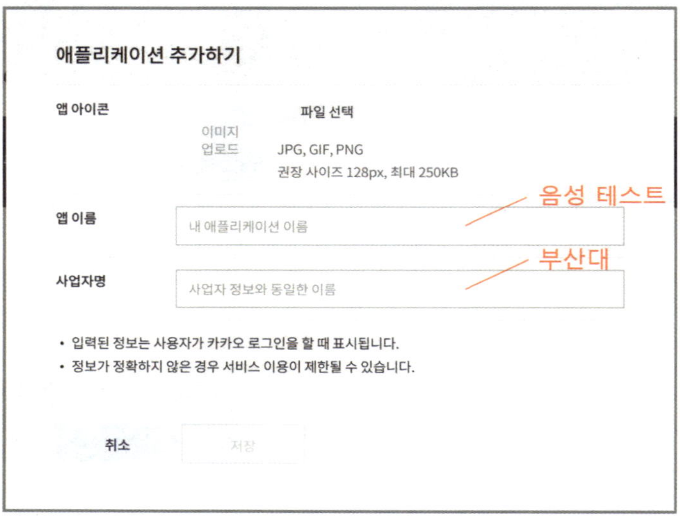

아래처럼 전체 애플리케이션에 '음성 테스트'라는 이름의 앱이 등록되었다.

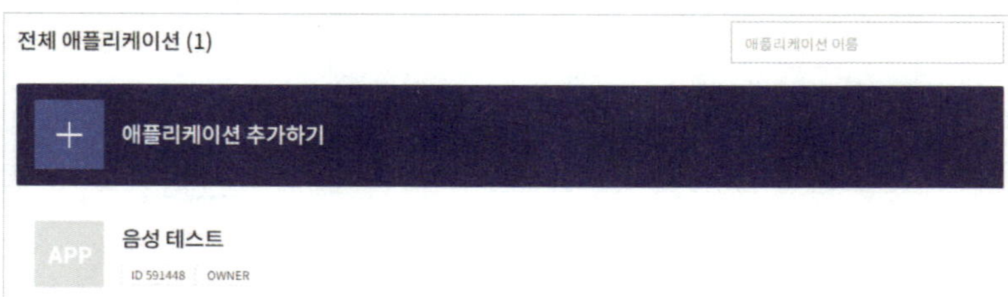

음성 테스트 앱을 클릭하여 들어가면 4가지 종류의 앱 키가 발급 되어 있다. 이중에 REST API 키를 이용하면 파이썬에서 카카오 음성 API를 사용할 수 있으니 복사해두자.

2.2 음성 인식

카카오 음성 API 중 먼저 음성 인식 API를 사용해보자. 내 컴퓨터의 마이크를 통해 바로 음성 입력이 가능하면 좋겠지만 Colab은 클라우드 가상컴퓨팅 환경이므로 내 컴퓨터의 장치를 인식하지 못한다[2]. 따라서 본 절에서는 음성을 바로 입력하는 대신 녹음 파일을 Colab에 업로드하고 이를 카카오 서버에 보내 파일 내의 음성을 잘 인식하는지 시험해본다. Colab에 파일을 업로드하기 위해서는 아래와 같이 Google에서 제공하는 모듈을 활용하면 된다.

```
from google.colab import files
files.upload()
```

모듈을 수행하면 업로드할 파일을 선택하라고 하는데 음성이 녹음되어 있는 파일이라면 어떤 걸 사용해도 상관없다. 교재에서는 카카오에서 제공하는 샘플 파일인 'heykakao.wav'파일을 사용하겠다. 이 파일에는 '헤이 카카오'라는 음성이 녹음되어 있다.

2) Colab이 아닌, 내 컴퓨터에 설치된 파이썬 개발환경을 이용하는 경우에는 마이크를 통해 음성의 직접 입력이 가능하다.

```
from google.colab import files
files.upload();
```

파일 선택 heykakao.wav

- **heykakao.wav**(audio/wav) - 85164 bytes

```
Saving heykakao.wav to heykakao.wav
```

Colab에 성공적으로 업로드 되었으면 이제 이 음성 파일을 카카오 음성 인식 서버로 보내야 한다. 이를 위해서는 HTTP 요청 메시지 전송과 응답 메시지 수신을 위한 requests 패키지와, 카카오 서버 응답 메시지의 표기 방식인 JSON(JavaScript Object Notation) 문법을 이해하기 위한 json 모듈을 먼저 import 해야 한다.

```
import requests
import json
```

다음은 서버에 보낼 데이터 패킷을 만들어준다. 데이터 패킷은 헤더와 데이터로 이루어져 있는데 이 둘은 편지봉투의 주소와 편지 내용의 관계로 생각하면 된다. 아래 1-6번 줄에 카카오 서버에 전송하기 위해 필요한 헤더의 주소가 있는데 이때 우리가 발급받은 앱키를 입력해줘야 한다. 한 줄 한 줄 다 이해하지 못해도 상관없으니 일단 따라해 보자. 7번 줄에서는 데이터 변수에 테스트를 위한 파일인 heykakao.wav의 내용을 담는다. 그리고는 8번 줄에서 카카오 음성 인식 서버로 전송하고, 이 데이터에서 카카오 서버가 인식한 음성을 문자로 변환하여 응답해 준 결과를 res 변수에 저장한다.

```
1  headers = {
2      'Host': 'kakaoi-newtone-openapi.kakao.com',
3      'Content-Type': 'application/octet-stream',
4      'X-DSS-Service': 'DICTATION',
5      'Authorization': 'KakaoAK '+'발급받은 앱키를 넣는 곳'
6  }
7  data = open("heykakao.wav", "rb").read()
8  res = requests.post('https://kakaoi-newtone-openapi.kakao.com/v1/recognize',
   headers=headers, data=data)
```

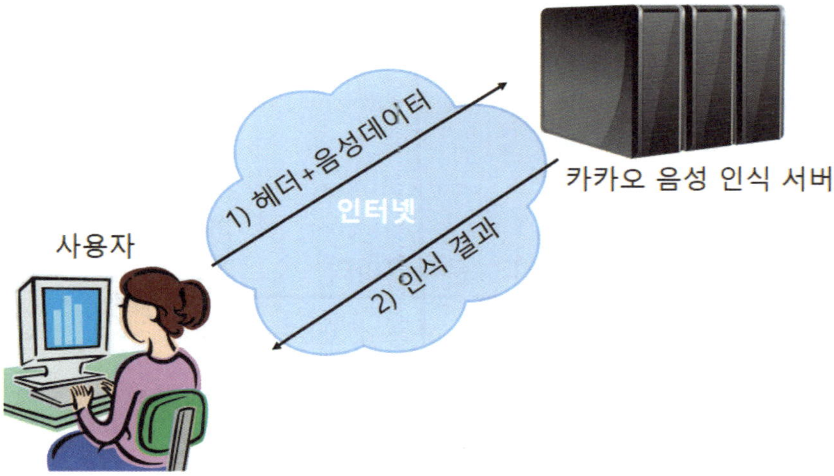

변수 res에 저장되어 있는 결과 데이터는 JSON 형식으로서 언제나 일정한 위치에 음성 인식 결과가 저장되어 있으니 아래의 명령어를 그대로 이용하면 확인할 수 있다.

```
result_json_string = res.text[res.text.index('{"type":"finalResult"'):res.
text.rindex('}')+1]
result = json.loads(result_json_string)
print(result['value'])
```

```
헤이 카카오
```

'heykakao.wav'파일에 녹음되어 있는 '헤이 카카오'라는 음성이 문자로 잘 변환된 것을 확인할 수 있다.

2.3 음성 합성

이번 절에서는 텍스트 데이터를 음성으로 변환해주는 음성 합성 API를 이용해보자.

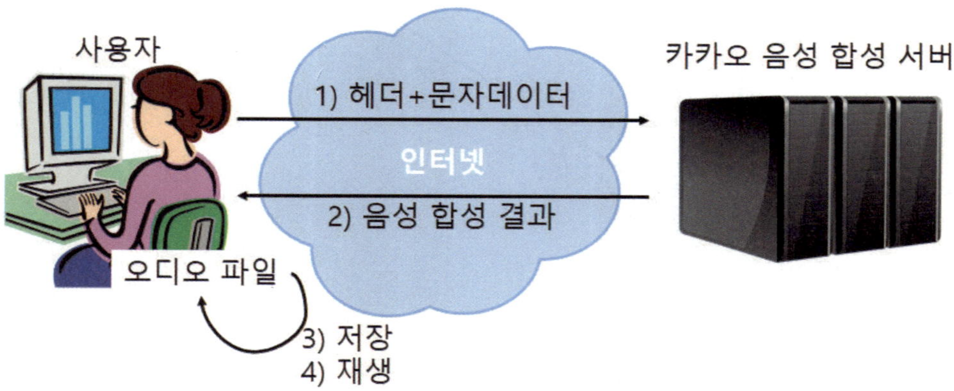

음성 합성 API도 음성 인식 API와 유사하게 음성 합성을 하고 싶은 텍스트를 담은 패킷을 카카오 음성 합성 서버에 전달하고 합성된 음성을 결과로 받는다. 음성 결과는 print 함수로 확인할 수 없으니, 오디오 파일로 저장한 후 재생하여 확인하는 과정을 추가한다.

먼저 카카오 서버와의 통신에 필요한 패키지를 import 한다.

```
import requests
import json
```

서버에 보낼 데이터 패킷의 헤더에 들어갈 내용을 작성한다. 이때도 발급받은 앱키를 입력해준다.

```
headers = {
    'Host': 'kakaoi-newtone-openapi.kakao.com',
    'Content-Type': 'application/xml',
    'Authorization': 'KakaoAK '+'발급받은 앱키를 넣는 곳'
}
```

패킷의 데이터 부분에는 음성으로 합성하고 싶은 문자 내용을 형식에 맞춰 넣는다. 카카오 음성 합성 API에서 사용하는 형식에서는 문자 데이터를 〈speak〉와 〈/speak〉 태그 사이에 위치시킨다. 그리고 encode 함수를 이용하여 문자열의 인코딩 방식을 'utf-8'로 변경해준다. 이 인코딩 방식을 사용하면 한글 데이터가 깨지는 것을 방지해준다.

```
data = '<speak> 안녕하세요. 잘 지냈어요? </speak>'.encode('utf-8')
```

헤더와 데이터로 패킷을 만들어 카카오 서버에 음성 합성 요청을 보내고, 합성 결과를 res 변수에 저장한다. 변수에 저장된 음성 합성 결과를 output.wav라는 이름의 오디오 파일로 저장한 후 Audio 함수를 이용하여 재생한다.

```
res = requests.post('https://kakaoi-newtone-openapi.kakao.com/v1/synthesize',
headers=headers, data=data)
output = "output.wav"
with open(output, 'wb') as out:
  out.write(res.content)
  print('Audio content written',output)

from IPython.display import Audio
Audio("output.wav")
```

```
Audio content written output.wav
```

▶ 0:00 / 0:02

'안녕하세요. 잘 지냈어요?'라고 녹음된 목소리가 들리는 것을 확인할 수 있다.

3 음성 처리 API 활용하기

3.1 직접 녹음한 내 음성 인식하기

우리는 2절에서 카카오에서 제공하는 ''heykakao.wav'파일에 녹음되어 있는 '헤이 카카오'라는 음성에 대한 음성 인식을 해보았다. 그럼 이번에는 직접 내 음성으로 녹음하여 음성 인식 API가 내 음성도 인식을 잘하는지 확인해보자.

학습목표 **음성 파일 변환, 음성 인식 API**

해결전략

❶ 녹음 프로그램을 이용해 목소리를 녹음한다.

❷ 녹음 파일을 업로드한 후, 음성 인식을 위해 변환한다.

❸ 음성 인식 API 형식에 맞춰 만든 데이터를 음성 인식 서버로 전송하여, 인식 결과를 받아 확인한다.

해결과정

❶ 내 목소리를 인식시켜 보기 위해서는 먼저 목소리를 녹음해야 한다. Windows에서 제공하는 녹음 프로그램을 실행해보자. Windows 시작 버튼을 누른 후 검색창에서 '녹음'이라고 입력하면 음성 녹음기 프로그램을 찾을 수 있다. 가운데 있는 마이크 버튼을 누르면 녹음이 진행된다.

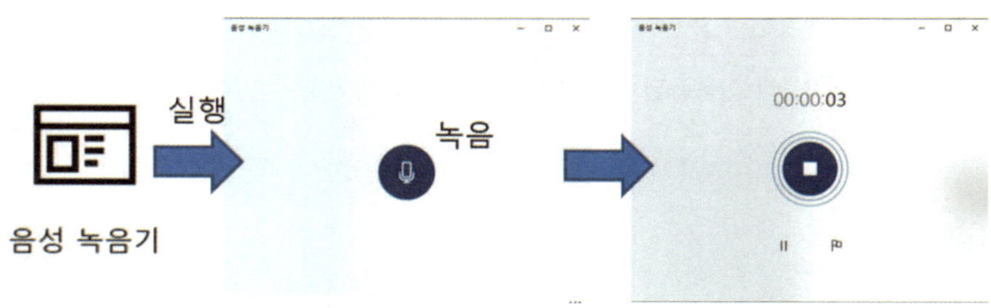

녹음된 파일은 [문서] > [소리 녹음] 폴더에 저장 되어 있다.

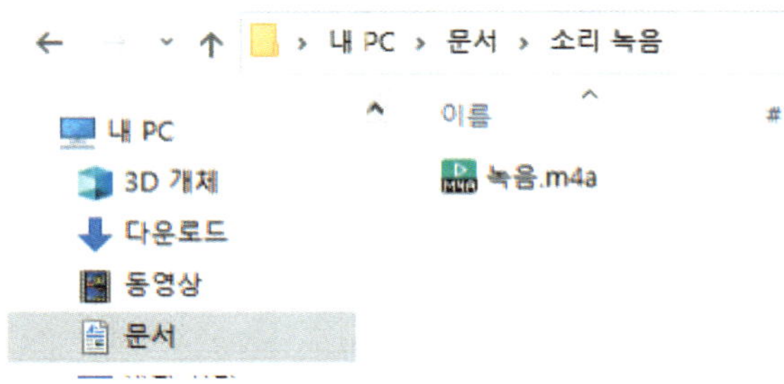

❷ 내 컴퓨터의 파일을 Colab으로 업로드 한다.

```
from google.colab import files
files.upload();
```

```
파일 선택 녹음.m4a
• 녹음.m4a(audio/x-m4a) - 122900 bytes
Saving 녹음.m4a to 녹음.m4a
```

❸ 파일을 음성 인식 서버로 보내기 전에 하나의 과정을 더 거쳐야 한다. 오디오 파일의 포맷을 변환해 주는 과정이다. 이는 카카오 음성 인식 서버가 음성 데이터는 Mono channel, 16000 Hz sampling rate, 16 bit depth인 RAW PCM 포맷만 지원하기 때문이다. 포맷 변환을 위해서는 먼저 아래처럼 pydub 패키지를 설치해야 한다.

```
!pip install pydub
```

```
Collecting pydub
  Downloading https://files.pythonhosted.org/packages/a6/53/d78dc063216e62fc55f
Installing collected packages: pydub
Successfully installed pydub-0.25.1
```

패키지 설치가 끝났으면 이제 아래처럼 '녹음.m4a'파일의 포맷을 변환해준다.

```
1 from pydub import AudioSegment
2 track = AudioSegment.from_file('녹음.m4a','m4a')
3 file_handle = track.export('test.wav', format='wav',parameters=['-ar', '16000',
   '-ac', '1'])
```

2~3번 줄 명령어를 이용하여 '녹음.m4a' 파일을 카카오 음성 인식 서버가 지원하는 포맷으로 변환하여 'test.wav' 파일로 저장하였다. 현재 카카오 음성 인식 서버가 지원하는 파일은 이 한 가지로 고정되어 있으므로 앞으로도 이 명령어를 이용하도록 하자.

❹ 이제 음성 인식 서버로 내 음성 파일을 보내어 인식이 잘 되는지 확인해 본다.

```
import requests
import json

headers = {
    'Host': 'kakaoi-newtone-openapi.kakao.com',
    'Content-Type': 'application/octet-stream',
    'X-DSS-Service': 'DICTATION',
    'Authorization': 'KakaoAK '+'발급받은 앱키를 넣는 곳'
}

data = open("test.wav", "rb").read()
res = requests.post('https://kakaoi-newtone-openapi.kakao.com/v1/recognize', headers=headers, data=data)

result_json_string = res.text[res.text.index('{"type":"finalResult"'):res.text.rindex('}')+1]
result = json.loads(result_json_string)
print(result['value'])
```

```
안녕하세요. 반갑습니다.
```

3.2 오디오북 제작

최근 오디오북에 관한 관심이 증대하고 있다. 오디오북은 책의 내용을 읽어주기 때문에 직접 책을 읽기 힘든 시각장애인이나 어린이들이 독서를 즐기기에 매우 유용할 뿐만 아니라 책을 읽는 데 문제가 없는 사람들도 운전이나 다른 일을 하면서 들을 수 있어 편리하다. 이번 절에서는 파이썬의 음성 합성 라이브러리를 사용하여 오디오북을 만들어 보자. 음성의 성별과 속도 등을 우리가 원하는 대로 설정할 수 있다.

학습목표 **파일 읽기, 음성 합성 API**

해결전략

❶ 오디오북으로 만들 텍스트 파일에서 텍스트 데이터를 읽어온다.
❷ 음성 합성을 위해 원하는 성별, 속도 등을 정한다.
❸ 음성 합성 API 형식에 맞춰 만든 데이터를 음성 합성 서버로 전송하여, 합성된 결과를 받는다.
❹ 음성 파일로 저장한 후 재생한다.

해결과정

❶ 오디오북으로 만들 텍스트 파일인 '개구리왕자.txt' 파일을 업로드 한다. 앞 절의 예에서처럼 google.colab.files 모듈을 사용해도 좋고, 아래처럼 Colab 화면 상의 "세션 저장소에 업로드" 메뉴를 사용해도 좋다.

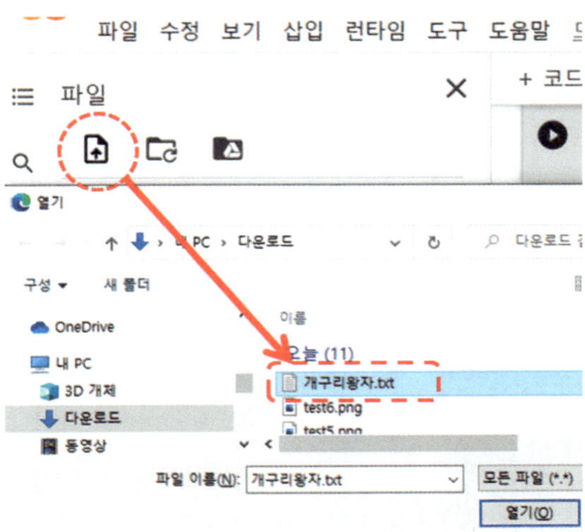

업로드한 '개구리왕자.txt' 파일에서 텍스트 데이터를 읽어와 확인해본다.

```python
f = open("/content/개구리왕자.txt", 'r')
text = f.read()
print(text)
f.close()
```

```
개구리 왕자

옛날 옛적에 소망을 이루어 주는 힘이 여전히 통했던 때에, 딸들이 모두 예쁜 왕이 한 분 살고 계셨어요.
특히나 막내공주님이 아주 예뻤는데요, 어찌나 아름다운지, 해도 그녀의 얼굴에 햇볕을 비출 때마다 감탄을 하곤 하였더랬죠.
왕의 성은 울창한 숲에 둘러싸여 있었어요.
숲에 있는 나이 많은 라임 나무 아래에 우물이 하나 있었어요.
화창한 날에, 막내공주님께서 숲으로 놀러 나와 시원한 분수 옆에 앉았어요.
그녀는 따분할 땐 황금 공을 가져와 높이 던졌다가 다시 잡곤 했지요.
황금 공놀이는 그녀가 가장 좋아하는 놀이었어요.
그러다 우연히 공주의 작은 손으로 떠받치고 있던 황금 공이 바닥으로 떨어져 곧장 우물 속으로 굴러 들어갔지 뭐예요.
공주님이 다급히 눈으론 공을 쫓았지만 허사였어요.
우물은 꽤 깊었어요. 바닥이 보이지 않을 정도로요.
이 일로 공주님이 울기 시작했어요. 소리 내 울고 더 크게 소리 내 울었어요. 마음의 안정을 찾을 수가 없었어요.
그렇게 눈물을 글썽이고 있는데 누군가가 그녀에게 이렇게 말하는 거예요.
 "누가 널 괴롭히니, 공주야? 네 모습을 보고 돌도 눈물을 뚝뚝 흘리겠다."
```

❷ 카카오 API 사용에 필요한 패키지를 import한다.

```python
import requests
import json
```

❸ 서버에 문자 데이터를 보내기 위한 헤더를 만들어준다. 이때도 발급받은 앱키를 입력해준다.

```python
headers = {
    'Host': 'kakaoi-newtone-openapi.kakao.com',
    'Content-Type': 'application/xml',
    'Authorization': 'KakaoAK '+'발급받은 앱키를 넣는 곳'
}
```

❹ 음성으로 합성하고 싶은 문자 데이터를 형식에 맞춰 만들어 준다.

```python
data = '<speak> <voice name="WOMAN_READ_CALM"> <prosody rate="slow">'+text
+'</prosody> </voice> </speak>'
data = data.encode('utf-8')
```

〈speak〉와 〈/speak〉 태그 사이에서 〈voice〉로 목소리를, 〈prosody〉로 속도를 설정할 수 있다. 옵션은 아래 표와 같으니 원하는 목소리와 속도로 설정한다.

voice 종류	설명
WOMAN_READ_CALM	여성 차분한 낭독체 (default)
MAN_READ_CALM	남성 차분한 낭독체
WOMAN_DIALOG_BRIGHT	여성 밝은 대화체
MAN_DIALOG_BRIGHT	남성 밝은 대화체

rate 종류	속도 비율
slow	0.9
medium	1.0 (default)
fast	1.1

그리고 encode 함수를 이용하여 문자열의 인코딩 방식을 'utf-8'로 변경해준다.

⑤ 헤더와 문자 데이터로 패킷을 만들어 카카오 음성 합성 서버에 합성 요청을 보내고, 결과를 res 변수에 저장한다.

```
res = requests.post('https://kakaoi-newtone-openapi.kakao.com/v1/synthesize',
headers=headers, data=data)
```

⑥ 변수 res에 저장되어 있는 음성 합성 결과를 오디오 파일로 저장한 후 재생해서 확인한다. 변수 res의 content를 output.wav 파일에 저장하고, 저장된 output.wav 파일을 Audio 함수를 이용하여 재생한다.

```
output = "output.wav"
with open(output, 'wb') as out:
  out.write(res.content)
  print('Audio content written',output)

from IPython.display import Audio
Audio("output.wav")
```

```
Audio content written output.wav

▶ 0:00 / 3:04
```

스스로 해결하기

01 뉴스 읽어주기

음성 합성의 설정을 적절하게 변경하여 다음 언어의 문자열들을 합성하여 재생해보자.

한국어 여성: "오늘은 전국이 맑은 가운데 33도 안팎의 폭염이 기승을 부리겠다. 오후에는 소나기 예보도 나와 있다. 지난밤 전국 대부분 지방의 기온이 25도를 웃돌아 밤잠 설치신 분들도 많을 것 같다."

한국어 남성: "정부가 고소득자에 대한 소득세를 인상하고 법인세 최고구간을 신설해 각각 인상하는 등 이른바 '부자 증세'를 단행했다."

학습목표 **음성합성 API**

해결전략

❶ 음성 합성을 위해 원하는 성별, 속도 등을 정한다.
❷ 음성 합성 API 형식에 맞춰 만든 데이터를 카카오 서버로 전송하여, 합성된 결과를 받는다.
❸ 음성 파일로 저장한 후 재생한다.

02 음성 인식 AI 비서

음성 인식 API를 사용해 녹음한 내 목소리의 인사말에 반응하여 인사하는 프로그램을 만들어보자.

학습목표 **음성인식 API**

해결전략

❶ 인사말을 녹음한 파일을 업로드하자.
❷ 음성 인식 API를 이용하여 잘 인식되는지 확인하자.
❸ 특정 인사말에 대응하여 인사하도록 프로그램을 만들어보자.

컴퓨터 비전공자를 위한 인공지능 활용의 시작

파이썬 프로그래밍

초판 인쇄　2021년 8월 25일
초판 발행　2021년 8월 31일

지은이　유영환 김경민 김민호 이태훈 장종칠

표지·내지 디자인　박 지 영
내지 편집　박 지 현
일러스트 삽화　이 진 희

펴낸이　차 정 인
펴낸곳　부산대학교 출판문화원
등록　제1983-000001호 1983. 11. 10.
주소　부산광역시 금정구 부산대학로63번길 2
전화　(051) 510 – 1932, 1933, 1935, 1819
전송　(051) 512 – 7812
E-mail　pnupress@pusan.ac.kr
홈페이지　http://press.pusan.ac.kr

※ 잘못된 책은 바꿔 드립니다.

ISBN　978-89-7316-720-3　03000

※ 본 교재는 과학기술정보통신부와 정보통신기획평가원의 SW중심대학지원사업의 지원에
의해 발간되었음(2016-0-00019)

임박한 글로벌 경기침체와 한국 금융의 개편 방향

금융위기와 한국경제

원승연 지음

자유아카데미

머리말

1997년 외환위기의 경험은 아직도 한국 사회에 깊은 영향을 주고 있다. 그도 그럴 것이 금융위기가 단순히 경기 침체만을 유발한 정도에 그친 것이 아니라 한국의 경제사회구조를 크게 변화시켰고 이에 고통받은 많은 사람의 삶에도 지대한 영향을 주었기 때문이다. 그래서 금융시장에 약간의 이상 현상이 나타나더라도 그것이 금융위기로 악화하지 않을까 민감하게 반응하는 것은 어쩔 수 없는지 모른다.

다른 나라의 역사 경험을 보더라도 마찬가지이다. 그 때문에 시장경제 원리에도 불구하고 정부가 금융위기 상황에서 적극 개입했으며, 각국은 금융위기를 사전에 차단하고 대비하기 위한 여러 제도적 장치를 만들었다. 정부의 개입 정도에 대한 논란이 여전하지만, 나는 여러 논란에도 불구하고 금융위기가 예감되는 상황에서 정부가 금융시장에 개입하는 것은 불가피하다고 생각한다. 금융위기로 인해 발생할 수 있는 국민과 경제 전체의 피폐함을 생각하면, 위정자와 정부가 이를 시장의 원리에 맡길 정도로 한가할 수는 없기 때문이다.

정부의 시장 개입을 전제로 할 때, 무엇보다 고민해야 하는 것은 어떻게 금융위기를 차단하는 것이 바람직한가 하는 점이다. 금융위기의 주된 원인으로 지목되는 과도한 신용팽창은 자본주의 경제에서 본질적으로 피할 수 없는, 주기적으로 발생하는 사건이다. 과도한 신용팽창으로 금융시장 취약성이 확대되고 금융위기가 우려될 때, 이를 차단하기 위한 두 가지 대비되는 방안이 통상 제시된다. 첫 번째 방안은 파산위험에 있는 금융회사와 기업에 구제금융 등 생존을 위한 유동성 자금을 지원하여 시장의 혼란을 차단하고, 장기적으로 실물이 회복되기를 기다리는 것이다. 다른 하나의 방안은 과잉된 금융부채를 축소하고 산업생태계에 대한 구조조정을 통해 과도하게 커진 금융시장의 총 위험을 우선 줄이는 방법이다.

당연히 후자의 방안, 이미 부실화된 자산을 정리하는 구조조정이 미래를 위해서 바람직하다는 것은 다수가 동의할 것이다. 그 이유는 첫째, 금융위기를 모면한다고 해서 모든 문제가 다 해결되는 것은 아니기 때문이다. 금융위기는 채무자인 기업과 가계의 파산위험이 아니라, 본질적으로는 채권자인 금융회사가 파산위험에 처하여서 발생한다. 그러므로 금융회사에 대한 지원을 통해 금융위기를 차단하더라도 가계와 기업의 과잉부채로 인한 어려움이 곧바로 해결되지는 않는다. 금융위기가 없다는 것은 가계와 기업이 과잉부채의 비용 대부분을 부담함을 의미한다. 둘째, 더 나아가 이러한 경제 주체의 과잉부채로 인한 문제가 시간이 지날수록 개선되기보다는 더욱 악화할 가능성도 크기 때문이다. 과도한 부채가 실질적인 경제활동을 악화시키고 회복을 더디게 만들어서, 결국에는 더욱 큰 금융시장의 혼란과 위기를 불러일으킬 수 있다.

그러나 금융시장이 파국으로 가지 않는 한, 금융시장이나 정부 대부분은 전자의 방안을 선택하는 편향을 보여주었다. 부채축소와 구조조정은 신용공급으로 인한 부실을 인정하고 손실을 확정하는 것이어서, 그에 따라 누군가가 그 고통과 비용을 곧바로 감당해야 하기 때문이다. 현재의 고통보다는 불확실하더라도 그것을 미래로 넘기고 싶은 것이 인간의 속성인 듯하다. 그러나 이것이 문제를 해결하는 것이 아니라 문제를 뒤로 미루어 더 크게 만드는 것임을 금융위기의 역사는 보여주고 있다. 2008년 글로벌 금융위기는 신용팽창을 방조한 통화정책이 거대한 경제적 위기로 상황을 악화시킨 사례였고, 일본의 잃어버린 20년은 구조조정을 외면한 결과로 장기적인 경제적 침체가 나타난 사례였다.

지금 우리나라 경제가 바로 그 시점에 있다. 정부는 2022년 하반기 이후 계속 금융위기의 가능성을 경고하고 대응 방안을 빈번히 제시했다. 그러나 실제로 정부의 행태는 금융의기를 걱정한다고는 전혀 볼 수 없는 것이었다. 부채축소와 구조조정은 미루어졌고, 금융시장의 문제점이 표면화되는 것을 방지하려는 임시방편의 조치만 이루어졌다. 과잉부채로 가계와 기업이 움직이는 실물경제가 활력을 잃는다면, 경제가 장기적으로 성장하기는 쉽지 않다. 이것이 한국이 일본의 잃어버린 20년을 답습할 가능성을 우려하는 중요한 이유 중 하나이다.

당연히 1997년의 외환위기와 같은 금융위기는 우리의 삶을 위해 반드시 막아야 한다. 하지만 이를 명분으로 잘못된 방향으로 금융시스템을 변질시키고 그릇된 정책 처방을 마련해서 장기적으로 경제와 금융을 취약하게 만드는 행태를 차단하는 것도 이에 못지않게 중요하다. 자본주의 경제는 끊임없이 낡은 것이 사라지고 새로운 것으로 탈바꿈하는, 누구에게는 고통스럽지만 어쩔 수 없는 파괴적인 혁신에 따라 발전해 왔다. 금융시장도 마찬가지다. 금융시장 역시 실물경제를 위한 변화와 혁신을 외면하면서 그 건강성을 유지할 수 없다. 금융은 실물경제의 인프라로서 고안된 인간의 창조물로서, 당연히 경제적인 요구의 변화에 따라 그 기능과 체계가 개선되어야 한다.

이 책은 이러한 문제 인식을 바탕으로 금융위기의 다양한 양태를 살펴보면서, 이를 통해 한국 금융이 나아갈 방향을 조명하고자 했다. 다양한 사례 분석을 통해서 금융위기의 본질과 속성을 이해하고 금융위기를 둘러싼 다양한 시각과 그와 얽힌 다양한 이해관계를 분석하여 한국 금융에 대한 교훈과 시사점을 얻고자 했다. 또한, 한국경제와 금융에 구조적인 이해를 통해 어떠한 금융시스템 개선 과제가 있는지도 모색했다.

구체적으로 이 글의 내용과 구성을 설명하기 이전에 독자에게 약간의 변명을 하고자 한다. 이 책을 집필할 때, 근거를 갖고 객관적인 내용으로 입증할 수 있는 주장만을 해야 한다고 다짐했다. 하지만 금융위기는 엄밀한 과학적 분석이 그리 유효하지 않은 주제이다. 금융위기라는 사건이 분석에 충분할 정도로 사례가 많지도 않고, 발생한 사례마저도 나라와 시대에 따라 크게 달라 그 특수성을 통제하기도 어렵기 때문이다. 그 대안은 역사에서 찾는 것이었다. 나는 다양한 역사에서 공통되고 인과관계를 설명할 요인을 찾으려 했고, 다양한 역사적 사례를 통해 일반적인 교훈을 추론하고자 했다.

그러나 이 과정은 쉽지 않았다. 금융을 거의 40년 가까이 학교에서, 현장에서, 그리고 공적 부문에서 밀접히 접했음에도 불구하고 알지 못하는 것도 많았고, 명확하게 개념도 정립하지 못한 사안도 많았다. 부끄러운 일이었다. 처음부터 다시 시작한다는 마음으로 차분히 금융위기에 대한 이론적 접근과 역사적 분석을 시작했다. 내 주장을 다른 사람에게 전달하기 이전에, 자신을 납득시키는 글을 만들기 위해 노력했다. 가능한 한 연구한 내용을 간명하게 글에 담으려고 했지만, 초고를 읽은 분들이 교과서를 쓴 것 아니냐는 질문(?)을 하도록 만든 이유이다. 이 점 독자의 양해를 구한다.

이 책은 크게 세 부분으로 구성되어 있다. 제1부는 금융위기의 원인, 과정 및 결과 등을 종합적으로 정리하여 금융위기를 바라보는 관점을 정리하는 데 목적이 있다. 금융위기는 왜 피해야 하며 이를 예측하고 막아낼 수 있는지, 금융위기가 발생하는 이유가 무엇인지, 그리고 구조조정은 왜 해야만 하고 어떻게 실행해야 하는지 등에 대한 주제를 역사적 사례를 이용해 설명했다.

제2부는 제2차 세계대전 이후 발생한 금융위기의 사례 분석을 중심으로 구성하였다. 1929년 이후 발생한 대공황을 계기로 정부개입이 강화되는 등 금융시스템이 완전히 바뀌었으며, 국제금융시장의 활성화로 한 나라의 금융위기가 전 세계적인 금융 흐름에 의하여 영향받는 시대가 되었다. 이전의 시대와 차별된 양태의 금융위기 사례를 보면서 향후 예상할 수 있는 금융위기 요인을 구명하고자 했다. 특히, 2008년 금융위기를 상업은행이 아닌 자본시장이 그 발원지가 된 최초의 사건으로 이해하고, 이러한 금융시장의 구조 변화가 향후 금융시장에 미치는 영향도 조망했다.

제3부에서는 제1부와 2부에서 설명한 금융위기와 관련한 이론과 역사를 기초로, 한국경제 및 금융 부문의 상황을 객관적으로 설명하

고 그 미래를 논의하고자 했다. 최근 심각하게 증가한 금융부채가 금융시장과 전체 경제에 미치는 영향을 살펴보고, 과잉부채를 조속히 정리해야 할 이유를 설명했다. 새로운 국제환경 변화에 맞추어 한국경제가 도전받는 상황에서 금융이 해야 할 역할을 다시 생각해 보고, 이를 위해 금융시스템을 어떻게 개편해야 할지에 대해서도 논의했다.

금융위기와 관련한 논리적 흐름에 따라 이 책 전체를 구성했지만, 독자가 지루할 수 있음을 우려해서 총 35개의 주제로 나누어 글을 작성했다. 각 주제는 시간이 부족한 독자들을 위해 길지 않게 설명하고, 독자가 다른 주제를 보지 않더라도 이해할 수 있도록 독립적으로 각 주제를 서술하려고 했다. 그러므로 해당 부분에만 관심 있는 독자는 발췌해서 보아도 되지 않을까 한다.

이 책을 집필하는 과정에 많은 분의 도움을 받았다. 경기대 이기영 교수와 인천대 이명헌 교수께서는 초고를 꼼꼼히 보고 직접 글도 수정 해주시면서 유익한 논평도 주셨다. 한겨레신문사의 박종오 기자께서는 특히 제3부 한국경제와 금융에 대한 글과 관련해서 현실감 있는 조언과 논평을 주셨고, 동사의 박현 국장 등 여러 기자분으로부터 격려도 받았다. 본인은 생각나실지 모르겠지만, 김앤장의 이상환 변호사께서는 경험을 바탕으로 글을 써 볼 것을 조언하셔서 내게 이 글을 집필할 용기를 주셨다. 이외에도 많은 분이 집필 과정에서 격려와 조언을 주셨다. 여러 이유로 비록 그 실명을 일일이 밝히지는 않지만, 이 자리를 빌려서 진심으로 감사하다는 말씀을 전해 드린다. 다음번에는 가능한 한 너무 무겁지 않은 글을 쓰라는 조언도 잊지 않으려고 한다.

또한 회사에 도움이 되지 않을 것이 분명함에도 하루 만에 흔쾌히 출간 요청을 수락해 준 김병준 대표와 원고 수정 및 편집에 많은 노력을 해주신 자유아카데미의 모든 분에게도 심심한 사의를 표한다. 끝으로 무심한 듯 응원해 준 딸 서영에게도 고맙다는 말을 전한다.

2024년 8월

원승연

차례

2부

금융위기의 현재

3부

한국 금융의 현재와 미래

1부

금융위기의 이론과 역사

인간의 잘 살려는 욕망이 있는 한, 시장경제에서 금융위기는 피할 수 없다. 노도와 같은 붐과 버블을 완화하는 제어장치를 미리 제도적으로 마련해 두는 것이 그나마 우리가 할 수 있는 최선이다.

1장

금융위기의 이해

1

왜 금융위기를 피해야 하는가?

우리는 자주 금융위기에 대한 경고를 듣고는 한다. 그러나 금융위기를 언급하는 사람들 간에도 강조하는 내용이 달라서, 도대체 언제 금융위기가 발생하는지 판단하기도 쉽지 않다. 그럼에도 불구하고 이러한 경고를 모두 주의 깊게 듣는 것은 그만큼 금융위기로 인해 우리의 삶이 어려워지겠다는 것을 경험적으로든 아니면 간접적으로든 인지하고 있기 때문일 듯하다. 실제 금융의기는 얼마나 우리의 삶을 어렵게 만들 것인가?

금융위기의 전형적인 현상은 가장 신용도가 높다고 하는 금융회사가 순식간에 흔들리고 파산하는 일이다. 이때 금융회사의 파산 위험은 한곳으로 그치지 않고 다수에 연쇄적이고 광범위하게 전파된다. 모든 금융회사가 자신의 안위를 걱정하여 자금을 경쟁적으로 회수하므로 금융시장에서 돈이 고갈된다. 이러한 현상이 발생하면 금융 본래의 역할은 정지된다. 원래 금융시장은 경제 각 부문에 자금을 효율적으로 공급하고 배분하는 순기능을 한다고 알려져 있다.[1] 그러나 위기에 직면한 금융회사는 차입자의 신용이 좋은지 아니면 나쁜지를 구별하지도 않고 무차별하게 자금을 회수한다. 멀쩡한 가계와 기업이 차입 상환능력이 있음에도 불구하고 자금을 회수당하거나 구할 수 없어 재무적 곤경에 처하며, 더 나아가 부도를 맞아 사람들이 경제활동을 중단하고 생계마저 위협받는 일이 발생한다. 금융위기는 금융의 역기능 또는 부정적인 외부효과가 가장 극적으로 발생하는 사건이다.

역사적 경험을 종합해 보면 금융위기를 경험할 경우 실물경제는 단순 경기침체를 겪었을 때보다 훨씬 악화했다. 금융위기가 발생한 나라의 다음 해 1인당 GDP 하락률은 평균 3.0%였고, 이것은 단순한 불황 시의 1.5%보다 훨씬 큰 낙폭이다.[2] 회복 속도도 느려진다. 단순 불황 시에는 2년이 된 시점부터 경기가 회복되었으나, 금융위기가 발생한 나라는 2년째가 되어서도 성장률이 계속 하락하여 평균 5년을 경과한 후에야 경기가 회복되었다.[3] 그러므로 금융위기를 경험한 나라의 장기적 성장률은 그렇지 않은 나라보다 훨씬 낮아진다. 금융위기 이후 해당 국가의 1인당 산출량과 투자액의 8년 평균 성장률은 단순히 불황을 경험한 국가보다 각각 6~10%, 15~22% 더 낮았다.[4]

1 Levine (1997)은 자금배분의 효율성이라는 측면에서 금융의 기능을 설명한다. 금융거래 시에 거래비용과 정보비용이 많아 시장 마찰이 발생하므로, 금융중개기관이나 금융시장이 이러한 시장 마찰을 축소하여 경제 주체 간 금융거래를 보다 효율적으로 이루어지게 한다는 것이다. 그는 이러한 금융기능이 효율적 자원배분 기능을 제고하고, 더 나아가 경제성장에도 기여함을 주장하였다.

2 Jordà et al. (2013).

3 Jordà et al. (2013).

자본주의 역사에서 가장 비참한 금융위기는 1929년 미국의 주식시장 폭락을 계기로 발생한 소위 대공황이었다. 10년간의 대공황은 엄청난 경제적 피폐를 가져왔다. 1929년 9월 381이었던 다우지수는 1932년 7월 41로 떨어져 주식가치가 1/10 가까이 하락했고, 이후 4년 동안 은행의 거의 절반이 사라졌다. 더 심각한 것은 실물경제였다. 1933년 미국의 명목 GDP는 1929년 대비 45% 하락했고, 당시 실업률은 23%였다. 미국을 시발점으로 한 대공황은 전 세계로 파급되어, 프랑스와 독일 등 대부분의 유럽 국가가 평균 30% 이상의 GDP 하락을 경험했다. 실물경제의 어려움은 사회를 병들고 취약하게 만들었다. 각국의 사망률과 자살률이 크게 증가했고, 먹거리를 찾아 농촌으로 사람들이 이주했다. 독일과 이탈리아에서는 민주주의가 무너지고 파시즘이 정권을 잡았으며 이러한 정치, 사회적 현상은 결국 제2차 세계대전이라는 비극으로 귀결되었다.[5]

우리도 1997년 외환위기 시 이와 버금가는 경험을 했다. 원-달러 환율은 위기 전인 1997년 1월 평균 850원에서 IMF 구제금융 신청 직후인 12월 24일 1,964원으로 2배 이상 상승했다. 금융위기 발생 6개월 후인 1998년 6월 주가(KOSPI 기준)는 전년 대비 60% 하락했다. 이 수치는 1994년의 주가 고점 대비 27%에 불과한 수준이었다. 5개 은행을 비롯한 많은 금융회사와 기업이 퇴출되었고, 실업률 증가로 국민 다수의 삶이 파괴되었다.

4 Koh et al.(2020).

5 일본에서 군국주의가 대두되어 군부가 정권을 잡고 전쟁을 도모한 경제적 배경도 역시 1930년대 일본에 불어닥친 대공황의 여파였다.

1997년 외환위기는 우리나라 경제 및 사회 구조와 사람들의 삶의 행태를 완전히 바꾸는 커다란 전환점이었다. 내 개인적인 경험에 근거해 보더라도 외환위기 전과 후의 사회는 완전히 달라졌다. 외환위기 이후 삶은 이루 말할 수 없을 정도로 팍팍해졌다. 그 이전이 좋았다는 얘기는 아니다. 사회가 경제적 효율성과 성과를 중심으로 재편되었고, 이후 고용계약이나 모든 사회 활동과 관계에서 커다란 변화가 있었다. 다른 한편으로는 많은 사람이 개탄하는 사회의 양극화 현상도 심해졌다. 잘하면 돈을 많이 버는 사회가 되었다고 볼 수 있지만 그만큼 돈을 벌기도 어려워졌다. 내세울 과학적 근거는 전혀 없으나 젊은 사람들이 결혼도 늦게 하고 아이를 덜 낳는 것도 이러한 사회의 팍팍함이 아니었으면 덜 했겠다는 생각을 한다. 한국의 경제시스템이 1997년 외환위기 이후 크게 변화하고 재구축되어 아직까지 유지되고 있으며, 금융위기를 경험한 사람 대부분이 그 영향을 벗어나지 못하고 있다.

그만큼 금융위기라는 것이 사회에 미치는 영향은 크다. 그것은 모두의 삶을 변화시키고 위협을 가하는 커다란 위험이다. 젊어서 고생은 사서 한다는 말이 있지만, 굳이 고생을 사서 할 필요는 없다. 금융위기도 마찬가지이다. 금융위기는 기존의 경제시스템이 작동하지 않는다는 것을 보여주는 커다란 사건이므로, 금융위기를 경험한 사회는 크게 변화하지 않을 수 없다. 그것이 사회를 개선할 기회가 될 수도 있겠지만, 그렇다고 해서 금융위기가 일어나기를 기대해서는 절대로 안 된다. 그만큼 그 과정에서 겪는 사람들의 고통이 너무나 심하기 때문이다.

2

금융위기의 원인: 신용팽창

금융위기의 출발점은 신용팽창이다. 금융은 실물경제를 위한 인프라로서, 양자가 균형 있게 발전하는 것이 좋으나 금융 부문이 실물경제보다 앞서는 경우가 흔히 발생한다. 하지만 단순히 금융 부문이 실물경제보다 빨리 팽창되었다고 해서 금융위기가 발생하는 것은 아니다. 금융위기는 그 나라의 신용 또는 금융부채가 실물 대비 단기간 내에 그리고 급격히 상승할 경우에 발생 가능성이 높아진다. 신용팽창의 속도와 증가 정도가 관건이다.

왜 그런지는 금융의 특성을 생각해 보면 된다. 금융은 다른 사람에게 돈을 빌려주는 일이다. 돈을 빌린 사람은 이 돈을 잘 활용해서 실물 경제활동을 한다. 그리고 경제활동의 성과로 돈을 벌어 빌린 원금과 이자를 지불한다. 금융거래는 신용과 계약서 작성으로 즉시 늘릴 수 있지만, 원리금을 갚기 위해 실제 소득을 창출하는 경제활동은 시간이 필요한 일이다. 금융거래와 실물거래에 시차가 존재하는 것이다.

그러므로 차입자가 단기간 돈을 많이 빌릴수록, 그 사람이 계약기간 내 원리금을 상환하지 못할 가능성은 커진다.

신용팽창은 실물 대비 금융의 확대 수준으로 측정한다. 대표적인 지표가 GDP 대비 민간신용이다. 이 지표가 비정상적으로 증가해 일정 수준을 넘어섰다면 금융위기 가능성이 높아진 것으로 해석한다.[6] 최근에는 어떤 기업이나 가계의 수입(또는 소득) 대비 한 해 동안 지급해야 할 원리금이 얼마나 되는지를 평가하는 척도인 DSR(Debt Service Ratio)도 금융위기의 판단 지표로 많이 이용된다. 한 나라의 대외 지급능력을 평가하는 데에도 같은 원리가 적용된다. 가령, 외환보유액이나 경상수지 대비 대외 부채 규모는 한 나라의 대외 건전성을 평가하는 지표로 이용된다. 우리가 외환보유액이나 경상수지 흐름을 주시하는 이유이다.

손바닥도 마주쳐야 소리가 난다. 신용팽창은 돈을 빌려준 사람과 돈을 빌린 사람이 많았던 데 따른 결과다. 금융위기가 한 차례 지나간 이후에는 언제나 당시 얼마나 많은 사람이 무모하게 돈을 빌렸는지에 대한 개탄이 터져 나오곤 한다. 인간의 탐욕으로 인해서 비정상적으로 증가한 신용수요를 탓하는 것이다. 하지만 굳이 따진다면 단기간 비정상적으로 발생한 신용팽창의 수준은 신용수요가 아닌 신용공급에 의해서 결정된다. 어차피 이러저러한 이유로 돈을 빌리고자

6 가령, Greedwood et al. (2020)은 역사적 경험치를 이용해서 3년 동안 신용 증가율이 상위 25%에 들고 주식수익률이 상위 1/3에 포함될 경우 '퇴장 영역(Red Zone)'에 들었다고 규정하고, 이 경우 1년 내 금융위기가 발생할 확률이 13%로 그렇지 않은 경우보다 훨씬 높음을 주장한다.

하는 사람은 항상 존재하지만, 결국 그 수요에 맞추어 자금공급을 결정하는 것은 신용공급자인 금융회사이다. 즉 금융회사의 신용공급 증가가 신용팽창을 유발하는 주된 요인이다.

신용공급이 신용팽창의 원인임은 여러 연구에서 입증되었다. 그 대표적 증거는 신용팽창이 대부분 금리하락과 같이 움직인다는 역사적 경험이다.[7] 만약 신용수요 증가가 신용팽창의 결정요인이면 금리는 신용팽창기에 상승해야 하나, 현실에서는 그 반대였다. 1990년대 초부터 있었던 미국의 신용팽창은 추세적인 금리 하락을 동반했다(〈그림 1.1〉 참조).[8] 또한 신용팽창은 신용채권 수익률에서 무위험수익률(통

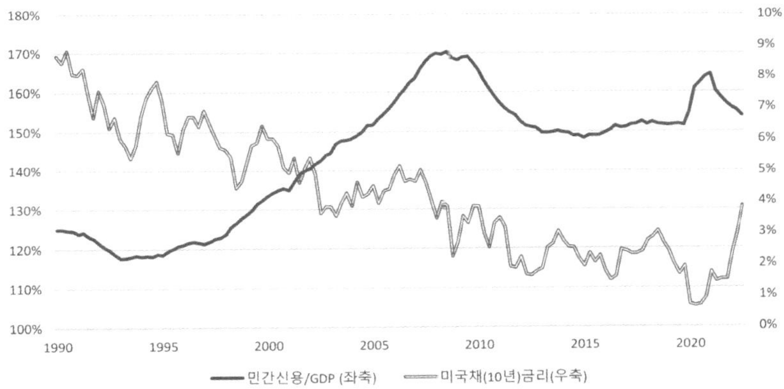

그림 1.1 미국의 금리와 민간신용
자료: BIS (BIS Statistics Warehouse); Federal Reserve Bank of St. Louis

7 Mian & Sufi (2018); Krishnamurthy & Muir (2020).

8 그림은 2022년부터 미국의 신용공급 감소와 금리상승이 동반되고 있다는 사실도 알려준다.

상 국채수익률)을 차감한 신용스프레드 하락과 동시에 발생했다.[9] 신용스프레드 하락은 신용공급자가 채무불이행 등 신용위험에 대한 경계심을 줄였다는 신호이다. 글로벌 금융위기 전 위험자산에 대한 신용공급이 확대되어 신용스프레드도 하락했고, 저신용채권으로까지 신용공급이 확산되었다.

또한, 신용팽창이 자산가격 버블과 결합될 때 금융위기 가능성은 훨씬 높았다.[10] 자산가격 버블은 그 가격이 내재가치로는 도저히 설명할 수 없을 정도로 비정상적으로 크게 오르는 현상을 의미하는데, 신용공급 증가는 이를 불러일으키는 주요한 요인으로 작용한다. 신용공급 증가가 특정한 부분에 집중 투자될 때 해당 부문의 자산가격은 상승하고, 이것이 다시 신용팽창을 유발하는 상승 작용을 불러일으킨다. 이른바 대차대조표 효과가 발생하는 것이다. 자산가격이 상승하니 그 자산을 담보로 더 많은 돈을 빌릴 수 있고, 레버리지를 통해 자금을 추가로 확보한 투자자가 다시 자산을 매입하여 자산가격을 상승시킨다. 신용공급 증가 → 자산가격 상승 → 레버리지 증가 → 신용공급 증가의 순환과정이 발생한다. 신용팽창과 자산가격 버블이 서로 상승작용을 하면서 급증하는 거품경제가 발생하고, 금융과 실물경제 간의 간극은 더욱 벌어진다.[11]

9 Lopez–Salido et al. (2017).

10 Jordà, Schularick, & Taylor (2015), Sufi & Taylor (2021) 참조.

11 가장 최초의 자산가격 버블 사례가 1600년대 전반기 발생한 네덜란드 튤립 버블이다. 당시 투자자들은 노동자가 1년 평균 생활비 300길더의 20배인 6,000길더의 가격에 황제 튤립 한 뿌리를 구입했다. 당시 상황에 대해서는 챈슬러 (1999) 참조.

자산가격 버블을 동반한 신용팽창의 후유증은 더욱 크다. 자산가격 버블이 꺼지면서 주가가 급락하는 경우를 생각해 보자. 투자자가 자기 돈으로 주식을 샀다면, 주가 급락은 투자자의 손실로 그치고 만다. 하지만 투자자가 차입한 돈으로 주식을 샀다면, 주가 하락으로 투자자가 빌린 돈을 갚지 못한다. 이제 주가 하락이 투자자뿐만 아니라 돈을 빌려준 대여자에게도 치명타가 된다. 채권·채무관계가 얽혀 있을수록, 그리고 신용팽창을 통해 자산가격 버블이 커졌을수록 자산가격 폭락이 금융시스템의 건전성을 악화시킬 가능성은 훨씬 높다. 대차대조표 축소라는 역의 효과가 작동하는 것이다. 금융회사는 담보대출을 조기 회수하고자 하며, 투자자는 조기상환 요구를 위해 담보자산을 매각함으로써 해당 자산의 가격은 더욱 떨어진다. 이것은 담보가치를 더 하락시켜 추가적인 자금상환을 유발한다. 자산가격 버블이 발생할 때와 정반대로 디레버리징(De-Leveraging) 현상이 가속화하면서 금융시장의 유동성은 고갈되고 결국 금융위기가 표면화된다.[12]

왜 금융시장에서 신용공급이 갑자기 급증하는가? 어느 한 나라의 신용량이 증가하는 근본적인 원인은 불평등 확대 때문이라고 한다.[13] 한 나라에서 소득과 부의 불평등이 증가하는 것은 그만큼 수중에 돈

12 자산가격 버블은 신용팽창이 없는 경우에 발생하기도 한다. 가장 대표적인 사례가 1999년 있었던 미국의 IT 버블이다. 신용팽창이 없는 자산가격 버블이 금융시스템에 미치는 영향은 상대적으로 덜 치명적인 것으로 분석되고 있다. 그것은 신용팽창이 있는 경우와 달리 투자자의 손실이 다른 부문으로 전가되지 않기 때문이다. 모험자본에 대한 투자가 지분투자 등 자기자본을 확충하는 방식으로 주로 이루어져야 하는 또 하나의 이유이다.

13 Kumhof et al. (2015).

이 많은 사람과 없는 사람의 간극이 크다는 뜻이며, 그 차이가 클수록 돈을 빌리고 빌려주는 금융거래가 증가할 개연성은 높아진다. 같은 맥락에서 국제간 금융거래 확대의 원인을 국가 간 소득 불균형에서 설명하기도 한다. 돈이 많은 나라와 부족한 나라의 차이가 클수록 국제적인 자금 이동 유인은 커진다. 역사적으로 1970년대 중동 국가의 오일 머니(Oil Money), 1980년대 후반 이후 10년 동안의 일본의 해외자산 매입, 2000년대 중국의 미국채 매입은 경상수지의 국제적 불균형 확대가 국가 간 자금거래를 확대시킨 사례이다.

하지만 소득과 부의 불균형 확대는 신용공급 증가의 필요조건일 뿐이다. 갑자기 신용공급이 증가할 정도로 소득과 부의 불균형 확대가 단기간에 악화하는 것은 아니기 때문이다. 아무리 잉여자금이 많다고 하더라도 그것이 금융시장에서 신용공급으로 전환되지 않으면 신용팽창이 일어날 가능성은 없다. 결국 갑작스러운 신용공급 증가는 축장되었던 자금이 금융시장으로 공급될 여건의 변화가 있어야 가능하다. 신용공급 여건 변화로 우선 생각해 볼 수 있는 것이 기술의 발전과 제도의 개편이다. 은행이 금이나 은과 같은 상품화폐 대신 은행권이나 지폐를 발행하여 신용공급을 증가시킬 수 있었던 것은 위조를 방지하는 인쇄기술 발전과 정보통신의 발전으로 지폐거래에 대한 신뢰가 올라갔기 때문이었다. 교통과 통신의 발전이 없었다면 먼 지역과 나라까지 신용공급을 확대하기 어려웠을 것이다. 또한, 사유재산권을 보장하고 신용거래를 뒷받침하는 법률 정비 역시 신용공급을 훨씬 증가시키는 요인이었다.

그러나 제2차 세계대전 이후 어떤 나라의 신용공급을 급속히 팽창시킨 원인은 주로 금융규제 완화였다. 사실 1929년 대공황을 경험하면서 금융 부문에 대한 규제는 매우 강화되었고, 그러한 규제 강화에 힘입어 1970년대 초까지는 이렇다 할 금융위기가 나타나지 않았다. 그러나 1970년대 극심해진 인플레이션을 배경으로 정부개입을 지양하는 이른바 '시장주의'의 물결이 거세지면서 금융시장에서도 규제완화 또는 금융자유화의 움직임이 1980년대부터 본격적으로 나타났다. 금융자유화로 금융회사에 대한 제약이 완화되자 금융회사는 새로운 부문으로 자금공급을 크게 확대했다. 여기에는 긍정적인 측면도 분명히 있다. 금융거래 범위가 확대되었다는 것은 자금이 필요함에도 불구하고 자금을 공급받지 못했던 경제 주체에게 기회를 제공한다는 것을 의미한다. 그 점에서 금융자유화는 경제 전체의 효율성 제고에 기여한다. 단, 그 긍정적 효과는 신용공급이 과잉되지 않고 필요한 곳에 적절히 배분될 경우에만 가능하다.

하지만 현실은 그렇지 않은 경우가 대부분이었다. 금융규제 완화가 신용의 과잉공급을 유발하는 경우가 많았다. 금융자유화로 자본이 유입된 나라의 금융회사는 해외에서 차입한 저리자금을 이용해 국내 실물경제 상황에 견주어 과다하게 자금을 공급한다. 당연히 그것은 비효율적인 자금 배분으로 귀결될 가능성이 높다. 신용도가 낮아 돈을 빌릴 수 없었던 가계와 기업이 그 경제적 능력이 변화하지 않았는데도 불구하고 자금을 차입할 수 있기 때문이다. 이것은 새로운 영역을 선점하기 위한 금융회사 간 경쟁으로 더욱 가속화한다. 가령 가계대출에 대한 신용공급 증대는 가계대출에 대한 규제 완화를 계기로 나타난 금융회사의 경쟁으로 급속히 증가했다. 이처럼 자금이 비생산적인 부문과 소비를 위해 이용된다면, 금융부채 급증이 미래의 채무불이행으로 귀결될 가능성도 더욱 커진다. 과잉 신용공급이 금융위기를 유발하는 주된 원인이다.

3

금융위기의 예측

앞서 본대로 금융위기는 금융회사가 심각한 재무적 곤경에 처하고 그로 인해 금융시장과 금융시스템의 기능이 정지 또는 마비되는 사건을 지칭한다. 여러 연구를 기초로 정리해 보면, 금융위기 여부를 판단하는 기준은 크게 둘이다. 첫째, 금융위기는 금융시스템 안정에 중요하다고 판단되는 금융회사의 파산위험이 발생하는 사건이다. 가령 해당 금융회사에 대한 예금인출 사태가 발생하거나 자산 및 자본의 심각한 손실로 인해서 금융회사의 파산 및 퇴출이 발생할 때 금융위기가 도래한 것으로 판단한다.[14] 중요한 것은 금융시스템에 영향력 있는 금융회사가 파산하는가이다. 단순히 금융회사 몇몇이 파산하더라도 이를 근거로 금융위기가 발생했다고 판단할 수는 없다. 둘째, 금융위기는 금융시스템의 금융중개기능이 심각하게 손상되어 경제 전체에 악영향

14 Laeven and Valencia (2020).

을 주는 외부효과가 발생하는 사건이다.[15] 즉 금융회사의 파산이 그 관련자에게만 영향을 주는 것으로 그치지 않고 금융시스템 전체로 파급되어, 금융시스템이 정지 또는 마비되고 경제에까지 악영향을 주는 금융의 역기능이 발생하면 금융위기로 판단할 수 있다.

그러나 구체적인 상황을 두고 금융위기인지 아닌지 물어본다면 그 대답은 사람마다 달라진다. 얼마나 많은 금융회사가 파산위험에 처해야 금융위기로 판단할 것인가? 여기에 일률적인 대답을 내놓기는 쉽지 않다. 경제가 불황에 접어들고 경영이 악화될 때 금융회사도 파산할 수 있다. 다만 특정 금융회사의 파산이 금융시스템에 미치는 영향이 다를 것이므로, 파산위험에 처한 해당 금융회사의 중요성을 어떻게 판단하는지에 따라 매우 다른 결론을 내릴 수 있다. 그러므로 다수의 금융회사가 파산하는 것만으로 금융위기가 도래했다고 단정할 수도 없다. 금융위기 판단의 주관성을 배제할 목적으로, 일부 연구자들은 계량지표를 이용하여 금융위기를 판단하는 방법을 고안해 내기도 했다. 이들은 가령 신용공급량의 변화, 자산가격 하락 정도, 퇴출되었던 금융회사의 수와 규모 등을 계량적으로 수치화하여 일정한 기준을 마련한 이후, 역사적인 사례를 분석하여 지난 200년 동안 금융위기가 얼마만큼 발생했는지를 계산하고 금융위기의 특성을 분석했다.[16]

이처럼 사후적인 결과를 놓고도 금융위기인지 아닌지에 대한 논의

15 Baron et al. (2020).

16 대표적인 연구로 Bordo 외 (2001), Laeven and Valencia (2008). Reinhart and Rogoff (2009), Schularik and Taylor (2017) 참조.

가 분분한데, 금융위기를 사전에 예측하는 것은 더 말할 나위도 없이 혼란스러운 일이다. 특정한 금융사고나 금융회사 또는 금융시장의 부실화가 나타났을 때 이것을 금융위기의 전조로 보아야 하는지에 대한 판단도 제각각이다. 이 논란은 정부의 금융안정성 목적의 시장 개입이 적극적으로 이루어지면서 더욱 간극이 커졌다. 어떤 금융회사가 정부의 구제금융으로 파산에서 벗어난다면 그 혜택은 말할 수 없이 클 것이므로, 정부개입에 대한 이해관계에 따라 그 견해는 매우 달라지기 때문이다.

특히 정부개입 이후 금융시장이 다시 안정화되었을 때, 그것이 정부개입 없이도 시장 원리에 따라 자연스럽게 안정화할 수 있었던 것인지 아니면 정부개입이 없었다면 금융위기로 치달았을지에 대한 판단은 쉽게 결론에 이를 수 없는 논쟁거리이다. 예를 들어 2023년 3월 있었던 실리콘밸리은행(SVB)의 파산 과정을 생각해 보자. SVB가 거액의 투자 손실을 발표한 직후 대규모 예금인출 사태가 발생하자 미국 정부는 예금보험제도에서의 보장 범위를 넘어서서 고객이 맡긴 예금을 전액 보장하고 유동성이 부족한 금융기관에 자금을 대출하겠다는 대책을 즉각 발표했다. 그리고 미국 정부는 2일 만에 실리콘밸리은행의 파산 절차를 진행하는 신속한 조치를 취했다. 일부는 이러한 조치가 예상되는 금융위기를 차단한 적절한 정책이었다고 주장하기도 한다. 하지만 과연 SVB의 예금인출과 파산에 대처하지 않았으면 금융위기가 발생했을까? 이에 대해서는 이견이 있을 수 있다.

한국은행 당국자는 순식간에, 그것도 휴일에 예금인출이 이루어지는 디지털 경제의 특성을 강조하면서 SVB 사례는 예금인출 사태로 인한 금융위기 가능성이 과거보다 훨씬 커졌음을 입증하는 것이라고 주장했다. 하지만 SVB 사례가 그에 맞는 것인지는 의문이 있다. 2022년 노벨경제학상을 받은 다이아몬드와 딥비그는 금융위기를 정보의 비대칭성으로 설명했다. 그들은 예금자들이 어느 은행이 건전한지 모르는 정보의 비대칭성으로 인해서, 모든 은행에 무차별한 예금인출이 일어나 금융위기가 발생하는 모형을 만들었다.[17] 이에 비해 SVB의 예금인출은 무차별한 예금인출은 아니었다. SVB를 비롯한 일부 은행의 건전성 악화에 대한 정보가 SNS 등을 이용한 정보전달체계로 인해 신속하게 전파되면서 이들 은행에 대한 예금인출이 집중되었을 뿐, 다른 우량은행에게까지 무차별한 예금인출이 일어나지는 않았다. 즉, 예금인출은 금융위기에서 나타난다고 생각하는 현금 선호(Flight to Cash)가 아닌 안전은행 선호(Flight to Quality) 현상이었던 셈이다. 적어도 SVB의 파산을 다이아몬드와 딥비그가 생각했던 금융위기의 사례로 볼 근거는 없어 보인다. 어떻게 본다면 디지털 경제로 정보의 비대칭성이 축소하여 시장조정이 신속하게 이루어지고 있었는데 정부가 섣부르게 개입하여 국민의 세금을 불필요하게 낭비한 것으로 SVB에 대한 미국 정부의 개입을 평가할 수도 있다. 더구나 SVB 은행이 규모가 컸다고 하더라도 지방은행으로서 금융시장에 미치는 영향력은 제한적이었기 때문에, 정부의 구제 조치가 없었다고 하더라도 SVB의 예금인출이 금융위기로 곧바로 확산되었을 것으로 보기도 어렵다.[18] 물론 이러한 논거만으로 미국 정부가 SVB 사태에 개입하지 않았더라도

17 Diamond and Dibvig (1983).

금융위기는 발생하지 않았을 것이라고 주장하는 것도 한계는 있다. 다만 강조하고자 하는 것은 금융시장이 불안하다고 이를 곧바로 금융위기로 연결시키고 그 해법을 제시하는 주장 역시 과장된 것일 가능성도 높다는 점이다.

요컨대 금융위기가 발생하기 전에 정부개입이 필요한 상황인지 아닌지를 정확히 판단하는 것은 매우 어려운 일이며, 사후에도 정부 조치의 타당성을 판단하는 것도 쉽지 않다. 그리고 이러한 금융위기 예측과 판단의 오류는 크게 다음의 잘못된 결과를 낳을 수 있다. 하나는 금융시장의 안정성을 낙관적으로 판단하여 금융위기를 막지 못하는 경우이고, 다른 하나는 시장 스스로 해결할 수 있음에도 불구하고 정부가 불필요하게 개입하는 경우이다. 과연 어떻게 금융위기 여부를 판단할 수 있을까?

완전한 예측은 불가능하겠지만, 적어도 금융위기에 대한 판단 오류가 너무 크지 않기 위해서는 금융위기의 전조 현상을 주목하는 것이 좋을 듯하다. 통상적으로 화산이 폭발하기 전에 이를 예견하게 하는 전조 현상이 나타난다고 한다. 관련 학자들이 이러한 전조 현상을 분석해서 화산의 폭발 확률을 추정하는 것처럼 금융위기도 그 전조 현상을 통해서 발생 가능성을 가늠해 볼 여지가 있다. 금융위기의 역사적 경험

18 금융위기는 파산한 금융회사의 규모뿐만 아니라 해당 금융회사와 여타 금융회사 간 상호연계성의 정도에 의해서도 영향을 받는다. 2008년 리먼브라더스는 파생상품 계약 등으로 다른 금융회사와의 대차관계가 매우 컸기 때문에 그 파산의 여파가 금융시장 전반으로 크게 확산되었다. 반면, SVB는 주로 벤처회사에 대한 대출과 채권매입으로 자산을 운용했기 때문에 그 파산이 다른 금융회사의 대차대조표에 미치는 영향은 미미했던 것으로 판단한다.

을 통해서 볼 때 금융위기의 전조 현상은 통상 두 단계에 걸쳐 나타난다.

첫 단계는 약한 고리에 있는 금융회사의 건전성 악화가 발생하고, 신용팽창을 관통했던 낙관적 심리가 의심받는 사건이 발생하는 단계이다. 두 번째 단계는 금융회사가 과도한 신용을 은밀히 줄이는 안전자산 선호(Flight to Quality) 현상이 나타나면서 금융시장 전체의 유동성이 감소하는 단계이다. 그리고 이러한 과정이 악화하여 더 이상 은밀한 신용 축소도 어려워지면, 무차별적인 현금인출(Run to Cash)이 발생하면서 금융위기가 현실화한다. 첫 단계에서 금융위기 여부를 판단하는 것은 쉽지 않은 일이지만, 적어도 두 번째 단계까지 가면 금융위기가 발생할 가능성이 매우 높아진다고 보아야 할 것이다. 그 점에서 두 번째 단계의 전조 현상을 제대로 파악하고 대응하는 것은 매우 중요하다.

하지만 현실에서는 두 번째 전조 현상에도 불구하고 판단 오류를 범하거나 적절한 대처를 하지 못하는 경우가 많다. 두 번째 전조 현상은 매우 조심스럽게 진행되는 경우가 대부분이기 때문이다. 어떤 경우에는 시장을 과도하게 신뢰하면서 금융위기 가능성을 간과하기도 한다.[19] 미국 정부도 글로벌 금융위기의 전조 현상을 제대로 파악하지 못해 적절히 대응하지 못했다는 비판을 받았다.[20] 우리나라 관료들도 1997년 마지막까지 외환위기 가능성을 적극 부인했다. 정치인이나 정부 관료가 시장보다 우월한 정보를 갖고 있다고 볼 수도 없기에, 금융

19 미국의 저명한 경제학자인 어빙 피셔(Irving Fisher)가 1929년 주식시장 붕괴 며칠 전 했던 "미국 주식시장은 절대 내려갈 수 없는 영원한 고원지대에 도달했다"는 유명한 발언은 시장에 대한 절대적 신뢰가 없으면 나오지 않았을 것이다.

위기가 현실화하지 않았음에도 불구하고 적극적으로 대응하는 것을 기대하는 것 자체가 무리일 수도 있다.

반대로 금융위기 가능성을 두려워해서 정부가 불필요하게 금융시장에 개입할 수도 있다. 때때로 곤경에 처한 금융회사가 유동성 지원을 받기 위해 금융위기의 가능성을 과장하여 정부개입을 유도할 수도 있다. 금융시장의 안정성을 위한 정부개입이 당연히 해야 할 의무로서 규범화되면서 사실 지금은 정부가 두 번째 편향을 가질 가능성, 즉 금융위기가 발생하지 않음에도 불구하고 정부개입을 적극적으로 실시할 가능성이 크게 높아졌다. 이러한 판단 오류는 첫 번째 오류와 달리 눈에 드러나지 않는 부작용을 유발한다. 금융시장의 문제를 유발한 금융회사가 정부개입으로 유동성을 공급받고 파산위험에서 벗어난 혜택을 받는 공정성 문제가 발생한다.[21] 또한 금융회사에 대한 지원이 위험 요인에 대한 해결을 지연시키고 금융회사의 도덕적 해이를 유발해서 금융시장의 건전성을 더욱 악화시킬 수도 있다.

---

20 돌이켜보면, 2007년 상반기에 있었던 일부 서프브라임 모기지 대출회사의 파산 신청과 일부 헤지펀드의 청산은 금융위기의 일차적 전조였다. 이후 2007년 하반기부터 리먼브라더스가 파산한 2008년 9월까지 글로벌 금융시장은 눈에 보이지 않게 때로는 베어스턴스 파산처럼 눈에 보이는 방식으로 안전자산 선호 현상이 발생하면서 시장 유동성이 전반적으로 감소하기 시작하는 두 번째 단계의 전조 현상이 나타났다. 그리고 그것이 결국 리먼브라더스의 청산으로 극단적인 현금 선호(Flight to Cash)로 치달으면서 금융위기가 현실화한 이후, 중앙은행과 정부는 광범위한 유동성 공급과 시장개입 조치를 취했다.

21 2011년 9월 미국에서 있었던 '월가를 점령하라(Occupy Wall Street)'는 시위는 금융회사에 유리하게 정책을 집행한 정부와 금융회사의 무책임한 행동을 비난하는 것이었다.

금융시장의 위험과 금융위기 여부를 언제나 정확히 판단하는 것은 실상 불가능한 일이다. 그러므로 이러저러한 논리와 예상을 기초로 해서 금융위기를 전망하는 것이 무용한 경우가 많다. 더구나 이러한 단순한 전망은 그 환경에서 금융거래 행위의 주체인 사람과 사회가 어떻게 대응할 것인가에 대한 판단을 배제한 것이다. 사실 금융위험을 만들어 내는 것도, 그 위험을 줄이는 것도 사람이다. 금융시장의 불안정성은 금융의 속성상 정도의 차이는 있으나 항상 발생하는 것이므로, 결국 금융위기의 여부는 금융시장과 정부가 이러한 위험에 어떻게 대처하는가에 의존할 것이다. 그 점에서 본다면 금융위험 증가에 대처하는 금융시장의 행태와 정부와 사회의 대응 방식이 금융위기를 예측하는 가장 좋은 지표일지도 모르겠다.

4

금융위기와 정부

금융위기는 '시장의 실패'를 보여주는 사건이며, 정부개입은 시장실패를 보정하는 기능으로 정당화된다. 하지만 이것은 이론적인 설명일 뿐이다. 처음부터 정부가 이러한 이론적 입장을 확립하고 개입했던 것은 아니다. 현실의 어려움이 먼저였다. 금융위기로 인한 폐해와 고통이 컸기 때문에, 금융위기가 정치적 위기를 불렀고 정부가 이를 수수방관할 수 없었던 것이 정부개입 확대의 실제 동인이었다. 자본주의를 선도했던 영국의 역사를 보면 금융위기로 인한 폐해와 고통을 경험하면서 자연스럽게 정부개입이 확대되었음을 알 수 있다.

자본주의가 본격적으로 발전한 19세기 이후부터 영국은 주기적인 공황과 금융위기를 경험했다. 그 첫 번째 위기는 1825년에 발생했다. 프랑스와의 전쟁에서 승리한 영국은 1822년부터 1825년 전반기까지 경제 호황을 구가했다. 낙관적인 미래에 대한 기대로 금융시장에서의 신용공급은 크게 증가했고 투기적 거래가 만연했다. 영국 정부는 과열된 금융시장에 대해 경고했지만, 그렇다고 별다른 예방 조치를 취하지도 않았다.[22] 기본적으로 시장이 스스로 해결할 수 있다는 믿음 때문이었다. 그러나 1825년 말 금융위기가 표면화되었을 때, 영국 중앙은행(Bank of England)은 곤경에 빠진 은행에게 대규모의 유동성을 공급했다. 이것이 중앙은행의 고유한 기능으로 알려진 최종대부자(Lender of Last Resorts) 기능이 자본주의 시대에서 본격적으로 발동된 계기였다.[23] 재무부가 직접 나서지 않았지만 정부가 본격적으로 금융위기에 개입한 것이다.

왜 영국 정부는 시장방임의 원칙에도 불구하고 금융시장에 개입했는가? 그만큼 금융위기의 폐해가 컸기 때문이다. 1925년 11월 당시 영국에서는 75개의 민간은행이 예금인출로 지불준비금이 고갈되면서 파산했다. 이 결과 런던을 중심으로 한 금융시스템 자체가 정지되어 어떤 금리로도 돈을 빌릴 수 없는 유동성 고갈이 발생했다.[24] 금융시장은 자체적인 회복력을 상실했고, 그 여파로 다수의 기업이 파산하는 등 경제 전체가 심각한 수준으로 악화했다. 정부가 어떤 이유로도 이를 방치할 수 없는 일이었다.

이후 금융불안정성을 완화하고 금융위기를 차단하기 위한 정부개입은 계속 확대되었다. 1929년 발생한 대공황은 금융위기에 대한 정

22 Kindleberger and Aliber (2006), pp.331–333.

23 사실 Bank of England는 영국 정부에 전비 등 필요한 자금을 공급하는 대신 은행권을 발행하는 독점적 권한을 기초로 성장해왔다. 1825년 이전에도 Bank of England는 독점적 권한을 이용하여 런던 금융시장의 혼란을 방지하는 유동성 공급 기능을 수행해왔다.

24 Vague (2019), pp.94–98.

부개입을 더욱 강화하는 계기였다. 그 이전까지만 하더라도 금융위기에 대한 정부개입은 중앙은행을 통한 유동성 공급 등 사후 수습이 중심이었다. 그러나 대공황의 혹독함을 경험한 미국 등 각국 정부는 금융위기를 사전에 차단하기 위한 목적으로 다양한 제도와 시스템을 마련하고, 은행 등에 대한 금융규제와 감독을 강화했다. 미국은 1933년 은행법을 제정하여 은행의 투자 업무를 금지하는 등 금융규제를 강화했고, 대규모 예금인출 사태를 막기 위한 제도적 장치로서 예금보험제도도 마련했다.[25] 각국 정부는 제2차 대전 이후부터는 금융안정성을 위한 제도 마련에 그치지 않고, 금융위기를 유발하는 요인을 사전에 차단하기 위해 구제금융을 제공하거나 유동성을 공급하는 등 적극적인 금융위기 대응 정책을 실시했다.

개인적인 견해를 말하자면 금융위기를 막고 그 악화를 방지하기 위한 정부개입은 불가피하다고 생각한다. 그리고 금융위기 시 정부 당국의 과감하고 적극적인 정책이 위기 수습에 기여할 수 있음에 동의한다. 금융시장은 다른 시장과 마찬가지로 불완전하다. 시장의 자율적인 기능을 믿고 방임하기에는 금융위기로 인한 폐해와 고통이 너무 크기 때문에, 국민에 의해 선출된 정부가 이를 방관해서는 안 된다. 하지만 금융안정성을 유지하기 위한 정부개입이 당연하게 인식되는 현재에 와서는 정부의 실패에 대한 경계도 이에 못지않게 중요해졌다. 즉 충분히 시장에 의해서 해결되는 불안정성 양상에 정부가 과도

25 글래스-스티걸 법(Glass-Steagall Act)으로 지칭되는 이 법은 상업은행과 투자은행을 분리하여 규제, 감독하여 금융안정성을 도모하는, 현재까지도 금융감독체계의 근간이 되는 법안이다.

하게 개입하여 자원배분의 효율성과 공정성을 저해하고 금융시장의 건전성도 오히려 악화시킬 수 있기 때문이다. 이러한 정부개입의 부작용을 감안할 때, 정부개입이 있다고 하더라도 다음과 같은 두 가지 원칙을 준수하는 것이 매우 중요하다.

첫째, 정부의 유동성 공급은 원칙적으로 지급능력이 있는 금융회사에 국한되어야 한다. 사실 중앙은행에 의한 유동성 공급이 금융위기의 악화를 막기 위한 불가피한 결정이라고 하더라도, 그것은 이미 불공평성을 내재하고 있다. 자본주의의 원리에 따르면 경쟁에서 낙오한 기업은 사라져야 함에도 불구하고 정부가 금융회사를 파산위험으로부터 보호한다는 것은 그 자체로 엄청난 특혜이다. 더구나 이른바 '대마불사(Too Large to Fail)'의 원리가 적용되어, 금융회사 중에서도 금융시장에 미치는 영향이 훨씬 큰 대형 금융회사가 중소형 회사보다 그 혜택을 받을 가능성이 크기 때문이다.

이런 우려 때문에 배젓(Bagehot)은 일찍이 최종대부자로서의 중앙은행이 시중에 유동성을 공급할 때 지켜야 할 원칙을 다음과 같이 주장했다.[26] 첫째, 금리는 시장금리보다 높아야 하며, 둘째, 우량한 자산을 담보로 대출해야 한다는 것이다. 이 원칙을 풀어서 해석하면, 중앙은행은 첫째, 원리금을 지급할 능력이 있음에도 불구하고 유동성이 부족한 은행에 국한하여 자금을 공급해야 하며, 둘째, 시장금리보다 높은 벌칙성 금리를 부과하여 유동성을 공급받은 은행이 이를 통해 이익을 얻지 못하도록 해야 한다.

26 Bagehot (1873).

하지만 현실적으로 이 원칙을 준수하기는 어렵다. 오늘 파산 여부가 결정되는 상황에서 중앙은행이 은행의 지급능력을 곧바로 판단해서 은행의 지원 여부를 결정하는 것은 사실상 불가능하다. 그러므로 중앙은행이 금융시장의 심각성을 보고 일괄적으로 은행에 유동성을 공급했던 경우가 대부분이었다. 이것이 금융회사의 도덕적 해이를 불러 일으켜 미래에 더 큰 위험을 양산할 수 있기 때문에, 장기적으로 금융시스템을 안정적으로 유지하기 위해서는 유동성 공급을 일단 제공한 이후의 조치가 더 중요할지도 모르겠다. 이 점에서 다음 두 번째 원칙이 장기적으로 매우 중요하고, 현실적으로 실현되어야 하는 원칙이다.

둘째, 유동성 공급 이후의 추가적인 구제금융은 지급능력을 전제로 결정되어야 하며, 구제금융을 제공한 이후에는 반드시 그에 상응하는 책임을 물어야 한다. 중앙은행의 일차적인 유동성 공급은 개별 금융회사에 대한 구제가 아니라 금융시스템 안정성을 위한 것이다. 그러므로 금융시장이 안정된 이후 부실화된 금융회사에 대해서는 지급능력에 따라 추가적인 구제금융 제공 여부를 결정함으로써, 불건전한 금융회사를 질서있게 퇴출하는 조치가 필요하다. 중앙은행이나 정부의 구제금융은 공짜가 아니라 국민 전체가 부담하는 사회적 비용을 수반한다. 그러므로 구제금융을 받은 금융회사에 대한 구조조정 등 그에 상응한 책임을 묻는 후속 조치도 반드시 이루어져야 한다. 금융위기를 불러일으킨 금융회사와 기업이 이에 대해 충분히 책임지지 않는다면 그것은 장기적으로 경제를 취약하게 만들 수밖에 없다. 채무불이행으로 인한 책임을 지지 않으면서 금융회사와 기업을 경영할 수 있는 사회에서 경제가 효율적이고 건전하게 돌아갈 것을 어떻게 기대할 수 있겠는가?

이상과 같은 금융위기에 대응하는 사후적 조치 이외에도 금융위기의 가능성을 사전적으로 낮추기 위한 금융감독 및 규제도 매우 중요하다. 물론 금융규제와 감독을 강화할수록 금융위기 가능성이 낮아질 수 있겠으나, 금융규제 강화가 금융시장의 순기능을 저해할 수 있기 때문에 규제 강화만이 능사는 아니다. 가령 금융회사가 건전성 규제로 신용이 높은 기업에게만 대출한다면 금융회사의 혁신 기업에 대한 대출은 당연히 위축될 수밖에 없다. 미래 성장 동력인 혁신이 부족한 사회는 장기적으로 정체하며, 이러한 경제성장의 정체는 결국 금융시장을 취약하게 만든다.[27] 그러므로 정부의 금융규제와 감독 기능의 정립은 금융시장의 자율적인 순기능 제고와 금융시스템의 안정성 유지라는 두 가지 목표 간의 최적의 균형점을 찾도록 수립되어야 할 것이다.

그러면 그 최적의 균형점은 객관적으로 찾을 수 있는가? 그것은 불가능하다. 그 균형점은 절대적인 기준이 있는 것이 아니고 나라와 시대에 따라서 달라진다. 특정한 시대와 나라에 국한하더라도 사전적으로 어느 정도가 균형에 맞는 것인지 객관적으로 입증할 수도 없다. 결국 그 균형점은 사회적 합의로 결정될 수밖에 없다. 어떤 금융제도가 바람직한 것인지는 그 제도를 만들고 이용하는 사회구성원의 의사에 따를 수밖에 없는 것이다. 다만 이처럼 제도를 만든다고 하더라도 제

27 아기웅 (2022).

도를 개편할 때 반드시 인정해야 할 사실이 있다. 그것은 금융시장의 순기능도 강화하면서 동시에 금융안정성도 제고할 수 있는 제도를 만들 수는 없다는 점이다. 금융시장에서 수익을 원한다면 위험을 감수해야 하듯이, 시장의 자율적인 기능을 개선하는 것이 금융시장 그 자체에 내재한 위험의 속성으로 금융시장 전체적인 불안정성을 확대시키는 것은 불가피하다. 사회적 비용이나 위험 부담 없이 자신의 수익과 목표를 달성할 수는 없으니 말이다. 지금 우리는 어떠한 균형점을 찾아야 하는가?

2장

붉과 버블은 막을 수 있는가?

1

좋은 부채, 나쁜 부채

앞서 과도한 신용팽창이 금융위기를 일으키는 근본적인 원인임을 보았다. 일시적으로 신용과잉이 발생하는 것은 어쩔 수 없다고 하더라도, 그 자금이 생산적인 부문으로 공급된다면 신용과잉이 금융위기 없이 종결될 수 있을지도 모른다. 채무자가 조달한 자금을 잘 활용해서 생산성도 높이고 수익도 제고한다면 신용과잉으로 인한 금융과 실물 간의 불균형이 해소될 수 있기 때문이다. 그렇다면 금융위기를 피하는 방법의 하나는 자금을 생산적이고 성장하는 실물 부문에 효율적으로 배분하여 채무불이행이 없는 좋은 부채를 만드는 것이다.

사실 신용공급이 실물보다 앞서 증가하는 것 자체를 부정적으로 볼 이유는 없다. 슘페터는 새로운 생산과 기술을 위한 혁신이 경제에 중요하다고 생각했다. 그는 창조적 파괴를 일으킬 수 있는 혁신이 자금 부족으로 좌절될 수 있으므로, 혁신 부문에 대한 신용공급이 중요함을 강조했다. 나이트(Knight)는 기업가 정신을 추상적 아이디어를 시장 상품으로 만드는 기술이라고 규정하고, 이들 기업에 대한 자금공급의 중요성을 역설했다.[1] 이들은 새로운 혁신을 불러일으키는 R&D, 무형자산 및 생산시설 투자를 위한 금융의 자금배분 기능을 강조했다. 금융은 혁신의 아이디어가 실현되어 경제 전체의 생산성과 성장이 이루어지도록 지원한다.[2] 그런 점에서 실물 경제 대비해서 금융 부문이 빠르게 성장하는 것을 꺼릴 이유는 없다. 실물 대비 금융 부문의 상대적으로 높은 확대는 금융발전 또는 금융심화를 보여주는 지표이기도 하다.[3]

실물보다 신용공급이 빠르게 증가하는 것은 동전의 양면이다. 과도한 신용공급은 금융위기를 유발하여 경제를 침체에 빠뜨리는 원인이 되기도 한다. 하지만 생산적인 부문에 효과적으로 공급된 신용증가는 경제성장을 촉진한다.[4] 그러므로 신용공급이 좋은 부채구조를 형성하는 결과로 나타난다면, 설령 신용과잉이 어느 정도 있어도 금융위기를 그리 걱정하지 않아도 된다.

몇 연구는 이와 같은 신용 증가의 양면적 효과를 구분하면서 어떠

1 Knight (1951).

2 King & Levine (1993)은 민간 부문에 대한 대출이 경제성장에 미치는 영향을 분석하여 실물 대비 높은 금융지표를 의미하는 금융발전이 10~30년의 장기적인 성장률에 긍정적으로 작용함을 주장하였다. 한편 Brown et al. (2009)는 주식시장을 통한 자금공급이 1990년대 R&D를 확대하는 데 기여했음을 주장하였다.

3 금융심화에 대해서는 McKinnon (1973), Shaw (1973) 참조.

4 금융심화가 선진국이 될수록 그 효과가 반감된다는 주장도 있다. 가령 Rousseau & Watchel (2016)은 금융 심화가 20세기 후반부터 경제성장에 미치는 효과가 저하되었으며, Watchel (2017)은 더 나아가 금융 심화가 있는 국가에서 신용 과잉이 발생하고 경기후퇴가 일어날 가능성이 크다고 주장하였다.

한 부문에 신용공급이 이루어지는가에 따라 금융위기의 발생 가능성이 달라진다는 점을 지적했다.[5] 금융위기가 발생한 신용과잉을 나쁜 신용과잉, 금융위기를 유발한 신용과잉을 좋은 신용과잉으로 지칭하고 양자의 차이가 발생한 원인을 분석했다. 이 분석에 따르면 부동산이나 가계에 신용공급이 많을수록 금융위기 가능성이 높았다.[6] 또한 비교역재에 대한 여신이 증가하여 수출 부문보다 내수 부문이 더 확장되고, 경상수지 적자가 확대될 때에도 금융위기 가능성은 높아졌다.[7] 담보대출이 증가할 때에도 금융위기 가능성이 높았다.[8] 담보에 의존해서 신용의 질이 낮은 부문으로까지 자금공급을 확대했기 때문이었다.

요컨대, 부동산금융, 가계금융, 내수 부문에 대한 여신 및 담보 중심의 대출 관행이 금융위기를 유발하는 나쁜 부채구조를 형성한다. 이러한 부채구조 비중이 클수록 신용공급이 사회 전체의 생산성 및 소득 증가에 그리 기여하지 못하고 소비적이고 비생산적인 지출에 이용되는 경향이 크기 때문이다. 그러므로 생산적인 부문으로 신용공급이 이루어지도록 신용의 질을 높이는 것이 금융위기를 막는 데 유효할 수 있다.

이를 위해 가장 쉽게 생각할 수 있는 방법은 여신규제이다. 우리나라의 경우 1990년대 초까지 여신 금지 업종 및 여신 제한 업종을 지

5 Richter, Schularick, & Wachtel (2018), Gorton & Ordoñez (2020).
6 Richter, Schularick, & Wachtel (2018), Mian, Sufi, & Verner (2020).
7 Müller & Verner (2021), Richter, Schularick, & Wachtel (2018).
8 Gorton & Ordoñez (2020).

정해서 은행의 신용공급을 직접적으로 규제했다. 하지만 여신규제는 금융시장의 기능을 근본적으로 저하시키는 폐해가 너무나 크기 때문에, 이를 다시 도입하는 것은 바람직하지 않다.

또한, 이들 부문에 대한 신용공급을 무조건 줄이는 것도 바람직하지 않다. 거시적 측면에서 이들 비생산적인 부문에 대한 신용공급 비중이 높은 것은 문제이지만, 개별 부채 자체만을 보면 사회적 수요라는 관점에서 필요한 것이기도 하기 때문이다. 가계부채는 이론적으로는 소비를 목적으로 한 것이어서 비생산적이라고 쉽게 치부할 수도 있다. 하지만 학생들이 받는 학자금 대출은 부모의 소득과 무관하게 학생들이 자신의 미래를 위해 인적자본을 함양하는 데 기여한다. 개인에게 학자금 대출은 장기적으로 자신을 위한 투자로 활용되므로 생산적이다. 젊은 사람의 인적자본 향상은 미래 성장을 위한 핵심이라는 점에서 학자금 대출은 사회적으로도 생산적인 일이다. 그 기간이 장기이고 금융회사가 개인 각각에 대한 미래를 판단하기 어려워 채무불이행 위험이 큰 나쁜 부채일지 모르지만, 장기적으로 보면 개인에게도 그리고 사회 전체적으로도 생산적으로 활용될 수 있는 좋은 부채이다. 이는 주택담보대출도 마찬가지이다. 주택담보대출은 국민의 안정적 주거복지에 기여한다. 국민의 삶에 필요한 의·식·주 중에서 주택복지가 가장 실현되기 어렵다. 주택복지를 위해서는 거액의 자금이 소요되기 때문에 모든 선진국에서는 정책적으로 모기지와 같은 주택담보대출 제도를 발전시켰다. 그러므로 주택담보대출은 발전된 현대사회에서는 없어서는 안 될 좋은 부채이기도 하다.

하지만 이러한 부채가 전체 부채의 다수를 차지하는 것은 바람직하지 않다. 더구나 신용과잉이 이 부문을 중심으로 확대하는 것은 커다란 문제이다. 경제 전체적으로 비생산적인 부문으로의 자원배분이 증가하여 경제의 성장과 건전성을 약화시키기 때문이다. 그러므로 거시경제적 측면에서 이러한 비생산적인 대출을 중심으로 신용이 급속도로 증가하는 나쁜 부채구조가 심화하는 것을 막아야 한다.

하지만 금융위기는 비단 나쁜 부채구조로 신용이 팽창하지 않더라도 발생할 수 있다. 실제 금융위기는 생산적인 부문으로 신용공급이 증가하고 혁신 부문으로의 신용공급이 크게 증가했던 시기에도 종종 발생했다. 혁신의 물결이 커지고 새로운 사회에 대한 희망이 부풀 때 금융회사와 차입자 모두 미래에 대한 낙관적인 생각을 품게 되며, 그로 인해 신용팽창이 급속해질 가능성도 커진다. 철도혁명, 전기혁명, 자동차 혁명, 최근의 IT 혁명 등 혁명이라는 단어를 넣을 정도로 산업구조를 크게 바꾼 혁신의 물결이 일어났을 때, 기업이나 금융회사 모두 새로운 혁신의 물결에 참여하고자 경쟁적으로 투자와 대출을 확대하여 신용팽창이 발생했다.

이 과정에서 금융시장은 요동치고, 때때로 금융위기가 발생했다. 혁신을 위한 신용공급은 기대수익도 매우 높지만, 채무불이행이 발생할 위험도 크다. 첫째, 혁신의 승자는 소수이다. 특정 분야의 기술 발전과 혁신이 마무리될 때, 창업한 기업 대부분은 사라지고 소수의 기업만이 살아남은 것이 혁신의 역사였다. 대부분 기업은 경쟁 과정에서 사라지고, 당연히 이들의 부채가 부실화될 가능성도 크다. 둘째, 혁신의 성공과 정착은 시간이 걸리는 일이다. 새로운 혁신의 물결이 일더라도 그것이 제대로 자리를 잡는 데에는 통상 20~30년이 걸린다고 한다.[9] 그 시차는 혁신기업이나 금융회사가 버티기에는 너무 긴 시간이다.

그러한 위험을 안다고 하더라도 혁신의 물결이 넘쳐흐를 때 신용팽창을 막는 것은 매우 어렵다. 이 시기 기업이나 금융회사는 시장 선점을 위해 경쟁적으로 투자와 신용공급을 늘린다. 혹자는 이를 두고 기업이나 금융회사가 무모하고 어리석다고 평가할지도 모른다. 하지만 이것은 사후적인 판단일 뿐이다. 금융거래는 불확실한 미래를 대상으로 하는 것이어서 그것이 위험으로 인식되기도 하지만, 다른 한편 그것은 기회이기도 하다. 혁신의 시대에는 창조적 파괴 현상이 일어나며 누가 그 새로운 흐름을 선점하느냐에 따라 승자와 패자가 극명하게 나누어진다. 혁신의 위험도 크지만, 혁신으로 인한 기대수익은 정상적인 상황에서는 상상할 수 없을 정도로 크다. 새로운 혁신의 물결로 경제체제 자체가 바뀌는 상황에서 위험을 무서워하여 아무 일도 하지 않는 것은 미래를 포기하는 것과 다름없다. 사회가 변화하는 상황에서는 현재를 고수하는 것 자체가 위험을 짊어지는 일이다. 그러므로 생존을 위해서라도 새로운 사업에 뛰어들고 참여하는 것은 경쟁체계에서 불가피한 일이다. 혁신의 과정에서 누가 승자가 될 것인지는 아무도 모르지 않겠는가?

경쟁적인 신용팽창이 금융시장의 건전성을 더욱 악화시킴은 물론이다. 금융회사는 경쟁에 뒤처지지 않기 위해 기업에 대한 충분한 정보를 알지 못하는 상태에서 이전에는 거래하지 않았을 기업으로까지

9 아기웅 (2022) 참조.

대출을 확대한다.[10] 치열한 경쟁, 때때로 나타나는 과도한 경쟁이 금융위기의 위험을 확대한다. 혁신의 열풍과 미래에 대한 기대가 신용공급 과잉을 유발하고, 해당 혁신이 성공한다고 하더라도 그에 참여한 다수 기업은 실패하고 채무를 갚지 못하는 신세가 된다. 돈을 빌려주기 전에는 좋은 부채로 생각했던 대출이 원리금을 갚지 못하는 나쁜 부채로 전환되는 것이다. 미래의 희망과 낙관은 때때로 시련을 준다.

결국 과잉 신용팽창은 나쁜 부채구조이든 아니면 좋은 부채구조이든 금융위기를 유발할 수 있다. 좋은 부채구조는 금융위기가 발생할 확률을 낮추겠지만, 그렇다고 금융위기에서 벗어나도록 해주지는 않는다. 그러므로 금융위기 발생 가능성을 낮추기 위해서 무엇보다 중요한 것은 금융시장에서의 과도한 신용팽창이 발생하지 않도록 하는 것이다. 하지만 주택가격 등 자산가격이 급상승하거나 혁신의 물결이 커지는 상황에서 이를 경계하는 많은 경고들이 있었음에도 신용공급의 과잉을 쉽게 차단하지 못했던 것이 금융의 역사였다. 신용과잉의 정도만 완화해도 다행이었다.

10 이러한 과잉 신용팽창이 있을 때면 금융회사가 어리석게도 혁신을 가장한 기업에 막대한 자금을 빌려줬다는 뉴스를 흔히 볼 수 있다. 이것은 어떤 혁신의 물결에서도 빠질 수 없는 에피소드이다.

2

철도혁명

19세기 철도혁명과 그에 뒤따른 금융위기는 혁신의 시기에 이루어졌던 생산적인 부문으로의 자금공급이 결국 금융위기를 유발한 나쁜 부채로 전락할 수 있음을 잘 보여준다. 1840년대부터 20세기에 이르기까지 60년 동안 철도혁명은 현재의 IT 혁명에 버금가는, 어떤 사람에게는 그 이상의 혁신이었다. 철도혁명은 사람들의 교류와 거래의 물리적 공간을 확대했다. 마차와 비교할 수 없는 철도의 물류 및 교통 기능 덕에 정치, 경제, 사회 및 문화 모든 영역에서 정보 교환, 교류 및 거래가 혁명적으로 발전했다.[11] 또한 철도혁명은 화석연료를 본격적으로 이용하는 에너지 혁명과 동반된 것이었다. 말 등 가축에 의존했

11 역마차 여행 속도는 1820년 시간당 12.8km였으나, 1870년 철도를 이용한 여행 속도는 3배 빨라졌다. 더구나 철도는 역마차와 달리 거대한 물류와 다수의 사람을 한 번에 이동시킬 수 있었기 때문에 역마차와 단순 비교할 수 없는 교통수단의 혁명이었다.

던 동력을 화석연료로 교체하여 기업이 거대한 기계를 움직이는 것이 가능해졌고 기업이 진출할 수 있는 시장의 영역도 확대됨으로써 경제는 이전과 비교할 수 없을 정도로 급속히 성장했다.

철도 건설은 해당 국가와 지역에 경제적으로 매우 큰 영향을 주었다. 철도 건설 자체로도 막대한 원재료와 노동력이 동원되어야 하는, 장기적으로 엄청난 자본이 투입되어야 하는 프로젝트였다. 이뿐만 아니다. 철도 건설은 노선이 인접하고 기차역이 생기는 지역을 중심으로 도시와 산업 시설을 포함하여 하나의 거대한 거주지가 만들어지는 과정이었다. 도시의 성립은 식량 공급지로서 인근 지역의 농경지를 확대시키는 요인이기도 했다. 그러므로 철도노선 및 철도역을 중심으로 부동산 가격은 폭등했고, 돈을 좇아 막대한 자금이 경쟁적으로 투자되었다. 당시 철도산업의 경제에 대한 영향력은 주식시장에서 확인된다. 영국의 경우 1848년 철도산업 주식이 상장주식 시가총액의 71%였고, 미국의 경우에는 1899년 뉴욕거래소 시가총액의 약 60%가 철도산업 주식이었다.

그러나 철도산업의 성장과 확대가 언제나 순조로웠던 것은 아니었다. 철도산업은 주기적으로 투자 확대와 위기를 반복해서 보이며 성장했고, 이러한 철도산업의 주기적인 위기가 19세기 후반 빈번히 나타난 금융위기의 주된 요인이었다. 철도의 아버지로 지칭되는 영국의 스티븐슨이 맨체스터와 리버풀을 연결하는 철도노선 개통을 기념하여 열린 '레인힐(Rainhill) 기관차 경주대회'에서 우승한 1830년부터 철도의 시대가 본격적으로 시작되었다.[12] 곧이어 철도산업에 대한 투자 붐이 일어났고, 이것이 1847년 금융위기를 유발했다. 1840년대 철도산업

붐을 유발한 계기는 영국 정부의 정책이었다. 영국 의회는 1844년 7월 철도법을 만들어 철도노선에 대한 허가 기준을 마련하고, 허가받은 철도노선이 10% 이상 배당금을 창출할 경우 정부가 이를 인수해 국영화할 수 있도록 했다. 정부가 개발한 철도노선 인수를 확인함으로써 철도산업의 수익성에 대한 기대가 한껏 높아졌고, 철도노선 개발 붐이 일어났다. 처음에는 노선 승인을 담당하는 철도위원회가 의회에 설립되어 노선개발을 통제하는 듯했으나, 그 역할이 점차 유명무실화되면서 철도위원회는 1845년 해산된다. 이를 계기로 철도산업 투자는 고삐 풀린 망아지가 되었다. 너도나도 의회에 철도 프로젝트의 승인을 요청하여 1,283개의 신규 철도 프로젝트가 신규 공표되었으며 1845년 한 해 동안 의회에 승인을 요청한 건수만도 562건이었다. 1844년부터 1847년까지 3년간 영국 의회는 총 9,500마일의 철도노선을 승인했는데, 이것은 현재 영국의 총 철도노선 길이인 11,000마일에 약간 못 미치는 수준일 정도였다.[13] 이 중 1/3은 건설조차 시작하지 못한 프로젝트였으나, 그럼에도 불구하고 영국의 철도 투자액은 1847년 한 해에도 GDP의 7%에 달할 정도로 크게 증가했다. 1990년대 텔레콤 투자 붐이 있었던 기간 동안 미국에서 있었던 관련 산업 자본지출액을 몇 년 동안 합산해도 GDP의 1~1.5%에 불과한 수준이었음을 감안하면 당시 영국의 철도투자는 실로 엄청나게 과열된 것이었음을 알 수 있다.

1844년부터 1년 동안 철도 주식은 평균 2배 이상 상승했다. 그런데

12 이하 Quinn & Turner (2020) 참조.

13 이하 *The Economist*, 2008. 12. 18. 참조.

지금과 달리 당시 철도회사의 주식투자는 레버리지를 이용한 방식이었다. 투자자는 철도회사의 주식매입 권리를 주가의 5~10%만 선납하여 확보한 후, 주주로서 권리를 행사하고 이를 매각할 수도 있었다.[14] 그리고 나머지 잔금은 철도회사가 건설 공정 진전에 따라 납입을 요구하는 캐피탈 콜(Capital Call)이 있을 때 이루어졌다. 그러므로 추가적인 납입 요구가 있기 전, 철도회사 주식 투자자는 자기가 보유한 돈의 10배에 해당하는 주식을 매입할 수 있었다.[15]

철도주식 투자의 광풍은 많은 부작용을 만들었다. 실제로는 자금을 납입하지 않은 가장납입을 이용해서 노선 허가를 받으려는 사기 행위가 빈번했다. 철도회사가 주가 상승을 이용해서 필요한 자금 이상을 조달하는 사례도 부지기수였다. 철도회사 투자의 광풍이 분 지 1년도 안 되어 이러한 문제들이 하나씩 드러나기 시작했고, 이것은 철도회사 투자에 대한 신뢰를 낮추었다. 철도회사 주가가 더 이상 상승하지 못하면서 레버리지 투자의 부작용이 표출되기 시작했다. 단기 투기를 목적으로 철도회사 주식을 매입한 투자자는 철도회사 캐피탈 콜에 응하지 않았고, 주가 하락으로 인한 손실을 최소화하기 위해 주식을 적극적으로 시장에 매각했다. 디레버리지가 광범위하게 벌어지면서 1845년 하반기에는 철도회사 주가가 폭락하기 시작했다. 또한, 캐피털 콜에 응하지 않은 투자자들이 증가하면서 예정된 자금조달을

14 지금으로 보면 주식옵션을 매입하는 것이다.

15 투자자는 100파운드로 1,000파운드에 해당하는 철도회사로부터 주식매입권리를 확보할 수 있었다. 가령 주가가 100% 상승할 때 이론상으로 투자자는 주가상승액 1,000파운드의 프리미엄만큼을 권리 매각을 통한 수익으로 얻을 수 있다.

하지 못한 철도회사가 점차 노선을 반납하고 청산하기 시작했다. 이를 계기로 영국의 금융시장은 더욱 경색되었으며 1847년 영국 중앙은행이 정책금리를 인상한 것을 계기로 철도산업 이외의 다양한 업종의 기업까지 파산하면서 금융위기가 발생했다.[16] 영국은 한동안 경기침체를 벗어날 수 없었고, 이 과정에서 수많은 은행이 파산했다. 철도 주식에 투자한 사람들은 1850년까지 평균적으로 투자액의 66% 손실을 기록했고, 이들이 투자 원금을 회복하려면 50년을 더 기다려야 했다.[17]

19세기 후반기 미국의 금융위기 대부분은 과다한 철도회사 부채에 의한 후유증 때문에 발생했다.[18] 링컨은 남북전쟁 중 국가 통합 방안의 하나로서 대륙횡단 철도 건설을 생각해 냈다. 미국 정부는 철도를 빨리 만들기 위한 유인책으로서 경쟁체계를 고안했다. 설립된 두 회사가 각각 동쪽과 서쪽에서 출발하여 노선을 건설하고, 건설된 노선 길이에 비례하여 보조금을 지급받을 수 있었다.[19] 두 회사는 경쟁적으로 노선을 확장하여 1865년부터 1873년까지 불과 8년이라는 기간 동안 미국 철도의 길이는 31,919마일에서 그 두 배가 넘는 67,409마일로 증가했다.

16 1847년 공황이 커진 또 하나의 원인은 곡물법 폐지와 관련이 있다. 영국 정부는 흉년으로 인해 감자 등 곡물 가격이 급격히 증가하자 그동안 농업보호 차원에서 지속해왔던 곡물법을 폐지하였고, 이로 인해 농업 관련 중개업자 등 다수가 파산하였다.

17 *The Economist*, 2008. 12. 18.

18 이하 Vague (2019) 참조.

19 두 회사는 Central Pacific Railroad와 Union Pacific Railroad 였다. 그러나 이들 회사가 모든 철도노선을 직접 건설한 것이 아니었고, 지역마다 철도회사가 만들어져 이들이 상당수의 철도노선을 두 회사와 연합하여 건설했다.

하지만 과열 경쟁에 뛰어들었던 철도회사의 부채 규모도 동 기간 5,390억 달러에서 그 세 배가 넘는 18,360억 달러로 증가했다. 철도투자는 막대한 투자에 비해 회수는 매우 시간이 오래 걸리는 일이었으니, 참여한 철도회사의 파산위험이 커진 것은 물론이다. 철도회사의 파산 계기는 부패 스캔들이었다. 철도회사는 정부에 건설비용을 청구했는데, 이들이 과다하게 비용을 청구했음이 회계감사를 통해서 드러났다. 그리고 이러한 과다비용 청구액을 받기 위해 정치인에게 뇌물을 제공했음도 밝혀졌다. 이를 계기로 철도회사의 건전성에 대한 의심이 커지고 자금공급이 중단되면서 다수의 철도회사가 파산하기에 이르렀다. 그리고 철도회사 파산은 거액을 대출해 준 은행의 건전성도 악화시켰고, 그 결과 1873년 은행 다수가 파산하는 금융위기가 미국에서 발생했다. 이것으로 철도산업에 대한 과잉신용과 금융위기가 끝난 것은 아니었다. 이후 몇 년 동안의 경제불황을 경험한 다음 철도산업은 회복되었고, 1880년 중반부터 다시 철도산업에 대한 투자가 과열되기 시작하여 결국 1893년 금융위기를 유발했다. 이때 미국은 한 해 동안 362개 은행이 파산하는 이전보다 더 혹독한 금융위기의 고통을 경험해야 했다.

미국의 철도산업은 19세기 후반 미국의 성장 동력이었다. 철도산업은 산업의 혁신을 선도했고, 철도라는 교통 인프라의 발전은 미국경제를 전국적으로 발전시킨 주요한 동인이었다. 하지만 이것은 철도산업과 금융산업에서의 치열한 경쟁을 수반한 것이었으며 이 과정에서 나타난 철도산업에 대한 과열된 신용공급은 19세기 미국의 주기적 금융위기를 일으킨 주된 요인이었다. 철도혁명의 영향력은 비단 영국과 미국에 해당하는 것이 아니라 유럽대륙 대부분의 나라에 공통된 현상이기도 했다. 분명 철도산업은 엄청난 혁신을 유발했고, 장기적으로 경제를 성장시켰다. 하지만 그러한 기회가 클수록 과도한 신용공급이 동반되는 것은 거의 피할 수 없는 일이었다. 급격히 증가한 신용공급과 그보다 지체될 수밖에 없었던 실물경제의 성장, 곧 금융과 실물 간의 괴리가 장기적인 철도산업의 성장에도 불구하고 주기적인 금융위기를 유발했다. 좋은 부채구조라도 과잉된다면, 그것은 금융위기를 불러일으키는 나쁜 부채로 전환한다.

3

금융회사는 합리적인가?

금융위기를 막는 가장 핵심은 과잉 신용팽창을 막는 일이다. 하지만 신용공급의 주체인 금융회사가 스스로 과도한 신용공급을 억제하는 경우는 거의 없었다. 우리는 금융회사야말로 가장 냉정하고 합리적으로 판단할 수 있는 조직이라고 생각한다. 과도한 신용공급이 자신들에게도 위험한 결과를 초래한다는 것을 인식한다면, 금융회사가 당연히 과도한 신용공급을 스스로 억제할 것으로 기대할 수 있다. 하지만 결과는 항상 달랐다. 왜 금융회사는 과잉 신용공급을 멈추지 않는가? 글로벌 금융위기 이후 많은 사람이 금융회사에 근무했던 똑똑한 사람이 왜 그렇게 바보 같은 짓을 했는지 개탄하곤 했다. 그들은 정말 어리석은 사람이었을까?

금융불안정성 이론을 정립했던 민스키(Minsky)는 투자자 또는 대여자들이 지나친 낙관론에 따라 자금을 공급하기 때문에 신용팽창이 발생한다고 주장했다.[20] 그는 신용공급자들이 이성적 판단을 벗어나

행동하며, 이들의 심리적 변화와 행동이 금융시장을 불안정하게 만들 수 있음을 설명했다. 여타 연구들도 신용공급자의 심리에 의해 금융시장이 비정상적으로 변동할 수 있음을 지적했다. 그들은 신용스프레드의 비정상적 하락이나 마이너스의 위험프리미엄이 신용팽창기에 발생하는 것은 금융시장이 비합리적으로 행동하기 때문이라고 주장했다.[21] 또한 금융회사가 이익이 증가할수록 위험 수용도를 높이고 저신용등급까지 자금공급을 확대하는 현상을 발견하고, 이것이 호황기 신용공급이 크게 증가하는 요인임을 지적했다.[22] 금융시장의 낙관적인 심리가 금융시장 위험을 과소평가하도록 영향을 주고 있음도 발견했다.[23]

금융회사가 비합리적으로 행동하는 이유는 금융회사의 경영자 역시 심리를 벗어날 수 없는 사람이기 때문이다. 신용팽창과 버블, 그리고 잇따른 금융위기가 휩쓸고 지난 뒤에는 항상 인간이 얼마나 낙관적 심리에 도취되어 빚을 지고 무리한 투자를 했는지에 대한 회고와 자탄이 쏟아진다. 사람들의 욕망을 탓한다. 하지만 인간이 욕망을 버리도록 할 수 있겠는가? 대부분의 사람이 물질적으로 풍요롭기를 원하고, 눈앞에 일확천금의 기회가 있다면 이를 마다할 이유도 없음을 인정해야 한다. 그 점에서 경영진도 예외가 아니다. 오히려 금융회사

20 Minsky (1986).

21 Baron & Xiong (2017), Krishnamurthy & Muir (2020), Lopez–Salido et al. (2017) 참조.

22 Greenwood et al. (2020), Richter & Zimmermann (2019) 참조.

23 Danielson et al. (2018)은 주식시장에서 낮은 변동성이 장기간 지속되면 금융위기 가능성이 높아짐을 보여주었다.

에 종사하는 사람의 물질적 욕망은 일반 사람보다 크면 컸지 작다고 할 수 없을 듯하다. 그러므로 금융회사의 경영진이나 내부 전문가들이라고 하더라도 이들이 감성을 완전히 배제하고 완벽하고 합리적인 결정을 내릴 것이라 기대할 수는 없을 것이다.

설사 그들이 매우 냉정하고 합리적인 판단을 위해 감정을 절제하고 있다고 하더라도, 그들이 자신이 처한 위치나 지위로 인해 비합리적으로 사고하고 행동할 가능성도 크다. 두 가지 예를 들어 본다.

첫째, 경험 제약으로 인한 인지력의 한계이다. 행태과학자로 유명한 카네만과 트버스키는 인간의 비합리적 행태 중의 주요한 특성의 하나로서 '과잉 확신'을 지적했다.[24] 그들은 사람의 경험이 제한되어 있어 과잉 확신이 발생한다고 주장한다. 사람은 제한된 경험에 기초해 판단하고, 자기의 경험에 따른 판단을 과도하게 믿는 경향이 있다. 성공한 사람일수록 과잉 확신에 빠질 가능성이 크다. 애널리스트의 행태는 하나의 좋은 사례이다. 기업 이익을 정확히 예측했던 애널리스트가 다음번 예측에 실패할 확률이 높고, 그 예측 결과도 일반적인 컨센서스와 동떨어진 경우가 많다는 것이다.[25]

마찬가지로 금융회사 경영진도 과잉 확신이 상대적으로 큰 사람들이다. 경영진이 되었다면 상대적으로 성공 경험이 많을 것이고, 따라서 자신의 성공 요인을 확신할 가능성이 크다. 신용공급이 증가하는 호황기를 생각해 보자. 호황기에 금융회사는 높은 수익을 얻겠지

24 Khaneman & Tversky (1996).

25 Hilary & Menzly (2006).

만, 신용공급 증가로 인한 금리와 신용스프레드 하락은 다음 해 영업 환경을 어렵게 한다. 그럼에도 불구하고 경영진은 전년보다 낮은 이익 목표를 설정할 수 없다. 주주가 이익 목표를 낮추는 경영진을 좋아할 리도 없지만, 경영진도 과거 성공을 기반으로 목표치를 증가시키는 것은 당연하다고 생각할 것이다. 이 상황에서 경영진이 할 수 있는 것은 이전보다 신용공급량을 늘리는 것이다. 또한, 그들은 자신이 성공했던 영역과 방식으로 신용공급 확대를 도모할 것이다. 설혹 경영자가 신용팽창을 인식하더라도, 그는 경영자로서 주어진 목표와 자기의 경험 때문에 신용공급을 더 늘리도록 결정할 가능성이 높다.

둘째, 경영자의 군집행동이 전체 금융시장 위험의 크기를 증가시킨다. 경영진이 신용팽창으로 금융시장 위험이 커졌다고 인지하더라도, 다른 경쟁 기업보다 신용공급을 먼저 줄일 수는 없다. 미래는 불확실하기 때문이다. 그가 신용공급을 축소한다면 그것은 분명히 전년 대비 이익 감소를 감수하겠다는 것을 의미한다. 하지만 예상했던 위험이 현실화하지 않으면 신용공급 축소는 잘못된 전략이 된다. 더구나 나를 제외한 다수가 신용공급을 늘리면 더 큰 문제이다. 모든 사람이 신용공급을 계속 늘린다면 당분간 예상했던 위험은 오지 않고, 신용공급을 늘린 금융회사의 이익은 증가할 것이나 이를 줄인 나의 성과는 경쟁자보다 매우 형편없게 될 것이기 때문이다. 그러므로 앞장서서 금융시장의 흐름에 반하는 결정은 경영자로서 커다란 위험을 초래하는 일이다. 시장을 거스르기보다는 다른 경쟁자와 행동을 같이하는 것이 자신의 안위를 위해서는 더 현명한 일이다. 이것이 금융시장에서 군집행위가 발생하는 이유이다. 모두가 과도한 신용팽창을 우려하지만 아무도 먼저 신용공급을 축소하지는 않는다. 외발자전거를 탄 사람처럼 페달을 앞으로 밟지 않으면 남들보다 먼저 쓰러진다. 일단 남보다 먼저 쓰러지지 않아야 한다.

군집 현상은 시장에서의 합리적 행동을 더욱 어렵게 만들기도 한다. 주식시장을 예로 들어 본다. 가치투자는 저평가된 기업의 내재가치가 가격으로 반영될 것을 목표로 하는 투자이다. 하지만 금융회사 경영자의 임기가 1년이라면 사정은 달라진다. 1년 안에 매입한 주식의 가격이 올라야 하기 때문이다. 단기적으로 주가가 내가 생각한 펀더멘털한 주식가치를 반영하지 않을 가능성도 매우 많다. 그러므로 1년 단위로 평가받는 기관투자자는 시장 흐름과 너무 벗어나기 어렵고, 시장에서 가장 뜨거운 주식을 마음에 내키지 않더라도 매입해야만 한다. 다수가 이를 따르니 해당 주식 가격은 더욱 상승한다. 그 결과 쏠림 현상은 더욱 심화하고, 그것이 지속되는 동안 주가 버블은 확산한다.

한때 전 세계 채권시장과 파생상품시장을 뒤흔들었던 미국의 헤지펀드 롱텀캐피털매니지먼트(LTCM)의 몰락은 금융시장에서 머리 좋은 사람들이 어떻게 엄청난 실패로 마감하는지를 보여주는 사례로 아직도 거론되고 있다. 1994년 설립한 LTCM은 천재들이 모여있던 곳으로 유명했다.[26] 이들의 핵심 전략은 신용스프레드가 하락할 것으로 예상되는 저신용 채권을 매수하는 대신 고신용 채권을 매도함으로써 채

26 이 회사의 설립자 중 1997년 노벨경제학상을 받은 머튼(Robert C. Merton)과 숄즈(Myron Scholes)가 있어서 더 유명했다. 하지만 그들은 이름만 자문역이었고, 실제 거래에는 전혀 개입하지 않았다고 한다.

권 간 스프레드 축소에 따른 차익을 취하는 이른바 상대가치 차익거래(Relative-Value Arbitrage Trading)였다. 다만 그 스프레드 차익이 크지 않으므로 원금의 20배, 때때로 50배까지 레버리지를 높여 고수익을 달성하는 전략을 취했다. 그들은 자신들의 거래가 완벽한 무위험 차익거래라는 점을 강조하면서, 높은 레버리지라고 하더라도 위험이 크지 않다고 설명했다.

실제로 LTCM은 1997년까지 놀랄만한 수익을 올렸고, 펀드 규모도 크게 증가했다. 하지만 펀드 규모가 확대할수록 이러한 거래의 위험성은 더욱 커졌다. 신용스프레드 격차가 줄어든 것이 LTCM의 가치평가가 정확했기 때문일 수도 있지만, 역설적으로 LTCM이 전 세계 채권시장의 유동성을 좌우했기 때문일 수도 있었다. 이들의 거래 규모가 시장에 영향을 줄 정도로 컸고 이를 추종한 다른 채권운용자들의 군집 현상이 이에 가세했기 때문에 그들이 의도한 대로 두 채권 간의 신용스프레드가 축소되었다는 것이다.

LTCM의 거래는 계속 성공했으나, 그럴수록 LTCM이 투자할 대상은 점차 고갈되었다. LTCM은 자신이 성공한 전략을 계속 추구하기 위해 새로운 차익거래 대상을 찾아야 했다. 그 정점에 바로 러시아 채권 거래가 있다. LTCM은 공산주의 체제에서 벗어난 러시아의 채권이 저평가되었다고 판단하고, 러시아 채권을 대량 매입하고 미국채를 매도하는 상대가치 거래를 크게 확대했다. 하지만 이러한 LTCM의 차익거래는 무위험 차익거래라기보다는 러시아라는 나라의 신용위험을 짊어지는 투기적 거래였을 뿐이다. 결국 러시아가 1998년 모라토리엄을 선언하면서 LTCM은 몰락의 길을 걷는다.

한번 성공한 투자자가 자신의 전략을 철회하기 어렵다. LTCM의 거래는 전 세계 파생상품시장과 채권시장에 유동성을 제공하였으며, 이러한 신용공급이 LTCM의 의도대로 진행되는 한 수익 창출에는 문제가 없었다. LTCM의 펀드매니저들은 전 세계를 대상으로 한 자신들의 성과에 고무되었으며, 파산위험에 처하기 전까지 그들의 전략을 재고할 생각이 없었다. 또한 다른 거래자들도 그 문제가 드러나기 전까지 LTCM의 거래에 반하기보다는 이를 추종함으로써 수익을 올리고자 하였다. 위험의 집중과 쏠림 현상이 무너지는 것은 시간문제일 뿐이었다.

나는 LTCM의 구제금융 조치 이후 경영권을 놓게 된 존 메리웨더(John W. Meriwether)가 새로 만든 헤지펀드인 JWM의 경영진을 2000년 초반 뉴욕에서 만난 적이 있다. 그렇게 많은 손실을 냈던 경영진들이 여전히 동일한 전략을 자신감에 넘쳐 설명하는 것을 보며 매우 놀라워한 기억이 난다. 사람은 한번 확신한 신념을 쉽게 버리지 않고, 스스로 교정하기도 어렵다. 특히 전문가일수록 더욱 그럴지 모른다.

4

유포리아 사회

금융시장이 스스로 신용팽창을 억제할 수 없다면, 시장 밖에서 신용공급의 과잉을 억제할 방법도 있지 않겠는가? 하지만 투기 열풍이 몰아치고 미래에 대한 낙관이 지배하는 유포리아 사회가 되면 이를 막는 것은 거의 불가능해 보인다. 시장 과열에 대한 경고가 있었지만, 그 경고는 쉽게 무시되고 때때로 세상을 망치는 행위로 비난받았다. 신용팽창의 낙관주의가 절대적으로 지배하고 대중이 자산 버블의 열풍에 휩싸여 있을 때 그 바람에 맞서는 것은 누구에게도 쉽지 않은 일이다.

앞서 보았던 영국의 철도혁명 시기로 다시 가보자. 당시 철도노선 설립자들은 투자자를 끌어모으기 위해 앞다투어 광고를 신문에 게재했다. 이러한 광고 홍수는 언론사 설립 붐을 일으켜 영국에서 철도에 전문화된 신문만 16개나 창간되었을 정도였다.[27] 이 신문들이 철도 시장에 대한 긍정적인 기사로 지면을 채워 철도투기를 조장했음은 물론이다. 반면 철도투자의 광풍을 경고한 매체는 타임즈(The Times)와 이코노미스트(The Economist)에 불과했다. 타임즈는 "철도회사들의 광고 버블이 발생하자 철도 신문과 잡지들은 구독료 수입을 위해서가 아니라 설립 추진 중인 철도회사의 발기인 모임을 알리는 광고와 사업설명서를 게재해주고 돈을 받기 위해 우후죽순처럼 창간되었다"고 비판했고, 이러한 언론부패가 철도투기로 발생한 사건들 가운데 최악의 사건이라고 규정했다.[28] 그러나 타임즈에 돌아온 것은 허구의 사실을 보도해서 철도 주식을 하락시켰다는 비난이었다.

유포리아가 넘쳐날 때 정치인과 정부 관료가 능동적으로 금융시장 과열에 대응하기는 쉽지 않다. 자산가격이 상승하는 상황에서 표를 계산하는 정치인이 시장의 거품을 적극적으로 막을 유인은 크지 않다. 오히려 금융시장의 호황을 지원하겠다는 선심성 공약을 제시하면서 금융시장 버블에 편승하지 않으면 다행이다. 언론 역시 마찬가지이다. 과거도 그랬고 지금도 마찬가지로 언론의 수익이 광고비에 의존하면 할수록, 사회적으로 커다란 부작용이 발생하지 않는 한 언론이 막대한 광고비를 지출하는 금융회사에 반하는 경고를 계속 제기하기는 쉽지 않다.

이러한 상황은 금융 당국자가 신용팽창을 억제하는 정책을 취하는 것도 어렵게 만든다. 아무리 독립적인 감독 당국이라고 하더라도 사회의 흐름에 반대되는 정책을 적극적으로 취하는 데에는 많은 애로가

27 Quinn & Turner (2020) 참조.

28 챈슬러 (2001)에서 재인용.

있다. 그들을 임명하는 대통령과 수상도 정치인이고, 이들을 감시하는 의회도 정치인으로 구성되어 있기 때문이다. 언론도 마냥 호의적이지 않음은 물론이다. 더구나 시장안정화 정책을 집행하더라도 그 과정에서 생각지도 못하게 금융시장이 붕괴한다면 그 책임을 벗어날 수 없기에, 감독 당국이나 관료는 너무나 명백하게 위기 상황이 도래하지 않는 한 적극적으로 시장 버블을 꺼뜨리는 정책을 구사하기도 어렵다. 관료가 로비나 외부 압력에 취약하다면 그 가능성은 더욱 낮아진다.

결국 금융시장에 대한 희망의 유포리아가 사회 전체에 퍼져있는 상황에서 강력한 신용억제 정책은 실행하기 어려운 일이다. 금융회사의 파산이나 자산가격 붕괴로 인한 후유증으로 유포리아에 대한 환상이 어느 정도 깨져야 겨우 가능할 뿐이다. 하지만 그 조치가 너무 늦은 것임은 두말할 나위도 없다. 그 때문에 이러한 경험을 주기적으로 겪어 고통을 겪었던 나라들은 금융당국이 시류에 휩쓸리지 않고 정책을 취할 수 있는 법적, 제도적 장치를 강구해 왔다.

그 첫 번째로 생각해 볼 수 있는 방안이 금융회사의 자율규제를 강화하도록 제도를 마련하는 것이다. 하지만 기업의 조직적 특성을 볼 때, 금융회사의 자율적인 조절 기능이 제대로 작동하는 것은 한계가 있다. 기업은 이익을 목적으로 설립된 조직이고, 수직적 위계질서에 근거하여 의사결정과 행위가 이루어진다. 윌리엄슨은 기업이라는 조직이 형성된 이유를 시장 기능과 비교하면서 다음과 같이 설명했다.[29]

29 Williamson (1981).

시장에서의 거래는 거래비용을 지속해서 부담해야 하므로 장기적으로 효율적이지 않을 수 있다. 그러므로 거래비용으로 인한 비효율성을 축소하기 위해 거래의 내부화가 진행된다. 그리고 그 내부화의 가장 효과적인 방안의 하나가 기업이라는 조직을 만들어 운영하는 것이다. 내부화된 기업의 의사결정 과정은 권한, 명령, 지시 등을 통해서 움직이는 수직적인 위계 조직으로 구성되며, 기업은 의사결정 과정을 수직적으로 통합함으로써 효율성을 높인다.

이는 금융회사에도 마찬가지로 적용된다. 금융회사는 건전한 경영을 유지하기 위한 수단으로서 내부통제장치 및 위험관리조직 등을 만들고 운영한다. 그것은 내부적으로 견제와 균형 장치를 만들어 금융회사가 과도한 위험을 감수하는 편향을 막기 위함이다. 그러나 이러한 내부통제 및 견제 조직이 CEO의 영향력을 완전히 배제하는 것은 불가능하다. 수직적 위계질서하에서 내부의 어떤 구성원도 CEO에 의한 인사 및 보상 체계를 벗어날 수 없으므로, CEO 의사에 반하는 독자적 행위를 지속하는 것은 거의 불가능하다. CEO가 이익 목표 달성에 편향되어있는 한, 금융회사의 자체적인 위험관리는 제한될 수밖에 없다.

금융회사가 자율적으로 위험을 관리하는 데에 한계가 있는 상황에서 그나마 대안으로 내세울 수 있는 것은 정부가 금융규제와 감독을 통해 사전적으로 위험 요인을 통제하는 것이다. 실제 1929년 대공황 이후 미국을 비롯한 전 세계적으로 개편된 금융규제 및 감독 체계가 한동안 금융위기를 차단하는 데에 효과적이기도 했다. 하지만 정부개입이 항상 유효한 것은 아니다. 시장의 실패에 못지않게 정부의 실패가 발생할 여지도 크기 때문이다. 금융시장은 경제 발전에 따라 계속 변화하고, 그에 따라 금융시장 위험의 내용이나 금융위기가 구체적으로 발현하는 형태는 매우 새롭게 나타난다. 정부가 시장보다 앞서서 이러한 변화를 예견하고 차단할 수 있다고 생각하는 것은 오산이다. 때때로 정부의 조치가 금융시장의 기능을 제약하고 혼동을 일으켜 금융시장의 취약성을 악화시키는 방향으로 귀결되기도 한다.

위험은 금융의 속성이다. 금융시장의 위험이 존재하는 한, 우리가 금융위기로부터 자유로울 방법은 없다. 인간의 물질적 욕망이 있는 한 금융시장에서의 신용팽창과 자산가격 버블은 있기 마련이고, 이를 사전적으로 완벽히 차단할 수 있는 제도와 조직을 구축하는 데에 성공한 적도 없다. 그렇다고 한다면 금융시장의 위험과 금융위기에 대해서 이를 완전히 없애겠다는 생각은 아예 하지 않는 것이 좋다.

나는 민주주의나 시장경제나 본시 시끄러운 특성을 갖는다고 생각한다. 시장경제의 주체는 법적으로나 경제적으로나 독립적으로 결정하는 개인이다. 그러니 이들의 다양한 욕구가 충돌하고 경쟁하는 금융시장에서 아무런 갈등과 부작용 없이 조화롭게 자원배분이 이루어지리라 기대하는 것 자체가 무리이다. 그러므로 이를 완전히 제거하고자 하는 무리한 생각보다는 금융위기의 위협을 안고 사는 방법을 생각하는 편이 현명한 일이다.

금융위기는 시장이 항상 완전하지는 않음을 보여주는 분명한 사례이다. 그러므로 우리가 할 수 있는 것은 그러한 시장의 실패가 발생했을 때 그것이 심각한 경제적 피폐와 국민의 고통으로 확산하지 않도록 완충장치를 만드는 일이다. 이를 위해서 완벽하지는 않더라도 사전적으로 금융위기 가능성을 낮추고, 사후적으로 금융위기 수습을 효과적으로 할 수 있도록 꾸준히 제도를 개선하고 정부의 기능을 보완하도록 노력하는 것이 우리가 할 수 있는 최선일 것이다.

3장

구조조정

1

구제금융과 구조조정

은행 등 금융회사의 파산은 금융위기의 핵심이다. 은행은 비금융기업 판단 기준에 따른다면 부채비율이 너무나 높은 회사이다. 그러므로 예금인출 등으로 유동성이 감소할 때 은행은 쉽게 파산위험에 처한다. 하지만 예금자들이 아무 근거 없는 의심에서 예금인출을 하지는 않는다. 특정 은행에 대한 신용이 불신으로 전환되는 계기는 은행의 자산건전성 악화이다. 대량의 예금인출은 어떤 우연한 계기나 뉴스에 의해 자산건전성 악화에 대한 우려가 표면화됨으로써 통상 발생한다.

금융위기는 건전성에 대한 의심과 불신이 금융회사와 금융시장 전반으로 확산하는 일이다. 앞서 금융위기의 일차적 전조가 몇몇 금융회사의 파산위험이 표면화되는 것임을 확인했다. 이러한 금융위기의 전조가 발생했을 때 필요한 조치는 이것이 금융시장 전반으로 확산하지 않도록 하는 일이다. 그것은 단순한 선언으로 되는 것이 아니라 해당 금융회사의 구조조정을 통해 미래의 추가적인 부실에 대한 우려가 해소되어야만 가능하다.

금융회사의 건전성 회복을 위해서는 자산과 부채의 구조조정이 필요하다. 우선 손실에 대비한 완충장치로서 자본확충이 필요하다. 그리고 나쁜 자산을 골라내서 부실자산을 처분하고 상각하여 미래에 추가적인 손실이 없도록 자산 포트폴리오를 건전화해야 한다. 이것이 예금인출이나 자금인출을 방지할 수 있는 금융회사 신뢰 회복의 첩경이다. 이러한 은행의 구조조정은 기업 구조조정과 곧바로 연결된다. 은행의 자산매각과 여신축소 및 회수는 기업 전체에 대한 신용공급이 감소함을 의미한다. 따라서 상대적으로 신용의 질이 좋지 않은 기업은 그만큼 자금을 공급받지 못하고 회수될 가능성이 커지며, 결국 금융시장의 구조조정은 기업 생태계에서의 구조조정을 동반한다.

구조조정은 미래를 위한 것이고, 금융위기를 방지하는 첩경이다. 구조조정은 나쁜 부채를 제거함으로써 새로운 혁신과 산업을 일으키는 토양을 조성한다. 이미 부실화한 자산의 손실은 어떤 방식으로든 피할 수 없다. 그나마 선제적인 구조조정이 추가적인 사회적 비용을 최소화하고 산업생태계 전체를 위한 방안임은 그동안의 금융 역사가 증명해 주었다. 하지만 현실적으로 선제적인 구조조정은 매우 드문 사례였다. 그도 그럴 것이, 구조조정은 기업과 금융회사 모두가 곧바로 비용을 지불하고 엄청난 시련을 감내해야 하는 일이기 때문이다. 기업은 기존 사업을 정리해야 할 수도 있고 최악에는 폐업 절차를 밟아야 한다. 금융회사는 부실채권 상각으로 인한 손실을 반영해야 하고, 그 손실에 대한 책임 소재가 따른다. 이 때문에 금융회사가 부실자산을 숨기는 사례도 많다. 가장 흔한 방법이 대환대출(evergreen loan)이다. 원금을 갚을 능력이 없는 차입자에게 만기가 된 대출의 원금을 재대출함으로써 부실여신이 아니라 정상여신인 것처럼 은폐한다.

정책 당국자도 쉽게 구조조정 추진을 결정하지 못한다. 잘못하면 정부의 구조조정 추진이 금융시장에 팽배했던 우려를 확신으로 바꾸는 계기가 되어 금융시장이 더욱 혼란스러워질 수도 있다. 게다가 구조조정의 진행 자체가 정부가 건전성 관리에 실패했다는 책임을 묻는 것으로 귀결될 수도 있다. 이 때문에 정책 당국자가 구조조정의 필요성을 부인하고, 대신 금융시장의 혼란을 방지한다는 명분으로 금융회사나 부실기업에 대해서 구제금융을 제공하여 구조조정 없이 금융시장의 혼란을 넘어가고자 할 수도 있다. 가장 큰 문제는 구조조정을 하지 않고 구제금융을 통해서 문제를 덮어두는 것이다.

정부가 재무적 곤경에 처한 기업에 구제금융을 제공하려면 적어도 기업이 계속 유지될 때의 기업가치가 기업 청산 시 회수할 수 있는 청산가치보다 커야 한다. 장기적으로 기업 회생이 어렵다고 판단한다면, 기존에 투입된 비용을 매몰비용으로 생각하고 해당 기업의 정리 절차를 밟는 것이 사회적 비용을 최소화하고 해당 산업의 생태계를 건전하게 유지하고 미래를 위한 혁신의 여지를 남기는 일이다. 다만, 정부의 구제금융에 대한 판단은 개별기업의 재무적 상황뿐만 아니라 해당 기업의 생존 또는 파산으로 인한 사회적인 비용과 편익을 비교하여 이루어질 필요는 있다. 가령 어떤 기업의 파산은 그 기업이 속한 산업과 지역에 엄청난 부작용을 유발할 수도 있다. 해당 기업과 산업이 파산하고 새로운 산업이 성장하는 것을 기대할 수 있으나, 현실은 경제학 이론처럼 그 전환이 쉽게 이루어지지 않는 경우가 태반이다. 기업이 파산하면 보유했던 기계와 장치는 고철로 전락하고 이것은 새로운 산업의 성장에 기여할 수도 없다. 즉 자원이 아무런 비용 없이 순식간에 재배치되지는 않는 것이다. 또한 기업 파산으로 해고된 노동자가 새로운 일을 찾기도 쉽지 않다. 해당 지역과 산업생태계가 한번 파괴되면 이를 복구하기 위한 시간도 많이 소요되고, 때로는 아예 해당 산업이 회복하지 못하는 경우도 많다. 그러므로 정부의 구조조정은 거시경제적 차원에서 사회적 비용과 편익을 감안하여 판단되어야 한다.

하지만 구제금융을 제공한 경우에도 구조조정의 원칙은 동일하다. 첫째, 정부가 기업에게 구제금융을 제공하여 파산을 막기 위해서는 적어도 구제금융 제공으로 인한 사회적 순편익이 해당 기업이 파산할 경우보다 커야 한다. 만약 기업을 구제할 때 그 사회적 비용이 훨씬 크다면, 당연히 정부는 파산 절차를 질서 있게 진행시켜야 한다. 둘째, 구제금융을 제공할 경우 그에 대한 책임을 반드시 해당 기업의 주주, 채권자 및 여타 관계자 모두에게 물어야 한다. 즉 구제금융의 제공은 해당 기업의 구조조정과 함께 진행되어야 하는 것이다. 어떤 기업이 구제금융을 받을 정도로 부실화했다는 것은 어떤 이유로든 기업 경영에 문제점이 있었기 때문이다. 그러므로 구제금융과 함께 사업구조의 조정이나 경영진의 교체 등 구조조정을 같이 진행해서 구제금융 이후에 부실화가 다시 발생하지 않도록 경영 전반을 개선해야 한다. 이러한 구조조정은 기업과 시장의 도덕적 해이를 방지하기 위해서도 필요하다. 주주와 채권자 모두 그에 책임을 지고 시장에서 경각심을 가져야 산업생태계가 건전하게 발전할 수 있다.

1997년 우리가 경험한 외환위기는 부실기업 정리의 지체와 구조조정의 부재가 얼마나 경제에 재앙으로 귀결되는지를 보여준 사례이다. 1997년 외환위기 이후 우리는 혹독한 구조조정을 경험했다. 33개 은행 중 10개의 은행이 합병, 정리되었고, 1997~1999년 104개의 대기업이 파산 및 정리되었다. 외환위기 직후인 1998년 100만 명 이상이 일자리를 잃었고 −5.1%의 경제성장률을 기록하였다. 정부는 당시 GDP의 30%에 달하는 155조 원의 재정자금을 부실채권 정리에 투입해야 했다. 이처럼 극단적인 구조조정은 1960년대 이후 30년간 제대로 된 구조조정 없이 성장한 경제환경으로 인해 기업부실이 누적된 결과였다. 만약 기업에 대한 구조조정이 적절한 시점에 이루어졌다면 경험하지 않아도 될 일이었다.

한국에서 부실기업 문제가 가장 심각하게 표면화한 시기는 1970년대 후반 이른바 유가 급등을 계기로 경기침체가 심각하게 발생했을 때였다. 그때까지 기업은 차입에 의존하여 자금을 조달했고, 과잉투자의 결과 기업의 재무 건전성이 악화되면서 은행의 부실채권도 증가했다. 하지만 1970년대 말까지 부실기업에 대한 구조조정은 이루어지지 않았고, 그 결과 은행도 부실기업으로 인한 부담으로 건전성이 크게 악화했다. 시중 5개 은행의 총여신 대비 부실채권 비율은 1986년 가장 정점을 기록해 8.5%였고, 고정으로 분류된 금액을 포함해서 부실채권 비율을 계산하면 그 수치는 총여신의 17.3%에 달한 것으로 추정될 정도였다.[1]

1 5개 은행은 지금은 이름도 없는 상업, 서울신탁, 조흥, 제일, 한일은행이었다. 해당 수치는 저자가 추정한 수치이다. 이때 부실채권은 고정으로 분류된 자산을 제외하고 회수의문과 추정손실의 합계로 계산한 협의의 개념이다.

1986~1988년 소위 '3저 현상'으로 인한 경기활황이 나타나면서, 정부는 그동안 미뤄왔던 부실기업에 대한 정리를 시작하였다. 하지만 정부의 부실기업 정리는 구조조정과는 거리가 먼 것이었다. 주로 부실기업을 다른 기업에 인수시켜 파산을 막는 것이 주된 목적이었기 때문이다. 인수된 기업의 부실채권이 새로운 주인을 만났다는 이유로 정상채권으로 전환되었다. 내용은 변하지 않은 나쁜 부채이나, 겉만 멀쩡한 좋은 부채로 포장된 것이다. 더 나아가 정부는 인수된 부실기업을 지원하기 위해 원리금을 일부 면제 또는 유예하는 금융 특혜를 부여하기도 했다. 이처럼 구조조정 없는 외형적인 부실기업 정리의 부담이 결국 은행에 전가되었다. 정부는 은행의 부담을 보전하기 위해 다양한 지원 조치를 하기도 했으나, 구조조정 없는 부실기업 정리로 인해 발생한 금융시스템의 건전성 악화를 방지하기에는 매우 부족한 지원에 불과했다.[2] 또한 구조조정 없는 기업에 대한 지원은 은행과 기업이 정부의 지원에 의존해서 과거의 잘못된 관행을 지속하는 요인으로도 작용했다. 1990년대 들어와서도 은행과 기업의 행태는 마찬가지였고, 결국 한국경제는 외형 확대에도 불구하고 경제적 취약성은 더욱 악화되었다. 1997년 외환위기는 바로 이러한 문제가 드러난 계기였다.

2 정부는 은행의 부담을 고려해서 은행에 연 3% 금리로 1.7조 원의 한은특융을 지원했고, 주식시장 활성화에 편승하여 은행 증자를 허용하였으며 은행 수익 확보를 위한 금융자유화 조치도 진행했다.

2

일본의 버블과 장기침체

일본은 구조조정 없는 구제금융이 경제를 장기적으로 침체시킴을 보여주는 좋은 사례이다. 일본의 버블경제는 1991년을 정점으로 붕괴되었으나, 버블붕괴로 인한 기업과 금융회사의 부실화에도 불구하고 적기의 구조조정은 이루어지지 않았다. 어떻게 보면 부실화를 감당할 수 있을 정도로 당시 일본경제가 튼튼했던 것이 독이 되었을지도 모른다. 외환위기 이전 거의 매년 무역적자로 만성적인 대외채무국이었던 한국과 달리, 일본은 1960년대 후반부터 버블이 꺼진 1991년 이후까지도 계속 무역흑자를 기록하면서 대외채권국으로서의 지위를 유지했다. 재정적자가 확대되었으나 일본 국채의 대부분은 저축률 높은 일본 사람들이 보유했으니 대외적 요인으로 인한 정부부채 위기도 발생하지 않았다. 한국은 취약한 경제구조로 인해 외환위기를 경험하고 대외적인 구조조정 압력을 수용해야 했던 반면, 일본은 부실자산 증가와 버블경제의 후유증에도 불구하고 이를 버텨낼 수 있는 경제적 여력이 있었다. 실제로 자산버블이 꺼진 1990년대 초반에도 일본의 금융위기는 징후조차 없었다. 하지만 이것이 일본경제의 해악이었다. 일본의 구조조정 지연이 일본경제의 잃어버린 10년 또는 20년을 야기한 주요한 원인이었다.

일본경제의 버블은 1985년 플라자 합의로부터 출발한다. 미국은 경쟁력이 위축된 자국 산업 보호를 위해 엔화의 평가절상을 강력히 요구했고, 엔화는 1984년 1달러당 250.3엔에서 1987년 123.4엔으로 두 배로 평가절상된다. 경기침체를 우려한 일본 정부는 금리인하와 통화 팽창정책을 실시하는 한편, 내수진작과 해외투자를 장려하는 차원에서 금융규제도 완화하였다. 하지만 이러한 정책은 실물경제를 진작하기보다는 부동산 및 금융자산 투기를 확대하는 결과를 초래했다.

몇 가지 사례를 들어 당시 일본경제의 버블이 어느 정도였는지를 가늠해 본다. 일본의 막대한 유동성은 규제 완화를 배경으로 부동산 대출 증가로 나타났고, 이것은 부동산 버블을 불러일으켰다.[3] 절정이었던 당시 일본의 1인당 국민소득은 미국의 60~70% 수준이었으나, 1인당 토지의 시장가치는 미국의 4배였다. 일본 황궁이 있는 대지의 시장가치가 미국 캘리포니아주 전체의 부동산 가치보다 컸다.[4] 주식시장 역시 마찬가지였다. 1985년 9월 12,598이었던 니케이 225지수는 1989년 말 38,915로 4년도 되지 않아 3.1배 증가했다. 당시 일본 주식시장

3 은행을 중심으로 한 부동산대출 증가가 부동산버블의 주된 원인이었다. 일본의 은행들은 부동산대출을 중심으로 몸집을 확장하여 당시 자산기준 세계 10대 은행 중 7개가 일본의 은행이었을 정도였다.

4 킨들버거 & 알리버 (2006).

의 시가총액은 미국 주식시장 시가총액의 2배였다. 모든 사람이 투기 열풍에 빠져들었다. 정치인과 야쿠자가 개입했고, 기업은 정치인과 관료를 배경으로 본업보다는 투기로 막대한 돈을 벌었다. 생각할 수 있는 모든 것이 투기 대상이었다. 부동산과 주식 이외에도 예술품 및 골프 회원권에 대한 투기가 성행했고, 최고가 브랜드 명품과 보석 역시 예외는 아니었다.

다른 나라와 마찬가지로 일본의 버블도 붕괴되었다. 금융시장과 부동산시장이 너무 과열되었다는 판단으로 일본 중앙은행(BOJ)의 금리 인상과 정책 당국의 부동산 대출 제한 조치가 있었고, 이를 계기로 주가가 1989년 하반기부터 하락하기 시작했다. 이후 주가는 계속 하락하여 니케이 225지수는 버블이 시작되기 전인 1985년 초보다 낮은 8,000까지 내려가기도 했다. 부동산 가격은 1991년을 정점으로 하락해서 2003년의 가격 수준은 정점 대비 45%에 불과했다.

하지만 주식과 부동산 가격 폭락에도 불구하고 금융위기는 발생하지 않았다. 1990년대 중반까지 일부 금융회사의 파산이 있었으나 매우 작은 규모의 회사에 국한되었고, 은행에 대한 예금인출 사태도 없었다. 버블붕괴 초기 일본 사람들은 조만간 자산가격이 회복할 것이고 금융시스템 문제도 해결된다고 낙관했다. 정부도 별다른 구조조정 조치 없이, 주가 부양책을 수립하거나 은행이 기업으로부터 자금을 회수하는 것을 막는 등 금융시장을 회복시키려는 정책만을 취했다.[5] 그러나 부실자산이 정리되지 않고 누적되면서 1997년 결국 금융회사

5 Nakaso (2001) 참조.

의 부실화가 광범위하게 드러났다. 그해 4월 일본정부는 일본신용은행에 대한 구제금융 조치를 해야 했고, 이어서 11월 산요증권의 파산을 필두로 4대 대형증권사의 하나인 야마이치 증권사가 문을 닫았으며 지방은행 2개가 파산을 신청했다. 1998년 10월과 12월에는 일본장기신용은행과 일본신용은행이 각각 국유화되었다. 일본 정부는 부실금융회사 지원을 위해 총 30조 엔의 공적자금을 조성하여 이 중 17조 엔은 예금보험 지급 용도로, 나머지 13조 엔은 15개 은행의 자본확충을 위해 사용했다.

하지만 금융시장을 수습하는 과정에서도 구조조정 노력은 거의 없었다. 정부와 은행 모두 구조조정에 소극적이었다. 일본 정부는 긴급 유동성 공급이나 예금에 대한 지급 보장을 통해 금융시장의 혼란을 방지하는 데 주력했을 뿐, 부실화를 유발한 문제에 대한 근본적 해결은 미루었다. 1998년 정부가 은행의 자본확충을 위해 지원한 자금은 은행이 이미 인식한 손실만을 보완하기 위한 용도였을 뿐, 향후의 구조조정을 생각해서 지원한 자금은 아니었다. 정부는 여전히 은행에 기업대출 자금을 회수하지 않도록 적극 주문했고, 당연히 은행의 부실자산에 대한 규제와 감독도 느슨했다.

은행 역시 구조조정에 소극적인 것은 마찬가지였다. 대손상각으로 인해서 자기자본이 감소할 것을 두려워한 은행은 대환대출을 이용해서 부실채권을 정상채권으로 둔갑시켰다. 심지어 대환대출의 적용 금리가 기존 대출보다 낮은 경우도 많았다.[6] 이는 기업의 구조조정을 지연시키는 것뿐만 아니라, 은행의 수익성이나 건전성 회복도 어렵게 만들었다.

구조조정 지체의 가장 큰 악영향은 경제의 장기적 침체였다. 1992년부터 2021년까지 30년 기간 동안 일본의 누적 연평균 경제성장률은 0.67%였다. 그동안 일본이 저성장을 기록했던 원인으로 여러 요인이 지적된다. 가령 급격한 고령화가 일본 저성장의 주요한 원인이었음은 분명하다. 하지만 유사한 고령화를 경험한 다른 선진국보다 낮았던 일본의 성장률 정체는 인구 구조의 변화만으로 저성장을 설명할 수 없음을 보여준다.

구조조정 지연이 일본경제의 비효율성을 높여서 경제회복을 어렵게 만들었다. 그 구체적인 증거가 좀비기업의 증가이다. 좀비기업은 부실화되어 정리 또는 폐업 대상이 되어야 함에도 불구하고 금융지원에 의존해서 생존을 유지하는 기업을 지칭한다.[7] 몇 연구는 좀비기업이 다음과 같은 이유로 일본의 기업 생태계와 경제의 효율성을 저하시켰음을 주장했다.[8] 첫째, 좀비기업이 새로운 기업이 자라날 경제적 토양을 악화시켰다. 죽어야 할 기업이 저가를 무기로 계속 산업에 잔존함으로써, 새로운 기업이 들어올 여지를 줄이고 산업 전체의 생산성 증가에 장애 요인으로 작용했다. 둘째, 좀비기업의 존재는 고용에도 부정적인 영향을 주었다. 좀비기업이 폐업하지 않고 생존함으로써

6 골드만 삭스는 2001년 5월 보고서에서 일본 은행들의 부실채권이 공식적인 수치보다 최악의 경우에는 2배 더 많은 것으로 추정했다(Calorimis & Mason (2003) 참조).

7 Hoshi, Koibuchi and Schaede (2017)는 1992년부터 2003년의 분석 대상 기간에는 구조조정 기업에 대한 대출이 거의 감소하지 않은 비정상적인 일이 발생했음을 보여주었다.

8 Caballero, Hoshi & Kashyap (2003) 참조.

그 기업의 일자리는 유지되었다. 그러나 좀비기업의 존재가 새로운 일자리 마련을 어렵게 하고 노동자의 기업 간 이동을 억제함으로써 좀비기업 비중이 높은 산업일수록 전체적인 일자리 증가율은 낮았다.

일본은 거대한 신용팽창과 자산가격 버블에도 불구하고 금융위기를 경험하지 않았던 나라이다. 이는 일본 경제가 1990년대 초 그만큼 튼튼했음을 반증한다. 하지만 이것이 일본에는 독이었다. 은행과 정부가 부실자산의 정리와 구조조정을 소홀히 함으로써 늘어난 부실자산과 부실기업은 금융회사뿐만 아니라 일본경제 전반에 걸쳐 악영향을 주었다. 구조조정의 지체는 부실자산의 부담을 계속 확대하는 요인으로 작용하여 경제 생태계의 건전성을 악화시키고, 혁신과 경쟁을 억제하여 경제의 활력을 저해했다. 아무리 튼튼한 경제이고 이를 충분히 감당할 여력이 있더라도 부실자산과 기업에 대한 구조조정은 언제나 이루어져야 한다. 부실화 부담은 해결 전까지 사라지지도 않으며, 그 해결 전까지 더 많은 부담이 되어 경제를 짓누른다.

3

미국의 자동차산업 구제

미국이 자유시장경제의 중추라고 믿었던 사람들은 2008년 글로벌 금융위기 동안 있었던 미국 정부의 행태를 보며 배신감을 느꼈을 듯하다. 외환위기 시 우리가 구제금융을 받을 때 조건으로 제시된 것과는 정반대의 조치가 이루어졌기 때문이다. 1997년 외환위기 시 국제금융기구는 부실기업을 지원해서는 안 되며 시장 원리에 따라 파산시켜야 한다고 했고, 그렇지 않으면 국가의 신용도도 높아지지 않는다고 했다. 그로 인해 극심한 구조조정이 이루어진 산업 중 하나가 자동차산업이었다. 삼성이 자동차산업에서 철수했고, 기아차는 부도 이후 현대차로 인수되었다. 이외에도 쌍용차 역시 지루한 구조조정 과정에 들어갔다. 하지만 2008년 미국 정부는 파산위험에 직면했던 자동차회사를 직접 지원하기로 결정했다. 스스로 구제금융 요청을 철회한 포드를 제외한 GM과 크라이슬러 두 개 회사에 200억 달러에 달하는 구제금융을 제공한 것이다.

미국 정부의 지원 계기는 글로벌 금융위기가 고조에 다다른 2008년 11월 GM, 포드, 크라이슬러 회사의 CEO가 공동으로 미국 정부에 구제금융을 요청한 데 있다. 글로벌 금융위기로 인해 자동차 할부 판매가 어려워지면서 이들 3사는 급격한 매출 저하로 파산위험에 직면했다. 하지만 3사의 파산위험이 순전히 금융위기로 발생한 일시적인 유동성 부족 때문만은 아닌 것으로 보인다. 미국 자동차회사의 지속적인 경쟁력 약화라는 구조적 요인도 크게 작용했다. 사실 미국의 3대 자동차회사는 세계시장에서 그 경쟁력이 약화된 지 오래였다.[9] 3사의 미국 내 시장점유율은 1998년 71%에서 10년이 지난 2008년 47%로 크게 떨어졌다. 부시 행정부는 파산위기의 심각성을 인지하고 2009년 1월 GM과 크라이슬러에 2월까지 회생계획안을 제출하는 것을 전제로 200억 달러를 빌려주었다.[10] 정권을 이양받은 오바마 행정부는 2월 회생계획안을 검토하고, 최종적으로 GM과 크라이슬러에 대한 구제금융을 인정하고 추가 지원도 결정했다.

미국 정부의 태도가 자유시장경제 원리에 합당하지 않다고 비판하려는 것이 아니다. 자유시장경제의 원리를 다른 나라에 그렇게 주장하는 미국이 그와 정반대의 행위를 하는 것이 엄연한 현실이다. 미국 정부의 행위가 시장경제에 반하는 것이고 경제를 오히려 악화시킨

9 글로벌 금융위기 직전인 2007년 GM은 400억 달러, 포드는 30억 달러 손실을 기록했다. 이하 Goolsbee & Krueger (2015) 참조.

10 이 자금은 2008년 긴급경제안정화 법에 따라 설치된 부실자산구제프로그램(Troubled Asset Relief Program, TARP) 펀드를 통해 지원되었다. 포드는 정부 지원 없이 자구책을 구하기로 하여 정부에 구제금융을 요청하지 않았다.

다고 비판하는 것도 충분히 일리가 있는 지적이다. 하지만 앞서 언급했듯이 금융위기가 발생하고 경제에 큰 비중을 차지하고 있는 거대한 기업이 파산할 때, 정부가 이를 시장에 맡기면서 수수방관하는 것은 현실적으로 어려운 일이다. 정치적인 판단으로 본다면 정부가 능히 할 수 있는 일이다. 정부개입의 정당성에 대한 논란을 떠나서 우리가 미국 정부의 조치에서 주목해야 할 것은 미국 정부가 이 과정에서 진행한 절차와 사후 조치의 내용이다. 이것이 정부가 기업의 파산위험에 대응하여 구제금융을 할 때 반드시 참고해야 할 사항이다.

첫째, 오바마 정부는 전체 경제적인 관점에서 구제금융의 비용과 편익을 분석하고, 그에 입각하여 정책 결정을 내렸다. 즉 개별 기업의 재무구조뿐만 아니라 기업의 파산 또는 생존이 산업, 지역 및 경제 전체에 미치는 영향을 다각적으로 검토해서 구제금융 여부를 판단했다. 이때 사회적 비용의 산출은 국민의 세금 부담이라는 관점에서 접근했다. 구체적으로 대통령 자문기관인 미국 국가경제위원회(National Economic Council)는 다음과 같은 이유를 들어 자동차회사에 대한 지원이 바람직하다고 판단했다.[11] 동 위원회는 자동차회사가 파산할 때, 연관 산업의 타격이나 공급사슬의 파괴 효과가 너무 크고, 미국 자동차산업의 미국 내 시장점유율도 크게 하락할 것으로 판단했다. 이러한 부정적 효과를 감안할 때, 자동차회사를 구제하는 것이 국민의 세금부담도 적게 들고 장기적으로 미국경제의 성장에도 유리하다고 판단했다.

11 Rattner (2010) 참조.

둘째, 구제금융의 결정은 투명한 절차에 따라 이루어졌고, 국민의 세금 부담에 대한 책임 소재도 분명히 했다. 우선 미국 국가경제위원회는 자신들의 판단 근거를 충실히 기록하고 공표함으로써 사적인 목적의 이권 개입을 차단하려고 했다. 이들은 구제금융의 논거도 투명하고 명확하게 규정했고, 그것이 누구의 결정인지도 명확하게 했다. 특히 이 과정에서 주목할 일은 당시 동 위원회의 결정과 대통령의 결정이 달랐다는 점이다. 동 위원회는 GM은 구제하나 크라이슬러는 지원 대상에서 제외하는 것이 바람직하다고 평가했으나, 미국 정부는 크라이슬러도 지원하기로 최종 결정했다. 당시 오바마 대통령은 크라이슬러도 지원하는 이유로 정치적, 사회적 현실을 감안한 결정이라고 언급하여 자신의 행위가 정치적 판단이며, 대통령 자신이 책임질 것임을 분명히 했다. 기업 파산이라는 문제가 전체 경제 및 사회적 이슈로 확장될 때, 정부가 고도의 정치적 판단에 입각해서 구제 조치를 결정하는 것은 동서고금을 막론하고 당연히 있을 수 있는 일이다. 이때 최종결정권자인 대통령이나 수상이 그 결정의 정치적 책임을 지는 것이고, 정부는 대신 국민에게 해당 조치의 이유나 근거 등 모든 조치의 과정을 투명하게 설명하고 이해를 구해야 하는 것이 민주주의 정부에서 해야 하는 올바른 절차이다.

오바마 대통령은 이러한 정치적 판단과 결정과 관련해서 운이 좋았던 듯하다. 왜냐하면 위원회 다수가 크라이슬러가 5년까지 생존할 가능성이 높지 않다고 보았으나, 5년이 지난 후 GM은 물론이거니와 크라이슬러도 경영 실적이 회복되었고, 지원한 공적자금도 모두 회수했기 때문이다. 그만큼 아무리 전문적인 판단이라고 하더라도 미래를 완전히 예측하기는 어려운 셈이다. 이 점에서 보더라도 정부의 최고책임자가 경제 현실과 국민의 처지를 감안하여 정치적으로 판단하고 결정할 여지는 필요하다. 그럼에도 불구하고 우리는 투명하고 적절하게 진행된 정치적 결정마저도 법적 잣대로만 평가하고 트집을 잡는 관행을 흔히 볼 수 있다. 공정한 듯 보이지만 얼마나 어리석은 일인가?

셋째, 구제금융 조치는 GM과 크라이슬러 내부의 기업구조조정을 전제조건으로 집행되었다. 일본의 경우와 달리 미국 두 자동차회사는 구제금융를 받는 대신 회생계획안에 따라 철저한 구조조정을 진행해야 했다. GM의 채권자는 부채를 보유가치보다 낮은 비율로 주식으로 전환했고, 기존 주식의 상각도 동시에 진행되었다. 이러한 채권자와 주주의 구조조정 비용 분담을 전제로 두 회사의 자본구조를 강화하는 지원 조치가 이루어졌다. 주요한 이해관계자인 노동자도 비용을 부담했다. 2012년까지 고용을 절반으로 줄이는 것을 약속했고, 신규 취업자는 확정급부형(DB) 연금이 아닌 확정기여형(DC) 연금인 401K에 가입하도록 퇴직연금제도를 개편하는 등 노동자에 대한 보상 체계도 축소되었다. 이와 함께 딜러 부문을 포함한 주요 사업 부문의 조직이 대폭 축소되는 등 사업 부문의 대폭적인 구조조정이 있었고, CEO를 비롯한 다수 이사와 주요 경영진이 해고되고 교체되었다. 기업 관련자 모두가 구제금융으로 인한 비용을 지불했고, 이러한 구조조정이 기업의 비용을 대폭 절감하는 데에도 기여했다.

구조조정은 현재가 아닌 미래를 위한 것이다. 구제금융을 받은 기업이 자생력과 건전성을 갖추도록 하는 것이자 구제금융의 혜택을 받은 기업의 관련 당사자들이 비용을 지불하도록 함으로써 구제금융으로 인한 도덕적 해이 등 부작용이 향후에 발생하지 않도록 하는 일이기도 하다. 물론 이 두 회사에 대한 구제금융과 구조조정이 항상 순조롭지만은 않았다. 두 회사에 지나치게 많은 혜택이 주어졌고 구조조정도 불완전했다는 비판도 많았다. 하지만 미국은 일본과 비교할 때 구제금융을 지원하면서도 지원받은 두 회사에 대한 구조조정을 훨씬 적극적으로 진행했다. 그리고 이러한 구조조정의 차이가 완전히 다른 결과를 가져왔다. 우리가 일본과 미국의 구제금융과 구조조정 과정을 비교하고 타산지석으로 삼아야 하는 이유이다.

4

노키아의 몰락과 핀란드 경제

미국의 자동차산업에 대한 구제금융은 결과적으로 성공이었다. 하지만 막대한 자금을 일반 기업에 퍼부어도 아무런 문제가 없었던 것은 미국이었기 때문이라고 할 수 있다. 미국의 달러는 국제통화이고, 세상에서 가장 신뢰받는 금융자산이다. 그러므로 막대한 달러를 공급하여 기업과 금융회사를 지원했음에도 불구하고 미국의 달러에 대한 신뢰는 상실되지 않았다. 이것은 미국 이외의 다른 나라에서는 쉽게 상상하기 어려운 일이다. 정부의 재정 건전성 악화로 대외 신용도가 하락하면 1997년 한국처럼 이른바 '국가부도' 위기에 직면할 수 있기 때문이다. 그러므로 경제와 산업에 아무리 중요한 기업이라고 할지라도 정부가 이를 구제하는 것은 쉬운 일이 아니다. 특히 대기업 집중도가 높은 나라는 더욱 딜레마에 처한다. 대기업 파산이 경제에 미치는 영향은 당연히 크지만, 이를 구제하기 위한 은행과 정부의 부담도 그만큼 더 커지기 때문이다.

그 점에서 핀란드 노키아의 사례는 우리에게도 많은 시사점을 준다. 노키아는 애플의 스마트폰이 나오기 전까지 세계 1위의 휴대폰 생산업체로서, 핀란드 경제에서 차지하는 비중은 엄청났다. 노키아는 2000년 핀란드 GDP의 4%를 생산하였는데, 당시 노키아의 성장 기여도는 당해 연도 핀란드 경제성장률 5%의 절반에 해당한 것이었다.[12] 노키아가 1999년부터 10년간 납부한 세금은 매년 전체 법인세의 10% 이상이었고, 2003년에는 최대 23%에 달하기까지 했다.[13] 단순히 양적인 영향력만은 아니었다. 노키아는 전자통신부문에 집중된 핀란드 제조업 발전의 중심이었고 산업 전체의 생산성 향상을 주도한 기업이었다.

하지만 노키아의 추락은 순식간이었다.[14] 노키아의 시장점유율은 2009년 상반기 전 세계의 50%였으나, 2009년 하반기부터 매출이 하락하여 2010년 4분기의 시장점유율은 삼성전자 등 안드로이드폰 계열의 핸드폰보다 낮아졌고 2011년에는 5% 미만으로 추락했다. 이 결과 노키아의 현금흐름은 2012년에 적자로 전환되었고, 곧이어 노키아의 신용등급이 정크본드로 하락함으로써 노키아가 조만간 파산할 것이라는 전망이 금융시장에 확산되었다. 이후 진행했던 자구노력이 모두 실패로 끝나자, 노키아는 2013년 마이크로소프트에 주력 업종이었던 휴대폰 부문을 매각하고 통신장비 및 네트워크 인프라 기업으로 완전히 전환하였다.[15]

12 Ali–Yrkkö (Ed., 2010) 참조.

13 Ali–Yrkkö (Ed., 2010) 참조.

14 이하의 내용은 Megerle (2019) 참조.

물론 노키아가 이 과정에서 파산한 것은 아니었다. 실제로 2012년의 심각한 적자에도 불구하고 외부로부터의 재무적 지원을 받을 정도로 현금흐름이 악화한 것은 아니었으며 신속한 사업 부문 매각을 통해 재무구조도 곧바로 개선했다. 또한 노키아는 미국의 자동차회사와 달리 정부의 지원 없이 자구노력을 통해서 위기를 탈출했다.[16] 노키아의 어려움이 핀란드의 금융위기를 불러일으킬 정도로 심각한 것도 아니었던 것이다. 하지만 노키아의 자체적인 구조조정은 핀란드 경제에 한동안 심각한 악영향을 주었다. 노키아의 핸드폰 사업 부문 정리는 관련 산업에 커다란 타격을 안겼고, 핀란드의 실업률을 높이는 악영향도 주었다. 비록 파산하지는 않았음에도 불구하고 노키아가 핀란드 경제에서 차지하는 비중이 매우 컸기 때문에 핀란드 경제에는 매우 큰 영향을 미친 것이다.

이 결과 핀란드 주위의 다른 북유럽 국가가 글로벌 금융위기의 타격에서 벗어난 것과 달리, 핀란드는 2012년부터 2014년까지 3년 연속 마이너스 경제성장률을 보였다. 이것은 유럽 중에서도 당시 부채 문제가 심각했던 이탈리아와 사이프러스를 제외하고 가장 성장률이 낮은

15 노키아가 몰락한 원인으로서 스마트폰으로 인한 산업환경의 변화에 적응하지 못한 경직성을 지적하기도 한다. 특히 하드웨어에 집중한 나머지 소프트웨어 체계를 제대로 개발하지 못하고, 결국 안드로이드폰 체계에 의해서 도태되었음을 지적한다. 그 과정에 대해서는 Cord (2014) 참조.

16 하지만 당시 노키아의 이사회 의장이었던 리스토 실라스마의 회고록을 보면 핀란드 정부는 노키아의 상황을 예의주시했고, 노키아 경영진과 대화 채널을 지속했다. 직접적 개입은 없었지만 그만큼 노키아가 핀란드 경제에 미치는 영향이 매우 컸기 때문이었다. 이에 대해서는 실라스마 (2019) 참조.

수치였다.[17] 노키아가 핀란드 경제에 미친 악영향은 광범위하게 나타났다. 휴대폰을 비롯한 전기, 전자장비 분야 수출은 2000년대 전반기 핀란드 수출의 25%를 차지했으나, 2013년에는 8.4%로 비중이 하락했다.[18] 또한 노키아에서 해고된 종업원 중 약 75%만이 2017년까지 재취업한 데서 알 수 있듯이, 노키아의 사업 축소는 핀란드 실업률을 증가시키는 요인이 되었다.[19] 이것이 핀란드 정부의 재정을 악화시키는 데도 일조했음은 물론이다.

이러한 고통에도 불구하고 핀란드는 노키아 몰락으로 인한 후유증을 잘 극복한 것으로 평가받고 있다. 그것은 아무리 경제에 비중이 큰 기업이 파산한다고 하더라도 구제금융만이 정답은 아니라는 점을 시사한다. 물론 일시적인 고통을 겪을 수 있지만, 그에 잘 대처하면 슬기롭게 극복할 수 있는 것이다. 핀란드 정부는 세금을 이용하여 노키아를 지원하는 일은 하지 않았다. 대신 핀란드 정부는 노키아가 사업을 전환하면서 해고된 종업원을 지원하는 정책에 주력했다. 노키아는 2011년 대규모 해고를 진행하면서 소위 해고된 종업원이 새로운 고용기회를 발견할 수 있도록 지원하는 '브리지 프로그램'을 실행했다. 그리고 이 프로그램은 정부의 지원 정책과 연계되어 진행되었다. 핀란드 정부는 일시 해고된 노동자에 대한 보조금 지급과 다양한 지원 제도를 마련하여 이들이 새로운 일자리에 취업하는 것을 지원했다. 앞서

17 당시 핀란드 경제 침체는 노키아 몰락 이외에도 러시아와의 관계 악화와 핀란드 주력산업이었던 제지산업의 침체에도 그 원인을 찾을 수 있다.

18 강유덕 외 (2016).

19 Ali-Yrkkö 외 (2022).

보았듯이 2017년까지 해고된 노동자의 75%만이 새로운 일자리를 얻었지만, 이러한 일자리 전환은 다른 나라보다는 매우 신속히 이루어진 것이었다. 브리지 프로그램에 의해서 2011년 해고된 종업원의 60%가 이직 전 이미 새로운 진로를 마련했고, 이들에 의해서 1천여 개의 회사가 설립되었다. 이 결과 정보통신기술(ICT) 부문 전체의 고용은 증가했다. 즉 게임산업 등 새로운 산업으로의 전환이 새로운 일자리 마련으로 이어져 노키아의 구조조정으로 인한 일자리 감소를 메운 것이다. 결국 핀란드 경제는 약 4년간 고통스러운 산업 전반의 구조조정과 경제 침체를 경험했지만, 새로운 ICT 부문의 활성화로 2016년부터 다시 회복할 수 있었다. 노키아의 구조조정을 새로운 기업의 출현과 혁신을 위한 계기로 마련한 덕분이었다.

핀란드의 경제회복은 구조조정 과정에서 인적자본의 가치를 유지하는 것이 얼마나 중요한지를 보여주는 교훈이다. 노키아는 자신의 생존을 위해서 핸드폰 사업을 포기했고, 핀란드 정부도 이를 구제하기 위한 별도의 노력을 하지 않았다. 이것은 경쟁력이 약화된 사업을 포기하는 일이기도 했다는 점에서 미국의 자동자산업에 대한 구제와는 완전히 다른 해법이었다. 이른바 기존 산업의 파괴가 일어난 셈이다. 10년 이상이 지난 핀란드 경제가 얼마나 이를 극복했는가에 대해서는 견해차가 있을 수 있다. 또한, 미국과 같이 정부가 노키아를 직접적으로 지원하는 것이 더 도움이 되었을 것이라는 판단이 있을 수 있다. 그럼에도 불구하고 핀란드 경제가 노키아라는 기업의 실질적인 해체에도 불구하고 예상보다 그 회복이 빨랐다는 것이 일반적인 평가이다.

그 회복에 가장 중요한 기여를 한 정책이 기업해체 과정에서 발생하는 인적자원의 손실을 최소한으로 줄이고자 했던 노동정책이었다. 핀란드 정부는 노키아의 사업 정리로 해고된 실업자를 위한 특별 구제정책을 실시했고, 특히 이들이 새로운 업종에서 직업을 찾는 데 정책의 초점을 맞추었다. 창조적 혁신도 사람이 온전해야 가능하다. 적어도 핀란드는 파괴적 혁신이 지속되는 과정에서 국민을 보호했고, 이들의 전문적 지식과 경험이 새로운 산업에 적용될 수 있도록 노력하여 성과를 거두었다. 사람을 보호하지 않고서는 미래의 혁신과 발전을 이룰 수 없음을 명심해야 한다.

2부

금융위기의 현재

국경을 넘나드는 국제적인 자금흐름, 은행 부문을 벗어난 자본시장으로부터 시작된 글로벌 금융위기, 그리고 정부의 개입 강화 흐름은 향후 금융위기가 이전과는 다른 양상으로 전개되고 파괴력도 훨씬 클 수 있음을 시사한다.

4장

가계부채와 부동산금융

1

가계부채는 왜 증가했나?

최근 가계부채로 인한 금융위기 가능성에 대한 우려가 크다. 제2차 세계대전 이후 금융부채에서 차지하는 가계부채 비중이 커졌고, 그로 인해 금융안정성이 저해될 수 있다는 걱정도 늘어났다. 이것은 우리나라도 마찬가지다.

가계대출을 넓게 보면 주택담보대출, 신용대출, 신용카드 대출, 대부업에 의한 초단기 대출 등 다양한 형태가 있다. 하지만 선진국 대부분의 가계대출은 주로 주택담보대출이다.[1] 가계대출이 주택담보대출을 중심으로 증가한 배경에는 주거복지 확대를 위한 정책적 배려가 있다. 주거복지는 복지정책의 핵심 대상이다. 그런데 주택을 마련하는

1 한국은 예외적으로 가계대출 중 신용대출 비중이 높은 나라이다. 그리고 신용카드 이용액과 신용카드사의 현금 대출(현금서비스에 해당)은 구분이 필요하다. 신용카드 이용액은 대부분 거래 신용(Trade Finance)에서 발생하기 때문에, 가계부채를 산정할 때 포함하지 않는 경우도 많다.

것은 토지매입과 주택건설을 위한 비용이 수반되는, 일시에 많은 돈이 필요한 일이다. 개별 가계가 좋은 집을 얻기 위해서는 자신의 소득으로 감당할 수 없는 목돈이 필요하므로 이에 대한 해결이 필요한 것이다. 독일이나 북유럽 국가들은 공공임대제도를 확대하여 상대적으로 낮은 소득을 가진 국민이 주거복지를 어느 정도 충족할 수 있도록 하였다. 반면 미국은 모기지(Mortgage) 금융을 통해 주택을 구입해 살고 이를 생애 전체에 걸쳐 갚도록 주거복지 정책을 설계했다.

나라마다 다르지만, 가장 먼저 모기지 제도를 발전시킨 미국의 제도적 특성은 다음과 같다. 첫째, 모기지는 통상 20년 이상의 장기대출이다. 둘째, 모기지는 고정금리이며, 이자와 함께 원금도 주기적으로 상환하는 분할상환대출이다. 셋째, 가계가 원리금을 갚지 못하면 대여자는 담보인 주택 처분권을 갖는다. 대신 대여자가 가계에 원리금을 청구할 소구권도 소멸된다.[2] 이렇게 설계된 모기지는 사회에 진입한 청년층이 주택을 구입해서 주거복지를 누리는 것을 가능하게 했다. 그리고 금융시장과 무관하게 처음 확정된 원리금을 고정적으로 상환하도록 함으로써 가계가 직업을 유지하는 한 파산하지 않도록 배려했다. 이처럼 모기지 제도를 복지정책 차원에서 도입한 것은 대공황의 교훈 때문이었다. 미국도 대공황 이전에는 주택금융은 5년 정도의 단기대출이 대부분이었다. 대공황 시기에 주택가격이 고점 대비 50% 이상 하락했고, 그로 인해 미국 전체 가구의 10%가 파산하는 대혼란

2 이 조항을 비소구권(Non Recouse)이라 한다. 이와 달리 우리나라와 유럽 국가 다수의 모기지는 소구권이 있다.

이 발생했다. 이를 교훈 삼아 가계의 주거복지를 안정화하는 데 초점을 맞춘 장기대출, 고정금리 및 비소구권을 특징으로 하는 모기지 제도가 설계된 것이다. 모기지 제도의 확산은 미국 가계의 주거복지 확대에 크게 기여하여 미국의 주택보유율은 1940년 43.6%에서 1960년 60%를 넘어설 정도로 단시일 내에 크게 증가했다.[3] 그러므로 모기지 제도가 발전한 나라에서 가계부채가 증가한 것은 자연스러운 일이다. 1940년대 이후 미국 가계의 부채 증가는 어떤 의미에서는 주거복지가 확대되는 징표로 생각할 수 있다. 이것은 다른 선진국에서도 마찬가지였다. 전후 폐허를 재건하는 과정에서 가계에 대한 모기지 공급은 경제가 발전하고 국민의 주거복지가 확산되는 과정이기도 했다.[4]

하지만 1990년 후반부터의 가계부채 확대는 주거복지 향상과는 거리가 멀어졌다. 이 시기부터 가계부채의 증가 속도가 빨라져, 선진국의 GDP 대비 가계부채 비중은 1990년대 중반 이후, 특히 2000년대 들어서면서 글로벌 금융위기 직전까지 급격히 증가했다(〈그림 4.1〉 참조). 하지만 이때부터 가계부채가 더 이상 주거복지를 개선하는 데 크게 기여하지 못했다. 미국의 GDP 대비 가계부채 비중은 2000년 69.4%

3 대표적인 기관으로는 주택 관련 지원 기관으로서 1936년 설립된 연방주택청(Federal Housing Administration)과 모기지를 증권화하는 기관으로서 1938년 설립된 연방전국모기지협회(Federal National Mortgage Association; Fannie Mae)가 있다.

4 상대적으로 미국보다 모기지 비중이 크지 않지만 유럽에서도 장기 주택담보대출이 주택금융의 기준으로 발전하였다. 미국처럼 별도의 모기지 지원 공적금융기관은 없었지만, 독일 등 유럽 북부의 경우에는 커버드 채권 등의 형태로 장기 주택담보대출을 증권화하는 제도가 발전하였다.

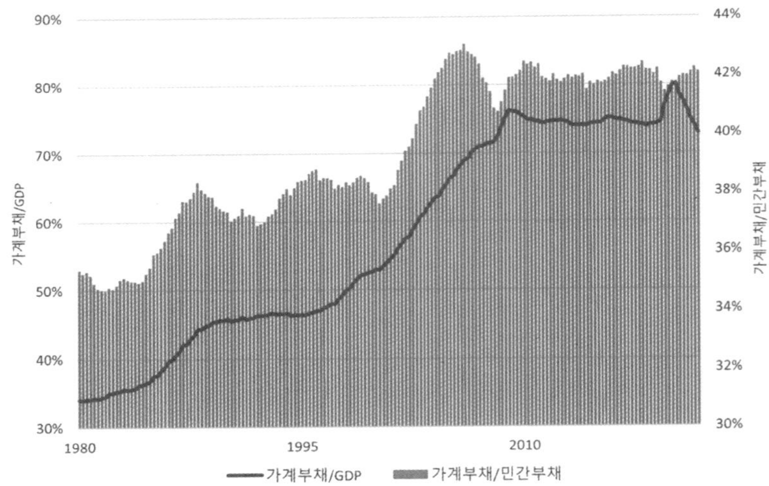

그림 4.1 선진국의 가계부채 추이

* 14개국(노르웨이, 독일, 미국, 벨기에, 스웨덴, 스페인, 영국, 이태리, 일본, 캐나다, 포르투갈, 핀란드, 프랑스, 호주)의 단순평균치(1980년 4/4분기~2022년 3/4분기)

자료: BIS Data Warehouse, https://stats.bis.org/

에서 5년이 지난 2005년 92.9%로 크게 증가했으나, 주택보유율은 동 기간 67.5%에서 68.5%로 1%만 증가했을 뿐이었다. 반면 실질 주택가격은 동 기간 누적으로 61.5%, 연간으로는 10.1% 급등하여 주택 보유 비용이 높아짐으로써, 주거복지 여건은 오히려 악화되었다.[5] 이 과정에서 부동산 투기 목적의 가계부채 증가가 늘어나면서 서브프라임 모기지(subprime mortgage)와 같은 취약한 형태의 가계대출이 증가하고, 가계부채의 건전성도 악화했다.

1990년대 후반 이후 가계부채가 급격히 증가한 것은 무엇보다도 다

5 Real Residential Property Index(2010년=100)에 의거하여 산출하였다.

음과 같은 이유로 금융시장에 신용공급이 확대되었기 때문이다. 첫째, 당시 많은 나라에서 국제적 자본이동 자유화를 크게 허용한 것이 가계부채 증가를 유발했다.[6] 해외자금이 급격히 증가한 나라에서는 예외 없이 가계부채가 증가했는데, 급격한 자금 증가로 기업대출 이외의 부문으로 대출 확대가 필요했던 탓이다(4장의 3 참조). 둘째, 정부 정책의 변화가 가계부채 급증을 유인했다. 1990년대 미국과 유럽은 재정지출 확대가 어려워지면서 금융정책을 이용한 주거복지 정책을 강화했다. 서브프라임 모기지가 증가한 이유의 하나는 클린턴 정부가 저소득층의 주택보유율을 높이려고 주택금융 규제를 완화한 제도적 변화 때문이었다. 북유럽 국가는 재정건전화의 일환으로서 공공임대주택을 위한 재정지출을 축소한 대신 주택담보대출에 대한 세제지원 제도를 도입하여 가계부채가 늘어날 유인을 제공했다. 셋째, 금융시장 자체적으로도 파생상품의 발전과 증권화 진전에 힘입어 가계부채에 대한 신용공급을 확대했다. 대출기관이 파생상품과 증권화상품을 활용하여 자신의 주택담보대출 관련 신용위험을 시장에 전가할 통로가 확대됨으로써 대출기관은 더욱 많은 가계대출을 할 수 있었다. 결국 정부의 주거복지 지원을 위한 금융정책의 확대와 금융환경 변화를 활용한 금융회사의 이익 추구 목적의 가계대출 증가가 과도한 가계부채를 양산한 것이었다. 이러한 가계부채의 과잉이 주택 및 부동산 가격 상승을 유발함으로써 원래의 목적인 주거복지는 가계부채 증가에도 불구하고 그리 개선되지 않았다.

6 국제자본이동과 파급효과에 대해서는 제6장에서 자세히 살펴본다.

2

부동산금융과 금융위기

많은 사람들이 급증한 가계부채가 금융위기를 유발할 것을 우려하고 경고한다. 금융위기 발생 이전에 가계부채가 증가한 경우가 대부분이었지만, 가계부채의 급증 자체가 금융위기의 직접적 원인이었던 적은 없었다. 주택담보대출이 아니라 기업형 부동산금융의 과잉이 문제였다.

가계부채의 다수를 차지하고 있는 주택담보대출도 부동산금융의 하나이다. 주택담보대출이 가계대출의 주된 형태인 이유는 가계에 대한 신용도 판단이 쉽지 않기 때문이다. 기업대출의 목적은 이윤 창출을 위한 투자이다. 그러므로 은행의 기업대출 심사는 기업이 투자하고자 하는 자금의 용도와 해당 사업의 성공 여부를 가늠하여 이루어진다. 반면 가계대출의 목적은 소비이다. 가계는 장차 들어올 소득으로 원리금을 상환할 것으로 기대하고, 현재 필요한 소비를 위해 자금을 차입한다. 그러므로 가계대출 여부는 차입자의 미래소득에 대한 판단에 의존해서 결정되며, 기업대출과 달리 소비의 목적과 내용이 신용 평가에 미치는 영향은 크지 않다. 그러나 가계가 미래에 상환능력이 있는지를 판단하기는 쉽지 않다. 직장을 잃거나 사업에 실패할 수도 있고, 때로는 차입자가 아예 지금과는 다른 직업과 인생을 살 수도 있다. 또한, 금융회사가 대출 심사를 철저히 할 수 있더라도, 가계대출의 건당 규모가 작아 대출당 비용이 커지기 때문에 수지 타산이 맞지 않는다. 이때 부동산 담보가 금융회사의 고민을 크게 줄여준다. 가계의 원리금 미상환 시, 금융회사는 부동산을 처분해서 원리금을 회수할 수 있다. 금융회사는 주택을 담보로 잡힌 가계가 주거지 상실을 두려워하여 원리금을 잘 상환할 유인이 크다고 판단한다.

담보 이용은 매우 오래전부터 있었다. 고대 대표적인 도시국가였던 아테네에서는 선박이 담보로 활용되었다고 한다. 지중해 무역이 활발했던 아테네에서는 생산활동의 가장 중요한 수단이 선박이었기 때문이다. 하지만 선박은 담보로서 약점이 있다. 무역업자에게 선박을 담보로 돈을 빌려주었다면 풍랑을 맞아 선박이 침몰하여 무역업자의 원리금을 상환받을 수 없을 때 담보 역시 물속으로 사라져 담보 효과가 완전히 상실될 것이기 때문이다. 그러므로 가장 좋은 담보는 차입자의 경제활동과 무관하게 그 가치를 유지하는 특성을 가져야 한다. 그 점에서 부동산은 좋은 담보로서의 성질을 갖고 있다. 토지는 지진으로 땅이 사라지지 않는 한 항상 그 자리에 있는 자산이다. 부패하거나 훼손되는 것도 아니어서 가치의 안정성도 있었다.

하지만 토지 등 부동산이 대출을 위한 담보로 본격적으로 활용된 것은 근대사회에 들어와서이다. 재산권이 확립되지 않은 사회에서 부동산은 불안정한 담보였다. 봉건영주나 국왕이 사적 재산권을 쉽게 몰수할 수 있었기 때문에 이동시킬 수 없는 부동산의 권리는 쉽게 박탈당하고는 했다. 담보로 받은 귀금속은 쉽게 처분할 수 있지만, 담보로 받은 토지는 해당 지역의 봉건영주가 거부하면 무력 이외의 방법으로는 재산권을 행사할 수 없었다. 그러므로 소유권 및 재산권이 국가에 의해 법적으로 확실히 보장되기 시작한 자본주의 시대에 들어오면서 부동산이 재산으로서 그리고 담보로서 본격적으로 활용되기 시작했다.[7]

또한 산업화로 인해 부동산의 가치가 안정화된 것도 부동산의 담보로서의 활용도를 높였다. 도시화가 진전되어 상대적으로 좁은 지역에 건물이 세워지고 상거래가 성행하면서 도시 지역의 임대료와 토지 가격이 상승했다. 특히 산업화의 중심 지역은 지역적 이점 덕분에 가격이 폭락할 가능성이 낮아짐으로써 부동산은 안정적으로 자산가치를 유지할 수 있는 수단으로 인식되었다. 또한, 부동산의 지역적 중요성이 확대되면서 가격 상승을 노리는 부동산 투기도 본격적으로 나타났다.

자본주의가 발전하면서 가장 부동산 투기가 성행했던 나라는 미국이었다. 프랑스의 한 경제학자가 '모든 사람이 투기를 하고, 모든 것이 투기 대상이 되었다'라고 기록할 정도였다.[8] 어떤 사람은 미국의 개척

7 정부는 해당 부동산에 대한 소유권을 공증하는 토지증서를 만들어 개인의 재산권을 보호하는 등 재산권 보호를 위한 각종 법적, 제도적 장치를 만들었다.

8 이 인용문은 프랑스가 1834년 미국 경제제도를 연구하도록 파견한 경제학자 미셸 셰발리에의 글 중 일부이다. 당시 상황에 대해서는 괴츠만 (2019) 참조.

사는 부동산 투기의 역사라고 칭하기도 했다. 계속 서부로 개척지를 확장하는 과정은 부동산 투기의 과정이기도 했다. 토지를 투자 대상으로 한 토지은행이 1714년 매사추세츠 주에서 처음 설립된 것도 그에 해당한다. 이 은행은 지폐를 발행하여 모은 자금을 활용하여 부동산담보대출을 해서 이익을 얻고자 했다. 물론 이 은행이 가치도 없는 지폐를 발행하여 통용시킬 수 있었던 것은 담보로 확보한 부동산 덕택이었다. 그러므로 부동산 대출 원리금 회수가 어려워지면 토지은행은 파산할 수밖에 없었다. 토지은행이 규제로 그 역할을 하기 어려워진 이후에는 부동산 투기를 목적으로 한 주식회사가 우후죽순 설립되었다. 주식회사는 미국 내외에서 거액의 자금을 모아 부동산에 투자했고, 이러한 투기 행태는 영토 확장과 더불어 지속되었다.[9]

전체 금융에서 차지하는 부동산금융의 비중은 제2차 세계대전 이

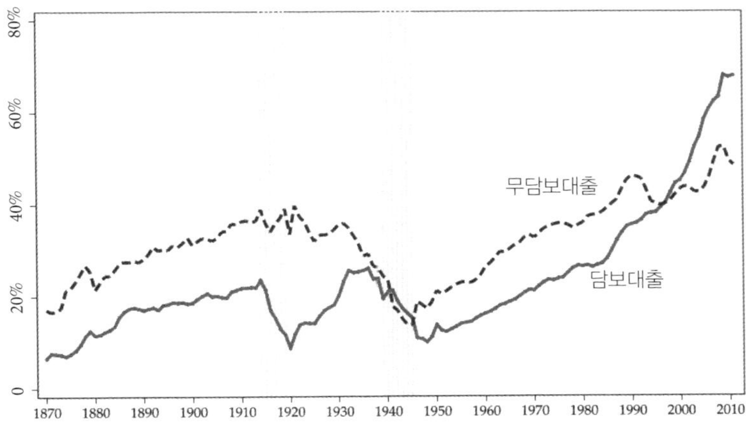

그림 4.2 미국의 모기지 대출과 비모기지 대출 추이(GDP 대비 은행 대출 비율)
자료: Jordà et al (2015), p.53

후 크게 증가했다. 그것은 주택 소유를 위한 주택담보대출이 증가했고, 상업용 건물이나 수익성 부동산 사업이 부동산 가격 상승을 배경으로 확대되었기 때문이다. 그 결과 부동산을 담보로 한 모기지 대출이 크게 증가해서 은행 대출에서 차지하는 모기지 대출(또는 부동산 담보대출) 비중이 1990년대 중반부터 신용대출을 능가했다(〈그림 4.2〉 참조).

하지만 어느 순간 담보인 부동산이 신용을 보강하는 수단이 아니라 신용을 대체하는 수단으로 인식되기 시작하면 부동산금융의 부작용은 커지기 시작한다. 신용공급 여부가 차입자 신용도가 아니라 담보인 부동산 가치에 의해서 결정되면서 상환능력이 없는 차입자에게도 신용이 공급된다. 부동산금융이 담보 가치에 의존해서 확대될수록 부동산 가격 버블의 부작용은 훨씬 커진다. 반대로 부동산 가격이 하락 추세로 전환할 때, 이렇게 공급한 여신의 부실화는 피할 도리가 없다. 이러한 부동산금융의 부작용 때문에 많은 사람들이 가계대출과 부동산금융의 과잉 공급이 금융위기를 유발할 가능성을 경계했다. 실제로도 제2차 세계대전 이후 금융위기 대부분은 가계대출과 부동산금융이 과잉 팽창된 국가에서 발생하기도 했다.

가계부채의 급증이 부동산버블을 유발하는 요인임은 분명하다. 금융회사의 가계에 대한 신용공급 증가는 기존 주택가격을 높이고, 주

9 미국독립의 아버지인 조지 워싱턴도 적극적으로 토지회사 설립에 참여했다고 한다. 조지 워싱턴이 이들 회사를 통해 보유한 땅은 총 250제곱킬로미터가 넘었다고 하며, 영국이 토지회사 사업을 억제한 것이 독립운동의 경제적 유인의 하나가 되었을 것으로 추정하기도 한다.

택가격 상승은 새로운 주택 건설 붐을 일으켜 수익형 부동산투자를 자극한다. 따라서 기업형 부동산금융도 같이 확대하면서 부동산 부문 전체에 대한 과잉 신용팽창이 발생한다. 이 점 때문에 가계부채의 급증으로 금융위기가 발생할 것을 경계한다. 가계가 늘어난 원리금 상환 부담을 감당하지 못해 파산하고, 주택가격 하락으로 금융회사가 담보 회수를 통해서도 대출원금을 회수하지 못함으로써 은행의 건전성이 악화하고 전체 금융시스템이 붕괴될 수 있다는 것이다.

그러나 금융위기의 역사적 경험을 보면 가계부채가 금융위기의 직접적 원인이 된 적은 없었다. 금융위기는 자금공급자인 금융회사가 건전성이 악화하고 파산위험에 처할 때 발생한다. 하지만 어떤 금융위기 상황에서도 은행을 파산위험까지 몰고 갈 정도로 가계대출의 연체율이나 부실화율이 증가한 사례는 아직 없었다. 금융회사의 건전성 악화는 부동산에 관련된 상업 목적의 기업형 부동산금융과 건설업 금융의 부실화 때문이었다. 굳이 구분하면 부동산금융 중에서 가계대출이 아니라 기업대출이 금융위기의 원인이었다.

가계의 주택담보대출과 기업형 부동산금융의 부실화율이 다른 것은 차입 목적이 다르기 때문이다. 대부분의 가계가 주택담보대출을 이용해 주택을 구입하는 목적은 주택가격 상승의 바람도 있겠지만 거주를 위한 주거지 확보가 일차적이다. 그 결과 가계는 경제 여건이 악화하더라도 안정된 거주 유지를 위해 가능한 모든 방법을 동원해서 원리금을 상환하고자 한다. 반면 기업형 부동산금융은 수익을 목적으로 한 것이므로 사업손실이 발생하고 현금흐름이 악화되어 자본이 잠식되면 원리금을 상환할 수 없다. 통상 기업형 부동산사업은 높은 레버리지 비율로 자금을 조달하기 때문에 부실화 위험은 더욱 크다. 따라서 시장 여건이 악화될 때, 상업 목적의 부동산대출이나 프로젝트 금융(Project Financing)은 매우 취약할 수밖에 없다.

또한 최근 부동산 버블 과정을 보면, 기업형 부동산금융이 가계부채보다 신용팽창의 규모도 컸고 증가하는 속도도 빨랐다. 실제로도 지난 30년 동안 기업형 부동산금융은 주택담보대출보다 확대되었던 것으로 추정된다. 1990년대 중반부터 민간부채 대비 가계부채 비중은 정체되었으나, 주택담보대출과 기업형 부동산금융을 합한 은행의 모기지 대출 비중은 훨씬 높아졌다. 이것은 부동산금융 중에서 기업형 부동산금융이 더 증가했음을 추론케 하는 간접적 증가이다(〈그림 4.1〉, 〈그림 4.2〉 참조).[10]

그러므로 가계부채 과다를 금융위기의 원인으로 보고 대처하는 것은 정책 오류에 빠질 가능성이 크다. 특히 가계의 파산을 우려해서 부동산 가격의 하락을 막아야 한다는 논리는 매우 위험하다. 금융위기의 원인을 제공하는 기업형 부동산금융은 부동산 가격 상승이 지속되는 한 그 팽창을 막기 어렵기 때문이다. 금융위기 차단의 해법은 선제적으로 과잉 팽창된 기업형 부동산금융을 구조조정하는 것이다. 그러므로 시장 원리에 의해 부동산 가격이 하락하기 시작할 때, 당연

10 모기지 금융은 주택담보대출과 기업형 부동산금융을 모두 포괄한다. 그러므로 주택담보대출이 정체하는 상태에서 모기지 금융이 증가한 것은 다른 구성 요소인 기업형 부동산금융이 증가했음을 시사한다. 다만 이러한 추론은 간접적 비교에 불과하다는 한계가 있다. 〈그림 4.1〉은 전체 금융부채를 기준으로 한 것이지만, 〈그림 4.2〉는 은행 대출을 기준으로 한 것이기 때문이다.

히 부실한 기업형 부동산금융을 정리하고 구조조정하는 것이 부동산 시장의 위험이 금융시장으로 확산되는 것을 차단하는 가장 좋은 방법이다. 만약 정부가 부동산가격 하락을 인위적으로 방어한다면, 부실화된 부동산금융의 해결을 지연시켜 금융시장의 위험 요인을 확대하는 부작용만을 유발할 것이다. 또한, 주거복지의 관점에서도 정부는 부동산 가격 하락을 막아서는 안 된다. 부동산 가격이 상승하는 한, 가계가 주거복지를 위해서 필요한 차입금도 늘어나며 그에 따라 경제적 부담도 증가하기 때문이다. 부등산 버블로 크게 상승한 부동산 가격이 다시 정상적인 범주로 환원되는 것은 당연한 일이고 주거복지 차원에서도 바람직하다.

3

금융위기의 사례:
스웨덴, 스페인, 아일랜드

1990년대 이후 발생한 선진국에서의 금융위기는 부동산금융의 과잉 공급과 부동산 경기 과열에 따른 것이었다. 부동산금융으로 인한 금융위기는 나라마다 차이가 있으나 공통적으로 다음 네 단계를 거친다. 1단계는 부동산금융의 공급이 증가하는 시기이고, 2단계는 부동산 가격 급등 및 더 나아가 부동산 버블이 발생하는 시기이다. 3단계에서는 부동산대출 부실화가 현실화되면서 디레버리징이 발생하고 금융회사의 파산 등으로 금융위기가 발생하며, 4단계에서는 금융위기가 경제 전반에 파급된다. 과거의 금융위기 사례는 금융위기를 걱정하는 우리에게 많은 교훈을 줄 수 있다. 이 점에서 1990년대 초반 스웨덴의 금융위기와 글로벌 금융위기 시의 스페인과 아일랜드의 사례를 본다.

부동산 과열로 인한 금융위기의 첫 사례는 노르웨이, 스웨덴, 핀란드의 북유럽 3국에서 나타났다. 작지만 강한 나라라고 인식되었던 이들 나라에서 1990년대 초반 금융위기가 발생한 것이 의외일지도 모르겠다. 이 중에서 가장 금융위기가 심하게 나타났던 스웨덴 사례를 통해 그 이유를 살펴본다.

스웨덴에서의 부동산금융 확산은 저금리 해외자금의 공급에 따른 것이었다. 1980년대 북유럽 3국은 금융자유화 조치를 실시해서 해외로부터의 자본유출입 규제와 금융회사의 자산운용 규제를 완화했다. 아울러 스웨덴 정부는 정책적 차원에서 부동산금융 확대를 유도했다. 당시 스웨덴 정부는 '복지병'이라고 일컬어질 만큼 복지지출로 인한 재정난을 겪고 있었다. 스웨덴 정부는 재정축소 방안의 하나로서 공공임대주택 사업을 대폭 축소했다. 대신 그 보완책으로서 모기지 차입 시 세액 공제를 해줌으로써 가계가 부채를 활용해서 주택을 구입하도록 지원했다.

그 결과 해외로부터 유입된 외화자금 상당수가 부동산 대출을 위한 재원으로 활용되었다. 이러한 경제환경 변화를 배경으로 스웨덴의 부동산 경기는 1980년 후반기 호황에 돌입했다. 1985년부터 1990년까지 5년 동안 대출은 136% 증가했고, 상업용 부동산 가격은 140% 상승했다. 부동산시장이 과열되면서 부동산에 대한 투기도 성행했다. 하지만 이러한 부동산 과열은 1990년부터 임대 수요가 하락하는 등 수그러지는 양상이 나타나기 시작했다. 게다가 그동안 유입되었던 해외자금이 유출되기 시작했다. 통일된 독일이 긴축정책을 실시하면서 해외 차입금리가 상승했고 외화유동성도 환수되었다. 부동산경기 위축과 조달 비용 상승으로 상업용 부동산이 급격히 부실화되었고, 부동산대출 비중을 높였던 금융회사의 건전성도 악화되었다. 부동산대출을 주된 수익원으로 했던 여신회사가 파산했고, 스웨덴의 3, 4위 은행 둘이 자본잠식 상태에 빠지면서 금융위기가 현실화되었다. 금융위기 이후 스웨덴 경제는 한동안 극심한 침체를 경험해야 했다. 스웨덴의 GDP는 1991~1993년의 3년간 5.3% 감소했다. 10년이 지나서야 은행의 대출액이 원상회복될 정도로 금융시장도 심하게 위축되었다.

스페인에서도 저금리로 유입된 해외자본이 부동산금융을 증가시킨 주된 요인이었다. 스페인 정부도 국민의 주택 마련과 경기 활성화를 위해 금융규제를 완화하여 마침 유입된 해외자본이 부동산금융으로 몰려가는 환경을 마련했다. 스페인도 스웨덴과 마찬가지로 주택담보대출의 원리금 상환액에 대해서 소득공제를 해주었고, 저축은행에 대한 규제도 완화했다. 특히 지역별로 제한되었던 저축은행의 영업 범위가 대폭 확대됨으로써 저축은행이 부동산금융을 확대하는 데 중심적인 역할을 했다. 2000년부터 2008년까지 8년 동안 GDP 대비 민간부채 비중은 118.5%에서 216.7%로 두 배 가까이 증가하였고, 주택담보대출은 2003년부터 2008년까지의 5년 동안 무려 150% 증가하였다. 특히 저축은행은 8년 동안 모기지 대출액을 5배나 증가시켰다. 부동산경기의 활성화는 단기적으로 스페인의 경제 호황을 유발했으나, 장기적으로는 경제의 취약성을 확대시킨 요인으로 작용했다. 부동산에 자원이 집중됨으로써 제조업 성장은 반대로 정체했고, 내수를 중심으로 경제가 성장함으로써 무역수지 적자는 크게 증가했다.

글로벌 금융위기라는 외생적 변수가 스페인 경제에 심대한 타격을 안겼다. 국제자본의 자금 회수와 경기침체로 저축은행은 부실화되었으며 잇따른 파산과 구조조정을 거친 이후 살아남은 저축은행은 1/3

에 불과했다. 부실 금융회사에 대한 지원으로 재정이 악화된 스페인 정부는 결국 유로중앙은행에게 구제금융을 요청하기에 이르렀다. 구제금융을 받은 조건으로 집행한 재정 긴축으로 경기는 더욱 침체하게 되었고, 그로 인한 가계의 가처분소득 감소가 소비를 감소시키는 악순환을 유발함으로써 경기침체가 장기화했다. 그 결과 스페인 경제는 2008년 이후 2013년까지의 5년 기간 동안 GDP가 7.7% 감소할 정도로 크게 위축되었다.

아일랜드는 스페인보다 훨씬 심하게 금융위기를 경험했다. 아일랜드는 유로시장 통합을 계기로 1990년대 이후 역사에 유례없는 호황을 경험했다. 경기호황과 함께 금융자유화 진전으로 저금리 해외자본이 대량 유입되면서 부동산 버블이 시작되었다. 해외자본 유입으로 은행의 자금조달에서 차지하는 해외차입 비중은 20%에서 72%로 증가했고, 이에 힘입어 민간신용도 크게 증가했다. GDP 대비 민간신용 비율은 2000년 말 128.3%에서 2008년 말 295.0%로 2.5배 확대되었고, 이 중 부동산 관련 대출 비중이 60%를 상회했다. 부동산 버블은 상상을 초월했다. 1997년 4만 채였던 신규주택 공급량은 2006년 한 해 동안 43만 채로 증가했다. 당시 아일랜드 인구가 421만 명이었으니, 2인 1가구라고 가정하면 얼추 인구의 20%가 살 수 있는 신규주택이 한해에 공급되었다. 신용공급 경쟁의 결과 부동산 가격보다도 대출액이 많은, 즉 LTV가 100%를 상회한 모기지가 전체의 15%를 넘을 정도로 대출이 부실화되었다.

글로벌 금융위기가 발생하면서 아일랜드 상황은 급반전했다. 유입된 국제자본이 환수되고 부동산경기가 얼어붙으면서 은행은 급속히 부실화되었다. 가장 큰 규모의 Anglo Irish 은행이 2009년 국유화되었고, 다른 두 대형은행이 정부로부터 구제금융을 받아 자본을 확충했다. 하지만 2009년 실행한 아일랜드 정부의 지원은 은행에 대한 구조조정 없이 이루어져, 정부 지원에도 불구하고 금융시장은 호전되지 않았으며 결국 아일랜드는 스페인보다 심한 금융위기를 경험하게 된다. 민간은행에 대한 구제금융 지출로 아일랜드 정부의 재정은 크게 악화되었고, 마침내 아일랜드 정부는 2010년 10월 IMF와 유로중앙은행으로부터 구제금융을 받게 된다. 아일랜드 정부가 구제금융의 전제 조건으로서 3년간 150억 유로의 재정지출 삭감에 동의하면서 이후 아일랜드 경제는 심각한 경기침체를 경험한다. 아일랜드의 GDP는 2008~2013년의 5년 동안 8% 감소했고, 실업률은 14.7%까지 증가했다. 더구나 최저임금이 12% 하락하고 실업급여도 4% 삭감됨으로써 아일랜드 국민은 금융위기의 직격탄을 맞게 되었다.

이 세 나라의 사례는 금융위기의 원인이 가계부채가 아니라 기업형 부동산금융의 과잉팽창에 의한 것이었음을 보여준다. 세 나라 모두 가계대출 연체율이 심각할 정도까지 상승하지 않았던 것에 비해, 기업형 부동산금융의 부실화는 매우 치명적인 것이었다. 스웨덴의 경우 전체 대출에서 차지하는 비중이 10%에 불과했던 상업용 부동산 대출로 인한 손실액이 은행 전체 손실액의 50%를 차지했다. 스페인에서도 가계대출로 인한 손실액은 대출액의 1.3%에 불과했던 반면, 건설업자와 부동산 개발업자 등에 대출한 부동산담보대출은 그 손실액이 대출액의 41.6%가 될 정도로 심각한 수준이었다. 아일랜드는 이 두 나라보다 기업형 부동산대출 비중이 매우 컸던 나라이다. 아일랜드 은행의 건설업이나 상업용 목적의 부동산담보대출은 그 비중이 전체 대출의 3/4에 달할 정도로 높았다. 그리고 이 대출 중 금액 기준 56.9%에 해당하는 대출이 부실이 의심될 정도로 건전성이 악화되었다. 그 중 상당수가 부실자산으로 전락했음은 물론이다.

이러한 역사적 경험은 우리에게 분명한 교훈을 준다. 같은 부동산금융이라고 하더라도 가계부채와 기업형 부동산금융은 분리해서 생각해야 한다는 것이다. 부동산버블이 깨진 이후 가계대출도 부실화하지만, 금융회사의 건전성에 치명적인 타격을 준 것은 기업형 부동산금융의 부실화였다. 그러므로 부동산경기 하락으로 인한 금융위기를 막기 위해서는 무엇보다도 은행이나 금융회사가 공급한 PF, 건설업 대출 및 기타 상업용 목적의 여신 등 기업형 부동산금융을 선제적으로 구조조정하여 이들의 부실화가 금융회사와 전체 금융시스템을 붕괴시키지 않도록 해야 한다.

4

가계부채 과잉의 후유증과 경제적 효과

가계부채의 연체율이 금융위기 시에도 크게 증가하지 않는다는 사실을 역으로 해석해 보면, 그것은 과도한 금융부채로 인한 부담을 가계가 온전히 짊어지는 경향이 있음을 의미한다. 그 점에서 본다면 우리가 걱정해야 할 것은 가계부채 부실화로 인한 은행의 건전성 악화가 아니라 금융위기로 인해 가계가 떠안는 고통과 경제적 부작용이다. 앞의 세 나라, 스웨덴, 스페인 및 아일랜드 사례를 통해 과잉된 가계부채가 가계와 경제에 어떠한 영향을 주는지를 구체적으로 살펴본다.

세 국가의 가계는 금융위기 과정에서 매우 다른 영향을 받았다. 스웨덴은 가계의 타격이 가장 덜한 나라이다. 스웨덴 가계의 연체율은 스페인과 아일랜드보다 낮았다. 그것은 무엇보다도 스웨덴의 단단한 사회복지 덕분이었다. 당시 경기침체로 실업이 증가하였으나, 스웨덴의 실업급여는 주택담보대출 원리금을 지급할 정도로 충분히 제공되었기 때문에 설령 실업자가 되더라도 이들이 원리금을 연체하는 경우는 많지 않았다. 따라서 실업 확대로 인한 경기침체가 그리 심하지 않아 상대적으로 빠른 시기에 금융위기의 혼란에서 벗어나 경제를 회복할 수 있었다. 그러므로 가계 부문이 커다란 구조조정 없이 곧바로 경제활동을 회복할 수 있었다.

스페인도 가계대출 부실화율은 높지 않았다. LTV 규제 등 건전성 규제가 유효했기 때문이다. 부동산 가격이 크게 내려간 이후에도 주택담보대출의 LTV 비율은 평균 65%로 관리되어서 저축은행이 아닌 일반은행이 가계부채로 인해 부실화될 가능성은 거의 없었다. 스페인의 경우에는 채무자가 실업으로 채무상환이 어려울 때, 실업보험보다는 가족 간의 상호부조를 통해 원리금 상환이 이루어지는 경우가 많았다. 그 결과 가계부채의 부실화율은 낮았지만, 그 대신 가계가 높은 금리와 부동산 가격 하락으로 인한 고통을 짊어져야 했다. 이러한 가계부채의 부담이 소비를 정체시켜 스페인의 경제 회복을 더디게 한 요인으로 작용했다. 그 결과 스페인의 경제 회복은 L자형으로 매우 점진적으로 이루어졌다.

아일랜드는 두 나라보다 가계의 고통이 심했다. 금융위기 발생 직후에는 가계부채의 부실화율은 다른 나라와 마찬가지로 크게 상승하지 않았다. 그러나 아일랜드 정부가 구제금융을 받고 구조조정과 긴축재정을 실시하고 경기침체가 심해지면서 문제가 불거졌다. 실업률이 급격히 증가했고, 실업급여의 감소로 실직자들이 대출 원리금을 갚지 못하는 경우가 늘어났다. 금융위기가 발생했던 2009년 선제적으로 구조조정을 했으면 치르지 않을 비용을 가계가 부담해야 했다. 구제금융 이후 발생한 아일랜드의 구조조정으로 인해서 아일랜드의 경제성장률은 앞의 두 나라보다 훨씬 하락했고, 국민이 매우 심한 고통을 겪어야 했다. 다만, 아일랜드의 경우는 극심한 구조조정의 반작용으로 경기가 소위 L자형이 아니라 V자형으로 회복되었다. 물론 가계 및 경제 각 분야에서 구조조정으로 인한 비용을 충분히 치른 다음이었다.

가계부채의 과잉은 쉽게 해소되지 않아 가계나 경제에 장기적으로 악영향을 준다. 기업부채의 책임은 유한하다. 주주의 채무이행 책임이 자본금에 국한하도록 주식회사 제도가 만들어졌기 때문이다. 하지만 가계부채는 그 사람이 살아 있을 때까지 채무상환의 의무를 이행해야 한다.[11] 가계부채가 기업부채보다 채무 부담의 강도가 큰 것이다. 설령 개인파산 절차를 밟아서 채무를 경감할 수도 있겠지만, 파산한 개인이 정상적인 경제활동으로 복귀하기 위해서는 많은 시간이 소요된다. 가계부채의 부담에서 벗어나기 전까지 개인의 경제적 활동이 위축되는 것은 두말할 나위도 없다. 이러한 가계의 위축은 거시적으로는 소비지출 감소로 나타난다. GDP에서 소비가 차지하는 비중이 대략 60~70% 내외임을 감안할 때, 소비지출이 위축될 때 경제성장이 이루어지기는 매우 어렵다.

가계부채의 악영향은 단기적인 경제성장률 하락만을 유발하는 것이 아니다. 그것은 국민의 일상적인 삶에도 커다란 영향을 준다. 과도한 가계부채 부담은 때때로 정상적인 삶을 어렵게 한다. 경제학적 관점에서 보면 이것은 인적자본의 질을 악화시킨다. 개인이 자신의 미래

11 심지어 차입자가 사망해도 부채 상속으로 상환 의무가 가족으로까지 상속되기도 한다. 또한 금융회사가 담보인 주택의 소유권을 갖더라도 차입자에게 상환을 요구할 수 있는 소구권이 있는 주택담보대출 제도를 갖고 있는 나라도 많다.

를 위해 투자하고 노력할 수 없는 환경에서 경제성장의 핵심인 노동의 질과 생산성 제고를 기대할 수는 없다. 경제 주체인 국민이 신음하는 상황에서 그 나라 경제의 장기적인 성장 희망도 사라진다.

그러므로 국민 개인의 삶을 위해서나 전체 경제를 위해서 가계부채의 구조조정이 필요하다. 하지만 기업부채에 비해서 가계부채의 구조조정은 미루어질 가능성이 높다. 첫째, 대마불사(Too Large to Fail)의 원리가 작동한다. 거대 기업의 파산이 미치는 파급효과는 명확하나, 다수의 가계 파산이 미치는 파장은 쉽게 눈에 띄지 않는다. 둘째, 금융위기 시에도 가계 부실화율은 낮기 때문에, 은행이나 정부가 구조조정을 할 유인은 낮다. 구조조정은 채권자와 채무자가 부채로 인한 비용 부담을 공유하는 일이기도 하다. 하지만 은행이 어떻게든 원리금을 상환할 의지가 있는 가계의 상환 부담을 낮출 이유는 없다. 정부도 금융회사의 건전성이 금융위기 방지를 위해서 중요하다고 생각하므로, 가계의 사정이 어렵다는 이유만으로 선뜻 구조조정을 실행하지는 않는다. 셋째, 가계부채의 구조조정은 다수의 국민을 대상으로 하는 것이므로 그 구체적인 과정에서 형평성 논란이 발생할 가능성이 높다. 통상적으로 구조조정은 채권자가 그 비용을 일부 부담할 뿐만 아니라, 때때로 정부가 세원을 이용해 이를 분담하기도 한다. 당연히 어떠한 원칙에 의해 할 것인가에 대해 논란이 커질 수밖에 없다. 다수 국민의 직접적인 이해관계에 영향을 주는 것이기 때문에 경제적으로 필요한 일이라고 하더라도 사회적 합의나 합리적인 방안을 도출하는 데 많은 어려움이 있다. 정부의 정책 담당자가 기업에 대한 구조조정도 적극적이지 않은데, 가계부채에 대한 구조조정에 적극적이기를 기대하기 어려운 이유이다.

하지만 신용팽창으로 인한 가계부채의 건전성 악화와 그로 인한 가계의 곤경은 가계에만 책임을 지울 수 없는 일이다. 정부의 잘못된 정책 결정과 금융회사의 탐욕이 과도한 신용팽창을 유발했기 때문이다. 특히 금융위기의 여파로 인해 비정상적인 경제활동이 발생함으로써 가계부채의 건전성이 악화되고 가계가 파산위험에 처해 있다면 더욱 그러하다. 가계가 이러한 재무적 곤경에서 벗어나도록 하는 일은 자연재해로 인하여 일시적인 어려움이 있는 국민을 도와주는 것과 마찬가지의 범주에서 이루어져야 한다. 무엇보다도 가계부채에 대한 구조조정은 경제적 관점에서도 필요한 일이다. 사례로 든 세 나라의 가계의 상황과 금융위기 이후 경제적 경로를 추적한 데서 알 수 있듯이, 가계의 재무적 곤란이 크지 않을수록 그리고 가계가 회복할 수 있는 여력이 있을수록 경제 역시 침체에서 더 빨리 회복할 수 있다.

이러한 여러 나라의 경험을 종합해 볼 때, 가계부채의 과잉에 대응하는 정책 자세의 전환이 필요함을 알 수 있다. 가계부채를 금융위기 원인으로 보고 대응하는 것은 채권자인 금융회사의 건전성에 초점이 두어져 있음을 의미한다. 하지만 가계부채에 대한 초점은 채무자인 가계의 부담과 그로 인한 경제적 파급효과에 두어져야 한다. 경제의 주체인 국민이 부채 부담으로 오랫동안 고통을 인내해야 있는 사회에서 활력이나 더 나은 미래를 기대하기 어렵다. 세 나라를 비교해서 보았듯이 가계의 과잉부채로 인한 타격이 클수록, 그리고 가계의 과잉부채 해소가 늦을수록 그 나라의 경제 회복은 지체되었다. 따라서 정부가 단순히 금융위기를 방지하겠다는 명분으로 가계부채의 만기를 연장하고 부동산 가격 하락을 방지하면서 가계부채 해결을 지연시키는 것은 올바른 방법이 아니다. 그럴수록 과잉부채의 부담을 떠안고 있는 가계의 고통은 심화할 것이고, 그 나라의 미래도 암울할 뿐이다.

5장

국제자본이동과 금융위기

1

국가부도란?

1997년 전례 없는 외환위기를 경험했기에 우리나라의 많은 사람들에게 아직도 금융위기의 트라우마가 있는 듯하다. 그 당시를 '국가부도'로 칭하는 것도 이에 해당한다. 당시 한국은 3중의 위기에 직면했다. 은행 등 금융시스템이 작동하지 않는 금융위기, 환율의 평가절하로 나타난 외환위기, 그리고 정부가 외채를 상환하지 못하는 정부부채 위기(Sovereign Crisis)이다. 국가부도는 굳이 따져본다면 이 중 정부부채 위기를 지칭하는 듯 하나, 사실 국가부도라는 단어는 정확한 것은 아니다. 사전적인 정의에 따르면 국가는 국민·영토·주권이라는 세 가지 요소로 구성되어 있다. 당시 상황은 정부가 채무불이행 위험에 처한 것이지 국민이 대외부채의 채무자는 아니었다. 그럼에도 불구하고 굳이 국가부도라는 용어를 사용하는 것은 당시 국민 대다수가 혼란과 어려움을 겪었기 때문일 터이다. 실제로 개인, 기업, 금융회사 누구라 할 것 없이 유례없는 파산 위험과 경제적 어려움에 직면했고,

그로 인한 고통을 감수해야 했다. 또 국가부도라는 용어를 사용하는 것은 당시 국민이 처했던 경제적 위기가 외국으로부터의 빚을 갚지 못해서 발생하였다는 인식을 반영한 것으로 보인다. 그래서 당시만 해도 온 국민이 이 빚을 갚아야 우리가 산다고 생각했다.

사실 1997년 말 이후 혹독한 경제적 고통과 어려움은 정부가 더 이상 대외채무를 상환하지 못할 파산위험에 처하는 정부부채 위기가 발생해 IMF에 구제금융을 요청하면서 시작되었다. 정부부채 위기는 그 나라에서 가장 신용도가 높은 정부가 부채를 갚지 못하는 상황이므로, 정부보다 신용이 낮은 가계와 기업도 그 위험을 벗어날 수 없다는 점에서 가장 심각한 금융위기를 유발하는 사건이다. 그러므로 이를 경험한 우리가 정부부채 위기를 국가부도 위기로 칭하는 것도 무리는 아니다. 하지만 이 용어는 정부의 책임을 국민 모두의 책임으로 떠넘긴다는 오해를 불러일으킬 수 있다. 이 점에서 '국가부도 위기'라는 용어는 사용하지 않고, 그 실제 내용인 정부부채 위기가 무엇이며, 정부부채 위기와 금융위기가 어떻게 상호작용을 하는지를 살펴보고자 한다.

사실 정부부채 위기는 정부가 재정을 잘 운영하지 못해서 발생한 위험이다. 이러한 정부의 부도는 봉건왕조 시대에도 종종 발생했다. 좀 더 명확히 하자면 그때는 왕실의 부도라고 하는 것이 맞을 듯하다. 왕실 재정을 조세와 국영사업에 의존했던 동양과 달리, 유럽의 왕실은 전쟁 비용 확보 등을 위해 자금을 국내외에서 차입하는 경우가 종종 있었다. 때때로 왕실은 전쟁에 지거나 너무 과도한 사치를 해서 차입금을 상환하지 못하기도 했다. 역사 기록을 보면, 프랑스 왕실은 프랑스 혁명으로 왕조가 붕괴되기 전까지 200년 동안 8번의 부도를 선언했고, 스페인 왕실은 19세기에 들어서서 7번의 부도를 선언했다고 하니 그리 드문 일은 아니었다. 결국 부도에 처한 왕실은 아예 채권자에게 일방적으로 계약 무효를 선언하기도 했고, 세금을 올리거나 아니면 인플레이션을 유발하는 대량의 화폐 주조를 통해 수입원을 마련해서 자금을 상환하기도 했다. 이러한 왕실의 폭압이 시민들의 저항과 더 나아가서는 혁명을 유발한 주요한 원인이 되기도 했다.

하지만 민주주의 정부에서 정부 재정은 국민을 위한 것이다. 그러므로 국민은 내가 낸 세금 중 얼마만큼이 나를 위해 사용될 것인가에 관심을 기울인다. 그로 인해 정부의 지출에 대해 공정성과 형평성 차원에서 논란은 많으나, 적어도 그 재원이 위정자가 아닌 국민 모두를 위해 사용되어야 한다는 점에는 논란이 없다. 때때로 정부는 반드시 해주어야 할 재정지출을 위해 적자재정을 실행하기도 한다. 즉, 걷은 세금으로 필요한 지출을 모두 할 수 없을 때 정부는 국채 발행 등을 통해 추가 재원을 확보한다. 가령 코로나19 팬데믹에서 각국 정부는 전염병으로 인한 국민경제 악화를 위해 재정지출을 증가시켰고 그로 인한 큰 폭의 재정적자 증가를 감수했다.

하지만 마냥 재정적자를 늘릴 수는 없다. 과도한 정부부채는 재정건전성을 의심받게 한다. 정부가 자금을 조달할 수 없어 만기인 부채를 상환하지도 못하면 그것은 정부부채 위기로 확산된다. 그 채권자가 내국인인 경우에는 타협할 여지가 크다. 채권자인 자신의 경제활동에도 큰 악영향을 줄 정부부채 부도를 바라지는 않을 것이기 때문이다. 반면 정부부채의 채권자가 외국인이면 이는 다른 양상으로 나타난다. 외국인 채권자가 채권자와 채무자라는 관계 이외에 채무국 정부와 별다른 정치적, 경제적 이해관계가 있지 않기 때문이다. 그러므로 정부부채 위기가 표면화되는 것은 내국인이 채권자일 때가 아니라 외국인 채권자의 해외부채 상환 요구가 있을 때이다. 제2차 세계대전 이후 정부부채 위기는 대부분 어느 한 나라의 정부가 해외부채를 상환하지 못할 위험에 처했기 때문에 발생했다.

결국 정부부채 위기는 국제적인 금융거래가 확대될수록 가능성이 높아진다. 사실 다른 나라의 정부가 발행하는 국채에 투자하는 것은 무척이나 위험한 일이다. 다른 위험은 차치하고 타국 정부가 원리금을 상환하지 않을 때 전쟁과 같은 무력을 동원하지 않고서는 이를 강제하기 어렵기 때문이다. 그럼에도 불구하고 대부분의 정부가 대외부채를 성실하게 상환하고자 하는 것은 경제적 유인 때문이다. 근대 사회에서의 경제성장은 지리적 영역의 확대에 힘입은 바 크다. 각 나라는 자기 내부에서의 경제적 거래에 그치지 않고 국경을 넘어서는 거래 확대를 통해 경제성장과 후생 증가를 이룰 수 있었다. 이처럼 경제의 대외의존도가 높아지는 환경에서는 국제사회의 신뢰와 평판이 매우 중요하다. 정부부채의 채무불이행은 이러한 신뢰와 평판을 악화시켜 그 나라의 무역을 단절시키고 실물경제를 크게 파괴한다. 그러므로 폐쇄경제로 전환할 의지가 없다면 정부가 대외적인 신용을 유지해야 할 유인은 매우 크다.

우리나라가 유독 대외적인 신용이나 평판에 민감한 것도 대외의존적 경제의 특성이 크기 때문이다. 우리나라는 2022년 GDP 대비 수출입총액 규모 비중이 83%이나 될 정도로 무역이나 국제간 거래가 매우 중요한 나라이다. 우리나라는 글로벌화된 경제의 혜택을 많이 받은 나라이기도 하다. 천연자원이 없는 한국에서 풍부하게 전력을 이용할 수 있는 것은 해외로부터 에너지원을 수입하기 때문이다. 식량도 쌀을 제외한 대부분을 해외에서 수입한다. 풍요로운 삶을 살기 위해서 수출이 중요하다. 수출이 부족하면 이러한 물자를 수입할 외환이 부족할 것이기 때문이다. 그러므로 국제간 교역의 중단은 단순히 성장률이 떨어지는 문제가 아닌 생존의 문제가 된다. 돈이 있어도 먹을 것을 구할 수 없고, 에너지가 없어 보유한 자동차와 기차를 이용할 수 없는 상황이 되기 때문이다. 그러므로 그만큼 우리나라는 무역과 국제간 거래를 위해서 신용이 중요한 나라이고, 정부는 이를 위해 재정건전성을 확보하고 대외 신용을 유지하도록 노력해야 한다.

그런데 재정건전성과 금융시스템 건전성 간의 관계는 매우 복잡하고 미묘하다. 재정건전성은 금융시스템의 건전성을 지탱하게 해주는 기반이다. 하지만 금융시스템 건전성을 유지하려는 정부의 노력이 재정건전성을 악화시켜 정부부채 위기로 확산하고, 이것이 다시 금융위기를 촉발할 수 있다. 그러므로 정부는 재정건전성과 금융시스템 건전성 유지를 위한 지원 간의 적정성을 고민하지 않을 수 없다.

현재 모든 나라의 금융시스템 안정성 체계는 정부 지원을 전제로 구축되어 있다. 중앙은행의 최종대부자 기능이나 예금보험기관의 기능 모두 근본적으로는 정부의 재정 능력을 배경으로 이루어진다. 정부는 때때로 기업이나 금융회사에 대한 구제금융 제공을 위해 재정자금을 지출하기도 한다. 하지만 정부의 민간 부문에 대한 지원은 정부의 재정건전성을 악화시키는 일이다. 특히 금융위기가 발생한 상황에서 정부의 재정지출은 생각하지 못할 규모로 확대될 수 있다. 그 결과 정부부채도 급격히 증가해서 정부에 대한 대외적 신용도가 하락하고, 이로써 정부가 자신의 부채도 상환하지 못하는 곤란에 처하기도 한다.[1] 이것이 1990년대 이후 금융위기를 경험한 많은 나라에서 금융위기가 정부부채 위기를 동반한 이유이다.

하지만 정부가 정부부채 위기를 걱정해서 금융위기에 개입하지 않을 수도 없다. 만약 은행이 파산위험에 있고 금융시스템이 전반적으로 작동하지 않는다고 생각해보자. 당연히 경제는 마비되고 해외와의 거래도 단절된다. 대부분의 국제 거래는 은행 간 거래를 매개로 이루어진다. 가령 우리나라 은행이 파산위기에 처해 결제 자체의 위험마저 존재할 때, 어떤 외국인이 한국과 교역을 하려고 하겠는가? 민간경제가 위축하면 조세수입도 감소할 것이므로 정부가 민간의 처지를 외면하면서 재정건전성만을 유지할 수도 없다. 요컨대 민간경제가 건전하지 않으면 정부의 재정건전성도 지속될 수 없다. 그러므로 금융위기에 처했던 모든 나라가 재정건전성 악화를 감수하더라도 민간에 대한 구제금융을 제공했던 것이다.

하지만 최후의 보루였던 정부마저도 신용도를 상실하면 금융위기의 여파는 더욱 심각해지는 것도 분명하다. 여기에 금융위기에 개입하는 정부의 딜레마가 있다. 개입은 해야 하는데, 개입으로 정부부채 위기가 동시에 발생하면 금융위기의 피해는 훨씬 커진다.

정부가 모든 민간 부문의 문제를 해결할 수는 없다. 결국 정부가

1 Reinhart & Reinhart (2010)는 이러한 현상을 지적하면서 금융위기 시 정부의 잠재부채가 늘어나는 이유를 설명했다.

개입 원칙과 범위를 정하고 그에 따라 개입 여부를 판단하는 것이 중요하다. 그 결정에 따라 금융위기가 소위 '국가부도'의 위기로 갈 수도 있고 아니면 금융위기 상황에서도 그 피해를 최소한으로 하는 결과를 낳을 수도 있다.

2

국제자본이동의 확산

실제 정부부채 위기는 국제자본이동의 흐름과 깊이 연관되어 있다. 신용팽창이 금융위기의 원인인 것과 마찬가지로 정부부채 위기는 국제자본의 급격한 유입에서 비롯된 경우가 많다.

국내의 자금흐름 장벽에 비해 국제간의 자금흐름 장벽은 훨씬 높다. 언어, 문화, 그리고 주권의 차이로 국가 간 자금흐름이 차단될 가능성도 크고, 그로 인해 양국 간의 금리 등 금융시장의 격차도 훨씬 크다. 그러므로 국가 간 자금이동을 막았던 제약이 사라질 경우, 국제자본의 국가 간 이동은 훨씬 급속히 이루어진다. 자본유입국의 입장에서는 동일한 경제환경임에도 불구하고, 예상하지 못했던 자본공급이 증가하는 상황을 맞이할 수 있다. 그러나 금융시장은 생각하지 못했던 해외로부터 유입된 저금리 자금에 곧 적응한다. 자본유입국의 금융시장은 이를 횡재(Bonanza)로 생각하고, 그 현상이 지속된다고 착각하면서 그동안의 금융거래 행태를 완전히 바꾼다.[2] 게다가 유입된 자금은 자본수출국 입장에서는 그리 큰 규모가 아니지만, 자본수입국은 자국 시장 규모에 대비해서 매우 큰 규모일 경우가 많다. 따라서 자본유입이 자본수입국의 금융시장 구조도 크게 변화시킬 여지도 매우 크다.

대량의 국제자본 유입이 자본수입국의 금융위기로 발전하는 과정은 크게 세 단계로 구분해 볼 수 있다. 첫째, 국가 간 거래 장벽이 완화되면서 국제자본이 대량 유입된다. 둘째, 자본유입이 자본수입국의 신용팽창과 자산 가격 상승을 유발하고, 그에 따라 경제 호황도 발생한다. 그리고 이것이 더 많은 자본유입을 촉진하여 금융시장이 과열된다. 셋째, 자본유입 유발했던 요인이 반전되어 자본유출이 발생하면서 신용이 급속히 감소하고 자산 가격이 하락하면서 금융시장의 건전성이 악화되어 금융위기로까지 확산된다. 국제자본이동의 역사를 보면 구체적인 진행 과정에서 차이는 있었으나 이러한 자본흐름의 패턴이 근대 이후 세계의 지리적 통합과 경제의 국제화가 진전되는 과정에서 반복되면서 금융위기를 불러일으켰다.

처음 국제적인 자본이동이 나타난 19세기는 새로운 세계에 대한 환상과 제국주의 열망에 따른 경제적 영역 확대 욕구가 팽배한 시기였다. 최초 이머징 시장(Emerging Market)으로의 국제자본이동은 1820년대 영국으로부터 남미로 이루어졌다. 당시는 영국이 나폴레옹 전쟁을 승리로 끝내고 전 세계의 패권을 본격적으로 장악하던 시기였다. 영국은 전쟁 직후 회수된 자금이 매우 풍부했고 미래에 대한 낙관으

2 Reinhart & Reinhart (2010) 참조.

로 가득 차 있어, 새로운 신세계로 투자하고자 하는 유인이 금융시장에 넘쳐흘렀다. 이때 주목받은 것이 남미 시장이었다. 당시 남미는 스페인으로부터의 독립전쟁을 수행하던 시기여서 전비 확보가 중요했다. 영국 자본은 남미 투자에 매우 낙관적이었다. 콜럼버스의 대륙 발견 이후 남미는 귀금속 및 천연자원의 보고로 알려졌기 때문에, 만약 이들 나라가 스페인으로부터 독립한다면 자신들이 독점적으로 신생국과 관계를 맺음으로써 더 많은 수익 기회를 가질 것으로 기대했다. 근거 없는 유포리아가 영국 금융시장에 광범위하게 확산되었고, 너도나도 앞다투어 남미에 투자했다.[3] 하지만 이는 환상일 뿐이었으며 그 사실을 깨닫기까지 그리 오랜 시간이 걸리지도 않았다. 1823년부터 시작된 남미 투자의 붐은 1826년 그 허상이 확인되면서 영국의 투자자들이 급속히 자금을 회수하는 것으로 끝이 났다. 그 결과 브라질을 제외한 남미의 모든 나라가 발행한 채권이 부도를 맞았고, 타격을 입은 영국 금융시장도 침체를 벗어날 수 없었다.

이후에도 국제자본이동에 의한 금융시장의 변동은 빈번히 발생했지만, 제2차 세계대전이 지나고 미국을 중심으로 한 국제통화체계가

3 매우 황당한 투자권유서가 런던의 금융시장에 떠돌아다녔고, 이를 믿은 투자자들이 확인도 하지 않은 상태에서 자금을 공급하였다. 당시 남미의 상황이라고 기술한 한 투자권유서의 내용을 보면 런던에 떠돌았던 환상이 얼마나 허무맹랑한 것이었는지를 알 수 있다. '비가 오면 금조각들이 번쩍거린다. 폭우가 내린 뒤에는 20온스짜리 금덩이를 밟지 않고는 한 걸음도 나아갈 수 없다(에드워드 챈슬러[강남규 역, 2001] p.160에서 재인용).' 1온스는 약 7.6돈이고 지금 시세로 한 돈의 가격이 30만 원 정도이니, 남미에 가면 발밑에 4,500만 원 이상의 금이 수두룩하게 나뒹굴고 있다는 말이다.

수립된 이후 한동안 국제자본이동으로 인한 금융시장의 교란은 거의 존재하지 않았다. 다시 국제적인 자본이동이 이루어지기 시작한 것은 1970년대부터이다. 그 원인은 크게 두 가지이다. 첫째, 인플레이션 발생 등 금융환경 변화로 금융자유화 물결이 나타나서 국제적인 자본이동의 장벽이 완화되었다. 둘째, 국제적인 경상수지 불균형이 확대되어 경상수지 흑자국에서의 자금공급 유인이 높아졌다.

1970년대에는 중동 산유국의 오일 달러 이동이 있었다. 유가 상승으로 막대한 수입을 얻은 중동 산유국 자금을 흡수하기 위해 규제망을 피한 유로시장이 개설되었다. 유로시장으로 흡수된 자금은 주로 남미 국가에 공급되었다. 하지만 미국이 1970년대 말부터 인플레이션 억제를 위해 금리를 급격히 올리면서 남미 국가로의 자본유입은 자본 유출로 반전되었다. 남미 국가 다수는 1980년대 들어 심각한 외채위기를 경험했고, 경제도 급격히 침체되었다.

일본은 1980년대 중반 이후 국제자본시장에서의 주된 자금공급원이었다. 1985년 '플라자 합의'로 엔화 환율이 급속히 절상되면서 일본 기업과 금융회사는 새로운 수익 기회를 모색했다. 일본 기업은 경쟁력 제고를 위해 해외로 생산기지를 이전하는 한편, 절상된 엔화를 이용하여 해외자산을 매입하는 데 열중했다. 일본 기업은 미국의 상징이었던 록펠러 센터 빌딩의 지분 50%를 소유했고, 페블비치 골프장과 콜롬비아 영화사도 매수했다. 당시 이러한 일본 기업의 투자 열풍을 두고 미국인들이 '제2의 진주만 공습'이라고 우려를 표현했을 정도였다. 일본자금 공급은 비단 미국에 그치지 않았다. 북유럽에 공급된 일본자금은 1990년대 초반 북유럽의 금융위기를 유발한 한 요인이기도 했다. 또한 1990년대 일본의 버블경제 붕괴 이후 확대된 일본 자본의 아시아 지역으로의 투자 확대는 1998년 아시아 지역 금융위기를 불러일으키는 단초가 되기도 했다.

외국으로부터의 자본유입은 해당 국가의 부족한 자본을 보완하여 생산적 투자를 가능하게 한다는 점에서 긍정적인 효과를 발휘한다. 하지만 금융자유화에 힘입어 증가한 국제자본 이동으로 인하여 자본수입국이 경제 상황과 무관하게 자본유입을 경험한 경우도 많았다. 그 결과 1990년대 이후 자본유입을 경험한 나라에서는 생산적인 부문으로 자금이 공급되기보다는 가계부채 및 부동산금융으로 활용되는 경우가 훨씬 많았다. 생산적인 부문으로 자금이 활용되는 경우가 적을수록 유입된 국제자본 유입이 경제에 악영향을 미칠 가능성은 높아진다.

자본유출도 유입과 마찬가지로 해당국의 사정과 무관하게 움직였다. 자본은 냉정하다. 그리고 국적도 있다. 외국 투자자는 자신이 투자한 지역에서 살고 있지 않다. 내가 어차피 살아야 하는 나라에서 투자하는 것과 단순히 투자 대상인 나라에서 투자하는 것은 완전히 다르다. 투자 대상인 나라에서 투자를 성공하기 위한 미덕은 바로 투자 지역에서 잘 '탈출'하는 일이다. 투자한 국가에서 위험이 커지고 회수해야 할 이유가 생기면, 국제자본은 어떠한 고민도 없이 투자금액을 회수하는 데 전력을 다한다. 이제 자본유출은 자본수입국에는 재앙에 버금가는 사태를 초래한다.

3

아시아 금융위기

1990년대 후반 한국 및 동남아시아 지역 대부분에 일어났던 외환위기는 국제자본이 이동함에 따라 발생한 금융위기의 대표적인 사례이다. 이들 나라 중 상당수는 외환위기 및 금융위기와 함께 정부부채위기까지 발생한 '3중의 위기'를 경험했다.

아시아 금융위기가 비단 한 나라에 국한된 것이 아니었기 때문에, 1998년 위기 발생 직후 그 원인이 무엇인가에 대한 논의가 분분했다. 금융위기 요인은 크게 견인(Pull) 요인과 방출(Push) 요인으로 구분할 수 있다. 견인 요인은 금융위기 원인을 자본수입국에서 찾는다. 자본수입국이 방만하고 비효율적으로 자금을 이용함으로써 금융위기가 발생했음을 강조하며, 해당 국가의 근본적인 경제 및 금융 구조의 문제점을 지적한다. 과잉투자와 무역적자로 인한 대출부실화, 부실채권을 조기에 정리하지 않은 구조적인 문제점과 정부정책의 실패, 그리고 고정환율제의 폐해 등이 아시아 금융위기의 원인이었음을 지적한다.[4]

하지만 이에 대한 반박도 만만치 않다. Radelet & Sachs (1998)는 국제적인 금융시장의 변동이 아시아 경제위기의 핵심적인 요소임을 지적하였다. 그들은 경제구조의 불균형과 취약성이 존재했으나 금융위기를 유발할 정도의 수준은 아니었으며, 국제금융시장의 공포, 아시아 정부의 위기 대응 정책의 실패 및 IMF 등의 잘못 설계된 구제 프로그램이 결합하여 심각한 경제위기를 불러일으켰다고 주장했다. 킨들버거 & 알리버 (2006)는 아시아 금융위기의 원인으로 방출 요인을 보다 강조했다. 이들은 금융위기를 경험한 아시아 국가 중에서는 홍콩처럼 국제금융시장에서의 채권국인 나라도 있었음을 주목했다. 즉 내부적인 금융구조와 무관하게 아시아 지역의 나라들이 외환위기를 경험한 것은 이들에게 공통적으로 영향을 미친 국제자본이동이 위기를 유발한 주된 요인이었음을 보여준다는 것이다.

이들이 주장한 국제자본흐름의 핵심에 일본계 자본이 있었다. 앞서 본 것처럼 플라자 합의 이후 일본계 자본은 아시아 지역으로 대거 이동했고, 이러한 일본계 자금의 유입은 1990년대 초반 일본시장의 버블이 붕괴한 이후 더욱 증가했다. 특히 1990년대 들어와서는 일본의 저금리를 이용한 캐리 트레이딩(Carry Trading)이 주요한 투자전략이었다. 캐리 트레이딩은 저금리로 엔화를 차입하고, 이를 가령 높은 금리의 타이 바트화 채권에 투자하여 그 금리차만큼의 차익거래 이익을 추구하는 전략이다. 이처럼 캐리 트레이딩이 가능했던 것은 당시 아시아 국가가 고정(pegged)환율제를 택해서 달러 및 엔화 대비해서 안정

4 Corsetti, Pesenti & Rubini (1998), Mishikin (1999) 참조

적인 환율을 유지했기 때문이었다.

일본을 중심으로 한 국제자본 유입은 1990년대 동남아시아 지역의 경기 호황에 크게 기여했다. 그러나 다른 한편에서 경제의 건전성을 악화시키는 계기도 되었다. 갑작스러운 신용팽창으로 이 지역에서 소비자금융이 증가하고 효율성이 낮은 산업으로의 자금공급도 증가했다. 아울러 자산가격이 상승하면서 내수가 활성화되었으나, 이러한 내수 활성화는 무역수지 적자를 증가시켰다. 통상 무역수지 적자는 환율을 평가절하하는 요인으로 작용한다. 하지만 이들 지역으로의 자본유입으로 자본수지는 무역수지와 반대로 흑자였고, 이에 힘입어 환율은 무역수지 적자 확대에도 불구하고 안정적으로 유지되었다. 실물경제의 관점에서 보면 아시아 국가의 환율은 고평가된 것이었다.

한번 의심이 들면 국제자본 흐름은 크게 달라진다. 그 계기는 태국 일부 금융회사의 부실화가 표면화한 것이었다. 아시아 지역에 있는 금융회사의 건전성에 대한 의심이 확대하면서 자본유입이 중단되고 반대로 자금이 유출되기 시작했다. 그동안 환율을 안정적으로 유지시킨 요인이었던 자본수지가 적자로 전환하면서 환율이 급격히 상승했고, 국제자본 유출로 유동성이 축소되면서 금융회사의 건전성도 크게 악화되었다. 아시아 국가의 정부는 가파른 환율 상승을 막기 위해 외환시장에 개입했다. 그러나 이러한 시장 개입은 외환보유액만을 축소시켰을 뿐, 환율을 안정시키는 데 기여하지 못했다. 오히려 외환보유액 축소는 정부 재정의 건전성에 대한 의심으로 확산되었다. 정부가 더 이상 해외 차입을 하지 못하고 외화 원리금을 상환하지 못할 상황에 도달하면서 결국 아시아 국가 다수는 IMF에 구제금융을 요청해야만 했다. 그리고 IMF의 엄격한 구제금융 조건은 재정지출 축소와 금리상승 등을 유발하여 아시아 국가 경제는 한동안 극심한 경기침체를 경험해야 했다.

혹자는 이 국가들이 과도한 국제자본유입을 막는 통제 장치를 마련해야 했음을 지적하기도 했다. 하지만 이는 애초부터 불가능했다. 자본수출국은 한결같이 자금공급의 전제로서 금융자유화를 요구했기 때문이다. 그 결과 1990년대 아시아 국가 다수는 자본자유화가 상당히 진전된 상태였고, 이러한 조치를 후퇴시키는 것은 현실적으로 불가능했다. 결국 국제자본의 자유롭고 빈번한 이동이 금융위기를 야기한 중요한 요인이었다.

한편으로는 국제자본이 아시아 국가의 사정과 별개로 자신의 이익에 맞추어 행동하는 것은 당연해 보이기도 했다. 특히 당시 보여준 일본의 태도는 국가 간 협력이 경제적 이익 앞에 얼마나 허무한 것인지를 분명히 보여준다. 앞서 보았듯이 일본계 은행은 버블경제 붕괴 이후 부실채권으로 인한 손실이 누적되어 건전성이 악화한 상황이었다(3장의 2 참조). 이러한 상황에서 일본계 은행은 아시아 국가에 공급된 단기대출을 급속히 회수하여 아시아 국가 금융시장의 유동성 부족을 가속화했다. 이 같은 일본계 은행의 태도가 금융위기를 더욱 급속히 야기한 원인이 되었음은 물론이다.[5] 하지만 이러한 일본계 은행의 태도는 좀비기업을 양산할 정도로 자국 내 기업에 대해서 관용적

5 1997년 외환위기 당시 한국도 일본이 주된 외자 차입원이었고, 일본은행의 단기차입 연장 축소가 외화유동성 부족을 심화시킨 원인이었다.

이었던 행태와는 매우 다른 것이었다. 일본계 은행의 이중적 태도는 '자본은 국경이 있다'는 교훈을 새삼 일깨워준다.

정부 간 협력 차원에서도 마찬가지였다. 아시아 국가에 지원한 IMF 구제금융 기금에서 일본이 부담한 금액은 매우 작았다. 일본 정부는 1990년대 아시아 국가로 진출하면서 아시아 국가와의 긴밀한 네트워크 확대를 주장하였다. 하지만 이것은 대동아공영권을 외치면서 제국주의적 확장을 도모했던 과거의 행태와 마찬가지로 일본의 이익만을 위한 허무한 구호였을 뿐이다. 국제사회의 책임 있는 국가였다면 자신들이 그렇게 강조한 협력 대상이었던 아시아 국가의 금융위기 대응에 소극적인 자세를 보이지는 않았을 것이다. 좋은 시절에는 국가 간 우호가 넘쳐나지만, 나쁜 시절이 오면 국경의 커다란 장벽은 분명해진다.

6장

자본시장의 위기와 새로운 체제

1

자본시장의 발전

2008년 전 세계적으로 나타난 글로벌 금융위기는 이전의 금융위기와 달랐고, 그 극복 과정 역시 마찬가지였다. 그것은 은행이 아닌 자본시장과 투자은행 중심으로 나타난 첫 번째 금융위기였다. 따라서 금융위기를 수습하는 중앙은행과 정부의 대응 역시 달랐다. 중앙은행은 전통적인 정책 수단에서 벗어나 직접 자본시장에 유동성을 공급했다. 이러한 금융위기 극복 방식은 이후 전 세계 자금흐름과 금융시장의 변동성을 결정하는 핵심 요소가 되었다. 그 결과 오늘의 금융시장은 이전과 구별되는 금융위기 요인을 안게 되었다.

자본시장이 금융위기를 유발하는 중요한 요인이 된 것은 그만큼 자본시장이 금융시장 전체에 영향을 줄 정도로 커졌기 때문이다. 자본시장은 주식과 채권이 발행·거래되는 시장이다. 자본시장은 대규모 자금을 오랫동안 빌리기 위한 시장으로서 형성, 발전되었다. 최근과 같은 채권의 형태는 베니스에서 고안되었다고 한다.[1] 베니스 공화국 정부는 1172년 거액의 전쟁자금 동원을 위해서 세금을 직접 걷는 대신 모든 시민이 프레스티티(Prestiti)라고 하는 증서를 의무적으로 매입하도록 했다. 증서 매입은 의무적이었지만 원금상환 전까지 연 5%의 이자 지급을 약속했기 때문에, 공화국 정부는 전비를 세금보다 저항없이 조달했다. 하지만 베니스는 비잔틴 제국 원정에 실패했다. 기대했던 전리품으로 원금을 상환할 수 없던 공화국 정부는 이자는 지급하겠지만 채무를 영구 상환하지 않겠다고 선언했다. 만기가 불확실했던 채권이 이제 만기가 없는 영구채가 되었다. 이후 공화국 정부는 영구채 발행을 전비 조달 수단으로 곧잘 이용하였고, 원금을 상환하지 않는 대신 영구채의 매매를 허용하여 현금화할 수 있도록 했다. 채권의 유통시장이 형성된 것이다. 하지만 공화국의 영구채 투자는 큰 매력은 없었던 듯하다. 베니스가 점차 쇠락하면서 그만큼 공화국 정부의 재정도 악화되어 이자조차 제대로 지불하지 않는 경우도 많았기 때문이다.

네덜란드 동인도회사 설립은 주식회사 역사에서 이정표가 될 만한 사건이다. 16세기 후반부터 네덜란드는 스페인을 제치고 해상무역을 선도했다. 몇 년이나 걸리는 무역 항해의 위험을 감안하여 네덜란드 상인들은 조합을 만들어서 다수의 자금을 모아 투자함으로써 위험을 공유, 분산하는 방법을 고안했다. 하지만 무역을 둘러싼 유럽 국가 간 분쟁과 약탈이 확산되면서 한층 큰 선단을 만들어야 성공적인 투자 회수가 가능해졌다. 이에 네덜란드 공화국 정부는 동인도회사를 설립

1 이에 대해서는 괴츠만 (2019) 참조.

하여 무역독점권을 부여하고 무역을 전담하도록 했다. 이제 해외 무역 사업으로부터의 이익을 얻고자 하는 사람들은 이 회사의 주식을 매입해야 했다. 그런데 동인도회사와 이전의 투자조합은 투자 방식에 큰 차이가 있었다. 과거 투자조합이 일회적이어서 무역 선박이 암스테르담 항구에 도착하면 판매한 수익금을 곧바로 나누고 해산했던 반면, 동인도회사 주식은 21년 이후 원금을 상환받도록 해서 투자수익이 재투자되도록 했다. 21년은 당시 평균 수명이 40세를 전후한 것을 감안할 때 매우 긴 기간이었다.[2] 원금 회수기간이 길어 주식투자가 이루어지지 않을 것을 우려한 동인도회사 이사와 공화국 정부는 주식 매매를 허용하여 투자자가 필요시 현금으로 전환할 수 있는 길을 만들어 주었다. 이제 네덜란드는 전 세계 무역 패권을 위한 안정적인 자금을 확보했고, 동인도회사 주식은 암스테르담 상인들의 투기적 거래의 주된 수단이 되었다.

자본시장은 19세기 들어와 크게 성장했다. 그 성장의 중요한 계기는 철도혁명이었다(이에 대해서는 2장의 2 참조). 철도 노선을 만들기 위한 거대한 자본의 필요성과 장기의 투자 회수기간 때문에 철도회사는 주식 발행을 통해 자금을 조달해야 했다. 20세기 들어와서도 미국의 주식시장은 유통시장을 중심으로 크게 성장했다. 그럼에도 불구하고 1970년대까지 자본시장은 은행을 중심으로 한 간접금융시장보다 기업의 자금조달원으로서 비중이 낮았다. 그 이유는 무엇보다도 은행

2 동인도회사 주식의 만기는 계속 연장되어서 실제적으로는 현재의 주식처럼 만기가 없는 것으로 이해되었다. 그러나 18세기부터 무역거래로 인한 수익이 저조해지면서 동인도회사는 1799년 해산되었다.

이 위험을 완충해주는 간접금융시장과 달리 투자자들이 기업 위험을 직접 감수해야 하기 때문이다. 그러므로 자본시장은 금융회사와 거액의 자산가가 주된 투자자인 도매시장의 성격을 벗어나지 못했다. 주식과 채권으로 자금을 조달하고자 하는 기업의 수요가 증가했음에도 불구하고, 기업의 자금조달시장으로서의 자본시장 성장은 한계가 있었다.

그러나 1970년대를 기점으로 개인의 자본시장 참여가 증가하기 시작했다. 예금 중심의 자산운용 행태에서 벗어나 자본시장에 직, 간접적으로 투자하는 개인의 비중이 늘어난 것이다. 이처럼 개인의 자본시장 투자 비중이 증가한 주요한 원인은 사람 수명의 증가라는 인구학적 변화를 들 수 있다. 수명이 증가하여 은퇴 기간이 늘어나자 노후대비를 위한 저축수요가 증가했고, 이러한 저축수요로 인해 장기간 안정적인 수익률을 확보할 수 있는 금융자산에 대한 요구가 증가했다. 하지만 예금은 만기가 길지 않아 장기적으로 금융자산을 보유해서 구매력을 유지 또는 확대하고자 하는 수요를 충족시킬 수 없었다. 또한 낮은 예금이자율도 문제였다. 특히 자본시장 비중이 크게 확대한 주요 계기는 1970년대 만연했던 인플레이션이었다. 인플레이션으로 인해 실질 예금이자율이 마이너스가 되는 등 금융자산의 실질가치가 오히려 하락하는 현상이 발생하자 더 높은 자산수익률과 다양한 투자 기회를 제공하는 투자상품에 대한 수요가 증가했다. 이 과정에서 MMF 등을 비롯한 단기투자상품도 증가했고, 무엇보다도 장기적으로 자본시장에 참여할 수 있도록 연결해 주는 펀드와 연금이 빠르게 증가했다.[3] 그 결과 1990년대 이후 민간이 채권발행으로 조달한 금

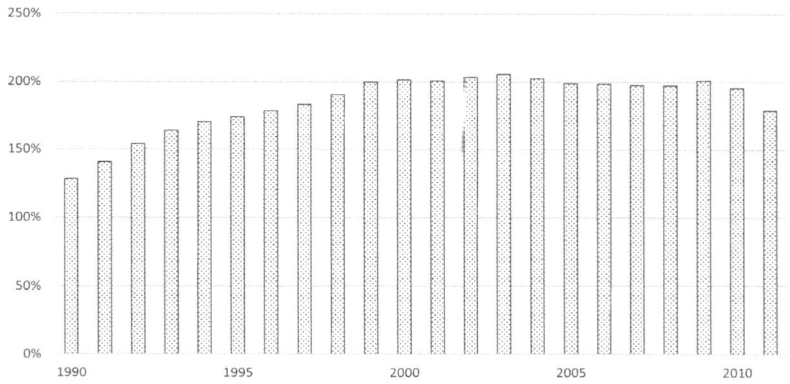

그림 6.1 민간시장에서의 채권 비중의 추이(미국의 경우)

* 비중은 예금은행의 민간부문 대출액 대비 민간부문이 발행한 채권잔액 비율임. 이 수치는 아래 자료를 이용하여 재계산한 것임.

자료: Martin Čihák, Aslı Demirgüç-Kunt, Erik Feyen, and Ross Levine, "Benchmarking Financial Development Around the World", Policy Research Working Paper 6175, World Bank, Washington, DC, August 2012.

액이 예금은행 대출액보다 커져, 글로벌 금융위기 당시인 2008년 그 금액은 예금은행 민간대출의 2배에 달하는 수준까지 높아졌다(〈그림 6.1〉 참조). 정부에 의한 국채나 주식시장을 통한 자금조달 규모까지 고려해 보면 자본시장이 간접금융시장보다 얼마나 확대되었는지 쉽게 짐작할 수 있다.

3 OECD 국가 전체를 대상으로 하면, 2001년 GDP 대비 59.0%였던 연금자산은 20년이 지난 2021년 105.1%로 증가했다

2

자본시장과 금융위기

우리는 투자를 '자기책임'이라고 알고 있다. 투자자는 증권사나 투자은행의 중개를 통해 거래하지만, 그 투자의 수익과 손실이 전적으로 투자자의 몫이라는 것이다. 그러므로 자본시장의 중개기관인 증권사 또는 투자은행이 유가증권의 발행과 유통을 주선 또는 중개하지만, 이러한 중개 행위는 투자자 간의 위험 이전을 중개할 뿐이어서 이들이 중개로 인해 부담하는 위험은 없는 것으로 생각한다. 하지만 미국의 투자은행은 2008년 금융위기에서 파산했고, 이러한 파산이 금융시스템을 마비시킨 원인으로 작용했다. 은행과 달리 위험을 부담하지 않고 중개 행위를 하는 투자은행에서 어떤 일이 발생한 것인가?

첫째, 투자은행의 실제 중개 행위는 위험을 일부 부담하는 방식으로 이루어졌다. 투자자마다 개별 주식과 채권에 대한 위험 선호가 다양하므로, 이를 일일이 매칭하여 거래를 중개한다는 것은 매우 어려운 일이다. 그러므로 투자은행은 발행한 기업의 주식과 채권에 내포

된 위험을 분해하거나 재구성하여 투자자의 위험 선호에 부합하는 투자상품을 제시한다. 아니면 다양한 파생상품을 활용하여 투자자에게 이를 결합한 포트폴리오를 권유할 수도 있다. 즉 투자은행은 직접 유가증권을 매입하고, 이를 기초로 투자자의 입맛에 맞는 금융상품이나 거래구조를 만들어 유가증권 매입 자금을 조달하는 방식으로 중개 행위를 한다. 매입한 유가증권은 투자은행의 자산이 되고 투자자에게 판매한 투자상품은 부채가 되어 투자은행의 대차대조표는 확대된다. 투자은행이 자신의 레버리지를 증가하는 방식으로 중개하는 것이다. 이때 투자은행이 보유한 유가증권과 자금조달을 위해 발행한 금융상품의 위험구조가 다르다면 이는 곧 투자은행이 중개를 위해 투자위험 일부를 감수한다는 것을 의미한다. 물론 투자은행은 이른바 자산-부채관리를 통해서 자산과 부채 위험을 상호 상쇄하여 자신들의 위험이 거의 없다고 장담했지만, 글로벌 금융위기는 이들이 자신한 위험관리가 현실적으로 이루어지지 않았음을 보여주었다.

둘째, 투자은행은 자신의 투자 이익을 제고하기 위해서 레버리지를 이용한다. 금융회사 이자이익의 원천은 장단기금리차 또는 신용스프레드 격차이다. 투자은행도 우월한 신용도를 이용하여 낮은 금리로 자금을 단기로 조달하고 상대적으로 신용도가 낮은 장기의 채권에 투자하여 수익을 얻는다. 레버리지가 높을수록 수익이 높아질 것이므로, 투자은행이 레버리지를 높일 유인은 크다. 1990년대 이루어진 금융규제 완화로 레버리지를 크게 확대한 미국의 투자은행이 투자 손실로 자금차입을 연장하지 못하면서 투자은행은 커다란 유동성 위험에 직면하게 되었다.

셋째, 파생상품의 이용은 투자은행의 잠재적 위험을 증가시켰다. 파생상품은 계약금에 해당하는 증거금을 계약시에 지불하고 몇 배에 달하는 거래액을 체결하는 것이기 때문에 파생상품 거래 자체에 이미 레버리지가 내재되어 있다. 하지만 파생상품은 우발적 채무로 회계처리 되기에 그 거래액이 모두 대차대조표에 반영되지 않는다. 그러므로 파생상품의 거래는 금융규제의 제약을 덜 받으면서 실질적으로 투자은행이 레버리지를 높이는 좋은 수단이다.

이 모든 행태가 투자은행의 (우발) 부채를 증가시키는 방향으로 작용했다. 투자은행이 감수하는 총위험 수준은 증가했고, 유동성 위험에 노출될 가능성도 높아졌다. 투자은행의 수익을 높이는 수단이었던 레버리지가 그 생존을 위협하는 비수가 되었다. 이와 같은 투자은행의 행태는 자신의 위험을 확대한 것뿐만 아니라 금융위기의 개연성도 높이는 것이었다.

첫째, 투자은행은 금융시장 전체의 위험을 증가시켰다. 투자은행은 각종 기법을 이용해서 이전에는 자본시장에 들어오지 않았을 자금이 유입되도록 함으로써 시장위험의 크기를 절대적으로 증가시켰다. 모기지를 기초로 한 유동화 증권의 사례를 생각해 보자. 유동화 증권은 개별 모기지를 한군데 모아 이를 담보로 발행된 유가증권이다. 포트폴리오의 다변화 효과를 통해서 투자위험을 재구성하고 이를 소액의 투자자가 투자할 수 있도록 유가증권을 발행한 것이기에 과거에는 모기지에 자금을 공급하지 않았던 사람들이 모기지에 간접적으로 투자하도록 만들었다. 가령 위험자산에 1억 원을 투자하지 못할 사람도 1%에 해당하는 1백만 원은 투자할 수 있고, 다변화 효과로 위험이 줄었다고 평가받는 유동화증권이므로 모기지에 대한 직접 투자보다 안심하고 투자할 수도 있다. 이러한 중개 기능은 자본시장에 참여하는 투자자 수와 투자액을 확대시켰다. 하지만 개별 투자자의 위험은 줄어들었을지 몰라도 시장 전체적인 위험의 크기는 달라지지 않았다. 그리고 이러한 중개 기능으로 인해 자본시장에 참여하는 투자자 수와 투자액이 증가함으로써 더 낮은 신용도를 가진 차입자가 자본시장에서 자금을 조달할 수 있었고 자본시장 총위험의 절대적 크기는 계속 증가했다.

둘째, 투자은행은 금융시장의 상호연계성을 높여 개별 금융회사의 건전성 악화가 전체 시장으로 확산할 위험을 증가시켰다. 파생상품 거래를 예로 들어본다. 어떤 투자자가 신용채권을 매입하면서 신용위험의 헤지를 위해 신용부도스왑(Credit Default Swap, CDS)을 거래하는 경우를 생각해 보자. 투자은행은 CDS 거래로 떠맡은 신용위험을 헤지하기 위해 보험사와 반대 방향의 거래를 할 수 있다. 이제 신용위험은 투자자 → 투자은행 → 보험사로 이전된다. 만약 해당 신용채권의 부도가 발생했음에도 불구하고 보험사가 CDS 거래를 이행하지 않는다면, 신용위험은 다시 투자은행과 투자자로 이전될 수 있다. 사실 투자자는 신용위험을 완전히 헤지한 것으로 생각했지만 실제로는 해당 신용채권의 위험을 보험사에 대한 위험으로 전환했을 뿐이었다. 결국 보험사의 파산이 투자은행과 투자자의 손실로 나타나 이들마저도 파산위험에 노출될 수 있는 금융기관 간 상호연계성이 높아진 것이다.

이것이 미국의 서브프라임 모기지 부실화가 금융위기로 발전된 경로였다. 사실 서브프라임 모기지 금액은 미국 금융시장 규모를 감안할 때 엄청나게 큰 금액은 아니었다. 주택담보대출에 한정해서 보더라도 서브프라임 모기지 금액은 전체 모기지 금액의 10%가 안 되는 규모였다. 만약 서브프라임 모기지를 이용한 파생상품 거래나 레버리지가 없었다면 서브프라임 모기지의 채무불이행은 찻잔 속의 태풍 정도로 이를 취급한 일부 금융기관의 국지적 파산으로 마무리되었을 가능성이 컸다. 그러나 이를 이용한 파생상품 거래가 시장 전체의 위험 규모를 증가시켰고, 자본시장 내에서의 상호연계성을 높임으로써 금융시장의 위험은 이전과 비교할 수 없을 정도로 증가했다.

셋째, 투자은행의 그림자 금융 역할은 유동성 위험에 취약한 금융구조를 형성했다. 투자은행의 자금조달은 주로 단기의 유동성 부채 발행을 통해 이루어진다. 이처럼 단기의 시장민감성 부채가 많을수록 투자은행이 유동성 위험에 처할 가능성은 훨씬 커진다.[4] 특히 시장성 부채는 거액의 투자자로부터 자금을 조달하는 경우가 많기 때문에 소규모 예금자로 분산된 예금보다 훨씬 유동성 위험에 노출되어 있다. 그러므로 투자은행이 시장 변화에 따라 유동성 부채를 대거 상환해야 할 처지가 될 가능성도 크다. 투자은행이 자금을 상환하기 위해서는 보유 자산을 매각해야 하며, 이러한 투자은행의 자산매각이 자산 가격을 하락시키고 이것이 다시 담보가치 하락으로 인한 추가적인 유동성 축소를 유발하는 악순환을 유발하면서 자본시장 전체의 유동성이 고갈되는 위기 국면이 발생한다.

은행의 예금인출로 인한 금융위기와 자본시장에서 발생한 금융위

4 이와 관련해서 Adrian & Shin (2010) 참조.

기의 원인은 본질적으로 동일하다. 과잉된 신용팽창과 신용의 질 악화, 그리고 과도한 레버리지 증가로 인한 금융회사의 건전성 악화가 금융위기의 직접적인 원인이다. 하지만 그 양태는 다소 다르게 나타난다. 은행의 위기는 위험을 부담하면서 중개하는 은행에 대한 예금인출이 유동성 위기로 발전되면서 나타난다. 반면 자본시장에서의 유동성 위기는 이들이 거래하는 차입시장에서의 유동성 고갈로 표면화되고, 이 시장에서의 유동성 고갈이 모든 거래 주체의 유동성 위험으로 확산하는 양상으로 발전한다. 글로벌 금융위기 당시 RP 시장의 마비가 심각하게 받아들여졌던 것은 바로 이러한 자본시장의 유동성 위기 전파 구조 때문이었다.

3

새로운 체제(Regime)로의 전환

2008년 금융위기는 이미 2007년부터 조짐을 보였다. 2007년 말 미국 연준은 예금기관을 대상으로 한 재할인과 공개시장조작을 통해 금융시장에 유동성을 공급하고자 했다. 하지만 연준의 유동성 공급은 그다지 효과적이지 않았다. 유동성 공급 대상인 은행이 연준의 유동성 공급에도 불구하고 신용위험을 우려하여 시장에 유동성을 공급하기보다는 안전자산으로 운용했기 때문이다. 전통적인 통화정책의 경로, 곧 중앙은행이 은행을 경유하여 금융시장으로 유동성을 공급하는 경로가 작동하지 않았다. 가장 유동성이 필요했던 자본시장까지 유동성이 공급되지 않았다.

금융위기가 표면화된 것은 RP 시장이었다.[5] RP 시장은 레버리지를 증가시키기 위해 투자은행이 주로 활용하던 단기자금시장이었다. 글

5 원승연 (2021) 참조.

로벌 금융위기가 발생하기 직전인 2007년 말, 5대 투자은행의 자본 대비 자산 비율은 30배를 상회할 정도였다. 투자은행은 RP로 자금을 조달하여 직접 자산을 매입하거나 아니면 헤지펀드에 유동성을 공급하는 그림자금융의 역할을 수행했다. 하지만 투자은행이 조달자금으로 운용한 자산의 질은 투자부적격 등급 채권도 일부 포함될 정도로 좋지 않았다. 게다가 RP 조달의 75%를 하루짜리 만기의 RP로 조달하는 차입구조로 인해 투자은행은 유동성 위험에 매우 취약했다. 2008년 3월 베어스턴스의 파산위험은 이러한 취약성이 표출된 것이었다. 베어스턴스는 보유한 자산의 부실화가 시장에 알려지면서 RP 시장에서의 차입이 어려워졌고, 결국 유동성 위기에 직면했다.

미국 연준이 전통적 정책수단에서 벗어나 비은행 금융회사와 자본시장에 직접 유동성을 공급하는 조치를 취한 것은 이러한 배경에서 비롯된다. 2008년 3월 10일 연준은 연방공개시장위원회(FOMC) 임시회의를 개최하여 전례가 없었던 비은행 금융기관에 대한 유동성 공급을 결정했다. 명분은 두 가지였다. 첫째, 당시의 유동성 공급 부족이 금융시스템 위기로 확대될 정도로 심각하다. 둘째, 은행을 경유한 유동성 공급에 한계가 있어 비은행 금융기관에 대한 직접적인 유동성 공급이 필요하다는 것이었다. 이러한 연준의 직접적인 유동성 공급은 리먼브라더스가 파산한 2008년 9월 이후에는 규모와 방식 모든 면에서 더욱 확대되었다. 연준은 비은행 금융회사에 대한 직접적인 유동성 공급과 함께, MBS, CP, MMF, ABS 등 당시 붕괴 직전에 있었던 시장에서 유가증권을 직접 매입하는 프로그램을 만들어 운영했다. 미국 연준이 최종대부자(Lender of Last Resorts)가 아니라 최종채권보유자(Bondholder of Last Resorts)가 되었다는 비아냥을 들을 정도였다.

처음에는 비정상적인 금융시장에서 최종대부자 기능 목적으로 집행되었던 자본시장에 대한 직접적인 유동성 공급 방식이, 정상적인 상황임에도 불구하고 경기 확대를 목적으로 한 일반적인 통화정책 수단으로 확장되었다. 그것이 바로 '양적 완화(Quantitative Easing)' 정책이다. 전통적인 통화정책은 정책금리 인하 → 장기금리 하락 및 통화량 증가 → 총수요 증가의 전달경로를 기대한다. 그러나 글로벌 금융위기 이후 연준의 정책금리 인하에도 불구하고 금융시장에서의 자금공급이 원활하지 않고 경기가 살아나지 않자, 미 연준은 2008년 11월 경기조절을 목적으로 채권매입 규모를 늘렸고 이후 2010년과 2012년에 각각 한 차례씩 총 3회의 양적 완화를 실시했다. 그리고 2020년 코로나19 팬데믹으로 제4차 양적 완화를 대규모로 실시했다.

판도라의 상자가 열렸다. 지금까지 중앙은행의 역사는 통화가치를 유지하기 위한 역사라고 해도 지나치지 않다. 인플레이션이 한 나라에 경제질서와 국가적 번영에 얼마나 장애가 되었는지를 알고 있기에, 근대사회에 들어오면서 중앙은행은 위정자들이 정치적 또는 사적 이익을 목적으로 무분별하게 통화를 남발하는 것을 막는 것을 주요한 사명으로 했다. 중앙은행권 발행에 대한 제약이 있었던 금본위제에서 벗어나 불환제도로 전환된 제2차세계대전 이후에도 조심스러움은 강조되었다. 브레튼우드 조약으로 미국 달러에 대해서만 금 1파운드당 35달러로 태환을 약속하고 국제통화체제를 재구축한 것은 바로 이러한 염려 때문이었다. 그러므로 미국이 1971년 금태환 정지를 선언한 이후에도 연준은 본원통화량에 대한 직접적인 조절을 배제하고, 금리

변동을 통해 간접적으로 금융시장 유동성을 조절하고자 했다.[6]

하지만 미국 연준의 정책은 이러한 불문율을 깬 것이다. 중앙은행이 자본시장에서 유가증권을 매입함으로써 직접 본원통화량을 늘렸다. 비정상적인 상황에서 최종대부자로서 유동성을 공급한 정책을 일상적인 경기조절을 위한 통화정책으로 확대하면서 화폐가치의 안정성이 저해될 가능성은 분명해졌다. 글로벌 금융위기 시 미국 연준이 최종대부자로서 시행했던 자본시장에 대한 직접적인 유동성 공급은 충분히 납득할 만한 이유가 있었다. 하지만 경기조절을 위한 양적 완화 정책은 이와 차원이 다르다. 그것은 시장의 상황과 무관하게 통화량을 외생적으로 늘리려는 시도로서, 언제든지 통화 남발이 일어날 수 있는 통로를 만든 것이었다. 항상 이성적으로 중앙은행의 직접적 통화공급이 결정되어 본원통화량의 남발이 없기를 기대하는 것은 현실적이지 않다. 그동안의 역사를 보면 정부가 경기침체 시 통화량을 늘려 일단 경기를 회복하고자 하는 유인은 항상 있었으며, 그러한 유인이 중앙은행을 압박하도록 만든 경우도 상당히 존재했기 때문이다. 우려할 만한 통화정책의 변화였다.

글로벌 금융위기 이후 미국 연준의 정책은 국제금융시장에도 커다란 변화를 가져왔다. 사실 미국의 금융위기는 국제자본이동의 관점에서도 그 원인을 찾아볼 수 있다. 1990년대 후반 아시아 국가를 비롯하여 이머징 시장에서 금융위기가 발생한 이후, 안전자산을 찾아서 이

6 달러화 태환 정지 조치는 1970년대 인플레이션을 유발한 요인이기도 했다. 암묵적으로 인정되었던 금화 대비 달러화 가치가 공식적으로 부인되면서 미국경제 하락이 달러화 가치 평가절하로 연결되었기 때문이다.

머징 시장에서 미국 시장으로 국제자본이 이동하는 현상이 나타났다. 이 과정에서 금융위기를 경험한 아시아 국가의 달러 자산매입이 증가했다. 2000년대부터 무역수지 흑자가 확대된 우리나라와 중국을 비롯한 아시아 국가들은 직전 있었던 금융위기의 교훈 때문에, 자본유출에 대비할 수 있는 달러 자산 매입을 크게 증가시켰다. 그 결과 미국은 무역적자로 유출된 자금이 자본거래를 통해 다시 대량 유입하는 상황을 맞이했다.

국제교역의 글로벌 불균형과 국제자본이동으로 실물경제 대비 과도하게 증가한 미국 금융시장의 유동성이 신용팽창을 유발한 주요 원인이었다. 미국 연준위 의장을 지낸 버어낸키는 미국으로의 자본 유입을 저축과잉(Saving Glut)으로 명명하고, 아시아 자금의 유입이 미국의 장기금리를 균형 이하로 유지하게 한 원인임을 지적했다.[7] 당시 미국 연준 의장이었던 그린스펀도 이른바 '그린스펀 수수께끼(Greenspan Conundrum)'라는 말로써 이러한 국제자본이동이 장기금리를 올리려는 미국의 통화긴축 정책을 무력화하는 원인임을 지적하였다. 실물경제 수준에 비해 낮은 저금리의 유동성이 금융시장에 공급되었고, 이를 기초로 한 신용공급이 주택 부문에 과도하게 이루어져 주택시장의 버블과 금융시장의 신용위험을 확대시킨 원인이 되었다. 미국도 다른 나라처럼 국제자본이동으로 금융시장이 크게 영향을 받은 것이다.

하지만 금융위기 수습 과정이 다른 나라와 달랐다. 어떤 나라에 금융위기가 발생한다면 일단 정부와 중앙은행은 유동성 공급 등을

7 Bernanke (2005).

통해 금융위기의 여파를 축소하는 조치를 일차적으로 취한다. 하지만 금융시장이 수습된 이후에는 과도한 신용팽창을 정리하는 구조조정이 뒤따른다. 금리도 인상되고 통화 긴축도 이루어지면서 문제가 된 기업과 금융회사의 정리도 진행되어 금융위기의 여파가 가장 혹독하게 발생한다. 하지만 미국은 다른 나라와 달리 이 과정을 거치지 않았다. 미국은 금융위기의 폭풍이 지나간 이후에도 정책금리를 계속 0%에 가까운 수준으로 유지했고, 양적 완화를 수년간 지속하는 등 시장에 계속 유동성을 공급하는 조치를 취했다. 미국이 금융위기에 처한 다른 나라에 조언한 것과 정반대의 조치를 한 것이었다. 이것이 바로 기축통화의 위력이다. 미국은 달러의 신뢰 하락이나 자본유출에 대한 두려움 없이 유동성을 계속 공급함으로써 무너진 경제를 서서히 정비할 시간을 벌 수 있었다.

오히려 2008년 이후 금융위기는 미국 이외의 지역으로 확산했다. 국제자본이 안전자산 확보 차원에서 미국으로 유입되면서 미국 이외의 다른 나라에서 자본유출이 발생했다. 앞서 보았던 스페인과 아일랜드의 금융위기도 국제자본유출이 주요한 원인이었고, 안전자산을 향한 국제자본이동이 그리스 금융위기의 주요한 원인이었다. 결국 유로중앙은행도 미국 연준과 마찬가지로 금융시장에 대한 유동성 공급을 확대했고, 그 외 대부분 나라의 중앙은행도 이러한 유동성 공급 확대를 따랐다. 글로벌 금융위기 이후 전 세계적으로 유동성이 크게 확대되는 현상이 발생한 것이었다. 이 결과 예상과 달리 국제간 금융 거래도 글로벌 금융위기 후유증에서 매우 빠르게 벗어나, 금융위기 여파로 한동안 위축될 것이라는 전망이 무색할 정도로 급속히 증가했다.[8]

결국 국제금융시장은 과잉 유동성을 특징으로 한 새로운 체제로 전환되었다. 이것은 유동성 공급 확대를 주도한 미국 연준의 정책을 다른 나라의 중앙은행 역시 따라서 시행함으로써 발생한 결과였다. 그 결과 과잉 유동성은 일시적이 아닌 일상적인 현상이 되었다. 또한 과거와 달리 민간 부문이 아닌 중앙은행 등 정부가 유동성 공급의 주요 주체가 되었다. 다른 한편에서 미국의 국제금융시장의 영향력은 더욱 확대되었다. 모두 미국 연준의 행태를 주시했고, 전 세계 금융시장의 미국시장에 대한 민감성은 훨씬 커졌다. 이러한 새로운 국제금융시장의 특성은 이전과 다른 형태의 금융구조의 취약성을 유발하는 것이었다.

8 2005년 약 50조 달러였던 국제간 금융거래가 2020년에는 130조 달러로 증가한 것으로 추정된다. 참고로 130조 달러는 전 세계 GDP의 153%에 달하는 금액이다. 이에 대해서는 'The worry about cross-border capital flows', Economist (2022.1.13.) 참조.

4

금융시장의 새로운 취약성

국제금융시장 과잉 유동성의 일차적인 원인 제공자는 미국 연준이다. 미국 연준은 유가증권을 직접 매입하여 유동성 공급을 확대했다. 미국의 본원통화량은 글로벌 금융위기 이후 급속히 증가했다. 2008년 9월 말 9천억 달러였던 본원통화량은 10월부터 급격히 상승하여 3차례의 양적 완화 정책을 거친 2014년에는 약 4조 달러로 4배 이상 증가했다. 그리고 2020년 코로나19 팬데믹으로 인한 신용경색을 차단하기 위한 유동성 공급 조치로 최고 6.4조 달러까지 증가했다. 이처럼 시장의 유동성은 연준의 본원통화량 공급을 중심으로 확대되었다(〈그림 6.2〉 참조). 통화량(M2) 대비 본원통화량(MB) 비중은 2007년까지 10% 전후였으나 최고 35%까지 증가했다. 이에 따라 실물 대비 유동성도 크게 확대되었다. 미국의 GDP 대비 통화량(M2) 비율은 2007년 말까지 50% 내외였으나, 2021년 88%로 상승했다.

연준은 자본시장에서도 무시할 수 없는 시장참여자가 되었다. 연

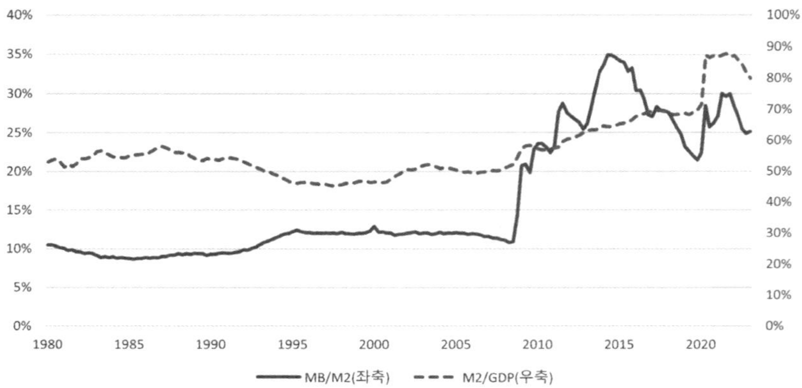

그림 6.2 미국의 통화량 추이
자료: https://fred.stlouisfed.org/

준의 유가증권 보유액은 2007년 말 1조 달러 이하였으나, 3차 양적 완화 종료되기 직전인 2014년 4조 달러로 증가했다. 코로나19 팬데믹 기간에는 연준의 유가증권 보유액은 2014년 보유액의 2배를 상회하는 8.9조 달러까지 증가했다. 유가증권 보유액 증가로 연준의 국채시장에서의 보유 비중은 크게 증가했다. 연준은 2007년 9월 말 미국채 발행 잔액의 8.6%를 보유했으나, 2021년 9월 말 그 보유 비중은 19.6%로 증가했다.

이처럼 미국 연준은 시장 전체의 유동성 공급자로서, 그리고 자본시장에서의 국채 보유자로서 그 영향력이 크게 확대되었다. 반대로 민간 부문의 시장 영향력은 상대적으로 감소했다. 글로벌 금융위기 이후 금융규제의 강화로 은행이 레버리지 비율을 낮춤으로써 민간 부문의 시장 비중이 하락한 것이다. 민간 부문의 비중 축소는 양면적이다. 한편에서 그것은 민간 부문의 위험성이 줄고 건전성이 제고된 것이지만, 다른 한편에서 중개기관로서 해야 하는 시장의 완충 기능이 축소되었음을 의미한다. 금융회사는 중개기관으로서 시장에서 유동성이 부족할 때 이를 대신해서 공급하는 등 기업과 투자자 간의 수급 격차를 보완하는 기능을 수행한다. 그러나 은행의 완충 기능이 위축됨으로써 시장에서의 유동성 공급이 감소할 때 그것이 시장에 미치는 영향이 커지는 부작용이 나타나기 시작했다.

그 부작용은 주도적으로 유동성을 공급했던 미국 연준이 긴축정책으로 전환할 때 분명히 드러났다. 미국 연준은 경기회복이 가시화한 2014년부터 긴축정책으로 전환하여 정책금리를 인상하고 그동안 늘렸던 유가증권 매입을 축소하는 조치를 취했다. 구체적으로 미국 연준은 2014년부터 자산매입 규모를 줄이는 양적완화 축소(Tapering) 정책을, 그리고 2018년에 들어서는 자산보유액 자체를 줄이는 양적긴축(Quantitative Tightening) 정책을 실시했다. 하지만 미국 연준은 양적긴축 정책을 취한 지 1년도 채 안 되는 2019년 여름 동 정책을 중단해야 했다. 양적긴축 정책으로 금융시장이 불안정해졌기 때문이다. 은행이 지불준비금이 부족해져서 차입을 증가하는 바람에 RP 금리가 급상승하는 등 시장에서 유동성 부족이 심화되었다. 유동성 부족은 다음과 같은 메커니즘에 의해서 설명되었다. 연준의 긴축정책으로 단기금리가 상승함에 따라, 자금이 낮은 금리를 지급하는 은행예금에서 MMF로 대량 이동했다. 은행은 예금인출로 현금이 부족해졌고, 반드시 보유해야 할 법정 지불준비율을 준수하기 위해 RP 시장에서 긴급히 자금을 조달해야 했다. 하지만 미국 연준이 통화공급량 자체를 줄이고 있는 상황에서 이를 공급할 주체가 부족했고, 그에 따라 RP

금리가 급등하고 일시적으로 시장 유동성이 고갈되는 사태가 발생했다. 결국 미국 연준은 유동성 부족으로 금융시장의 동요가 발생함에 따라 양적 긴축을 멈추고 당장 은행에 필요한 유동성을 RP 매수 등을 활용해서 공급해야 했다. 미국 연준이 보유했던 유가증권을 감소할 수는 있었으나, 그에 맞추어 자신의 부채 곧 통화량을 마음대로 줄일 수는 없었다.

일부에서는 이처럼 금융구조의 취약성이 발생한 원인을 은행이 유동성이 풍부한 환경에 맞추어 행태를 바꾼 결과로 해석하기도 한다. Acharya 외 (2023)는 은행의 비대칭적인 행태를 그 원인으로 지적했다. 은행은 양적 완화로 유동성이 풍부할 때 연준이 기대한 대로 장기채를 매수하기보다는 저금리의 유동성 부채 비중을 높여 장단기금리에 따르는 이차마진을 최대로 높였다. 하지만 양적 긴축으로 정책이 전환되었을 때는 반대로 요구불예금을 장기의 저축성예금으로 전환하여 부채 만기를 늘림으로써 유동성 부족에 대비하지 않았다. 대신 단기차입을 통해 부족한 유동성을 보완하는 전략을 취했다. Acharya 외 (2023)는 은행이 왜 비대칭적인 행위를 하여 유동성 부족에 대응하지 않았는지에 대한 이유를 추론하기도 했다. 그들은 우선 연준의 구제를 믿고 위험을 관리하지 않는 은행의 도덕적 해이를 지적했다. 또한, 은행이 스스로 확장한 사업을 축소하지 못하는 경직적인 행태가 이러한 비대칭적 행태를 유발하고 금융시장의 유동성 고갈을 불러일으킬 수 있음도 지적했다. 그 구체적 이유가 무엇이든 명백한 것은 은행이 과잉 유동성 환경에 맞추어 유동성 위험에 취약한 자산운용 및 조달 구조를 만들었고, 그 구조가 유동성 축소 환경에 맞추어 탄

력적으로 변하지 않아 새로운 유동성 부족 위험을 만들고 있다는 점이다.

미국 연준의 영향력은 미국을 넘어서서 국제금융시장에도 크게 작용하고 있다. 미국 연준의 영향력이 확대된 국제금융시장도 마찬가지로 연준 정책의 변화에 따라 크게 변동하고 있다. 미국 연준이 2014년부터 긴축 기조로 전환했을 때, 미국 시장 못지않게 국제금융시장도 큰 영향을 받았다. 무엇보다도 시장 유동성이 축소하고 자본유출이 이루어지면서 자본유입이 이루어질 때와는 다른 양상이 금융시장에 나타났다. 글로벌 금융위기 이후 과잉 유동성이 각국에 유입되었을 때 자본 유입은 해당 국가의 경제적 상황에 비례하여 증가하였고, 따라서 경제 회복이 빠른 나라에 상대적으로 더 많은 자본이 유입되었다. 하지만 자본유출은 해당 나라의 경제나 금융시장의 튼튼함과는 무관하게 발생했다.[9] 선진국보다는 이머징 국가가 자본유출로 인해 금융시장이 더 타격을 받은 것으로 나타났다. 이머징 국가 일부는 자본유출로 인해서 금융시장이 불안정해지기도 했다.[10] 심지어 이머징 국가 중에서도 금융이 발전한 나라일수록 자본이 대규모로 유출된 것으로 측정되었다.[11] 자본유출의 규모가 그 나라 경제의 튼튼함과 무관하다는 것은 아무리 준비를 잘하더라도 국제자본의 급격한 이동

9 Fratzscher (2011), Ahmed 외 (2021) 참조.

10 Dahlhaus & Vasishtha (2014), Estrada (2015), DíAmico & Seida (2020), Chari 외 (2021) 참조.

11 이들 이머징 국가의 유동성이 상대적으로 풍부해서 국제자본이 자금 회수에 유리한 이들 국가의 자산을 먼저 매도했기 때문이라고 추론되기도 한다. 이에 대해서는 Eichengreen & Gupta (2014), Aizenman 외 (2015) 참조.

으로 인해 그 나라의 금융시장이 생각하는 것 이상으로 심각히 타격을 받을 수 있음을 시사한다.

이처럼 긴축정책이 금융시장을 불안정하게 만들 수 있음에도 불구하고 2022년 상반기부터 미국 연준을 비롯한 각국의 중앙은행은 금리를 인상하는 등 긴축정책으로 전환해야 했다. 지난 30년 이상 잠잠했던 인플레이션이 나타났기 때문이다. 지난 역사를 보면 인플레이션은 권력을 뒤흔들 만큼 파괴적인 영향력을 갖고 있다. 프랑스 절대왕정의 붕괴나 중국 장개석 정부 패배의 배경에는 과도한 물가상승으로 인해 국민의 삶이 유지될 수 없었던 경제적 실패가 있었다. 멀리 가지 않더라도 미국의 레이건 정부와 영국의 대처 수상 등 보수주의 정권의 등장은 1970년대 만연했던 인플레이션을 배경으로 한 것이었다.

인플레이션이 다시 대두된 이유는 여러 가지로 설명된다. 미·중 분쟁 및 우크라이나 전쟁으로 글로벌 공급사슬이 차단되었다거나 코로나19 팬데믹의 여파로 노동공급 부족이 발생했다는 실물적인 요인을 지적할 수도 있다. 또한 각국 정부가 코로나19 팬데믹 대응을 위해 재정지출을 크게 확대한 것도 인플레이션의 원인일 수도 있다. 나는 통화량 증가도 인플레이션 유발에 크게 기여했다고 생각한다. 통화주의자처럼 '화폐'만 중요하다는 것이 아니다. 다양한 실물적인 요인이 화폐적 요인과 결합함으로써 인플레이션이 더욱 확산되었다는 의미이다.

화폐 공급량은 마치 저수지에 가득 찬 물과 같다. 물이 댐의 최고 수위에 미치지 않을 때는 그리 걱정할 일이 없으나 그 한도를 넘어 흐르게 되면 매우 파괴적인 것처럼, 통화량이 일정한 수위를 넘어서서 과다하게 공급되면 경제에 매우 큰 악영향을 유발한다. 통화가 한계점을 넘어서서 증가한 결정적 원인은 중앙은행이 코로나19 팬데믹 대응 차원에서 본원통화량 중심으로 통화량을 증가시킨 정책이었다. 앞에서 보았듯이 미국 연준은 코로나19 펀데믹 이후 유가증권을 직접 매입하는 방식으로 통화량을 대폭 증가시켰다. 통화량은 재정지출 확대와 연준의 미국채 매입 때문에도 더욱 증가했다. 전염병으로 경제활동이 중단되는 위기에서 재정지출을 확대하고 통화량을 증가시키는 것을 비난할 수는 없다. 하지만 이처럼 비정상적으로 급증한 통화량을 적기에 축소하지 않는다면 그것은 통화당국의 책임을 묻지 않을 수 없는 일이다.

중앙은행의 통화량 증가는 두 단계의 인플레이션을 유발했다.

첫째, 자산 인플레이션 단계이다. 통화량 공급으로 인한 과잉 유동성은 실제 경제활동이 심하게 위축된 상태에서는 금융시장에 머물렀다. 유동성 공급은 초기 혼란했던 금융시장의 불안정성을 잠재우는 데 기여했다. 하지만 그것은 경제가 회복되지 않았음에도 불구하고, 주식 및 채권의 금융자산과 부동산의 가격을 급격히 증가시키는 요인으로 작용했다. 이러한 가격 증가가 코로나19 팬데믹 이후의 회복을 기대했기 때문이라고 할 수도 있겠지만, 그러한 기대도 과잉 유동성이 없으면 현실화할 수 없었다. 결국 통화량 증가와 그로 인한 과잉 유동성이 자산의 내재가치보다 훨씬 높은 자산가격을 유발하는 자산 인플레이션이 확산했다.

둘째, 인플레이션이라고 단순히 지칭하는 '실물 인플레이션' 단계이다. 2년 동안 위축되었던 경제활동이 살아나면서 과잉 공급된 유동성이 점차 금융시장에서 실물시장으로 옮겨졌다. 사람들이 소비를 늘리고 기업투자도 증가하면서 2022년부터 물가가 상승했다. 물론 2022년 2월 발생했던 우크라이나 전쟁으로 유가가 급등한 것이 그 계기가 되었지만, 2023년까지도 인플레이션율이 과거처럼 2% 대로 하락하지 않는 것은 단순히 공급 요인으로만 인플레이션을 설명할 수 없음을 의미한다. 사람들의 수중에 돈이 많았고, 이것이 실물경제 활동을 위해 많이 쓰였으니 물가는 상승할 수밖에 없었다.

그러므로 인플레이션 억제를 위한 통화긴축 정책은 불가피한 것이었다. 오히려 2022년 하반기에 시작했던 미국 연준의 금리 인상은 늦은 것이기도 했다. 하지만 시장 유동성을 축소하는 긴축 정책은 2014년 이후 2019년까지의 경험과 마찬가지로 금융시장을 불안하게 만들었다. 2022년 10월 영국의 국채시장 위기나 2023년 10월 미국 장기채 금리의 상승은 국채 시장에서의 유동성 부족으로 인한 것이었다. 또한 2023년 3월 실리콘밸리은행을 비롯한 미국 지방은행의 파산은 금융회사에도 유동성 축소의 여파가 밀어닥치고 있음을 보여주었다. 이것은 미국 연준을 비롯한 전 세계 중앙은행이 직면하고 있는 딜레마를 보여준다. 중앙은행은 인플레이션이 지속되는 것을 막아야 하지만, 인플레이션 억제를 위한 금리 상승 및 유동성 축소가 금융시장을 불안정하게 만들 것을 동시에 걱정해야 한다.[12] 우리는 인플레이션 억제와 금융시스템 안정성이라는 상충될 수 있는 두 목표를 달성하기 위해 균형점을 찾고 있는 중앙은행의 아슬아슬한 줄타기를 보고 있다.

12 Jordà 외 (2020), Kose 외 (2021) 참조.

3부

한국 금융의 현재와 미래

한국경제가 장기적인 경기 침체에 빠질 위험이 확대되고 있다. 1997년 외환위기 이후 수립된 금융시스템을 개편하여 금융이 실물경제의 인프라로서 그 기능을 제고하도록 하는 정책적 노력이 한국경제의 미래를 위해 필요하다.

7장

한국 금융의 현 주소

1

금융위기에 대한 경고음

미국을 비롯한 전 세계의 정책금리가 크게 인상되면서 2022년 하반기부터 금융위기에 대한 공포가 몰려왔다. 우리나라에서도 주가가 크게 하락하고 PF 대출 부실화가 표면화되면서 이른바 복합불황이 쓰나미처럼 몰려오고 있다는 경고가 설득력 있게 받아들여지기도 했다. 그 위기감은 2023년 하반기 완화되었으나, 아직도 금융위기를 경고하는 사람들을 흔히 볼 수 있다.

전체적으로 급증한 부채가 금융위기를 경고하는 배경이다. 금융위기의 근본적인 원인이 신용팽창이라는 역사적 경험을 볼 때, 이는 설득력이 있는 경고이다.[1] 금융위기 예측과 관련한 기존 연구를 종합해 보면, 금융위기를 예측하는 데 가장 핵심적인 척도는 신용팽창의 정도이다. 통상 실물 대비 금융부채 비율이 신용팽창의 정도를 측정하

1 신용팽창과 금융위기의 관계에 대해서는 1장의 2 참조.

는 지표로 활용된다. 이를 부채비율= $\frac{부채}{GDP}$ 로 정의하면 분자에 있는 부채 항목에 가계부채 또는 기업부채 금액 등을 삽입하여 여러 부채비율을 계산해 해당 금융부채의 건전성을 측정한다. 한국처럼 대외부채가 매우 중요한 경우에는 대외부채의 건전성 지표, 가령 대외부채비율= $\frac{대외부채}{외환보유액(또는 경상수지)}$ 등이 금융위기를 판단하는 척도로서 중시된다. 이 두 유형의 지표를 이용해서 현재의 신용팽창 수준을 가늠해 보자.

한 나라의 신용팽창을 판단할 가장 좋은 지표는 민간이 부채를 얼마나 보유하고 있는가이다. 국제결제은행(BIS) 자료에 의하면 한국의 GDP 대비 민간부채비율은 OECD 38개국 중에서 네 번째로 높다.[2] 나라마다 경제적 특수성이 있어 단순히 부채비율이 높다는 것만으로 금융구조가 취약하다고 규정할 수는 없다. 또한, 경제발전이 이루어질수록 GDP 대비 부채비율이 증가하는 장기적 경향이 있으므로 경제가 성장할 때 부채비율이 늘어나는 것은 자연스러운 현상일 수도 있다. 그러므로 부채비율의 절대적 수준보다는 그 증가율이나 증가 속도가 금융위기 예측에 더 중요하다. 단기간 내에 급격히 부채가 증가했을 경우 실물이 이에 따르지 못해 채무불이행이나 파산이 이루어질 가능성이 높기 때문이다.

한국은 코로나 팬데믹이 일어나기 직전인 2019년 말 이후 2023년 6월 말까지의 3년 반 기간 동안 민간부채비율이 가장 증가한 나라이

2 한국의 민간부채비율은 2023년 상반기 말 225.6%이다. 도시국가인 룩셈부르크(377.3%)를 제외하면 한국보다 높은 나라는 스위스 273.0%, 스웨덴 244.2% 두 나라이다.

다. 이 기간 동안 한국의 민간부채비율은 총 29.4% p, 연평균으로는 7.6% 증가했다. 한국보다 민간부채비율이 높은 룩셈부르크와 스웨덴은 동 기간 비율이 하락했고, 스위스도 총 9.9% p 늘어난 것과 대비된다. 민간부채를 가계부채[3]와 기업부채로 나누어 보아도 양자 모두 증가했다.[4] 외환위기 이후 꾸준히 늘어난 가계부채는 주택 구입을 위한 가계대출을 장려한 박근혜 정부 이후 빠르게 증가했고, 코로나 팬데믹 직후인 2020년 그 속도가 더 빨라졌다. 기업부채 비율도 2019년부터 눈에 띄게 증가세가 두드러지고 있다. 두 비율의 증가 폭도 모두 OECD 38개국 중에서 가장 컸다. 동일 기간 부채비율이 감소한 나라가 더 많았음을 감안할 때, 최근 한국의 부채비율 증가는 예외적으로 높은 사례이다.

〈그림 7.1〉과 〈그림 7.2〉를 보면 경험치 분석을 통해서 보더라도 가계부채와 기업부채가 최근 과잉 팽창했음이 확인된다. 두 그림에서 막대는 실제치에서 장기추세치를 차감한 과잉비율을 측정한 것으로서 그 값이 양수이고 높을수록 신용팽창이 컸음을 의미한다. 여기에 따르면 가계부채와 기업부채 모두 2020년부터 과잉 공급 국면에 접어

3 가계부채는 BIS가 조사한 가계와 가계에 재화와 서비스를 제공하는 비영리기관의 부채를 포함한 수치이다.

4 동일 기간 가계부채 비율은 95.0%에서 101.7%로 6.7% 증가했고, 기업부채 비율은 101.3%에서 123.9%로 22.6% 증가했다. 최근(2024년 6월) 국민소득 기준 연도를 2015년에서 2020년으로 변경함에 다라 GDP 대비 부채비율이 하락한 것으로 추정되나, 이것은 통계 작성에 따른 수치 변경에 불과하고 부채 증가의 추세와 속도는 달라지지 않는다. 다른 나라와의 비교를 위해서 이하의 자료는 기준연도 변경 전 GDP 대비 비율을 그대로 이용했다.

들었다. 특히, 2021년과 2022년의 두 해는 가계부채가 30년 기간을 통틀어 가장 과잉 팽창한 시기였다. 기업부채도 지금이 외환위기 이후 가장 과잉 팽창한 시점이다. 그러므로 최근 한창 금리가 상승하고 있

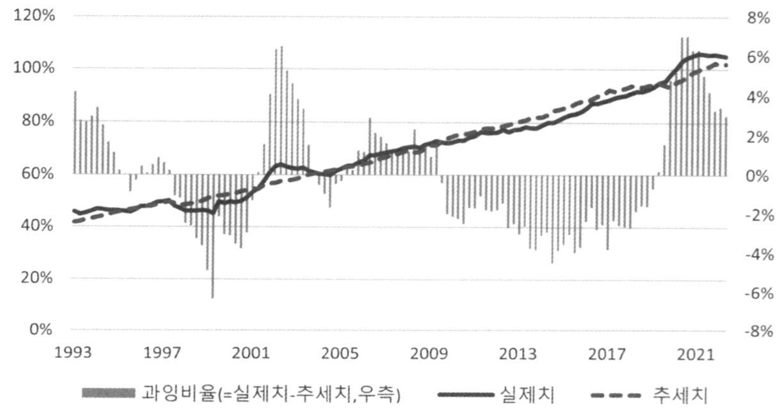

그림 7.1 가계부채 비율의 증가 추세
자료: BIS

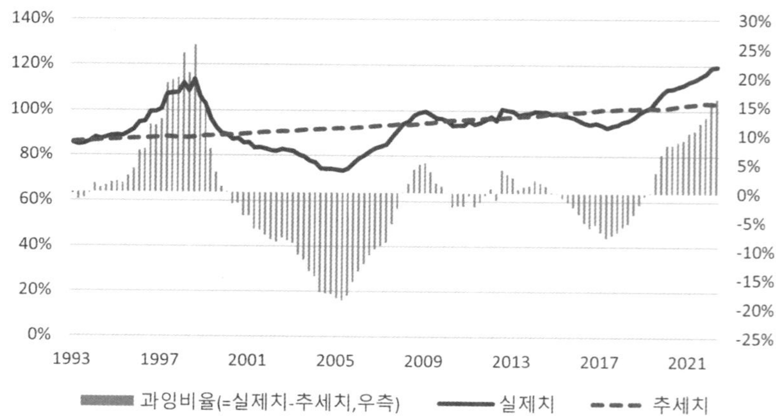

그림 7.2 기업부채 비율의 증가 추세
자료: BIS

을 때, 과잉 팽창한 부채의 건전성이 악화할 것을 우려하는 것은 당연한 일이다. 가계나 기업이나 금리 상승과 부채 증가로 인해 원리금 상환 부담이 훨씬 커졌을 것이기 때문이다.

대외부채 규모는 한국 기업과 정부가 조달한 부채 중에서 지역과 통화와 상관없이 외국인이 보유하고 있는 금액으로 측정한다.[5] 대외부채 증가 자체를 부정적으로 볼 이유는 없다. 왜냐하면 외국인의 보유 증가는 한국에 대한 신용도가 높아진 결과일 수도 있기 때문이다. 하지만 문제는 외국인이 자금을 회수할 때 발생한다. 외국인이 외화로 빌려준 돈을 회수한다면 그만큼 보유한 외화유동성이 감소한다. 외국인이 원화채권을 거액 매각한다면 그것은 국내 채권금리를 상승시키고 환율을 높여 국내 금융시장의 불안정성을 유발할 수 있다. 그러므로 외국으로부터 너무나 많은 외화를 차입하지 않도록 조절하거나 외국인 국내 투자자금의 유출에 대비해서 지급능력을 보유하는 것이 대외건전성 관리를 위해서 중요하다.

외환위기 직전까지 만성적인 순채무국이었던 한국은 2000년부터 순채권국으로 전환했고 대외지급능력도 계속 확충되었다.[6] 외환보유액은 계속 증가해서 외환보유액 대비 대외채무액 비율도 아직 양호한

5 이는 외화부채와 다른 개념이다. 외화부채는 원화가 아닌 외국통화로 발행된 부채를 지칭한다. 가령 외국인이 원화로 발행된 국채를 보유하고 있으면, 이것은 대외부채에는 포함되나 외화부채는 아니다.

6 정점이었던 2021년의 순대외채권액(=대외채권액−대외채무액)은 4,519억 달러였다. 이것은 대외부채를 모두 상환하고도 그만큼의 대외채권이 남는다는 의미이다. 또한, 외환보유액도 2021년 말 4,631억 달러였다. 이하의 대외채권 및 채무 자료는 한국은행, 「국제투자대조표」 참조.

상태이다.[7] 그러므로 대외부채 측면에서 금융위기를 유발할 요인이 심화되었다고 보기는 어려웠다. 다만, 2022년부터 대외지급능력이 상당히 저하한 것은 주목할 필요가 있다. 2022년 외환보유액의 감소로 외환보유액 대비 대외채무비율이 2022년과 2023년 각각 157.2%, 158.0%로 증가했는데, 이것은 글로벌 금융위기에 처했던 2008년 155.5%보다 높은 수준이다.[8]

2022년 외환보유액 감소는 한국은행이 환율의 급격한 상승을 막기 위해서 보유 외환을 시장에 매각한 탓도 있을 것이다. 하지만 대외 지급여력 감소는 근본적으로는 악화된 실물경제에서 그 원인을 찾을 수 있다. 무역수지(통관 기준) 적자가 2022년과 2023년 연속 발생한 것이 이를 잘 보여준다(〈그림 7.3〉 참조).[9] 무역수지 적자는 글로벌 금융위기로 일시적으로 교역이 위축되었던 2008년을 제외하고는 1997년 외환위기 이후 처음 기록한 일이었다. 만약 이러한 수출 저조가 단기적인 현상이 아니라 한국의 국제경쟁력 악화에 의한 것이라면 더욱 심각할 수밖에 없다. 경상거래에서 수출을 통해 수입을 위한 외환을 확보하지 못할 경우, 결국 외화차입 증가 및 외화자산 감소로 대외건전성 역시 악화되어 금융위기의 요인이 될 수 있기 때문이다.

7 외환위기가 발생하기 직전 해인 1996년 외환보유액 대비 대외채무비율은 436.1%였으나, 2009년부터 2021년까지 그 비율은 100~130% 내외의 수준을 유지했다.

8 2022년 외환보유액은 4,232억 달러로 전년 대비 400억 달러 감소했다.

9 무역수지는 2022년과 2023년 각각 478억 달러, 103억 달러 적자였다.

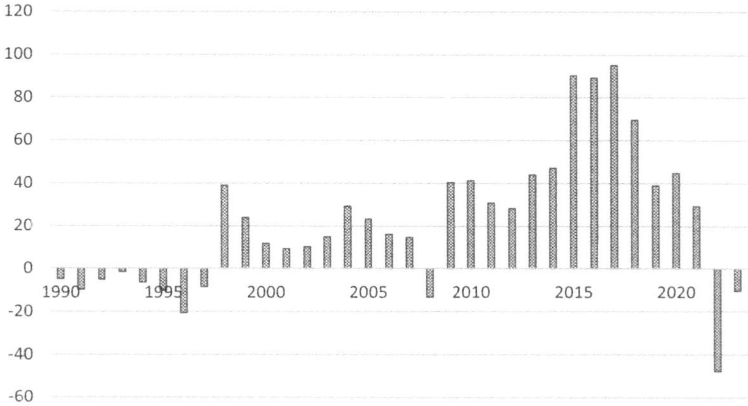

그림 7.3 무역수지(통관 기준, 십억 달러)
자료: 통계청

2

가계 앞에 놓인 고통

금리 상승으로 가장 우려되는 경제 주체는 가계이다. BIS 자료를 이용해서 가계부채의 소득 대비 원리금상환비율(Debt Service Ratio, DSR) 추이를 다른 나라와 비교해 보았다. 자료가 제공된 17개 나라 중에서 한국 가계의 DSR은 2023년 2/4분기 14.2%로서 네 번째로 높았다. 이것은 가계가 총가처분소득 중에서 14.2%를 이자 지급을 위해 지출함을 의미한다.[10]

〈그림 7.4〉를 이용해 미국과 비교해 보았다. 현재 한국 가계의 DSR은 미국 가계의 거의 두 배에 달하고 있으며, 금리 인상에도 매우 취

10 현재 한국에서 측정하는 DSR은 만기를 감안하여 연평균 상환하거나 상환을 준비해야 하는 원금이 포함되어 있다. 그러나 BIS 자료에서의 DSR 수치는 이자지급액만을 추정한 수치여서 상대적으로 DSR 값이 낮다. 한국이 가계대출의 평균 만기가 상대적으로 짧다는 것을 감안한다면, 원금지급액을 포함한 DSR 값의 한국과 다른 나라 간의 격차는 훨씬 커질 것으로 추측한다.

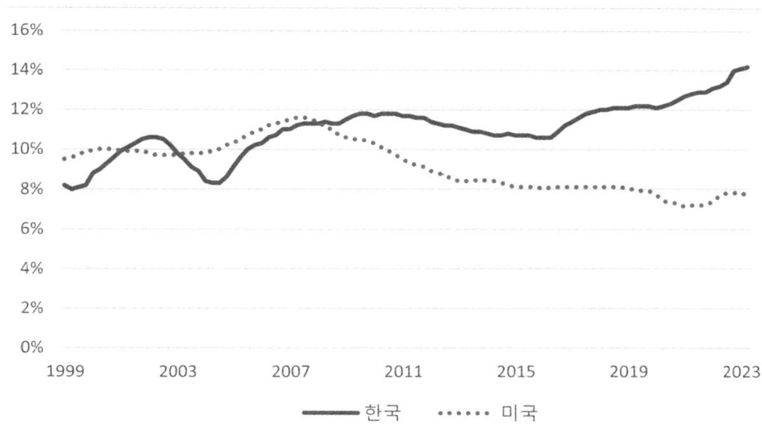

그림 7.4 가계부채의 DSR 추이: 한국 vs. 미국
자료: BIS

약했다.[11] 그 원인은 두 가지이다. 첫째, 한국의 가계부채 비율은 미국보다 훨씬 높다. 미국의 가계부채비율은 글로벌 금융위기 이후 계속 하락했으나, 한국은 반대로 많이 증가해서 가계부채의 취약성이 확대되었다.[12] 둘째, 한국은 변동금리 비중이 높아 금리 상승에 취약한 가계부채 구조이다.[13] 금융회사는 변동금리를 이용해서 금리상승 위험을 가계에 전가한다. 한국은행이 다섯 차례에 걸쳐 기준금리를 1.5% 올린 2022년 하반기 동안, 예금은행의 가계대출 금리는 대출잔액 기

11 금리상승기(2021년 말~2023년 2분기 말) 한국의 DSR 증가폭은 1.3%로서 미국의 0.5%를 상회했다. 동 기간 미국금리가 한국금리보다 크게 상승했음을 감안할 때, 한국 부채구조는 미국보다 금리인상에 취약성이 매우 크다고 짐작할 수 있다.

12 한국의 GDP 대비 가계부채비율은 2007년 말 69.1%에서 2023년 상반기 말 101.7%로서 32.6% 증가한 반면, 미국은 동기간 99.1%에서 73.7%로 25.4% 하락했다.

13 2022년 말 기준으로 가계대출의 75%가 변동금리 대출이었다. 주택담보대출에 국한해도 그 비중은 64%였다. 한국은행, 「금융안정보고서」(2023.6) 참조.

준으로 평균 1.1% 증가했다. 대략 금리 인상의 70%가 곧바로 가계대출 금리 상승으로 전가되었음을 시사한다.

사실 가계는 계층별로 매우 다양해서 평균 수치만으로 가계의 상황을 평가하는 것이 적절하지 않은 경우가 많다. 통계청이 2023년 발표한 「가계금융복지조사」에 기초해서 계층별 가계의 부담이 얼마인지를 가늠해 보았다. 2022년 소득을 기준으로 할 때 가계는 처분가능소득의 약 23%를 원리금 상환에 지불했고, 부채가 있는 가계만을 대상으로 한정하는 경우 그 비율은 29.7%였다. 소득을 기준으로 가구를 5분위로 구분할 때 부채가 있는 가구 중 가장 소득이 낮은 1분위 가구는 처분가능소득의 52.6%를 원리금 상환에 써야 하는 것으로 나타나 다른 분위 가구보다 부채 부담이 훨씬 큰 것을 알 수 있다.[14] 이것은 가계 전체적으로는 감당할 수준이지만, 저소득층이나 취약층의 파산 위험은 매우 커지고 있음을 보여주는 증거이다.[15]

가계부채의 약 20%는 자영업자가 개인 명의로 차입한 것이다. 자영업자의 개인사업자 대출까지 포함하면 자영업자의 부채가 2023년 9월

14 부채 유무에 상관없이 전체 가구를 대상으로 할 경우 1분위 가구의 처분가능소득 대비 원리금상환액 비율은 21.5%에 불과했다. 이 차이는 1분위 가구가 다른 분위 가구와 달리 금융부채 보유비율이 26.4%로 낮기 때문이다. 한편, 2, 3, 4, 5분위의 부채 보유 가구의 처분가능소득 대비 원리금 상환액 비율은 각각 40.0%, 32.9%, 27.8%, 27.1%였다.

15 실제 취약계층의 파산위험은 증가하고 있다. 한국은행은 저소득자(소득 하위 30%) 또는 저신용자(신용점수 664점 이하) 중에서 3개 이상의 금융기관으로부터 차입한 다중채무자를 취약차주로 정의한다. 이러한 기준에 입각할 때, 전체 가계대출의 5%에 불과한 취약차주가 연체한 금액(2022년 하반기 기준)이 전체 연체 금액의 62.8%를 차지했다. 한국은행, 「금융안정보고서」(2023.6) 참조.

말 현재 1,052.6조 원으로 민간부채 총액의 29.3%를 점유한다.[16] 이것은 2019년 말 대비해서 무려 53.7% 증가한 수치이다. 자영업자 대출이 급격히 증가한 것은 코로나19 팬데믹 동안 방역 조치로 인해 사업소득이 감소하여 사업 유지에 필요한 자금을 빌렸던 데에 크게 기인한다. 대부분의 나라는 재정을 이용해서 코로나19 팬데믹 기간 중 방역 대책의 부담을 진 국민의 손실을 보전해 주었다. 하지만 한국은 이 나라들에 비해 재정지원 비중이 매우 낮았고, 대신 정부 지원은 자영업자에 대한 신규 대출이나 대출 원리금 우예 등의 금융지원이 주된 것이었다.[17] 그러나 금융지원은 경제적 부담을 줄여주는 것이 아니라 연기시키는 것일 뿐이다. 3년 동안 누적되었던 자영업자의 경제적 비용이 결국 부채 증가로 나타났으며, 이러한 부채의 급증이 파산위험을 증가시키는 요인으로 작용할 것임은 두말할 나위도 없다. 아직 자영업자 대출의 연체율이 전반적으로 크게 증가하지 않았다고 하지만, 자영업자 중 취약차주의 연체율이 최근 증가하고 있어 자영업자의 파산위험도 높아지고 있음을 알 수 있다.[18]

많은 사람이 가계부채로 인한 금융위기 가능성을 두려워하고 있다. 하지만 이를 걱정하기 이전에 우선 걱정해야 할 일은 가계가 과잉부채로 인해 커다란 고통을 안고 있으며, 이를 해결하지 않는 한 그

16 한국은행, 「금융안정보고서」(2023.6) 참조.

17 재정지원 규모의 차이는 2020년의 재정적자의 국가 간 비교를 통해서도 간접적으로 확인된다. 2020년 한국의 GDP 대비 재정적자 비율은 −2.7%로서, 분석 대상 41개국 중에서 세 번째로 재정적자 비율이 작았다. OECD, *Government at a Glance 2023* 참조.

18 취약자주 연체비율은 2022년 말 1.34%에서 2023년 3/4분기 말 2.47%로 증가했다.

고통은 상당 기간 지속할 것이라는 점이다. 가계부채는 무엇보다도 국민후생의 관점에서 접근해야 한다. 과도한 빚의 부담은 단기적으로 소비를 위축시키고 삶의 질을 악화시킨다. 그보다 더 우려해야 할 것은 그것이 장기적으로 국민의 삶 그 자체를 피폐하게 만들 수 있음에 있다. '빚'이라는 부담이 짓누르고 있는 상황에서 한 가족이 미래를 설계하는 것은 쉽지 않다. 차주 자신은 물론이거니와 그 자녀들까지 고통이 이어지는 가계가 많은 상황에서, 그 사회가 미래를 위해 후속세대에게 온전한 투자를 한다는 것은 어려운 일이다. 정부가 미래의 경제성장을 도모한다면 일부 고통스러운 일이 발생하더라도 국민 다수가 지고 있는 부채를 조속히 축소하는 방안을 생각해야 한다. 이것이 코로나19 팬데믹 기간 무거운 짊을 국민에게 넘겼던 정부가 해야 할 의무이다.

3

가계부채발 금융위기?

가계부채의 급증과 그로 인한 부실화 가능성이 최근 금융위기를 경고하는 주된 근거로 제시되고 있다. 가계부채발 금융위기 시나리오는 대략 이런 내용이다. 가계의 과도한 부채와 금리 상승이 가계의 원리금 상환을 어렵게 해서 가계부채의 부실화가 발생한다. 가계부채를 정리하는 과정에서 부동산 매각이 증가하면서 부동산가격이 급락한다. 부동산가격 하락으로 가계부채 상환 압력이 증가하여 가계 파산은 더욱 확대되고, 결국 은행 등 금융회사도 파산위험에 직면하면서 금융위기가 발생한다는 것이다.

신용팽창이 금융위기를 불러일으키는 가장 근본적인 원인이지만, 그것이 금융시스템이 정지되고 금융시장 기능이 마비되는 금융위기를 유발하는 충분조건은 아니다. 금융위기는 채무자인 가계와 기업의 위기가 아니라, 채권자인 금융회사의 위기이다. 금융위기는 첫째, 금융부채의 부실화가 진전되어 금융회사마저도 파산하거나 파산위험에 처하는 사건이고, 둘째, 하나의 금융회사가 아니라 금융시스템에 중요한 역할을 하는 금융회사가 파산위험에 처하여 그 영향이 금융시스템 전반에 파급되는 사건이다. 이러한 관점에서 볼 때, 가계부채발 금융위기 가능성은 그리 높지 않다.

우선 가계는 기업과 달리 인내심이 크다. 유한책임인 기업 소유주와 달리, 가계는 신용불량자의 낙인과 평생 따라다니는 소구권으로 인해 채무에 대해 사실상 무한책임을 떠안는다. 그러므로 모든 나라의 사례에서 보듯이 가계는 어려운 상황에서도 원리금을 충실히 갚는다(3장의 3 참조). 우리나라의 경우도 예외는 아니어서, 외환위기 당시에도 실거주 가계의 주택담보대출은 거의 100% 회수율을 보였다. 그러므로 소득 대비 원리금 상환 부담이 크더라도, 실제 직업이 없어 소득을 창출하기 어려운 차주를 제외하고 소득 있는 가계가 채무를 갚지 않을 가능성은 그리 높지 않다. 물론 앞서 보았듯이 저소득층이 채무를 갚지 못해 파산할 가능성은 높아질 수 있다. 하지만 파산위험이 높은 1분위 가구의 부채는 전체의 4%에 불과하므로, 이들의 파산이 곧바로 금융회사의 건전성을 심하게 훼손한다고 보기는 어렵다.[19]

혹자는 부동산가격 하락으로 인한 금융시장 혼란을 거론하기도 한다. 하지만 이것은 현실을 모르는 가설에 불과하다. 현재 국내은행이 취급한 주택담보대출의 LTV 비율은 40%를 조금 넘는 수준이다.[20] 이것은 주택가격이 반토막이 나더라도 은행이 원금을 회수할 수 있다는

19 통계청, 「가계금융복지조사」(2023년) 참조.

20 이경태, 강환구 (2023) 참조.

것을 의미하는데, 외환위기 시에도 주택가격의 평균 하락률은 15%를 넘지 않았다.[21] 은행이 담보로 확보한 주택의 가격하락이 두려워서 이자를 꼬박꼬박 지불하는 차주로부터 원금을 일시에 회수하여 자신의 건전성을 악화시키는 자충수를 둘 만큼 어리석지도 않다. 미래의 위험을 경계하는 것은 중요하지만, 이를 터무니없이 과장하는 것도 좋은 일은 아니다.

금융위기 가능성이 낮은 또 하나의 이유는 향후 부실자산이 증가하더라도 그에 대응할 만한 금융회사의 완충 능력이 존재하여, 은행의 건전성 악화를 당장 우려할 상황이 아니기 때문이다. 일반은행의 가계대출 연체율은 2023년 말 현재 0.4%이고, 은행의 가계여신 대비 부실채권(고정 이하 여신) 비율[22]도 2023년 9월 말 현재 0.26%에 불과하다. 2023년 들어서서 가계의 건전성 악화를 우려했지만, 가계대출 연체율과 부실채권 비율은 전년 대비 소폭 증가했을 뿐이다. 또한, 금리가 상승한 2022년 은행의 ROE는 전년보다 증가했고, 대손충당금 적립 비율과 BIS 자기자본비율도 양호했다.[23] 「은행업 감독 규정」에 있는 여신건전성 구분 및 대손충당금 비율에 의거해서 필요한 대손충당

21 KB가 산출하는 주택매매가격 지수에 근거하여 계산. 이에 대해서는 KB, 「주택가격동향」 참조.

22 부실채권은 통상 고정, 회수의문, 추정손실로 분류된 채권으로 정의한다. 이하의 수치는 내가 금융감독원에 공시된 특수은행을 제외한 국내 민간은행 자료를 단순 합산하여 계산한 것이므로 공식적인 수치와 차이가 있을 수 있다. 다만 연체율은 한국은행이 집계한 자료를 이용해서 구한 일반은행의 연체율 수치이다. 그리고 특수은행을 제외한 국내 민간은행으로 추정한 것은 이 특수은행들은 적어도 정부가 묵시적인 보증을 하고 있어 순수한 민간부문으로 볼 수 없고, 자산구조도 일반은행과 다르기 때문이다.

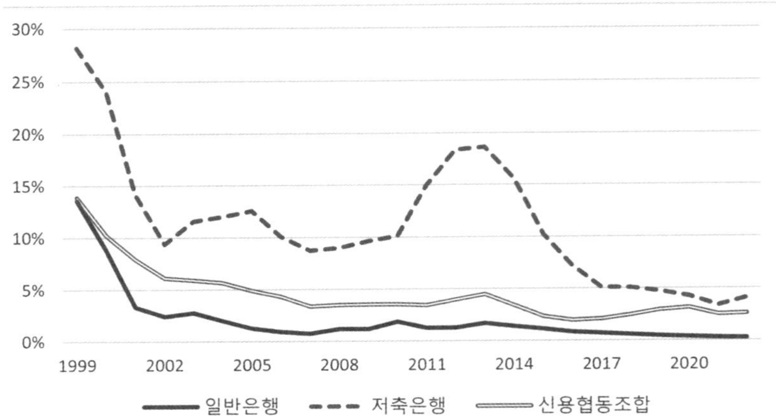

그림 7.5 부실채권 비율
자료: 금융감독원

금을 계산해 보았다. 이에 의하면 은행은 2022년 말 현재 필요한 금액보다 1.4배 더 많이 대손충당금을 적립한 것으로 추산되었다. 외환위기 이후 자산건전성이 악화했던 2003년 수준으로 부실채권 비율이 증가한다고 가정하고 은행이 추가해야 할 대손상각으로 인한 수익 감소를 계산해 보아도 은행의 순이익이 순손실로 전환될 정도까지 악화하지는 않았고, BIS 자기자본비율도 1% 남짓 하락하는 것으로 추산되었다.

하지만 비은행 금융회사의 건전성은 기업형 부동산금융의 부실 증가로 은행보다 심각한 것이 사실이다(〈그림 7.5〉 참조). 아직 저축은행

23 일반은행의 ROE는 2021년 7.05%, 2022년 8.95%였다. 2022년 말 현재 고정이하여신 대비 대손충당금 적립 비율과 BIS 자기자본비율은 각각 229.7%와 17.2%로 추산되었다.

과 신용협동조합의 부실채권 비율이 PF 대출 부실화 등으로 정점이었던 2013년보다는 훨씬 낮은 수준이지만, 이들 중 일부가 파산위험에 처할 수 있음을 배제할 수는 없다. 최근 PF 대출 부실화가 불거지면서 비은행 금융회사의 건전성이 더욱 악화할 것으로 예상되기도 한다.[24] 또한 상업용 부동산의 부실화도 우려되는 상황이다. 상호금융의 상업용부동산 대출잔액은 2023년 3/4분기 현재 227조 원이고, 그 연체율은 약 4.4%이다.[25] PF 대출과 마찬가지로 비은행의 상업용 부동산 대출의 건전성이 향후 더 악화할 가능성을 배제할 수 없다. 자산건전성이 낮은 기업형 부동산금융에 대한 대출 비중이 높은 비은행 금융회사의 건전성이 악화할 가능성은 더욱 높아진 것은 분명하다.

하지만 이들 비은행 금융회사의 부실화로 우리나라 금융시스템 전체의 위기가 발생할 것으로 보이지 않는다. 우리나라 금융구조는 은행을 중심으로 한 체계이다. 예금은행이 모든 금융회사 대출의 63%, 예금기관 대출의 73%를 차지하고 있다. 그러므로 금융시스템의 절대적인 지위에 있는 예금은행의 건전성이 유지되는 한 비은행 금융기관의 부실화로 금융시스템이 마비될 가능성은 그리 높지 않다. 2003년 신용카드 사태나 2011년 저축은행 사태를 생각해 보면 된다. 특히 2011년 저축은행 사태의 경우, 저축은행 부실채권 비율이 한때 18%

24 2023년 9월말 기준으로 은행과 보험의 연체율은 각각 0.0%, 1.1%인 반면, 저축은행, 여전사, 상호금융의 연체율은 각각 5.6%, 4.4%, 4.2%이다. 한국은행, 「금융안정보고서」(2023.12) 참조.

25 상업용 부동산 담보대출잔액은 2017년부터 연평균 9.9% 상승해서 2023년 3/4분기말 총 525조 원이다. 이 중 은행 대출이 298조 원, 비은행 대출이 227조 원이다.

를 넘었고 다수 저축은행이 파산 절차를 밟았지만, 이 때문에 금융위기라고 부를만한 금융시스템의 마비가 발생하지는 않았다. 또한 PF 대출로 인한 사업 주체의 파산이 가계부채의 건전성에 직접적으로 미치는 영향도 없으므로 PF 부실화를 가계부채 부실화와 연계시킬 고리도 없다.

금융위기가 발생하지 않는다는 것은 현재의 과잉부채 문제가 다른 방식으로 해결될 것임을 의미한다. 부채비율 = $\frac{부채}{GDP}$의 식을 이용해서 이 문제를 설명해보기로 한다. 금융위기는 차입자와 금융회사의 파산으로 경제 전체의 '부채(식의 분자 부분)'가 충격적으로 감소하면서 과잉부채가 해소되는 과정이다. 금융위기가 발생하지 않는다면 풍선의 바람을 살살 빼듯이 '부채'를 질서 있게 감소시키는 부채조정이 가계가 현재 당면하고 있는 부채의 부담을 축소하는 방안이다. 하지만 이러한 부채조정을 하지 않는다면 'GDP(식의 분모 부분)'가 증가해서 과잉부채로 인한 긴장과 고통이 완화하기를 기대하는 것 이외에 다른 대안은 없다.

하지만 실물경제의 성장을 마냥 기다리는 것은 쉽지 않다. 첫째, 실물경제는 부채처럼 단기간에 쉽게 증가하지 않아 과잉부채의 고통과 부작용이 오래 지속될 것이기 때문이다. 둘째, 과잉부채로 인한 부담으로 실물경제의 성장이 지체하고 후퇴할 수도 있다. 이것이 가장 우려하는 과잉부채의 후유증이다. 비록 금융위기로 발전하지 않더라도 과잉부채의 부담이 실물경제의 침체를 더욱 가속화시켜 경제의 장기적인 성장을 저해할 수 있기 때문이다. 국민 다수가 부채 부담을 안고 있을 때 경제가 제대로 성장한 경우는 어떤 사회에서도 없었다.

4

나쁜 부채구조

금융위기가 예상되지 않는다고 하더라도 현재 과잉된 한국의 금융부채를 축소해야 하는 이유는 그것이 나쁜 부채구조로 형성되었기 때문이다.[26] 여러 연구들이 과잉부채 중에서 가계부채와 부동산금융 비중이 높을 때 금융위기가 발생할 가능성이 높았음을 분석하고, 이러한 상황을 나쁜 부채구조로 지칭했다.[27] 비생산적이고 소비적인 부문에 신용공급이 증가할수록 실물경제에 대한 기여도가 낮아지고, 그에 따라 과잉 팽창한 부채를 상환할 가능성이 떨어져 금융위기가 발생

26 개별 경제주체의 차입을 도덕적 잣대로 좋고 나쁨을 판단하는 것은 당연히 적절하지 않다. 다만, 채권자 입장에서 채무불이행 발생 확률에 따라 '좋은' 부채와 '나쁜' 부채를 구분하는 것은 도덕적 판단을 떠나 영리적인 관점에서 가능한 일이다. 이것을 금융시장 전체로 확대해 보면, 채무불이행이 높은 부채의 비중이 높은 경우 이를 '나쁜' 부채구조로, 반대로 낮은 경우 '좋은' 부채로 지칭할 수도 있을 것이다. 나쁜 부채구조의 정의와 내용에 대해서는 2장의 1 참조.

할 수 있다는 것이다.

그 점에서 본다면 현재 한국의 부채구조는 과거보다 훨씬 나쁜 부채구조로 형성되어 있다. 2023년 말 예금은행 대출에서 차지하는 가계대출과 부동산 관련 대출 비중은 각각 40.4%와 17.5%로서, 예금은행 대출의 57.9%가 앞서 연구에서 지적한 나쁜 부채구조를 유발하는 대출이었다.[28] 1992년 말 그 비중이 30.0%에 불과했으니, 그사이 부채구조의 커다란 변화가 있었던 것이다. 저축은행과 상호금융을 포함한 예금기관으로 확대하면 그 비중은 2023년 말 59.3%로 더욱 높아졌다. 반면 예금은행의 총대출액에서 차지하는 제조업 대출 비중은 1993년 말 43.4%에서 2023년 말 18.5%로 크게 줄었다.[29] 부동산금융의 과잉공급은 자본시장도 예외가 아니다. 부동산을 기초로 발행한 유동화 증권의 발행잔액이 전체 회사채 발행 잔액 대비 68.3%가 될 정도였다.[30] 자산운용사의 펀드 중에서 부동산 펀드 규모는 총 155.8조 원이고, 이

27 이 연구들은 금융위기를 유발하는 신용과잉을 나쁜 신용과잉으로 정의했다. 그런데 이들의 분석에 의하면, 가계부채와 부동산금융에서 신용과잉이 발생할 때 금융위기가 발생할 가능성이 높았다. Richter, Schularick, & Wachtel (2018), Gorton & Ordoñez (2020) 참조.

28 부동산 관련 대출은 기업대출 중에서 건설업, 부동산업, 음식 및 숙박업에 대한 대출로 정의했다. 기업대출 중 부동산 관련 대출 비중은 1992년 말 10.0%에서 2022년 말 29.4%로 증가했다.

29 제조업 대출 비중 축소는 가계대출 비중 확대에 따른 것이기도 하지만, 다른 한편에서는 기업대출에서 차지하는 제조업 대출 비중도 1993년 말 57.4%에서 2023년 말 31.1%로 하락한 결과이기도 하다.

30 2023년 말 기준 회사채 발행 잔액(금융투자협회 자료)은 370.8조 원이었고, 한국주택금융공사가 발행한 MBS를 포함한 유동화증권의 발행 잔액은 253.4조 원(금융감독원, 「'23년 ABS 등록발행 실적」(보도자료, 2024.1.30.) 참조)이었다.

중 75.6조 원이 국내 부동산에 투자하는 펀드로서 전체 국내펀드 설정액의 14.0%를 차지했다.[31] 증권사도 2023년 6월 말 현재 총 47.6조 원의 부동산 익스포저를 갖고 있다.[32]

나쁜 부채구조가 심할수록 그것은 실물경제에 도움이 되지 않는다. 1997년 외환위기 시, 부실채권 다수는 제조업 중심의 기업대출에서 발생했다. 금융위기를 유발했다는 관점에서 본다면 당시 기업부채 다수가 나쁜 부채였다. 기업의 중복되고 무리한 설비투자가 부실화의 원인이었다. 가장 대표적인 것이 자동차산업이었다. 현대, 기아, 삼성 및 쌍용이라는 재벌기업의 과잉 투자로 인해 자동차산업 전체가 부실화되었고, 결국 현대를 제외한 3개 사가 인수 및 합병 등의 방식으로 구조조정되었다. 자동차산업뿐만 아니라 조선업이나 화학업 등 많은 업종이 과잉투자로 인한 현금흐름 악화로 심각한 위기에 처했고, 이 중 일부 기업은 부도 처리되었다.

하지만 기업대출이 완전히 무위로 돌아간 것은 아니었다. 기업의 주주와 경영자도 바뀌고 기업 이름도 사라졌지만, 조달한 부채로 투자한 시설은 남았고 해고되지 않은 인력도 있었다. 이러한 인적, 물적 자원이 경제회복의 기반이었다. 중국이라는 새로운 시장이 대두하는 등 국제경제 환경이 우호적으로 변화하자 과잉투자되었던 시설이 적극 활용되어 수출 증가와 경제성장에 크게 기여했다. 매우 혹독

31 국내펀드 중 32.1조 원의 설정액을 기록한 혼합자산펀드도 부동산을 자산으로 편입할 수 있음을 감안하면, 실제 국내펀드의 부동산에 대한 투자 비중은 이보다 훨씬 높을 듯하다.

32 나이스 신용평가 자료 참조.

한 구조조정을 거친 다음 한국경제가 다시 급속하게 회복하고 성장할 수 있었던 것은 이전에 과잉공급되고 비효율적으로 배분된 자금이 그나마 제조업을 중심으로 한 생산적인 부문으로 공급되었기 때문이다. 한때 은행에 원리금을 상환하지 못했던 나쁜 기업부채의 일부가 구조조정 과정을 거치면서 미래의 생산능력을 높이고 경제를 성장시키는 좋은 기업부채로 전환된 것이다.

하지만 지금의 부채구조는 외환위기 이전과는 반대이다. 잘 관리된 가계부채와 부동산 관련 부채가 개별 은행의 입장에서는 수익성을 높이고 건전성을 유지시키는 좋은 부채일 수 있다. 하지만 경제 전체적으로 가계부채와 부동산 관련 기업대출 비중이 높아진 부채구조는 과거보다 신용공급이 실물경제에 도움이 되지 않는 방향으로 집중되었음을 의미한다. 부동산 개발이 단기적인 성장에 기여할 수는 있으나, 그것이 실물경제의 생산성을 제고하는 역할은 매우 미미하다. 가계부

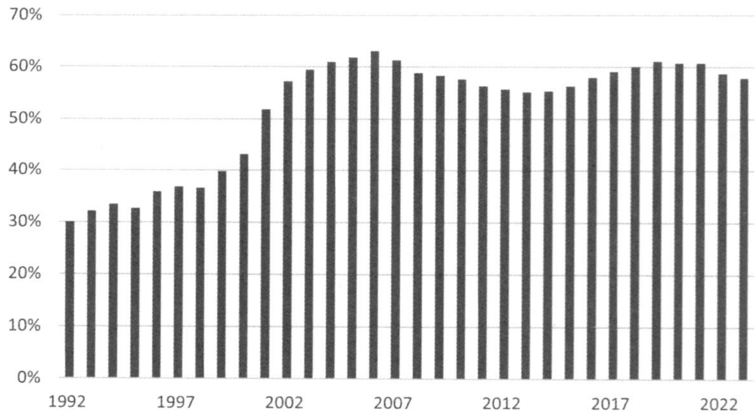

그림 7.6 가계대출 및 부동산 관련대출 비중(예금은행)
자료: 한국은행, 경제통계연보 및 경제통계시스템(ECOS)

채 증가가 인적자원의 역량을 개선하는 데 기여할 수 있지만, 그것은 오랜 시간이 소요되는 일이다. 가계부채와 부동산금융 위험이 크지 않아 금융위기를 불러일으키지 않는다고 가정하더라도, 비생산적인 부문으로의 신용공급 비중 증가는 부채비율의 분모 부분인 GDP의 성장을 더디게 만들 것이다. 실물경제를 정체시키고 과잉부채 구조의 해소를 늦춘다는 점에서 가계부채와 부동산금융 비중이 높은 현재의 부채구조는 외환위기 이전보다 훨씬 나쁜 부채구조이다.

실물경제를 악화시킨다는 의미에서의 나쁜 부채구조가 기업부채 내에서도 형성되고 있다. 최근 GDP 대비 기업부채 비율이 증가하고 있으나 기업 전체적으로 재무구조는 양호한 상황이기에 과거 외환위기와 같은 기업부채 증가로 인한 금융위기 가능성은 그리 높지 않다.[33] 하지만 기업을 구분해서 보면 상황은 달라진다. 영업이익률을 기준으로 기업(제조업 기준)을 3분위로 구분해 보면 상위 기업의 평균 영업이익률은 양호하나 하위 제조업의 평균 영업이익은 2018년을 기점으로 손실로 전환되었다(〈그림 7.7〉 참조). 전체 기업의 1/3이 영업을 통해 이자를 지급할 재원을 마련할 수 없을 정도로 경영상태가 악화된 기업 양극화가 최근 몇 년 동안 지속되고 있다.[34]

33 제조업 부채 비율은 1997년 396.3%에서 2022년 77.0%로 크게 낮아졌고, 최근 GDP 대비 기업부채비율 증가에도 불구하고 안정적인 수치를 보였다. 또한, 이자보상배율도 1997년 1.3배에서 2022년 6.9배로 높아졌다. 이하 기업 재무구조에 대한 분석은 한국은행, 「기업경영분석」, 각 년도 참조.

34 전산업으로 확대해서 보면 양극화는 더욱 심화하고 있다. 2022년 하위 기업의 영업이익률은 −7.1%로서 제조업의 −2.1%보다 훨씬 낮았던 반면, 상위 기업의 평균 영업이익률은 8.4%였다.

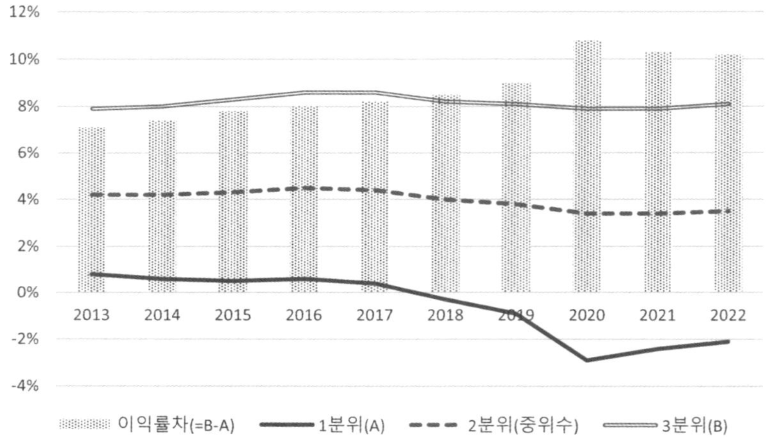

그림 7.7 기업 3분위별 영업이익률(제조업 기준)
자료: 한국은행, 「기업경영분석」, 2022

기업 양극화는 기업 부문에 대한 구조조정이 필요함을 나타내는 신호이다. 생산성이 낮아 채무를 갚을 수 없는 기업이 이러저러한 금융지원에 힘입어 산업생태계에 잔존하는 좀비기업이 되면 그것이 해당 산업뿐만 아니라 경제 전체에도 악영향을 줄 수밖에 없음은 일본 사례를 보더라도 분명하다(3장의 2 참조). 최근 급증한 기업부채의 증가 요인 중 하나가 기업의 연명을 위한 자금조달 때문일 수도 있기에 우리도 일본처럼 구조조정 지연으로 경제의 장기침체를 발생하지 않을까 하는 우려가 커지는 상황이다.

문제는 이처럼 나쁜 부채구조를 심화시킨 부채의 과잉이 단순히 가계와 경제의 고통을 심화시키는 데 그치지 않고 미래의 실물경제를 더욱 악화시킬 수 있음에 있다. 2022년부터 가계의 실질적인 소득은 감소하는 추세를 보이고 있으며, DSR 증가는 실제 가계가 소비를 위해 지출할 수 있는 가처분소득을 축소시켰다.[35] 이는 결국 가계의 소비지출 감소로 나타나고, GDP에서 가장 높은 비중을 차지하는 소비위축은 향후 경제성장에 악영향을 줄 것이다.[36] 또한, 자체 생존능력이 없음에도 불구하고 차입을 통해 연명하는 좀비기업의 증가는 산업생산력을 낮추고 새로운 산업의 출현에 장애로 작용한다. 즉 과잉 부채가 실물경제의 성장에 장애로 작용할 정도로 확대된 상황이다. 만약 금융위기가 도래하지 않는다는 안드감으로 과잉부채를 해소하지 않는다면 이 때문에 실물경제가 악화되고 장기적인 경기침체가 유발될지도 모른다. 따라서 지금 우리가 해야 할 일은 나쁜 부채구조로 형성된 현재의 과잉부채를 일단 양적으로 축소하고, 이와 함께 좋은 부채구조로 개선하는 것이다. 당연히 부실채권의 정리와 구조조정은 고통스러운 일이다. 하지만 이러한 부채 축소와 구조조정을 하지 않는다면 미래의 성장을 갉아먹을 정도로 부채가 과도하게 증가하였다. 이것이 바로 오늘 우리가 당면한 어려움이다.

35 근로자 1인당 연평균 실질임금은 2022년과 2023년 각각 0.2%, 1.1% 감소했다. 실질 국민가처분소득(GNI)도 2023년 1.8% 증가했으나 2022년 0.7% 감소하여 2년 평균으로는 0.6% 증가하는 데 그쳤다.

36 2023년 3/4분기와 4/4분기 가계의 실질소비지출 증가율은 각각 0.0%와 0.8%로, 동기간 GDP 증가율 1.3%와 2.2%보다 낮아 과잉부채가 가계소비를 위축시켜 경제성장에 악영향을 주고 있음을 보여주고 있다.

5

정부의 위기 관리

부채를 줄이는 것은 누군가에게 고통을 주고 잡음을 감수해야 하는 일이나, 경제에 미치는 부작용을 차단하기 위해서는 이를 감수하더라도 현재의 과잉부채를 조속히 축소해야 한다. 하지만 현재 정부는 금융위기를 막는다는 명분으로 과잉부채의 축소를 계속 미루고, 부도에 처한 사업자를 구제하여 당장 발생하는 잡음을 없애는 데 주력하고 있다. 이러한 정부의 정책 기조가 최근 한국이 다른 나라보다 부채비율이 높은 데 일조했음은 물론이다. 현재를 위해 미래가 희생되고 있다.

한국은행은 2023년 1월 금리를 인상한 이후 미국 연준이 1% 금리를 추가로 올렸음에도 불구하고 더 이상 금리를 올리지 않고 있다. '한은이 정부로부터 독립적이지만 미국 연준으로부터는 그렇지 않다'라는 발언이 무색하다. 미국과 달리 기준금리를 동결한 한국은행의 통화정책은 금융안정성도, 심지어 물가안정에도 그다지 기여하지 못했다. 금리 인상의 목적은 대출수요를 감소시켜 부채 증가를 억제하고, 일부 부실화된 부채를 정리하는 것이다. 당연히 금리 상승에 따른 부실화로 인한 고통이나 부동산 등 자산가격 하락은 일부 감수할 수밖에 없다. 하지만 정부는 이러한 부채조정을 일관되게 피하고 있다. 이 영향 때문인지 한국은행은 그 필요성에도 불구하고 2023년 1월 이후 금리를 인상하지 않고 있어, 현재 미국 금리보다 한국 금리가 낮은 역금리 현상이 가장 심화된 상태이다(〈그림 7.8〉 참조). 한국은행의 이러한 정책이 기본적으로 가계대출이 축소되지 않은 가장 기본적인 원인이다.

한국은행의 금리정책은 물가안정에도 도움이 되지 않는다. 한·미 간 역금리 구조는 2023년 상반기 환율상승의 주된 원인이었다. 원유나 원재료 등 비탄력적이고 경제적 파급효과가 큰 상품에 대한 수입

그림 7.8 한국과 미국의 기준금리 추이
자료: 한국은행, FRB

의존도가 높은 우리나라에서는 환율상승이 물가를 상승시키는 주요한 요인이다. 통화정책의 최우선 목표를 물가안정으로 내세우는 한국은행이 오히려 이에 반하는 통화정책을 실행하고 있는 것이다. 독립적이어야 할 한국은행이 윤석열 정부의 눈치를 보아 긴축정책의 강도를 높이지 않는다는 의심을 충분히 살만한, 정부에 대해서 독립적이라는 말을 무색하게 하는 행태이다.

금융당국은 그에 더 나아가 각종 정책을 통해 오히려 가계부채의 증가를 방조했다. 정부는 정책금리를 인상하는 과정에서 그 부작용을 막는다는 명분으로 은행의 대출금리 인상을 억제했다. 또한, 전세담보대출이나 특례보금자리론 등 정책금융을 확대하여 2023년 가계대출이 다시 상승하기 시작한 원인을 제공했다. 2023년 51조 원 증가한 주택담보대출 총량은 가계부채를 관리하겠다는 정부의 다짐을 무색하게 했다.[37]

특히 부실화된 PF에 대한 정부의 대응은 제대로 된 구조조정과는 거리가 먼 것이었다. PF의 부실화가 표면화된 2022년 9월 말 부동산 PF 익스포저는 총 163.4조 원으로 집계되었다. 금융회사의 대출 및 유동화증권 보증액은 140.6조 원이었고, 이 중에서 부실화 위험이 낮은 것으로 평가되는 은행과 보험사 대출을 제외한 나머지 여신액은 총 65조 원이었다. 그 금액은 금융회사 전체 자산과 대비해 미미한 수준

37 2023년 주택담보대출 증가액 51조 원은 가장 증가세가 심했던 2020년과 2021년의 증가액 74조 원과 66조 원에 버금가는 것이었다. 이러한 주택담보대출의 증가가 여타 대출 총액이 감소했음에도 불구하고 가계대출 총액이 2023년 18.4조 원 증가하도록 한 원인이었다.

이어서, 이 정도의 PF 부실화가 금융회사를 부실화시켜 금융위기를 유발할 가능성은 없다고 보아도 무방하다.

PF 사업은 사업 진행에 따라 사업 규모와 필요한 자금조달액이 증가하는 성격을 갖고 있어, 부실화가 예상되는 PF는 조기에 종결되는 것이 바람직하다. 즉, 금융당국이 시장의 일시적 혼란을 방지하기 위해 유동성을 공급한 이후 곧바로 해야 할 일은 PF 대출 규모가 확대되기 전에 구조조정을 실시하는 것이었다. 정부는 2023년 3월 「PF대주단 협약」 등을 가동해서 PF에 대한 구조조정을 추진했다. 하지만 그 이후의 조치는 어느 증권사 보고서가 'PF 대출연장협약'으로 변질되었다고 평가할 정도로 구조조정과는 먼 것이었다. 사실상 정부가 PF 사업장의 파산을 막는 데 앞장선 셈이다.

또한, 이 과정에서 정부가 취한 조치는 금융시장의 취약성을 악화시키는 것이기도 했다. 정부는 재무건전성이 상대적으로 양호한 증권사로 하여금 부실화된 PF에 대한 자금 지원에 참여하도록 했다. 그 대표적 사례의 하나가 2022년 11월 개시한 PF–ABCP 매입 프로그램이다. 이 프로그램은 9개 증권사가 중순위 투자자로서 총 1.8조 원 규모의 SPC에 25%를 투자하고, 이 SPC가 자산 매각을 요청한 증권사가 보유한 PF–ABCP를 매입하는 것을 내용으로 했다.[38] 이것은 소수의 증권사 위험을 증권사 전체로 확장시켜 증권사의 위험이 더욱 연계되도록 하는, 개별 금융회사의 의험을 금융시스템 전체로 확산하는

38 증권금융과 산업은행이 선순위투자자로 각각 25%를 투자하고, 매입신청 증권사가 후순위투자자로 25%를 투자하도록 구성되어 있다.

잘못된 조치이다. 이러한 프로그램을 중순위 투자자인 증권사가 자발적으로 참여했을 리 만무하다.

이러한 방식의 부실화 해소 방안은 새마을금고에 대한 지원 대책에서도 확인된다. 5대 시중은행과 국책은행은 2023년 7월 새마을금고와 RP 매입 계약을 체결했다. 이를 보도한 기사는 체결 이유를 금융당국이 은행권에 "새마을금고 단기 유동성 지원에 적극적으로 협조해 달라"고 한 요청에 응한 것으로 설명했다. 정부가 정리해야 할 금융회사를 살려주기 위해 은행의 참여를 요구함으로써, 금융시장의 취약성을 확대하는 일을 하고 있다.

이러한 임시방편적인 대책은 부동산정책에서 가장 두드러진다. 과잉부채를 유발한 주된 원인은 부동산 버블로 불릴 정도였던 부동산가격 급등이었다. 그러므로 부채구조의 조정은 다른 한편에서는 부동산시장의 조정과 병행하여 이루어져야 한다. 그러나 윤석열 정부는 부동산시장 경착륙과 이로 인한 금융위기를 방지한다는 명목으로, 부동산시장의 구조조정과 거리가 먼 각종 조치를 취했다. 규제지역 해제, 실거주의무요건 완화, 분양권 전매제한 완화 및 재건축 규제 완화 등 부동산 규제 완화 조치를 취했고, 취득세 인하, 양도소득세 중과 유예, 종합부동산세 완화 및 임대사업자와 다주택자 중과세 철폐 등 관련 세제를 낮추는 조치를 연이어 발표했다. 또한, 다주택자와 임대 및 매매사업자에게 주택담보대출을 허용하고, LTV 비율 및 DSR 비율과 관련한 규제 완화 등을 통해 주택담보대출에 대한 규제도 완화했다.

이처럼 신용공급을 축소하지 않고 부동산가격 하락을 방지하려는 정책을 취하는 이유는 무엇일까? 그것은 윤석열 정부가 본질적으로 '부자'의 이해관계에 편향된 정부이기 때문이다. 때때로 서민을 위한 정책을 강조하여 정책 기조가 혼란스럽게 보이기도 하지만 그 대부분은 단순한 선언에 불과했을 뿐이었고, 집권 2년 동안 윤석열 정부가 실제 집행한 경제정책은 부자 감세와 노동 압박 등 부자를 위한 것이었다. 부동산 관련한 금융 조치 상당수는 이러한 윤석열 정부의 편향을 잘 보여준다.

대표적으로 전세반환대출이 이 범주에 포함된다. 우리나라는 전세를 레버리지로 이용해서 주택을 보유하는 독특한 구조가 있는 나라이다. 만약 부동산가격 하락으로 주택가격보다 전세 금액이 높아지는 역전세가 발생한다면, 주택보유자가 주택을 매각할 유인은 확대할 것이므로 주택가격은 자연스럽게 하락할 수 있다. 하지만 차입자 보호를 명목으로 주택보유자가 전세반환대출을 받을 수 있도록 한 것은 주택보유자가 주택을 매각하지 않고 버틸 수 있는 여력을 만들어 주는 일이다.

PF 대출에 대한 자금 지원 역시 마찬가지이다. PF 대출은 가계대출과 완전히 다른 것이어서, PF 대출의 채무불이행이 가계의 부담을 증가시키지도 않고, 그것은 사업시행자 및 건설사에게 타격을 줄 뿐이다. 따라서 금융위기의 주된 요인인 상업용부동산 대출 위험을 구조조정을 통해 조기에 차단해야 함에도 불구하고, 정부는 사업자와 건설사 구제에만 초점을 맞추고 있다. 금융위기를 빙자해서 '부자'를 위해 금융과 경제구조의 취약성을 유발하는 과잉부채로 인한 문제를 수수방관하고, 부동산가격 하락을 방지하기 위해 애쓰고 있는 것이 지금 정부의 행태이다.

어느 정부나 인플레이션을 막으려고 노력하는 이유는 그것이 국민의 실질적인 복지를 해하기 때문이다. 부동산가격 상승도 마찬가지이다. 어느 나라 정부나 가능한 낮은 비용으로 국민이 주거복지 혜택을 받도록 노력해 왔다. 정상적인 정부라면 국민이 주거복지를 누리기 어려울 정도로 과도하게 상승한 부동산가격을 유지하려고 노력하지는 않는다. 앞서 보았듯이 가계부채로 인해 금융위기가 발생한 경우는 없었다. 금융위기를 막기 위해서 부동산가격 하락을 막는다는 것은 어디서도 근거를 찾을 수 없는 주장일 뿐이다.

문재인 정부의 부동산정책 실패는 두 가지 때문이었다. 첫째, 정부가 부동산가격을 조절할 수 있다고 잘못 생각했다. 둘째, 그 생각으로 국민과 정부 간 충분한 합의가 필요한 조세체계마저 부동산가격을 조정할 수단으로 인식하고 이를 너무 쉽게 변경했다. 윤석열 정부가 마찬가지의 우를 범하고 있다. 현재 부동산가격은 국민소득으로 감당하기에 너무 높게 증가했고, 국민이 더 이상 부채로 자금을 조달해 부동산을 구입하기도 어렵다. 이런 이유로 부동산가격이 자연스럽게 시장원리에 따라 하락하는 상황을 각종 조치를 통해 차단하려는 정부의 행태는 결국 성공하지 못할 것이고 향후 커다란 부작용을 유발할 것이다. 또한, 문재인 정부가 부동산 관련 세제를 강화했다고 해서 그 반대로 모든 세제 체계를 완화하는 것 역시 국민 다수의 지지를 받기 어렵다. 조세의 강제력은 국민과 정부 간 합의를 기반하기 때문에, 단기적인 정책 목적으로 한 조세체계의 변경은 국민의 반발을 피하기 어렵고 실효성을 거두는 데도 한계가 있다. 부동산시장을 살리려는 윤석열 정부의 행태가 과잉부채의 해결을 지연시킴으로써 장기적으로 금융시장의 위험을 확대하고 있다.

6

포퓰리즘(populism)과 무너지는 금융시스템

윤석열 정부는 문제가 당장 표면화되는 것을 차단하는 임시방편적인 대책만을 마련할 뿐 과잉부채의 해결은 이리저리 미루고 있다. 이 과정에서 서민과 청년층을 대상으로 한 주택 관련 정책금융의 확대를 발표하기도 했다. 또한, 주식시장 저평가를 해소한다는 명분으로 2023년 말부터는 주식시장과 관련된 여러 조치를 발표했다. 윤석열 정부는 이러한 금융정책이 청년층이나 서민을 위한 것으로 주장하고 있지만, 금융 이외 다른 정책의 추진 방향을 보면 의아하지 않을 수 없는 구석이 있다. 노동자에 대한 강력한 압박을 가하는 노동정책과 부자 감세에 초점을 둔 조세정책을 비교해 볼 때, 왜 유독 금융정책에서만 서민을 위한다는 정책이 발표되고 있는가? 진실은 어디에 있는 것인가?

윤석열 정부가 현재 진행하는 금융정책이 취약층과 서민을 위한 것이라고 주장할 수 있는 것은 '금융'이 이면의 진실을 가리는 독특한 특성이 있기 때문이다. 첫째, 금융은 외형적으로는 부자와 빈자라는 불평등을 둘러싼 이해관계가 나타나지 않는다. 금융거래는 자금을 공급하는 예금자 또는 투자자와 자금을 빌리는 차입자 또는 피투자자라는 두 주체 간 거래로 나타난다. 부자와 빈자 모두 예금자도 될 수 있고 차입자도 될 수 있다. 그러므로 정부의 조치는 특정 계층을 위한 것이 아니라 모든 국민에게 혜택을 주는 정책으로 포장할 수 있다.

둘째, 금융정책은 미래의 희생을 대가로, 다소의 차이는 있더라도 모든 계층에게 혜택을 줄 수 있다. 통화정책과 재정정책을 비교해 보자. 재정 확대는 재원 조달을 위한 조세부담이 전제되는 것으로서, 재정 확대로 인한 수혜자와 조세 부담자 간 갈등과 그로 인한 조세저항이 발생할 가능성이 높다. 반면 통화량 증가는 시장에 유동성 총량을 증가시키는 것이며, 당장 어떤 누구의 비용 부담도 필요하지 않고 모두가 유동성 확대의 혜택을 볼 수 있다. 더구나 자금을 빌려주었을 경우, 그 결과는 미래에 발생하는 것이어서 현재의 정책 담당자가 이를 책임질 필요도 없다. 만약 부실채권이 발생하더라도 그것이 자금을 공급한 정부의 잘못인지 아니면 차입자의 잘못인지를 명확하게 판단하기도 쉽지 않다. 통화량 증가로 인한 인플레이션은 미래에 발생하는 것이고, 나중에 주식가격이 하락하더라도 주가부양책으로 정책 담당자의 재임 시기에 주가가 오르면 그간이다.

그러므로 금융정책은 소득 불균형이 심화되고 사회적인 갈등이 클 때, 이를 우회하여 정부의 정책을 변호하기 위한 포퓰리즘 정책으로서 곧잘 활용된다. 모든 국민이 해당 정책으로 잘 살 수 있다는 희망을 가질 것으로 기대하기 때문이다. 하지만 포퓰리즘 금융정책은 국민의 지지를 얻으려는 목적으로, 통상 시장의 기능을 무시하는 정치적 선언과 일방적인 충격 요법을 통해서 집행된다. 당연히 그 정책이 금융시장이나 국민의 복지를 개선하는 실질적인 효과가 거의 없음은 물론이다. 윤석열 정부의 금융정책도 마찬가지다.

시장금리가 상승한 2023년 초 금융당국은 금리 상승에 편승해서 은행이 과도한 폭리를 취한다고 강도 높게 비판하면서 은행의 카르텔을 없애겠다고 선언했다. 하지만 이것은 선언에 불과했고, 은행의 이익이 감소했다는 증거는 어디에도 없다. 실제 예대금리차가 감소했는지를 보기 위해 예금은행의 대출잔액 기준 대출금리와 수신금리 자료를 이용해서 예대금리차를 계산해 보았다. 금융당국의 서슬 퍼런 압력이 있었음에도 불구하고 2023년 예금은행의 예대금리차는 2021년 이후 상승했던 2.5% 수준을 그대로 유지했다(〈그림 7.9〉 참조). 정부

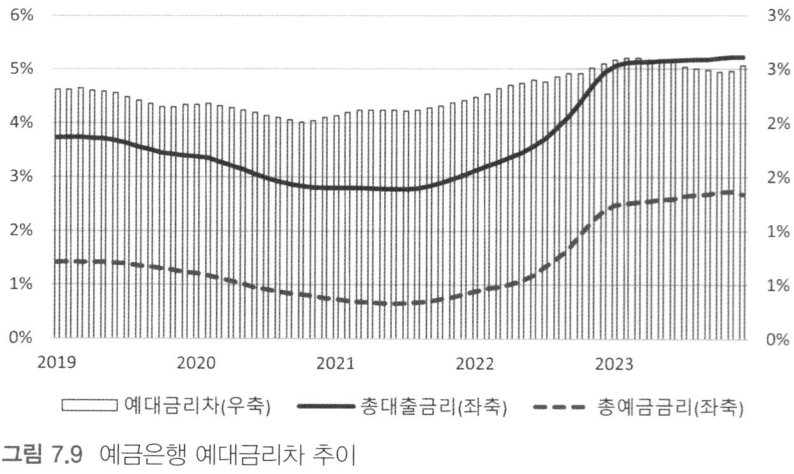

그림 7.9 예금은행 예대금리차 추이

* 총대출금리와 총예금금리는 예금은행의 잔액 기준 수치임

자료: 한국은행

가 시장원리를 완전히 무시하고 강압적인 비시장적 관치를 휘두르고 있다는 비판을 감수하기에는 그 성과가 무색할 뿐이다.

최근 주식 저평가를 개선하겠다는 일련의 정부 조치와 선언은 포퓰리즘의 또 하나의 전형이다. 공매도 금지 조치, 주식양도세 대주주 기준 확대 및 금융투자소득세 폐지 선언 등 주식 세제 인하 발표, 그리고 '밸류업 프로그램' 실시 등의 각종 정책이 쏟아지고 있다. 이러한 정책으로 주식 저평가가 완화되고 주가가 오를 것인가?

사실 '주식 저평가'라는 판단 자체가 과도한 측면이 있다. 최근 말하는 대로 수십 년 동안 주가가 저평가되었다면, 그것은 시장이 기업가치를 제대로 반영하지 못했다는 의미이다. 아무리 한국 주식시장이 비효율적이라고 평가를 받아도, 한국에서 주식시장만큼 효율적인 영역도 없다. 주가가 기대보다 낮았다고 생각한다면 그만한 이유가 있다는 뜻이다. 주식가격이 근본적으로 실물경제와 기업실적에 근거한 주식 가치에 의하여 결정된다는 것을 우리는 외환위기 과정에서 뼈저리게 느꼈다. 최근 다른 나라보다 한국의 주가가 그리 상승하지 않았다면, 그것을 한국경제와 기업에 대한 경고로 받아들이고 한국경제를 되살리도록 노력하는 것이 정부의 역할이다.

또한, 한국 기업들이 주주에 대한 이익 환원을 소홀히 하고 소액주주의 권익을 침해하는 경우도 많다. 그러므로 당연히 정부가 기업의 지배구조를 개선하고 공정한 시장질서가 유지되도록 제도적 장치를 마련해야 한다. 하지만 그러한 정부 정책의 목표는 주가 상승이 아니라, 자본주의 질서와 자본시장의 시장 신뢰성 제고를 위한 것이면 된다. 주가 상승은 그 개선이 시장에 반영된 결과일 뿐이다.

정부는 1,400만 명의 개인투자자를 위한 조치로서 강변하지만, 과연 현재 추진하는 정책의 진정성이 있는지 의심할 수밖에 없다. 금융투자소득세는 '소득 있는 곳에 과세'한다는 가장 기본적인 조세 원칙에 합당한 세제 개편이다. 과거 정부가 세원의 안정적 확보를 위해서 거래세를 중과한 것을 개선한 조치이기도 하다. 이러한 기본적인 세제 부과의 원칙과 개선의 합리성을 저버리고 금융투자소득세를 폐지하지 않으면 국내 주식시장이 붕괴한다는 오도된 주장에 정부가 동조하는 것은 한 나라를 책임지는 위정자의 자세는 아니다. 소위 '서학개미'가 자본이득세 부담에도 해외주식투자액을 늘리고 있는 것은 외국 기업의 주식 가치가 국내기업보다 높아질 것으로 생각하기 때문일 뿐이다.

물론 주식차익이 있을 때 과세하지만, 주식 손실에 대해서는 정부가 책임지지 않음을 비판하는 것은 당연하다. 이러한 문제점은 현재 5년으로 국한한 손익통산 이월 기간을 무제한으로 확대하여 개인투자자가 생애 한 번만 누적된 자본이득에 대한 세금을 낼 수 있도록 방안을 개선하면 될 일이지, 이처럼 정부가 무조건 금융투자소득세를 폐지해야 한다고 강짜를 부릴 일은 아니다.

공매도 역시 마찬가지이다. 외국에서도 과거부터 공매도를 활용한 불공정거래가 있었고, 이에 대한 비판도 역시 있었다. 당연히 공매도를 불공정거래에 활용하는 기관을 엄격히 다스려야 하는 것이나, 이 때문에 공매도 자체를 아예 금지하는 것은 과도한 조치이다. 더욱이 공매도는 시장에서 자연스럽게 나타나는 현상으로서, 실제 시장에서 발생하는 공매도 거래를 모두 차단하는 것도 쉽지 않다. 공매도 거래로 인해서 발생하는 주가 하락을 우려한다면, 현물뿐만 아니라 선물과 옵션 등 주식파생상품을 활용한 매도 거래는 왜 금지하지 않는가? 앞뒤가 맞지 않는 일이다.

공매도 금지는 금융거래의 국제적 정합성 차원에서 신용도를 크게 잃는 매우 우려할 만한 조치이기도 하다. 국제적 신용도가 떨어져도 당장 문제는 없겠지만, 신용도라는 것은 한국의 금융시장이 흔들릴 경우 커다란 위력을 발휘한다. 외환위기 이후 한국에서 자본자유화 조치가 크게 확대된 이유는 국제금융시장의 신뢰를 얻기 위함이었고, 이러한 조치가 한국의 금융시장을 안정시키는 데 기여했다. 이러한 자본자유화는 국제적인 금융거래 관행을 인정하고, 한국 자본시장에도 국제금융시장과 동일한 규범을 채택함을 의미한다. 여기에 좋든 싫든 공매도 허용도 포함된 것이다. 자본자유화를 원칙으로 하면서 아무런 근거 없이 공매도를 차단한다면, 그것은 한국 정부의 정책적 합리성과 예측 가능성을 의심하고 더 나아가 한국 자본시장에 대한 신뢰를 낮추는 결과를 가져올 뿐이다.

사실 공매도 금지 조치는 글로벌 금융위기 시 우리나라뿐만 아니라, 다른 여러 선진국에서도 취했던 정책이었다. 공매도가 전통적인 이론과 달리, 비합리적인 시장 행동을 부추겨서 시장을 교란하고 시장위험을 증폭시키는 역할을 하는 경우도 많기 때문이었다. 하지만 이러한 금지 조치는 금융시장의 불안정성이 확대되는 긴급한 상황에서 예외적으로 취해졌을 뿐이다. 그러나 2023년 한국 정부의 조치는 이러한 국제적인 정책 합리성으로는 설명될 수 없는 것이었다. 나는 자본자유화의 정도에 대해서는 견해를 달리할 수 있다고 생각한다. 하지만 현재의 공매도 금지 조치는 적어도 '자유주의 경제'를 그토록

부르짖는 윤석열 정부가 할 일은 아니라고 생각한다.

결국 정부가 발표한 각종 금융정책은 실제 집행에 이르지 못한 경우가 대부분이었다. 또한, 정부가 파격적인 정책 집행을 강조했음에도 불구하고, 그 효과는 매우 미미하기만 하다. 실제 정책을 진지하게 검토하고 집행하고자 하는 의지 없이, 정책 발표를 통해서 국민의 마음을 사려고 했기 때문이다. 실질적인 효과 없는 선언만으로 국민의 지지를 얻을 수 있다고 생각하면, 그것은 너무 국민의 능력을 무시한 오산이다.

더 큰 문제는 이러한 포퓰리즘 정책이 그동안 정립되었던 금융시스템의 근간을 흔들고 있다는 점이다. 정부는 대놓고 시장원리를 무시하는 행태를 보이고 있다. 정부는 기준금리 인상에도 불구하고 은행이 대출금리를 낮출 것을 노골적으로 요구했다. 은행이 건전성 유지를 위해서 배당을 유보해야 하는지 아니면 투자자를 위해 배당을 확대해야 하는지에 대한 정부의 요구 내용도 갈피를 잡을 수 없이 왔다갔다 한다. 외환위기 이후 그나마 유지했던 금융회사의 자율성과 금융시장에 대한 존중이 아예 무시되고 있는 것이다. 정치적 목적에 따라 정책 방향도 쉽게 변하여, 한국 정부에 대한 정책 신뢰성도 크게 낮아지고 있다. 현 정부는 국제금융시장에서의 정합성이나 국제적인 신용도도 그리 중요하게 생각하지 않는 것 같다.

그동안 정부가 그나마 함부로 금융시장에 개입하지 않았던 것은 금융위기의 교훈 때문이었다. 정부의 인위적인 정책과 개입이 시장의 건강성을 무너뜨리고 왜곡시킴으로써 금융위기를 유발했다는 반성 때문이었다. 하지만 외환위기 이후 27년이 지난 시점에서 과거의 교훈은 사라지고 있다. 금융시스템이 근본 없이 무너지고 있다.

8장

미래의 위기

1

세계경제의 경기 하락

이제 한국경제와 금융시장에 대해서 생각해 본다. 국제경제의 흐름을 감안할 때, 2024년 하반기 이후부터 1~2년 동안 한국은 경기침체를 경험하는 어려운 상황에 처할 것으로 보인다. 한국경제와 금융시장의 미래를 전망하기 위해 우선 세계경제 흐름을 예상해 본다.

국제금융시장에서 가장 주시하는 지표는 금리이다. 2022년 전 세계적으로 인플레이션이 발생하면서 0%에 가까웠던 정책금리가 크게 인상되었고, 이것이 세계경제의 경기침체를 불러일으킬 것이라는 우려가 지배적이었다.[1] 이로 인한 경기의 연착륙(Soft Landing) 또는 경착륙(Hard Landing)에 대한 논란이 있었고, 과도한 경기하락을 차단하기 위해 다시 금리를 인하해야 한다는 주장도 많았다. 하지만 금리 인하는 무엇보다도 인플레이션 수준에 의해 좌우될 것이다. 미국의

1 이에 대해서는 6장의 4 참조.

경우 물가상승률이 최근 하락하고 있지만 과거 목표치였던 2% 이하까지 조만간 내려갈 것으로 보이지 않는다. 그것은 두 가지 이유 때문이다.

첫째, 인플레이션의 주요 축인 임금 상승 요인이 아직 사라지지 않았다. 고령화와 국경 봉쇄 강화로 인해서 노동공급 증가에 한계가 있고, 소비 증가로 인해 확대된 서비스직을 중심으로 한 노동수요가 아직 사라지지 않고 있다. 그나마 임금 상승률이 2023년 하락한 것은 코로나19 팬데믹으로 이탈했던 노동력이 다시 노동시장으로 복귀한 덕분이었다. 하지만 이들이 대부분 복귀한 상황에서 2024년에도 노동공급이 훨씬 더 증가할 것을 기대하기 어렵기 때문에, 소비 수요가 지속되는 한 임금이 안정화할 것으로 속단하기 어렵다. 그러므로 미국 경제가 연착륙하여 노동수요가 감소하지 않는 한, 임금 상승을 축으로 한 물가상승 요인이 진정되었다고 확언할 수 없다.

둘째, 인플레이션 압력을 충분히 완화할 정도로 금융시장에서의 유동성이 축소되지 않았다. 미국 연준은 금리인상에도 불구하고 코로나 19 이후 급격히 증가시켰던 유동성을 축소시키는 데 소극적이었다. 그것은 앞서 보았듯이 금리 인상과 유동성 축소로 인해서 발생할 수 있는 금융시장의 불안정성 우려 때문이었다.[2] 우리는 통상 금리가 상승하면 자연적으로 시장유동성도 감소할 것으로 생각한다. 하지만

2 실제 금리상승으로 인해 금융시장의 불안정성이 표면화한 몇 사건이 있었다. 가령, 2022년 하반기 영국 국채시장의 마비, 2023년 3월 SVB 파산사태나 2023년 하반기 미국 지표금리(국채 10년물 금리)의 5%대 상승은 긴축정책에 따른 결과였다.

미국 연준의 경기완화 정책이 정책금리 인하와 병행하여 자본시장에 대한 직접적인 유동성을 공급하는 양적 완화를 통해 집행되었음을 상기할 필요가 있다.

연준은 금리 인상에도 불구하고 직접 매입한 유가증권의 재매입 축소 또는 매각이라는 양적 축소 정책을 완만하게 진행함으로써 시장 유동성이 급격히 감소하지 않도록 했다. 이것은 연준의 보유 유가증권 잔고 추이를 통해서도 확인된다. 2020년 연준의 유가증권 매입으로 연준이 보유한 유가증권은 2020년 3월 4.2조 달러에서 2022년 6월 8.9조 달러까지 증가했다. 하지만 긴축정책으로 전환한 2022년 6월부터 2023년 말까지 연준의 유가증권 보유량은 2020년 늘어난 4.7조 달러 중 36.3%만 축소되었을 뿐이다(〈그림 8.1〉 참조). 시장의 유동성이 생각보다 크게 줄지 않았다. 당연히 아직 풍부한 시장 유동성이 인플레이션 압력으로 작용하고 있다. 미국의 자산시장 가격이 2023년 하

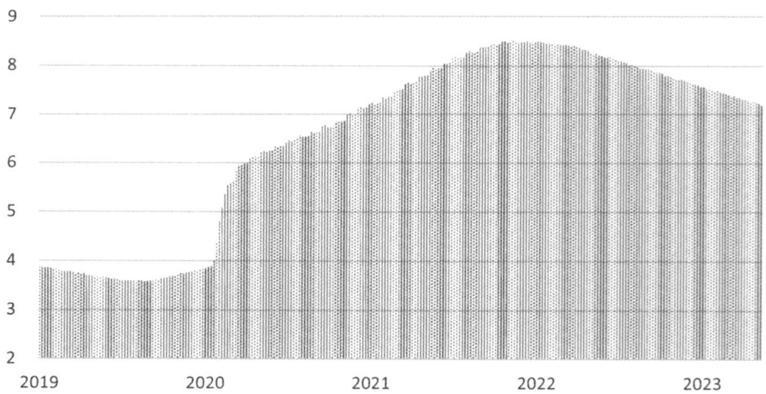

그림 8.1 미국 연준의 유가증권 보유액 (단위: 조 달러)
자료: FRB

반기 다시 상승하고 있는 것도 이러한 풍부한 유동성을 배경으로 하고 있다.

게다가 미국 정부의 재정적자 확대도 연준의 유동성 축소의 장애 요인이다. 바이든 정부가 IRA 법안 등 각종 정책 지원을 목적으로 재정지출을 확대함으로써 국채발행이 증가하고 있으나 시장에서의 국채 수요가 감소했다. 시장에서 감소한 국채 수요를 대신해서 연준이 발행한 채권의 상당 부분을 매수하고 있다. 미국의 재정적자 확대와 연준의 지원이 시장유동성 축소를 더디게 만들고 있다.[3]

결국 미 연준은 인플레이션과 금융안정성이라는 두 가지 목표를 두고 통화정책의 균형을 이리저리 맞추고 있다. 연준이 미국의 재정적자로 인한 국채매입을 실시하고 금융안정성을 염려하여 양적 축소를 소극적으로 진행하는 상황에서 정책금리 인하는 매우 신중하게 이루어질 수밖에 없다. 미국 정부의 재정정책과 통화정책 중에서 인플레이션 억제에 기여할 수 있는 유일한 정책이 금리정책뿐이기 때문이다. 그러므로 아직 인플레이션 재발 위험이 존재하는 상황에서 연준이 경기 하락을 우려해서 정책 기조를 전환하여 기준금리를 대폭 인하한다는 전망은 현실적이지 않다. 미 연준이 걱정하는 것은 미국경기의 경착륙(hard-landing)이지 연착륙(soft-landing)은 아니다. 연착륙이 예상되는 경제 상황에서, 미국 연준의 금리인하는 경기하락과 물가안정에 대한 어느 정도의 확인이 있어야 가능할 것이며, 그때까지 미국

3 미국채 발행 잔액 대비 연준의 보유 비중은 2019년 9월 말 9.2%에서 2023년 9월 말 15.6%로 증가했다.

연준은 매우 보수적인 자세로 기준금리 인하에 임할 것이다.

이러한 미국의 통화정책 방향을 전제로 할 때, 미국경기는 2024년 4/4분기부터는 연착륙 곧 경기 하락이 가시화할 것으로 예상된다. 무엇보다도 최근 미국 성장의 원동력인 가계소비의 축소가 예상되기 때문이다. 한 연구에 의하면 코로나19 팬데믹으로 미국 가계는 2021년 8월까지 2.1조 달러의 초과저축을 했다.[4] 그리고 2023년 3/4분기 현재 초과저축은 0.4조 달러까지 감소한 것으로 추정되었다. 이것은 방역조치가 완화되고 경제활동이 재개되면서 미국 가계가 그동안 사용하지 못했던 초과저축을 이용해서 소비활동을 크게 늘렸음을 의미한다. 그리고 이러한 소비 확대가 금리 상승에도 불구하고 미국이 예상보다 높은 성장을 기록한 주된 원인이었다.

하지만 현재의 소비 추세가 지속된다고 할 때, 미국 가계의 초과저축액은 2024년 상반기 대부분 사라질 것으로 전망한다. 앞서 예상대로 경기하락이 가시화될 때까지 기준금리가 크게 인하되지 않을 것임을 전제하면, 미국은 2024년 하반기부터 소비지출 증가율이 하락하고 그에 따라 경제성장률도 하락하는 경기하락 국면을 맞이할 것으로 전망한다. 세계 경제에서 두 번째 규모를 차지하고 있는 중국이 아직 구조조정 과정이기에, 2008년 글로벌 금융위기 이후 중국을 중심으로 한 아시아 경제가 세계 경제 회복을 주도한 것과 달리 중국 등 다른 나라가 미국의 경기 하락을 완충할 여력은 없어 보인다. 결국 코로나19 팬데믹 이후 세계 경제의 회복을 주도했던 미국의 경기 하락은 전

4 Abdelrahman, Hamza, and Luiz E. Oliveira (2023).

세계적인 경기 하락의 시발점으로 작용해 세계 경제가 2025년 경기하락 국면에 접어들 가능성이 높다.

2

한국경제의 분기점

한국은 글로벌 경제에 가장 깊숙이 편입된 나라의 하나이다. 그러므로 대외 레버리지가 높은 한국경제는 세계경제 변화에 따라 훨씬 진폭이 큰 경기변동을 경험하곤 했다. 이러한 레버리지 특성 이외에도 다음과 같은 이유로 한국경제가 2024년 하반기부터 통상보다 훨씬 심한 경기침체에 처할 우려가 있다.

첫째, 대내적인 성장 여건 악화이다. 2022년부터 실질임금이 하락하는 등의 가계소득 위축과 과도한 부채비용 부담으로 소비가 위축될 것으로 예상한다. 특히, 앞서 과도한 가계부채를 경험한 나라의 사례에서 보았듯이, 과도한 가계부채로 인한 소비 위축은 상당 기간 이어질 가능성이 높다(4장의 4 참조). 또한 투자 증가 역시 기대하기 어렵다. 부동산경기 하락으로 건설투자는 당분간 위축될 것으로 보인다. 대기업의 설비투자가 국제무역장벽 강화와 미국의 생산 현지화 압박 등으로 상당 부분이 해외에서 이루어지고 있는 점도 우려를 자아낸다. 기업의 해외 지역으로의 설비투자가 국내 GDP를 제고하는 효과는 미미하기 때문이다.

둘째, 경제 전체의 원동력인 수출이 악화하여 한국경제 전반의 성장을 어렵게 만들 수 있다. 국제적인 공급사슬의 변화가 일어나면서 한국의 수출구조는 크게 변하고 있다. 한때 수출의 30%를 차지했던 중국 비중이 20% 이하로 떨어질 정도로 저조한 대신, 미국 수출 비중이 10% 초반 수준에서 20% 가까이 증가했다. 그러므로 최근 증가한 대미 수출이 미국의 경기침체로 하락하면, 수출은 이전보다 훨씬 크게 위축될 가능성이 높다. 또한, 세계 경기의 하락은 우리나라 수출에서 가장 큰 비중을 차지하고 있는 반도체 수출을 어렵게 만들 것으로 보인다. AI 개발을 위한 긴급한 반도체 수요 증가가 일단락되면, 이러한 수요 증가에 동반하여 증가했던 메모리 중심의 반도체 수출이 다시 감소세로 전환할 가능성이 크다. 그러므로 수출이 국내의 성장률 하락 요인을 상쇄할 정도로 성장세를 유지할 가능성은 매우 낮다.

이러한 국내외 경제 여건에 대한 판단을 기초로 전망해 본다면, 2025년 경제성장률이 0% 대로 크게 하락하는 심각한 경기침체가 발생하더라도 하나도 이상하지 않은 상황이다. 0% 대의 성장률은 심각한 금융위기의 경우를 제외하고는 전혀 없었던 것으로서, 0% 대의 경제성장률이 현실화한다면 한국이 그만큼 심각한 경제적 위험을 맞이한 것으로 받아들여야 한다.

당연히 이러한 경기침체가 금융시장의 취약성을 악화시킬 것임은 두말할 나위도 없다. 금융시장의 취약성 악화는 세 가지 측면에서 표면화할 것이다. 첫째, 경기침체로 부실채권이 증가하는 것은 막을 수 없다. 가계부채의 부실화 비율도 증가하겠지만, 가장 큰 우려는 상업용 부동산, 특히 현재 구조조정이 지연되고 오히려 좀비처럼 살아남고 있는 일부 PF가 부실 심화로 결국 파산에 이르게 될 가능성이다. 취약한 자영업자 대출의 부실화도 증가할 것이고 비은행 예금기관의 건전성이 현재보다 더욱 악화할 것이다. 둘째, 경상수지 악화가 자본유출이 확대되는 계기로 작용할 수 있다. 자본유출이 금융시장 전체의 유동성을 축소시키고 환율 상승을 유발하는 등 금융시장의 불안정성을 확대시키는 요인으로 작용할 수 있다. 셋째, 실물경제의 악화는 자산 가격의 정체 또는 하락을 유발할 것이다. 만약 과도한 낙관적인 전망이나 정부의 인위적인 부양책으로 실물경제의 어려움에도 불구하고 자산가격이 유지된다면, 그것은 또 다른 후유증을 낳을 수도 있다.

하지만 이 경우에도 1997년 외환위기와 같은 금융위기가 발생할 가능성은 거의 없다. 첫째, 앞에서 보았듯이 부실채권 증가에도 불구하고 금융시스템의 축인 은행의 파산위험은 거의 없다. 금융위기는 채무자의 위기를 넘어서서 채권자인 금융회사의 위기가 있을 때 발생한다. 하지만 은행의 건전성 정도를 볼 때, 향후 부실채권에도 불구하고 채권자인 은행의 파산위험이 나타날 가능성은 크지 않다.

둘째, 자본유출이 증가할 수 있겠지만, 금융시스템을 위협할 만한 정도로 자본유출이 발생하지는 않을 것이다. 코로나19 팬데믹 이후 외국인 주식 보유 비중은 2019년 말 34.2%에서 2023년 말 28.8%로 축소되었다. 그동안 크게 유입된 것이 별로 없으니, 경제가 어려워지더라도 심각하게 유출될 가능성도 많지 않다.

채권시장도 대외적인 신용도가 급격히 하락하지 않는 한 심각하게 유출될 가능성은 크지 않다. 채권에 투자하는 외국인 투자자의 특성이 크게 달라졌기 때문이다. 2008년 금융위기 당시 채권에 투자하는 외국인 투자자의 대부분은 은행이었고, 이들은 단기 차익거래 목적으로 채권을 보유했다. 그러므로 외국계 은행이 글로벌 금융위기로 대출자금을 회수할 때, 이와 연계되었던 원화 채권을 매각함으로써 국채금리가 상승했던 것이다.[5] 하지만 최근 늘어난 외국인 채권투자자는 단기 차익거래가 아닌 포트폴리오 보유 목적으로 원화 채권을 매입했다. 포트폴리오 투자자는 전 세계 채권시장에 대한 분산투자를 목적으로 하고 있으며, 채권을 만기까지 보유하는 전략을 취하는 경우도 많다. 그러므로 이 투자자들은 저금리로 매입한 채권의 평가손실에도 불구하고 채권을 계속 보유하고 있으며, 앞으로도 한국의 신용위험이 크게 증가하지 않는 한 2008년처럼 단기 외환시장의 환경변화에 따라 채권을 급속히 매각할 가능성은 훨씬 낮다.[6]

사실 현재의 경기침체가 우려되는 이유는 이것이 단기적인 경기 하락에 그치는 것이 아니라 한국경제의 장기적 침체의 시발점이 될 수 있기 때문이다. 내가 걱정하는 것은 세계에서 가장 빠른 속도로 진행

5 2008년 3월 말 외국은행 국내 지점의 원화 채권보유액은 56.8조 원으로, 외국인 투자자로 분류된 투자자들이 보유한 원화채권 보유액보다 규모가 컸다. 당시 외은지점의 원화채권 보유액이 5조원 가량 축소된 것도 채권시장의 가격 하락에 큰 영향을 주는 요인이었을 것으로 추론한다.

6 2019년말 외국인 채권보유비중은 6.8%였으나, 2023년 말 현재 9.6%로 증가했다. 특히 금리가 상승한 2023년 전반에 걸쳐 외국인 채권보유비중은 거의 변하지 않았다. 금융감독원, '외국인투자자 증권대매동향', 각 월호 참조.

되고 있는 고령화와 인구 축소 때문만은 아니다. 인구 고령화는 이미 진행되고 있는 것으로서 다시 인구증가율이 상승세로 전환한다고 하더라도 적어도 20년 이상은 우리가 그동안 진행된 고령화의 부작용을 맞닥뜨릴 수밖에 없는 상수 요인이다. 지금 걱정해야 할 것은 그간 경제성장의 축이었던 국제환경 흐름의 커다란 변화이다.

첫째, 세계화가 퇴조하고 있다. 한국은 세계화로 국제경제 교류와 무역이 확대되는 흐름에서 가장 큰 수혜를 본 나라였다. 그러므로 최근의 자국 중심의 보호무역 확대와 지역화 대두는 한국에는 커다란 위협이다. 미국을 비롯한 선진국이 생산기지 내국화(Localization)를 목표로 관세를 높이고 자국 투자에 대한 보조금을 지급하는 등 무역장벽을 높이고 있다. 또한 그동안 경쟁력의 주요한 원천이었던 중국과 아시아를 경유한 중간재 수출이 퇴조하고 있다. 그 결과 과거 한국 수출의 주력산업이었던 석유제품 등 다수 수출 품목의 성장률이 주춤한 상황이다. 이러한 수출의 어려움은 미국과 중국 간의 패권 경쟁으로 인해서 더욱 가중되고 있어, 축소되는 세계화에 대응해 한국경제의 국제경쟁력을 확보하는 전략을 마련해야 하는 상황이다.

둘째, 전 세계적인 산업구조의 변화로 인해 경쟁력 있던 기존 산업의 앞날이 불투명해지고 있다. 산업구조 변화의 중심에는 기후·환경 위기로 인한 재생에너지 중심의 산업구조 전환과 AI 발전으로 인한 IT 부문의 경쟁구조 변화가 있다. 탄소중립화와 재생에너지 증가는 기존의 전통적인 산업에도 새로운 생산 공정과 제품의 출현을 요구하고 있어, 이에 적극적으로 대처하지 않으면 기존 산업의 경쟁력이 크게 악화할 위험이 커졌다. 또한, AI의 대두로 한국이 강점이 있는 메모리 반도체보다는 비메모리 반도체 수요가 증가하고 있으나, 아직 한국의 반도체 산업은 이러한 변화를 충분히 따라가지 못하고 있다.

이러한 국제경제 흐름의 변화는 한국의 성장을 이끌어 온 기업과 산업의 국제경쟁력이 쇠퇴할 위험이 커지고 있음을 의미한다. 적절한 대응을 하지 않는다면 그동안 쌓아 왔던 한국이라는 나라의 국제경쟁력이 순식간에 악화할 한국경제의 새로운 도전 과제가 나타난 것이다. 기존 경쟁력이 있는 기업과 산업도 새로운 환경 변화에 맞추어 구조조정을 하고, 스스로 혁신하지 않으면 생존하기 어려울 수도 있다. 또한 새로운 산업에서 국제경쟁력을 확보하기 위해서는 국가 전체적으로 투자위험을 감수하더라도 과감한 투자를 다시 시작해야 할 시점이 되었다. 하지만 세계경제의 수용자(Follower)의 한계를 벗어나기 어려운 한국경제가 항상 그랬듯이, 아직은 이를 헤쳐나가기에는 너무나 많은 불확실성과 위험이 있다. 과연 우리는 이러한 도전 과제를 어떻게 풀어가야 하는가?

국제적인 경제 환경의 구조적 변화라는 도전 과제에 대응하고 한국경제의 국제적 경쟁력을 유지하기 위해서는 다음 두 가지 방향의 산업구조 개편 노력이 필요하다. 우선, 경쟁력이 쇠퇴한 기존 산업에 대한 과감한 구조조정을 통해 새로운 환경에 적응할 수 있도록 각 산업 생태계를 재정비해야 한다. 또한, 새로운 산업에서의 경쟁력 확보를 위해서는 인적 및 물적 자원에 대한 투자가 적극 이루어져야 한다.

하지만 이러한 변화에 대응하기는 쉽지 않다. 한국 사회는 비어있는 공간이 많지 않은 사회이기 때문이다. 그간 경제성장과 사회발전의 결과로 구체적인 사회 영역까지 체계가 자리 잡혀 있어, 사회가 새로운 흐름에 맞추어 변화하기에는 많은 비용이 든다. 각자의 경제적 이해관계가 크게 달라질 수 있기에 변화로 인한 갈등을 해결할 수 없어 기존의 관행을 유지하고 새로운 기업과 산업의 진입이 좌절되는 사례를 우리는 많이 보아 왔다. 기득권층이 이를 마땅치 않게 생각한다면 그것은 더욱 불가능한 일이 된다.

게다가 그동안 성장의 결과로 경제 침체에도 버틸 수 있는 여력이 있다는 것이 오히려 변화를 어렵게 하는 장애요인이 된다. 크리스텐센은 성공한 기업에서 획기적인 혁신이 이루어지지 않는 이유가 기존의 사업 가치 때문임을 지적했다.[7] 마찬가지로 어떤 사회가 변화하고 개혁하지 않아도 충분히 지탱할 만한 경제적 여력이 있으면 사회 저변에 있는 저항을 감수하면서 사회를 변화시키고 혁신할 동력을 얻기 어려울 수 있다. 변화하는 불확실성과 어려움을 굳이 경험하지 않더라도 한동안은 살 수 있기 때문이다. 어떻게 본다면 혁신을 만드는 조건은 현재를 변화하지 않고는 생존할 수 없는 절박함일지도 모르겠다.

역사적으로 단기간에 번영을 누렸던 많은 제국이 쇠락한 것도 바로 이러한 이유 때문이었다. 많은 사람이 한국경제의 위기를 언급하고 있지만, 지금 우리가 걱정해야 할 것은 1997년과 같은 외환위기가 발생하는 것이 아니라 별다른 변화와 혁신 없이도 경제시스템이 한동안 유지되는 상황 자체이다. 미래의 위험이 다가오는 상황에서 위험을 피하려고 해도 피할 수도 없으며, 결국 위험을 헤쳐 나갈 수 있는 최선의 방안은 적극적인 대응뿐이다. 변화를 두려워하여 대외적으로는

7 크리스텐센 (2009) 참조.

자신의 방식을 고집하여 새로운 국제경지 환경 변화에 적극적으로 대처하지 못하고, 내부적으로는 구조조정을 소홀히 하여 새로운 변화의 환경을 억제함으로써 20년 이상의 장기적인 경제 쇠락을 경험한 일본을 우리가 답습할 수 있음을 경계해야 한다. 최근 국제적으로 일고 있는 변화의 물결을 외면하고 자기 혁신에 주저할 때, 한국이 일본의 잃어버린 20년의 전철을 밟을 가능성은 너무나도 크다.

2025년을 앞둔 한국경제는 커다란 분기점을 맞고 있다. 향후 몇 년 동안 대외적으로 급변하는 요인에 직면해서 어떻게 대응하는가에 따라 한국경제의 적어도 20~30년의 방향이 결정될 수도 있기 때문이다. 만약 그 대응에 실패할 경우, 다가올 경기 하락은 단순히 순환적 경기 하락에 그치는 것이 아니라 장기적인 경제 침체와 쇠락의 계기가 될 수 있다. 항상 경제구조의 혁신은 호황이 아니라 불황일 때 발생했다. 불황일 때 경제구조의 문제도 명확히 드러나고, 사람들의 변화와 개혁에 대한 절실함이 더욱 커질 수 있기 때문이다. 그동안 누적된 구조조정 요인인 과잉부채와 부실 사업을 과감히 정리하고, 이를 기반으로 새로운 경제 질서와 산업구조 변화에 대응하여 경제구조와 금융시스템을 개편해야 할 시점이 임박한 것이다.

3

예상되는 정부의 실패

당연히 다가오는 미래의 도전과 한국경제에 대한 위협은 단순히 몇 요인을 개선해서 해결될 수 있는 문제는 아니다. 그것은 느리다고 하더라도 경제시스템 전반의 변화를 동반해야 하는 일이다. 역사적 경험을 통해서 볼 때, 이러한 경제 전체적인 제도와 시스템의 변화가 시장 기능에 의해서 자율적이고 신속하게 실현될 것을 기대하기는 어렵다. 그 때문에 시장 기능을 보완하고, 민간 부문과 시장이 변화의 방향으로 제대로 나가도록 하는 유인 체계와 인프라를 구축하는 등 제도적 여건을 마련하는 정부의 역할이 매우 중요해진다.

이러한 정부의 역할은 선진국 대부분에서도 용인되고 있으며, 최근 들어와서는 더욱 적극적으로 수행되고 있다. 미국 바이든 정부는 선진국 정부 중에서도 가장 적극적으로 산업구조 개편 전략을 수행하고 있다. 바이든 정부의 경제정책은 규제 완화와 무역자유화가 미국의 제조업과 중산층을 몰락시켜 경제적 불평등과 사회적 양극화를 확산시켰다는 인식을 배경으로 시작했다. 이에 따라 바이든 정부는 레이건 정부 이후부터 축소되었던 정부개입을 다시 확대하여 적극적인 산업정책을 펼치고 있다. 우선 그들은 전략적 산업을 중심으로 국내 생산기지를 육성하여 제조업 기반을 강화하고, 이를 기초로 새로운 일자리를 적극 창출하는 데 주력하고 있다. 또한 국제간 교역의 자유화 정책을 후퇴시키면서 국내 산업 보호와 육성을 위한 경제정책을 적극 수행하고 있다.[8]

하지만 나는 윤석열 정부가 이를 제대로 할 수 있다고 기대하지 않는다. 지난 윤석열 정부의 2년간 행태를 보았을 때, 앞으로도 이를 개선할 여지는 없다고 감히 단정한다. 그 이유는 윤석열 정부가 본질적으로 권위적인 의사결정 체계를 갖고 국민을 대하는 비민주적인 정부이고, 여태껏 본 적이 없는 행태를 보여준 무능한 포퓰리즘 정부이기 때문이다.

경제성장에 대한 여러 연구는 정부의 공권력이 기득권 및 지배 엘리트에 의해 일방적으로 움직이지 않도록 한 포용적 사회로의 발전과 민주주의의 진전이 경제성장에 크게 기여했음을 주장했다.[9] 하지만 앞서 지적한 대로 윤석열 정부의 정책은 부자를 위한 정책에 초점을 두고 있으며, 많은 사람이 그러한 편향성을 느끼고 있다. 그럼에도 불구하고 윤석열 정부는 이러한 정부 정책이 다수의 서민을 위한 것

8 트럼프 집권으로 이러한 정책이 크게 변화할 것을 예상할 수도 있다. 하지만 구체적인 산업 지원 내용은 달라질 수 있지만, 자국 생산기지의 확대 및 보호주의의 강화라는 방향은 설령 트럼프가 집권하더라도 그대로 유지될 것이다.

9 애쓰모글루 & 로빈슨 (2020), 코야마 & 루빈 (2023) 참조.

이라고 애써 강변하면서, 국민의 비판을 외면하고 자신들의 길을 계속 걸어가고 있다. 국민의 의사를 외면하는 비민주주의 정부의 전형이다. 교육 수준이 높고 정보의 흐름이 빠른 한국 사회에서 국민 다수가 이를 믿지 않을 것임을 분명히 알 수 있음에도 불구하고 이처럼 주장을 계속하는 것은 결국 국민의 여론은 전혀 개의치 않겠다는데 다름 아니다. 그러니 관료도 국민의 의사를 반영하기보다는 논리에도 맞지 않는 이유를 들어 대통령의 의사를 전달하는 데 급급하다.

이러한 비민주성은 위기가 발생하는 국면에서 매우 취약하다. 비민주적인 정부의 의사결정 구조는 경기침체로 금융시장의 위험이 증가하고 경제의 취약성이 확대될 때 상황을 더욱 악화시키는 방향으로 정책을 결정할 요소로 작용한다. 금융은 미래를 거래하는 것이기 때문에 언제나 잘못될 수 있는 위험을 내재하고 있고 어떤 누구도 그 위험을 피할 수 없다. 이러한 위험으로부터 생존할 수 있는 유일한 길은 예상하지 못한 위험이 발생했을 때 이를 사실 그대로 보고, 그에 맞추어 손실을 확정하면서 추가적인 위험이 발생하지 않도록 대처하는 것이다. 하지만 손실을 확정했을 때 감당해야 할 책임이 두려워 관계자가 발생한 위험을 숨기는 경우가 너무나도 많다. 다시 손실이 이익으로 전환될 것이라는 희망으로 위험 요인을 그대로 두거나 아니면 손실을 보전하기 위해 또 다른 위험을 택하는 경우도 많다. 우리는 이러한 은폐와 불투명성이 해당 금융회사를 파산으로까지 이끄는 경우를 금융의 역사에서 무수히 보아 왔다.

이러한 행태는 정부도 마찬가지이다. 비민주적인 정부에서는 관료가 책임 추궁을 피하기 위해 경제적 위험의 실상을 숨기고, 그것이 표면화하는 것을 임시방편의 수단을 이용해서 막으려는 유인이 크다. 또한, 관료가 국민이나 시장의 의견을 반영하는 것이 아니라 대통령의 의사에 맞추어 보고하고 정책에 반영하는 심리 경호에 치중할 가능성도 크다. 당연히 정책의 오류를 판단하고 이를 수정하려는 내부 의견이 개진되기도 어려움은 말할 것도 없다. 더구나 권위주의적이고 비민주적인 정부일수록 자신의 통치가 문제가 있음을 밝히려고 하지 않기 때문에, 문제가 드러나는 것을 억지로 막는 경향이 있다.

그러므로 2025년 한국경제의 국제경쟁력이 더욱 약화하고 성장잠재력 저하가 분명히 나타나더라도, 윤석열 정부는 지금의 자세를 바꾸지 않을 것이다. 대신 이러한 요인이 표출되는 것을 막기 위한 임기응변식의 정책만을 지속할 것이다. 과잉부채의 축소나 기업 및 산업에 대한 구조조정 등과 같이 단기적으로 문제점과 갈등이 드러날 장기적이고 구조적인 정책은 계속 뒤로 미룰 것이다. 주식시장과 부동산시장에서의 가격 하락을 막는다는 명분으로 지금보다 훨씬 직접적이고 비시장적인 방법을 동원하는 것도 배제할 수 없다.

특히 우려되는 점은 윤석열 정부가 경제 상황의 진실과 정부의 실정을 비판하는 시장과 국민의 목소리를 외면하고, 때때로 이를 강압적으로 차단하는 비민주적 행태를 확대할 가능성이다. 작금의 현실은 1997년 외환위기 이전의 금융시장을 상기하게 만든다. 1990년대 중반 부실화된 기업에 대한 구조조정이 지연되고 기업부채는 계속 증가했다. 또한 1990년대 초반까지의 주식 및 부동산 가격 급등의 후유증으로 투기적이고 혼란한 시장 행태가 만연했고, 정부는 연일 자산시장을 회복시키겠다는 공수표를 난발했다. 더구나 정부는 금융위기를 경고하는 목소리를 차단하고 한국경제가 튼튼하다는 점을 연일 강조했다. 1997년 기아차의 부실이 점차 드러나면서 금융위기를 우려하는 목소리가 커졌음에도 불구하고 정부는 이러한 시장의 경고를 차단하는 데 급급했다. 심지어 어느 한 애널리스트의 위기에 대한 경고를 요새 말로 하면 가짜뉴스인 유언비어로 간주하고 구속하기까지 했다.

물론 그 후유증은 1997년 외환위기와는 다른 양상으로 나타날 것이다. 위험을 완충할 경제적 여력이 없었던 1997년에는 그 후유증이 금융위기로 폭발적으로 일어났고, 그것이 반강제적으로 경제, 사회적 개혁을 불러일으켰다. 하지만 경제적 여력이 있는 지금에는 현재의 문제점을 반성하고 개혁할 계기를 찾지도 못하고, 꼼짝없이 한국경제의 점진적 쇠퇴를 무기력하게 지켜볼 가능성이 많다. 어떤 면에서는 더 비관적인 상황일지도 모르겠다.

금융 부문을 넘어서서 경제에 대한 전반적인 정부 정책을 보면 더욱 근심이 커진다. '자유주의 경제'를 지향한다고 하나, 시장경제를 무시하고 그에 반하는 즉흥적 정책이 아무런 거리낌 없이 발표되고 집행되고 있다. 이른바 전통 '보수'의 입장에서도 어이없는 일들이 발생하고 있다. 역설적이지만 대외적인 경제정책과 관련해서는 '자유주의' 입장이 이렇게 확고히 유지될 수 없다. 정부가 미국에서 집행하고 있는 국내기업에 대한 투자 압력 및 보조금 정책에 대해서 이렇다 할 대응책도 마련하지 않고 있으며, 최근 있었던 일본의 국내기업에 대한 부당한 압력에 대해서도 수수방관할 뿐이다. 그렇게 국익을 강조하는 정부가 보이는 행태라고는 할 수 없는 일이다.

더욱 우려할 만한 것은 윤석열 정부의 과거지향적인 퇴행적 행태이다. 윤석열 정부의 경제정책 발표를 보면 과거 1970년대 경제정책을 보는 듯하다. 하지만 이렇게 발전한 나라에서 50년 전 실시했던 성장 방식이 더 이상 유효하지 않음은 너무나 분명하다. R&D의 필요성을 간과하고 양적인 노동시간 증가를 도모하여 경제 전체의 생산성을 높일 수는 없다. 인적자본, 곧 사람을 존중하지 않는 정책으로 지식산업 사회에서 생산성이 제고되기를 기대하기 어렵다.

무엇보다도 윤석열 정부는 한국경제의 성장 동력이라고 평가되는 경쟁 체계와 포용사회로의 발전을 후퇴시키고 있다.[10] 기득권 및 부자 중심의 일관된 정책 추진은 사회의 갈등을 확산시키고 지대추구적(Rent-Seeking) 행위를 만연시켜 혁신을 저해하는 요인으로 작용한다. 생산성 낮은 기업이 파산하고 이를 계기로 구조조정이 이루어지는 것이 경제의 지속성을 위한 기본적인 경쟁의 원리임에도 불구하고, 정부는 이러한 이벤트를 두려워하고 적극 차단하고 있다. 외환위기 이후 개선되었던 시장의 원리에 대한 존중이 사라지고 있다. 어떠한 범주로도 특정하기도 어렵게 종잡을 수도 없고 무능하기까지 한 윤석열 정부가 그동안 이루었던 한국경제 성장의 토대를 갉아먹고 있다.

경제적 어려움은 갑자기 오지 않는다. 1997년 외환위기는 1980년대 후반 처음으로 경상수지 흑자가 발생하고 한국경제에 대한 희망과 도취가 끝나지 않은 시기에 발생했다. 지금 우리는 그러한 환경에 있다. 여러 곳에서 소위 'K'자가 붙은 모든 것을 칭송하고 있다. 그것은 분명

10 이에 대해서는 애쓰모글루 & 로빈슨 (2012) 참조.

자랑스러워해야 할 우리의 성과이지만, 미래를 위해서는 그에 머물러서는 안 된다.

1997년 외환위기 때와 달리 부실에 대응할 만한 경제적 여력이 어느 정도 있는 지금, 우리나라가 1990년대 일본처럼 과거의 성공에 취해 '승자의 저주'에 빠져 장기적인 경제 쇠퇴에 빠질 위험에 처해 있다. 자본주의 제도하에서 인류가 놀랄만하게 경제를 발전시킬 수 있었던 것은 기본적으로 자본주의 제도가 경쟁을 통해 낡은 것이 사라지고, 새로운 것이 나타나는 '창조적 파괴'과정을 담보했기 때문이다. 사회가 기득권을 위해 낡은 것을 보호하고, 현재에 만족해서 미래를 생각하지 못하면 건강성을 상실한다. 지금 우리에게 필요한 것은 과거의 향수에 젖어 사회를 퇴행시키는 것이 아니라, 미래를 위해 혁신의 장애물인 기득권을 제거하고 한국경제의 활력을 되찾는 일이다.

9장

한국 금융의 개편 방향

1

금융위기의 근원

나는 다가올 경기 하락이 장기적인 한국경제의 침체를 유발할 분기점으로 작용할 수 있음을 지적했다. 그리고 지금까지 2년간의 경험을 볼 때 정부가 적절히 대응할 것을 기대하기 어렵다는 비관적인 전망도 했다. 하지만 그나마 다행인 것은 아직 경제적 여력이 있어, 향후 3년 동안 우울한 경제 상황을 맞이하더라도 다시 회복할 기회가 있다는 점이다. 적어도 1997년 외환위기처럼 대외적 위험을 막을 수 있는 여력이 없어 금융위기가 곧바로 발생할 가능성이 크지 않음에 그나마 위로를 받아야 할 처지이다. 조금 늦었어도 잘못을 인정하고 다시 개선하는 것이 위험에 대응하는 가장 좋은 방안이다. 이러한 관점에서 이제 한국 금융이 지향해야 할 개편 방향을 좀 더 장기적인 시야를 갖고 논의해 보기로 한다.

금융 개편의 지향점은 당연히 그것이 실물경제의 요구에 맞추어 역할을 개선하도록 하는 것이다. 하지만 실물 부문에 대한 자금공급이라는 차원에 초점을 맞추는 것이 능사는 아니다. 과거 금융위기 역사에서 확인했듯이 혁신과 활발한 경제활동이 금융위기의 진원지가 되는 경우도 많았기 때문이다. 그러므로 개인이 위험과 수익을 감안해서 투자하듯이, 금융 개편 역시 신용공급 및 자금중개기능의 제고와 함께 금융시스템의 안정성을 동시에 고려해야 한다. 따라서 실물경제를 위한 금융의 역할을 마련하는 방안도 두 측면을 동시에 고려해서 모색해야 한다.

한국은 대외의존도가 높은 경제이다. 이것이 우리가 금융시장에서 대외적인 국제금융 환경을 주시하고 대외적 요인에 의한 금융위기를 우려하는 근본적인 이유이다. 한국의 GDP 대비 대외거래액(수출과 수입의 합계) 비율, 곧 대외의존도는 최근 10년간 80% 수준이었다. 반면, 대외의존도가 높을 것으로 짐작하는 일본의 경우 그것은 2021년 36.9%에 불과했다.[1] 이러한 대외의존적 특성이 글로벌 경제가 확대되는 과정에서 한국경제의 성장을 견인한 주요한 동인이었다. 우리나라가 매우 풍족한 나라가 될 수 있었던 이유의 하나는 수출을 통해 외화를 획득하고, 이를 활용해 우리에게 부족한 식량과 에너지 등 각종 자원을 수입하여 소비와 투자를 함으로써 경제성장의 동력으로 삼는 대외지향적 성장 전략이 성공했기 때문이다.[2] 이런 의미에서 한국은 제2차 세계대전 이후 글로벌 경제 확대의 혜택을 가장 많이 받은 나라의 하나이다. 하지만 취약점도 있다. 국제교역이 축소하거나 세계

1 일본의 비율은 World Bank(https://data.worldbank.org)에서 제공된 국민소득 계정을 이용해서 계산하였다.

2 2022년 농수산물과 석유 등 광산물 수입은 전체 수입의 40.3%였다.

적으로 경기가 하락할 때, 한국경제는 대외요인으로 인한 충격을 다른 나라보다 많이 받는다. 외부적인 요인에 의해 경제가 크게 변화하는 특성 때문에, 항상 대외적인 요인을 주시하고 대응해야 하는 노력이 필요한 경제이다.

대외의존도 높은 경제구조로 말미암아, 한국의 금융도 대외요인에 취약한 숙명을 안고 있다. 대외교역을 위해서는 우리나라 원화가 아닌 달러 등 외국 돈이 필요하기 때문이다. 외환은 우리가 마음대로 늘릴 수 있는 것이 아니라, 어떠한 방법으로든 외국으로부터 공급받아야 보유할 수 있는 것이다. 물론 수출로 외환을 획득해서 이를 이용해 수입할 수 있으면 바람직할 것이다. 이것은 한 개인이나 기업에게는 가능한 일이지만, 나라 전체적으로는 가능한 일은 아니다. 수출이 수입보다 많아 벌어들이는 외화가 지불해야 할 외화보다 많다고 하더라도, 모든 사람이 수입을 위해 지불할 수 있는 외화를 갖고 있는 것은 아니다. 그러므로 외화 수요와 공급을 중개할 시장이 국내에 필요하며, 은행이 그 시장의 금융중개기관으로서 외화유동성을 조달·공급하고 국제교역의 결제를 중개하는 역할을 담당한다.

따라서 대외의존도가 높은 한국에서 금융 부문의 외화유동성 관리는 너무나 중요하다. 은행이 외화유동성이 부족해서 대외 결제를 하지 못하고 국제교역이 중단된다면, 식량과 에너지 대부분을 수입에 의존하는 우리나라의 경제활동은 마비될 수밖에 없다. 이때 정부가 은행에 외화유동성을 공급하는 것도 어쩔 수 없는 일이다. 그러나 정부가 보유한 외환보유액도 고갈되고 정부가 해외로부터 외화를 차입할 수 없을 정도로 국제적 신인도가 하락하면, 결국 정부까지 대외

채무 불이행을 선언하는 이른바 국가부도가 발생한다. 이것이 바로 1997년 외환위기 시 우리나라의 상황이었다. 우리나라 정부가 1997년 말 모라토리엄(Moratorium)을 선언하지 않고 혹독한 조건이 부여된 IMF 구제금융을 받고 외화부채를 성실히 갚을 것을 다짐했던 이유도 그렇지 않으면 경제 자체가 마비되는 절박한 사정에 의한 것이었다.

문제는 이처럼 중요한 외화유동성 확보가 우리 뜻대로 되지 않는다는 점이다. 국제자본의 유출입이 한국경제 상황과 무관하게 국제금융시장의 변화에 따라 움직이는 경향이 크기 때문이다. 사실 한국경제는 1997년 외환위기 말고도 외화부채의 상환 어려움으로 인한 위기를 여러 차례 겪었다. 경제성장을 위해 필요한 원재료와 자본재 수요로 인해 항상 수입이 수출보다 많았기 때문에, 외환위기 이전까지는 '3저 호황'이었던 1986~1989년을 제외하고 경상수지는 항상 적자였다. 따라서 부족한 외환을 위해 대외 차입은 계속 증가했고, 이렇게 들여온 해외자본이 다시 유출될 때 국내 차입기관이나 은행의 외화 채무 불이행 위험이 주기적으로 발생했다.[3] 이러한 국제적인 자본흐름은 한국이 통제할 수 없는 영역이었다. 그러므로 한국에서의 금융위기는 해외의 자금회수로 인한 외화유동성 부족에서부터 시작되었고, 그것은 한국경제의 대외의존적 성격이 지속되는 한 앞으로도 그럴 것이다. 그 때문에 우리는 항상 국제금융시장의 동향을 면밀히 주시하고, 외국인이 한국을 어떻게 생각하고 있는지를 고민했던 것이다.

3 1969년 이후에는 정부가 해외로부터 차입한 차관자금의 부실화가 심각했으며, 1980년대 초반에는 인플레이션 억제를 위한 미국의 정책금리 인상(최대 19.1%까지 상승)으로 미국은행의 자금상환에 의한 외채 위기가 심각했다.

그러면 어떻게 국제금융시장에서 한국의 신용도를 유지할 수 있는가? 그것은 궁극적으로 한국의 실물경제에 의해서 좌우된다. 개인 관계에서 채권자가 원리금 지급 능력이 있는 차입자에게 돈을 빌려주듯이, 국제 관계에서도 실물경제가 잘 돌아가서 상환능력이 있는 나라에 자금을 빌려준다. 한국에 대한 자본유출입도 마찬가지이다. 한국의 경제가 좋을 때 자본유입이 많고, 상황이 악화되었을 때 자본이 유출될 가능성이 높았다. 실물경제의 대외적인 건전성을 측정하는 지표인 경상수지와 국제자본의 순유입액이 상호 비례하여 움직이는 모습이 이를 잘 보여준다(〈그림 9.1〉 참조).[4]

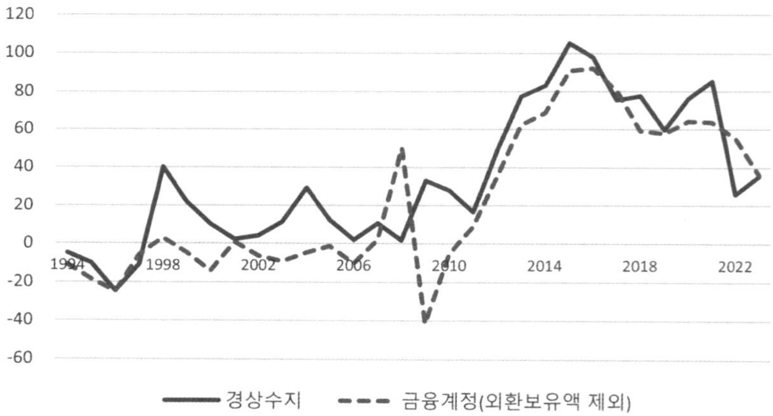

그림 9.1 경상수지와 금융계정 추이 (단위: 십억 달러)
자료: 한국은행

4 금융계정은 금융시장에서의 자본유출입을 전체적으로 개관할 수 있는 수치이다. 다만 외환보유액의 증가는 경상수지 흑자로 인한 결과일 수 있으므로 이를 제외하고 자본유출입을 계산했다.

물론 국제자본의 흐름이 자본유입국의 상황과 무관하게 움직여서 금융위기가 발생한 사례도 많다. 하지만 해당 국가가 이를 감당할 여력이 있느냐 없느냐에 따라서 금융위기의 발생 가능성이 달라졌고, 설혹 금융위기를 경험하더라도 그 후유증도 매우 달랐다. 국제자본도 일단의 폭풍이 지나간 이후에는 자신이 투자한 국가의 경제 및 금융시장 상황을 감안해서 자본회수액을 결정할 것이기 때문이다. 그러므로 실물경제를 튼튼히 유지하는 것이 대외 요인에 의한 금융위기를 막는 가장 핵심적인 대처 방안이다.

반대로 말한다면 한국의 실물경제가 악화되어 경상수지 적자가 늘어날 때는 어떠한 대외적인 방어막도 소용이 없었다. 경상수지 적자는 국내 보유 외화의 감소를 유발하고 환율을 상승시킨다. 또한 외국인의 국내 유가증권의 매각을 유발하여 외화자산의 감소나 외화부채의 증가로 연결되기도 한다. 결국 실물경제가 악화하면, 자본유출이 증가하고 외화유동성도 감소하여 금융시장이 전체적으로 취약해지는 것이다. 외환보유액이 많다면 실물경제가 회복될 때까지 시간을 벌 수 있을 것이지만, 실물경제가 회복하지 못한다면 그마저도 소용이 없는 일이다. 또한, 경상수지 적자가 당장 심각하지 않더라도 한국경제가 내부적으로 취약해져 기업 실적이 악화하고 금융회사 건전성이 의심되는 경우도 마찬가지로 국제금융자본의 한국으로부터의 유출을 확대하는 요인으로 작용했다.

요컨대 한국의 금융시장이 대외적인 신뢰도를 유지할 수 있는 최고의 방법은 실물경제의 건전성을 유지하는 것이다. 그러므로 금융시장이 건전성을 유지하기 위해서는 금융 브문이 실물경제에 도움이 되도록 기능해야 한다. 한국과 같은 개방화된 소규모 경제에서는 금융회사가 실물경제를 외면하고 자신의 건전성만을 유지한다고 해서 건전성이 확보되는 것이 아니다.

계속 강조했듯이 국제금융시장은 분명한 국경이 있다. 국제자본이 국경을 쉽게 넘나드는 것처럼 보이지만, 그것은 해당 국가의 위험이 그리 많지 않을 때뿐이다. 어떤 나라의 경제에 문제가 발생하고 취약해지면, 그 나라에 책임질 것이 없는 국제자본은 즉각 그 나라를 탈출한다. 글로벌 경제라고 하지만 여전히 우리는 국가라는 테두리를 경계로 경제 활동을 한다. 내가 살고 있지 않은 나라에서 위험이 발생할 때, 이를 회수하는 것은 너무나도 정상적인 일이기도 하다. 한국은 경제적 번영을 위해서 외환을 타국으로부터 빌려야 하는 대외의존적 경제라는 금융 활동의 제약을 안고 있다. 변동하는 국제자본시장에서 대외의존적 경제를 통해서 성장해 온 한국이 금융위기를 차단하는 최선의 방안은 실물경제를 건강하게 유지하고, 금융이 실물경제에 기여하는 것이다.

2

고착화한 금융구조와 금융 기능의 위기

지금 걱정해야 할 것은 금융위기가 아니라 '금융 기능의 위기'이다. 최근 불거지고 있는 금융회사에 대한 불만도 이와 맥을 같이 한다. 금융회사가 그 기능에 비해 과도하게 이익을 취할 뿐, 금융거래자에 대한 서비스 제공이나 혁신적이고 생산적인 부문으로의 자금공급이 매우 미흡하다는 비판이다. 요컨대 금융이 실물경제를 위해 제대로 기능하지 못하고 있다는 비판인 것이다. 이러한 금융 기능의 위기는 단순히 몇 가지 사항만을 고치는 것이 아니라, 현 금융시스템의 핵심적인 내용을 개선해야만 해결될 수 있다. 과연 현재의 금융시스템은 어떤 문제가 있는가? 그 해답을 얻기 위해서, 현 금융시스템이 어떻게 형성되었고 그 특성이 무엇인지를 먼저 생각해 본다.

현재의 금융시스템은 1997년 외환위기 이후 그 체계가 전면적으로 개편된 결과이다. 당시 정부는 외환위기를 유발한 요인을 검토했고 그 재발을 차단하기 위한 여러 금융개혁 조치를 실시했다. 그 내용은 두 가지 측면으로 요약할 수 있다.

첫째, 은행을 공적 기관이 아닌 수익을 추구하는 사기업으로 보고자 하는 관점의 전환이 있었다. 외환위기의 반성은 이런 것이었다. 금융위기를 유발한 주요 원인이 은행의 건전성 악화이다. 은행 건전성이 악화한 것은 금융이 실물경제를 위해 희생되었기 때문이다. 즉, 정부가 금융을 하나의 산업으로 보지 않고 실물경제를 위한 수단으로 치부하여, 관치금융을 통해 은행의 자금 배분에 개입하여 부실채권이 발생했다.

은행의 건전성 악화가 금융위기를 일으킨 주요한 원인이었다는 인식하에서, 은행의 건전성을 강화시키는 일련의 조치가 있었다. 우선 은행이 사기업처럼 이윤을 목적으로 경영되어야 건전성이 강화될 것이라는 인식으로, 은행의 지배구조를 개선하는 등 은행 경영의 자율성을 확보하는 조치가 있었다. 또한, 금융자율화 조치를 확대하여 정부의 자금 배분 개입을 공식적으로 차단하고, 은행 자체의 대출 심사 자율성을 보장했다.[5] 이와 동시에 은행의 위험 수준을 통제하고 건전성을 유지하도록 하는 금융규제와 감독 체계를 개선하여, 금융회사가 자율성 확대를 이용해 위험을 증가시켜 금융시스템의 안정성이 저하하는 상황을 방지하고자 했다.

둘째, 부실화된 금융회사에 대한 구조조정이 강도 높게 이루어져

5 정부가 정책 목적의 자금 배분을 축소한 것은 아니었으며, 다만 경로가 달라졌을 뿐이다. 과거 일반은행을 통해서 지원했던 정책자금은 2000년대 들어서면서 주택금융공사나 기술보증기금 등 다양한 정책금융기관을 설립하여 이를 중심으로 공급하는 방식으로 전환되었다.

새로운 금융시장의 토대가 마련되었다. 특히 구조조정에서 생존한 은행은 이후 다른 금융회사 대비 압도적인 경쟁력을 확보하여 금융시스템에서 차지하는 지위가 훨씬 강화되었다. 정부는 160조 원에 달하는 공적자금 지원을 이용하여 부실자산을 정리하고 부실 금융회사의 통폐합 조치를 실시했다. 이 과정에서 살아남은 은행은 정부 지원에 힘입어 자본을 확충하고 규모를 대형화한 동시에 누적된 독소자산(Toxic Asset)을 부실채권 정리 과정에서 상당수 제거함으로써, 금융시장에서 신용도를 회복하고 다른 금융회사보다 압도적인 경쟁력을 확보할 수 있었다. 일련의 부실 금융회사 통폐합 조치에 따라 1997년 말 16개였던 시중은행 수가 크게 감소했고, 과거 은행의 경쟁자였던 종합금융사가 사실상 소멸함으로써 은행에 대한 시장경쟁 압력은 크게 완화되었다. 이러한 일련의 과정을 거치면서 한때 쇠락의 길을 걸었던 은행은 금융시장에서 압도적인 경쟁력을 확보할 수 있었다.

하지만 금융위기가 어느 정도 극복된 이후, 초기 금융개혁 취지는 많이 후퇴했고 처음 설계된 제도와 시스템이 변형되고 왜곡되기 시작했다. 사실 금융자율화는 은행 간 자율적인 경쟁을 도모하여 금융의 효율성을 높이고, 이 과정에서 탈락한 은행은 퇴출하는 시장 원리의 적용을 전제로 한 것이다. 그러나 어느 순간부터 은행산업이 소위 4대 은행(또는 금융지주회사)를 중심으로 공고해진 과점적 체계로 고착되고, 금융지주회사 구조로 재편된 이들 4대 은행이 신용도와 경쟁력을 활용하여 금융시장 전체에서도 압도적인 영향력을 행사하는 존재가 되었다. 또한 건전성이 악화한 금융회사는 퇴출된다는 전제로 수립되었던 금융안정성 체계의 원리가 사라지고, 금융당국이 은행을 비롯한 금융회사의 수익성을 건전성 유지라는 명목으로 걱정하고 개별 은행을 파산위험으로부터 적극 보호하는 방식으로 금융안정성 체계가 변질되었다.

이것은 소위 '모피아'로 지칭되는 금융 관료의 정책적 지원에 의한 바 컸다. 정부는 외환위기가 어느 정도 수습된 이후에도 '대형화'를 명분으로 은행의 통폐합을 지원했고, 은행의 신규진입을 억제했다.[6] 또한 정부는 다양한 업무를 허용하여 은행이 수익성을 올릴 기회를 확대해 주었다. 은행은 외환위기 전에는 제한적으로 할 수밖에 없었던 가계대출 및 부동산금융을 위기 후 개편된 체제에서 크게 확대할 수 있었고, 펀드 및 보험 판매 등 다양한 비이자이익 업무에도 진입할 수 있었다. 더구나 은행은 금융지주회사 구조로 재편되어, 자회사를 통해 다양한 금융업종에 진입하여 금융시장 전체로 영향력을 확대했다. 그 결과 2022년 말 현재 예금은행은 모든 금융회사 대출의 63%를 점하고 있고, 예금은행 대출(원화대출금 평잔 기준)의 53.1%가 4대 금융지주회사 산하 은행의 대출이었다.[7] 또한, 2022년 말 현재 연결재무제표 기준 4대 금융지주회사의 부채는 민간 금융회사 총부채[8]의 26.7%에 달한다. 은행은 과점구조를 통해 안정적인 수익을 창출할 수 있었고, 금융지주회사 전체적으로도 수익원의 다변화를 통해 이익 증가를

6 카카오뱅크, 케이뱅크 및 토스뱅크는 일반은행이 아닌 인터넷뱅크로 인가를 받았다.

7 예금은행 비중은 한국은행, 원화대출금 비중은 금융감독원 자료 참조.

8 한국은행, 공기업, 연금 및 펀드 제외한 수치이다. 한국은행. '금융자산부채잔액표'를 이용해 계산.

도모할 수 있었다.

왜 금융당국은 이처럼 소수은행에 집중된 은행산업 구조를 형성하고 이들의 수익성 기반을 확충해 주었는가? 모피아로 칭해지는 관료의 유인은 무엇인가? 나는 외환위기를 경험한 관료의 대리인 문제가 하나의 원인이라고 생각한다. 외환위기를 경험한 후 사회 전체적으로 금융위기에 대한 경각심은 일종의 트라우마가 생길 정도로 컸다. 그러므로 약간 시장이 불안하더라도 금융위기를 경고하면서 정부의 책임을 추궁하고, 시장의 자율적 기능을 통해서 해결할 수 있는 사안도 정부의 사태 수습을 위한 빠른 조치를 요구하는 사회적 분위기가 팽배했다. 그러니 외환위기 주범으로 낙인찍혀서 한동안 밀려나 있었던 금융 관료가 금융시장을 조기에 안정시키는 정책 개입으로 자신의 존재감을 다시 부각할 유인은 너무도 컸다. 더구나 관료에게 가장 중요한 승진을 좌우할 위정자와 정치권이 정치적 목적 때문에 항상 조기 수습을 원했던 만큼, 관료가 이에 적극 개입하지 않을 이유는 하나도 없었다.

하지만 이러한 개입은 금융개혁 이전처럼 공식적으로 진행할 수 없었다. 금융자율화가 진전된 상황에서 정부가 공식적이고 법적인 절차를 거쳐 시장에 조기 개입하는 것은 어려웠다. 결국 금융당국은 그 목적 달성을 위해서 법률과 행정적 규정에 의거하지 않은 비공식적 개입 또는 강압적인 관치를 전가의 보도처럼 다시 이용하기 시작했다.

비록 이를 의도해서 개편한 것은 아니었겠지만, 4대 은행으로 집중된 금융산업 구조는 이러한 비공식적인 정책 채널을 훨씬 용이하게 해주었다. 다수보다는 소수로 구성된 시장이 정책 목적 달성을 위해 비공식적인 협조를 요청하는 데 훨씬 유리하다.[9] 또한, 소수의 과점적 구조는 금융당국이 산업정책이나 여타 정책 목적을 위해 은행의 협조를 구할 경우에도 훨씬 효과적이었다. 가장 대표적인 것의 하나가 서민금융정책이다. 대부분의 서민금융정책 재원은 정부의 재정자금이 아니라 은행의 자발적인 자금을 원천으로 하는 경우가 많다. 공식적으로 은행의 자발적인 상생협력 차원으로 포장되지만, 정부의 협조 요청 또는 때때로의 압력이 없으면 이루어지지 않는 것들이다.

당연히 은행은 정부의 압력이 반갑지는 않을 것이다. 하지만 은행이 구조적인 측면에서 정부에 협조하게 만드는 당근과 채찍도 많다. 은행은 정부의 수익성 지원 정책에 의해 많은 혜택을 받았으며, 정부에 대한 협조를 대가로 경영에 유리한 정책을 얻어낼 수 있었다.[10] 다른 한편에서 금융당국의 규제와 감독 권한은 정책에 대한 비협조 시 보복의 수단으로 충분히 이용될 수 있다. 무엇보다도 정부가 금융시장의 과점구조 유지에 중요한 역할을 하고 은행을 파산위험으로부터 적극적으로 보호하는 혜택을 주는 상황이므로, 정부와 은행 사이에서 암묵적 카르텔 수준의 교감이 이루어질 충분한 토대가 있는 것이다.

9 2003년 신용카드 사태가 발생했을 때 금융감독위원회의 조치는 관치가 다시 동원되기 시작한 출발점이다. 하지만 다수의 금융회사, 특히 다수의 외국계 회사가 존재했기 때문에, 당시만 해도 금융당국의 조치가 모든 금융권에 쉽게 수용되는 데 어려움이 있었다.

10 사모펀드나 ELS 판매에 의한 투자자 손실이 계속 발생하고 있음에도 불구하고 금융당국이 은행의 금융투자상품 판매 규제를 꺼리는 배경에도 금융당국의 은행 수익성에 대한 염려가 내재되어 있다.

이러한 과정을 거치면서 은행에 집중된 금융시스템은 그 명과 암이 동시에 존재한다. 외환위기 이후 은행에 건전성 규제를 엄격히 하고 은행 수익성을 개선하고자 한 조치는 금융안정성을 유지하는 데 분명 기여했다. 은행산업의 안정화는 대외신용도를 빠르게 확보하는 데 도움을 주었다. 신용카드와 저축은행의 파산사태가 있었지만, 은행의 건전성이 유지되었기에 금융불안정성을 유발할 수 있는 사태가 금융시스템 전반의 위기로까지 확산되지 않았다. 글로벌 금융위기가 발생했을 때 한국 금융시장이 상대적으로 타격을 덜 받은 것도 우리나라 금융시스템의 중심인 은행의 건전성이 심각하게 악화하지 않은 탓이라 할 수 있다.[11]

하지만 그 부작용도 존재한다. 이것이 금융이 그 기능을 제대로 수행하지 못하고 있다는 비판이 최근 확산하는 원인이다. 첫째, 은행 중심으로 형성된 과점적 구조는 금융 부문의 경쟁력을 하락시킨 주요한 요인이었고, 은행의 지대추구적(Rent-Seeking) 행위의 원천이 되었다는 비판이다. 나는 은행이 단지 수익성이 높다는 이유로 비판을 받아서는 안 된다고 생각한다. 언론 등에 의하여 단지 수익성이 높다는 이유로 거칠게 비판되지만, 그 이면을 생각해 보면 은행에 대한 비판 근거가 아예 없는 것은 아니다. 은행이 그 정도의 수익을 올릴 정도로 국민에게 금융서비스를 충분히 하고 있는지에 대한 비판이고, 수익성의 상당한 정도가 은행 자체적인 노력이 아닌 과점적 지위 때문인 것

11 2008년 외화자산과 외화부채의 만기 불일치로 은행의 유동성 위험이 확대되기도 했으나, 당시 금융위기를 불러일으킬 정도로 외화부채가 심각했던 것은 아니었다.

은 아닌가 하는 비판이다. 은행이 책정한 가격이 싼지 비싼지를 단순히 가격만으로 평가하는 것이 아니라, 그에 해당하는 서비스 질을 감안하여 가격이 과도하게 높다고 지적하는 것은 불공정한 평가 잣대는 아니다. 또한 4대 지주회사의 이익 규모가 계속 확대하고 있는 것이 경영 효율성 제고의 결과가 아니라, 금융시장에서 다방면으로 영역을 계속 확대하여 자산이 늘어난 결과에 불과하다는 비판도 은행지주회사 행태의 문제점을 정확히 지적한 주장이다.

둘째, 미래의 혁신과 성장을 위해 필요한 위험자본의 공급이 부족하다는 비판이다. 왜 금융시장이 과거와 달리 자금공급량이 부족하지 않음에도 이러한 평가를 받게 되는가? 그것은 금융회사가 정작 필요한 위험자본에 대한 공급을 하지 않고 있기 때문이다. 우선 은행에 집중된 시스템이 위험자본 공급을 부족하게 만든다. 금융시스템에서 지배적인 지위를 차지하고 있는 은행이 자산건전성을 염려하여 경제 전체의 혁신과 생산성 향상을 위해 요구되는 위험자산이나 모험자본에 대한 자금공급을 꺼리고 있다. 이러한 은행의 태도를 마냥 비난할 수는 없다. 민간 금융회사가 가능하면 위험을 부담하지 않고 이윤을 창출하는 것을 비난할 수 없지 않겠는가? 문제는 은행이 이러한 위험회피적인 대출 활동으로도 경영 성과를 달성할 수 있는 환경에 있다. 은행의 시장지배적 지위와 가계대출 등 안정적인 자금공급처의 존재가 바로 은행이 가계와 기업을 연결한다는 금융중개기능을 소홀히 하더라도 충분한 이윤을 얻을 수 있는 조건을 마련해주는 구조적인 요인이다.

위험자본 공급이 부족한 또 하나의 원인은 일률적인 규제 체계이다. 은행의 건전성 규제가 위험 내용이 다른 여타 금융회사에게까지 준용되고 있다. 그 결과 자본시장에서 위험자본을 공급해야 할 금융회사가 은행과 마찬가지로 위험기피적인 행태를 보이는 경우가 흔히 나타나고 있다. 그러니 자본시장 규모가 크게 확대되었음에도 불구하고 자본시장을 통한 위험자산 및 모험자본에 대한 신용공급이 불충분한 것이다.

셋째, 금융시장에 의한 구조조정 기능이 매우 미약해졌다. 외환위기 이후 은행을 중심으로 한 기업에 대한 재무구조 개선 기능이나 기업구조조정 기능이 효과적으로 작동하여 실물경제 회복에 기여했다. 하지만 이러한 상황은 점차 변화했다. 은행은 건전성 관리에 치중하여 기업대출을 축소했고, 기업 부실화가 발생했을 때 기업의 미래가치를 고려하지 않고 현재의 원리금 상환에만 초점을 맞추었다. 점차 은행을 통한 기업 및 산업에 대한 구조조정은 실효성을 상실할 수밖에 없었다. 이를 대신해서 구조조정의 기능을 수행해야 할 자본시장 역시 아직 부진한 상태여서, 금융시장의 실물경제에 대한 구조조정 역할은 계속 퇴색하고 있는 상황이다.

요컨대 현 금융구조의 문제는 금융시장의 안정성을 과도하게 추구하는 은행 중심의 금융시스템으로 인한 결과이다(〈그림 9.2〉 참조). 외환위기 이전 은행의 건전성은 경시되었고, 은행의 비효율적인 자금배분과 그로 인한 은행 건전성 악화가 결국 금융위기를 유발하는 중요한 요인이었다. 하지만 현재의 금융시스템은 이와 정반대의 상황이다. 현재의 금융시스템은 은행이 극도의 안정성을 유지하고 혁신기업과 위험자본에 신용공급을 하지 않으면서도 이익을 증가시킬 수 구조이

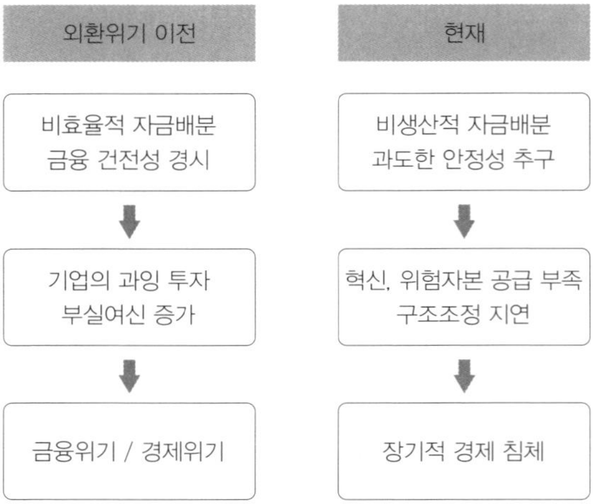

그림 9.2 금융시스템과 실물경제에 대한 기능: 외환위기 이전과 현재

다. 이러한 환경에서 은행이 위험을 부담하면서 기업에 대한 신용공급을 확대하는 본래의 역할을 회피하는 것은 당연한 일이었다. 그리고 이러한 금융중개기능의 약화가 경제의 활력을 저하하고 경제를 장기적인 침체로 몰고 갈 중요한 요인이 되고 있다.

하지만 돌이켜보면 금융부문이 건전성 관리에 집착했던 행태가 그동안 한국의 금융시스템을 안정적으로 유지하는 데 기여한 근본적인 원인은 아니었다. 지금까지 금융안정성이 유지되었던 것은 실물경제가 그만큼 튼튼해졌고 성장했기 때문이다. 외환위기 이후 한국의 경상수지는 계속 흑자를 기록했고, 기업이나 가계의 재무적 건전성도 양호해져서 은행의 부실자산은 놀라운 속도로 줄었다. 또한 경상수지 흑자에 기초한 자본축적과 유동성 공급 증가도 금융시장의 위험을 크게 줄였다.

대외신용도가 중요한 한국 금융의 안정성은 다른 어느 나라보다도 실물경제의 건강성에 의존한다. 금융이 실물경제를 지원하지 못하여 실물경제가 침체한다면, 아무리 금융구조 자체를 튼튼하게 설계했다고 하더라도 금융은 곧바로 취약성을 드러낼 수밖에 없다. 실물경제의 침체가 대외신용도가 크게 하락할 정도로 심해진다면, 대외유동성을 의존할 수밖에 없는 은행과 금융회사가 건전성을 유지한다는 것은 불가능한 일이다.

과연 현재의 금융시스템은 실물경제를 위한 금융의 고유한 기능을 제대로 유지하고 있는가? 그것이 바로 현재의 금융안정성 시스템을 평가하고 개선 방향을 모색하는 데 대답해야 할 핵심이다. 그리고 지금까지의 결론은 현재 금융이 그 역할을 제대로 하지 못하는 금융 기능의 위기가 도래했다는 것이다.

3

금융 개편의 과제와 방향

그러면 금융 기능을 제고하기 위해서는 금융시스템을 어떻게 개선해야 하는가? 금융 부문이 과도하게 안정성을 추구한 결과 나타난 소극적인 금융중개기능을 어떻게 개선하고, 이와 동시에 위험자본 공급 확대로 발생할 수 있는 금융불안정성 요인은 어떻게 차단할 것인가? 그 방안의 모색은 그동안 진리처럼 여겼던 몇 가지 사고를 버리는 것에서부터 시작해야 한다.

첫째, 금융 부문의 성장이 언제나 경제발전의 조건은 아니다. 외환위기 이후 금융의 성장이 중요하다고 생각한 이유는 관치금융으로 인해 금융 부문이 제대로 성장하지 못한 것이 실물경제에 해악이 되었다는 생각 때문이었다. 하지만 이미 선진국이 된 나라에서는 금융과 경제의 성장이 반드시 같이 가지는 않는다. 독일이 바로 좋은 예이다. 독일은 자본시장이 그리 발전하지 않았음에도 불구하고 기업에 대한 자금공급이 원활히 이루어지고, 그 결과 전 세계에서 제조업이 가장 발전한 나라의 하나이다. 도이치은행과 같은 전 세계적으로 거대한 은행이 존재하지만, 다양한 유형의 금융회사가 존재해서 차입자 특성에 맞춘 신용공급을 함으로써 은행을 거대화하는 것만이 금융기능을 제고하는 정답은 아님을 보여주고 있다.[12]

한국도 이미 그런 나라가 되었다. 한국은 만성적으로 자금이 부족한 나라에서 자금공급이 풍부한 나라로 이미 전환했다. 그동안 성장의 결과로 자본축적이 증가하여 한국은 순대외채권국이 되었고, 시장 유동성도 풍부하다. 따라서 필요한 곳에 자금이 공급되지 않는 이유는 전체적으로 자금이 부족하기 때문이 아니라, 금융중개기관의 자금 배분 기능이 효과적이지 않기 때문이다. 지금은 창의적 아이디어와 R&D가 보다 중요해져서 기계 등의 하드웨어가 아닌 소프트웨어의 가치를 판별하고 신용공급을 적절히 할 수 있는 능력이 더 중요하다. 이러한 능력은 금융회사가 대형화하고 금융시장이 확대된다고 해서 반드시 개선되는 것은 아니다. 금융은 경제를 위한 인프라로서 그 나라 사람들의 생활과 경제구조에 맞도록 설계되면 그만이다.

둘째, 금융시장은 항상 안정적이어야 하고 그래야 좋은 것이라는, 외환위기 경험을 거치면서 나타난 편향된 사고는 버려야 한다. 금융은 원래 시끄러운 것이다. 금융은 현재와 미래 사이에서 거래하는 것이므로 항상 위험이 내재되어 있고, 이것이 종종 표면화하는 것은 어쩔 수 없는 일이다. 부실채권은 항상 발생하는 것이고, 금융회사도 종

12 독일은 상업은행 이외에도 공공성 기능이 큰 주립은행(Landesbank), 저축은행(Sparkasse), 소규모 협동조합 은행(Volksbank, Raiffeisenbank)이 금융시장에서 큰 비중을 차지하고 있다.

종 파산위험에 처할 수 있어 그에 맞추어 사는 방법을 생각해야 한다.

금융이 근대 사회 이후 효율적으로 기능할 수 있었던 것은 분산된 자금을 한곳으로 모았기 때문이다. 자금의 집중을 통해 다양한 정보가 교환되고 금융시장에서의 연계성이 강화되어 보다 낮은 비용으로의 효율적 자금 배분이 가능했다. 하지만 자금배분 기능이 집중되었다는 것은 다른 한편에서는 위험도 집중되었다는 의미이다. 그러므로 특정 금융 부문의 부작용이나 부실화가 발생할 때, 그것이 금융시장 전반에 파급되는 전염효과가 쉽게 일어나고 금융시장이 심하게 요동칠 수밖에 없다. 이러한 금융의 속성을 고려하지 않고 금융시장이 시끄럽고 불안정하다는 이유로 이러한 불안정성을 차단해야 한다는 주장은 금융을 없애야 한다는 생각과 크게 다르지 않다. 위험이 재료인데 어떻게 위험을 배제하고 금융시장이 움직일 수 있겠는가?

슘페터는 창조적 파괴를 동반한 혁신이 성공하기 위해서는 신용공급이 중요함을 강조했다. 하지만 아무리 좋은 혁신 부문에 대한 대출과 투자라고 하더라도, 산업이 성숙하기 전 단계에서의 투자는 불확실성이 높을 수밖에 없다. 또한, 해당 산업이 예상대로 발전된다고 하더라도, 그 산업 내의 어떤 기업이 성공할지 모르기 때문에 금융회사의 투자가 실패로 귀결될 가능성도 많다. 결국 미래를 위한 대출과 투자가 많을수록, 금융회사 부실화와 금융시장 불안정으로 인한 금융위기 가능성이 높아지는 것은 불가피한 일이다. 금융의 혁신 기능은 금융시장의 불안정성을 어느 정도 감수해야 하는 일이다.

셋째, 개별 금융회사의 건전성과 금융시스템의 안정성은 동일한 것이 아니다. 개별 금융회사가 일반적인 비금융기업과 달리 상호연계성도 높고 외부성이 높아서 다른 금융회사 및 금융시스템 전체에 미치는 영향이 크다는 특성이 있지만, 그럴수록 특정 금융회사의 건전성 악화가 전체 금융시장에 미치는 영향이 최소화하도록 안정적인 금융시스템을 만드는 것이 중요하다. 즉 바람직한 금융안정성 체계는 어떤 금융회사의 파산에도 불구하고 전체 금융시스템이 마비되지 않고 다시 균형으로 회복할 수 있는 체계이지, 모든 금융회사를 파산에서 막아야 하는 체계는 아니다.

하지만 앞에서 지적했듯이 한국의 금융안정성 시스템은 정부가 개별 금융회사까지 파산위험에서 보호하는 방식으로 변형되었다. 정부가 은행의 수익성까지 걱정하는 사고가 은행이 과점적 이윤을 늘리고 계속 금융시장에서의 영향력을 확대했던 배경의 하나였다. 이러한 정부의 접근 방식은 비단 은행에 국한되지 않았고, 다른 모든 유형의 금융회사에 대해서도 이러한 방식이 준용되고 있다.[13]

그러나 과도한 금융회사에 대한 보호는 자본주의 시장경제의 기능을 약화시킨다. 정부가 개별 금융회사까지 보호하는 현재의 금융안정성 체계의 문제점이 현재 한국 금융 기능의 위기를 유발하는 주요한 원인인 셈이다. 금융 기능의 제고는 일단 금융회사가 파산할 수 있다는 위기감을 다시 갖도록 하는 것에서부터 시작되어야 한다. 그리고 개별 금융회사의 파산에도 불구하고 금융시스템이 유지될 수 있는 체계도 마련해야 한다.

13 한국에서 금융소비자 보호 기능이 미흡했던 주된 이유의 하나가 금융당국의 정책 목표가 은행 및 금융회사의 건전성과 수익성에 있었기 때문이기도 했다.

이상과 같은 사고 체계의 전환을 인정한다면, 자연스럽게 향후의 금융구조 개편의 방향도 도출할 수 있다. 이하에서는 금융구조의 기본적인 개편 방향을 세 가지 측면에서 간략히 제시한다.

첫째, 은행에 과도하게 집중된 금융시스템은 바뀌어야 한다. 현재와 같은 지급결제시스템이 지속되는 한 은행은 금융시스템의 중추로서 기능할 것이므로, 은행이 건전하게 성장할 수 있는 기반을 마련해주는 것은 중요하다. 그러나 앞서 본 바와 같이 현재의 제도와 정책은 과도하다. 그리고 이것이 은행 본연의 기능이 약화하는 주요한 요인으로 작용하고 있다. 또한 은행의 과도한 시장지배력으로 인해서 금융시장의 다양한 발전이 저해되고 있다.

과도한 은행 집중 금융시스템 개선을 위해서는 다음과 같은 방향의 조치가 체계적으로 이루어질 필요가 있다. 첫째, 은행의 비경쟁적 행위와 과점적 이익을 제한하여, 금융시장 전체적으로 경쟁체계가 확산되도록 해야 한다. 둘째, 은행이 생산적인 부문으로 신용공급을 확대하도록 제도를 개선해야 한다. 특히 은행이 주택담보대출이나 부동산금융을 통해 쉽게 이익을 창출하지 못하도록 제도적 방안을 마련하는 것이 중요하다. 셋째, 정부의 과도한 은행 보호 정책이 전환되어야 한다. 정부가 개별 은행의 수익성까지 챙기는 현재의 태도가 은행의 금융중개기관으로서의 기능을 저하시키고 금융소비자 권익을 저해하는 원인이 되고 있다.

다른 한편에서 이러한 제도 개선은 은행에 대한 불필요한 규제를 완화하고, 정부가 정책적 목적 달성을 위해 은행을 활용하는 관치금융의 불식과 병행되어야 한다. 특히 정부가 비공식적으로 은행에게 사회적 비용을 지불하도록 강요하는 일은 없어져야 한다. 또한, 정부와 사회 모두 은행에 너무 많은 기대를 하는 헛수고도 없애야 한다. 은행은 예금이라는 지급결제수단으로 이용되는 유동성 부채로 자금을 조달해 기업에 단기로 대출해서 이익을 얻는 회사이다. 그러므로 은행이 이러한 신용공급을 벗어나 위험자산이나 모험자본에 장기대출을 해주기를 기대하고 강요하는 것 자체가 무리한 일이다.

은행의 본질이 그러하므로, 은행 수를 늘려 경쟁체계를 만든다고 모험자본에 대한 신용공급이 확대되는 것도 아니다. 이미 인터넷은행이 어떠한 금융개혁의 성과도 내지 못했다는 것이 분명해지지 않았는가? 혁신과 모험자본을 위한 신용공급 기능은 은행이 아닌 자본시장의 발전이 있어야 가능한 일이다. 그러므로 정부가 해야 할 것은 은행에 맞지 않는 자금공급 기능을 주문하기보다는 실물 부문의 자금수요 특성에 맞추어 다양한 금융회사와 금융시장이 발전할 수 있도록 여건과 제도를 마련하는 일이다.

둘째, 금융안정성 체계의 획기적인 전환이 필요하다. 가장 근본적인 전환은 정부가 개별 금융회사까지 파산위험으로부터 보호해야 한다는 사고를 없애는 것부터 시작되어야 한다. 가장 어리석은 일 중 하나는 금융회사가 위험자산 및 모험자본에 투자하도록 하면서도, 그로 인한 파산위험을 우려해서 자산운용의 각종 제약을 가하는 것이다. 금융회사가 적극적으로 자금을 공급하고 위험을 부담하여 수익을 창출하도록 제도적 유인을 마련한다면, 그에 맞추어 금융회사를 파산위험으로부터 원천적으로 차단하려는 금융안정성 시스템도 수정하는 것이 맞는 일이다.

현실적으로는 금융안정성 체계를 은행과 자본시장으로 구분하여 마련하는 것이 적절할 수도 있다. 실체적으로 볼 때, 현재의 4대 시중은행은 소위 '금융시스템에 주요한 금융회사'로서 금융안정성에 미치는 영향이 막대함을 부인할 수는 없다.[14] 그러므로 아무리 개별 금융회사의 파산위험을 용인한다는 원칙이 있다고 하더라도, 예상되는 커다란 파급효과를 갖는 거대은행의 파산을 방치하는 것은 현실적인 해법이 되기 어려운 것이다. 이들이 파산할 때 발생할 수 있는 국민의 부담을 생각하면 더욱 그러하다. 그러므로 은행에 대해서는 미시건전성 규제를 엄격하게 유지하는 것이 현실적으로 금융안정성을 위한 가장 나은 방안이 될 수 있다.

반면, 자본시장에서 활동하는 개별 금융회사가 파산하는 경우, 그것이 금융시스템을 곧바로 붕괴시킬 가능성은 매우 낮다. 그러므로 자본시장에서 활동하는 금융회사에 대해서는 건전성 규제를 완화하여 이들이 위험자산과 모험자본에 적극 투자할 유인을 제공해야 한다. 당연히 금융안정성 시스템도 개별 금융회사의 파산 개연성을 전제로, 개별 금융회사의 파산이 금융시장 전체로 확산되는 것을 방지하는 방향으로 전환되어야 한다. 따라서 개별 금융회사를 위한 구제금융도 엄격히 제한되어야 한다. 자본시장에 참여한 일반 금융투자자에게도 자기 책임을 강조하면서, 금융회사를 금융시스템이 불안하다는 이유로 구제해 주는 과보호는 사라져야 한다.

14 이 용어는 미국 연준이 시스템 리스크 관리를 위한 규제 대상의 범주로 규정한 'systemically important financial institute(SIFI)'에 해당한다.

하지만 개별 금융회사의 파산을 전제로 한 금융안정성 시스템으로 전환하는 데에는 아직도 많은 장벽이 있다. 우선 그동안 금융규제와 함께 정부의 보호를 받은 금융회사가 이 보호막에서 벗어나 위험을 감수할 유인이 있는지도 의문이다. 그보다 더 우려되는 것은 외환위기의 트라우마로 인한 사회적 분위기이다. 외환위기를 경험한 이후 대부분의 사람은 금융시장의 불안 요소가 발생했을 때 금융위기의 재발을 우려하며 불안해했고, 정부에게 신속한 조치를 요구했다. 금융회사의 파산이나 금융시장의 불안정성을 감수해야 하는 불가피한 것이 아니라, 그것은 어떤 일이 있어도 발생하지 말아야 한다는 사고가 언론, 정치권, 심지어는 업계종사자까지 배어 있다.

하지만 금융의 기능이 개선되어야 한다면 금융은 언제든지 안정적이어야 한다는 사고는 바뀌어야 하고, 이에 맞게 제도적 개선이 이루어져야 한다. 금융은 인간이 만든 제도이고 시스템이므로, 특정한 금융시스템이 항상 진리인 것도 아니고 이를 영구히 보전해야 할 이유도 없다. 경제와 사회의 발전과 요구에 따라 금융 제도와 시스템도 합리적으로 바꾸어야 한다. '승자의 저주'는 과거의 성공에 매몰되어 새로운 변화에 대응하지 않기 때문에 발생한다. 과거의 금융위기 트라우마에 사로잡혀서는 현재 당면하고 있는 미래의 도전에 대응할 수 없다.

셋째, 점차 확대되고 있는 정부의 비공식적인 금융시장에 대한 개입과 '금융의 정치화'를 차단해야 한다. 나는 소득 불평등과 사회적 갈등이 확대되는 사회에서 금융이 포퓰리즘 정책의 수단으로 활용될 가능성이 높음을 지적했고, 현재 윤석열 정부가 이러한 전형적인 행태를 보이는 것을 비판했다. 정부의 비공식적 개입과 금융의 정치화는 비리, 부패 및 불공정한 자금배분의 원인이 되기 때문에 차단되어야 한다. 더 나아가 이것은 금융시장의 기능을 저해시키고 경제의 효율적인 자원배분과 경쟁 체계를 저해하는, 그래서 건강한 경제를 망치고 장기적인 경제발전을 저해하는 행위이다. 정부와 정치권의 불공정한 개입을 막아야 하는 보다 근본적인 이유이다.

어떻게 본다면 경제 주체가 시스템 전환으로 인한 조정 과정과 비용을 지불해야 하고 그 부작용을 걱정해야 하는 앞의 두 개편 과제보다 정부의 비공식적 개입 및 금융의 정치화 차단이 상대적으로 빨리 진전될 수도 있다. 법령과 제도의 변경을 통해서 정부와 정치권이 금융시장에 쉽게 개입하지 못하도록 차단 장치를 마련하는 것이 효과적으로 작동할 수 있기 때문이다. 그런 점에서 다음 두 가지 개선 방향을 제시한다.

첫째, 정부가 산업정책적 목적이나 여타 정책 목적을 달성하기 위해서 금융시장에 부당하게 개입하지 않도록, 정부 부처의 기능 조정 등 제도적인 차단 장치를 마련해야 한다. 정부의 금융정책은 금융감독정책을 중심으로 이루어져야 하며, 금융산업정책은 매우 제한적으로 허용되어야 한다. 선진국 중에서 한국처럼 정부가 여타 정책을 위한 수단으로 금융 부문을 쉽게 이용하는 나라는 많지 않다. 한국 금융이 아직 후진적이라고 지칭한다면, 그 원인의 상당수는 정부의 행태에서 비롯된 것이다.

둘째, 금융규제와 감독 체계가 독립적이고 중립적으로 작동하도록 제도를 개선하여, 금융당국이나 정치권이 비공식적으로 금융회사를 압박하고 금융시장을 통제하려는 시도를 차단해야 한다. 과거 모든 나라의 역사적 과정을 보면, 정치권이 자신의 목적을 위해 금융시장에 부당하게 개입하고자 하는 유인과 시도는 항상 있었다. 그 때문에 부작용을 경험한 선진국이 이를 차단하고자 독립적인 감독기구와 제도를 마련했던 것이다. 우리나라는 1997년 외환위기 이후 금융규제 및 감독 체계를 개선했지만, 그 제도가 관료, 정치인 및 각종 이해관계에 의해 당초의 취지와 달리 변형되고 왜곡된 상태이다. 다시 금융규제 및 감독 체계를 정비하여 어떠한 정권이나 정치권이 부당하게 금융시장에 개입하지 않도록 하는 제도적 개선과 견제 장치를 만드는 것이 금융시장이 제대로 기능하도록 하는 첩경이다.

지금까지 한국경제의 미래를 위해 필요한 금융개편 방향을 세 가지로 제시했다. 하지만 이러한 금융시스템 개편 필요성을 인식하더라도 막상 20여 년 이상의 과정을 거쳐 공고해진 금융시스템을 전환, 개편한다는 것은 쉬운 일은 아니다. 특히 예전의 개발시대처럼 과거의 시스템을 모두 무용한 것으로 일소하고 새로운 것으로 모두 바꾸려는 시도는 절대 삼가야 할 일이며, 실제 그것이 실현될 가능성도 높지 않다. 한국은 이미 시장과 민간경제가 성장하여 경제를 주도하는 사회이므로, 현재의 시스템에 적응하여 살아온 경제 주체에게 혼란을 주는 것은 최소한으로 해야 한다. 그렇지 않으면 아무리 좋은 개혁도 시행하기 어려운 시대에 우리는 살고 있다.

그러므로 이처럼 발전한 시장경제에서는 정부가 경제에 대한 명백한 지향점을 갖고 있다고 하더라도, 그 실천적인 해법은 시장과의 소통과 타협을 통해 도출되고 집행되어야 한다. 시장과 국민의 경제생활을 존중하지 않으면 정부의 어떠한 정책도 실효성을 거둘 수 없는 사상누각이 될 뿐이기 때문이다. 그 점에서 지금 우리에게 가장 중요한 것은 이해관계가 엇갈리는 계층 간의 타협을 끌어내고 포용하면서 사회의 공공선을 달성할 수 있는 민주주의 사회의 성숙함과 그에 걸맞는 정부일지도 모르겠다.

참고문헌

1. 국문 단행본

니컬러스 색슨, 김진원 역 (2021), 『부의 흑역사』, 부키.

대런 애쓰모글루 & 제임스 A. 로빈슨, 최완규 역 (2012), 『국가는 왜 실패하는가?』, 시공사.

대런 애쓰모글루 & 제임스 A. 로빈슨, 장경덕 역 (2020), 『좁은 회랑』, 시공사.

로데베이크 페트람, 조진서 역 (2011), 『세계 최초의 증권거래소』, 이콘.

로버트 J. 쉴러, 이강국 역 (2003), 『이상과열』, 매일경제신문사.

리스토 실라스마, 김홍옥 역 (2019), 『노키아의 변신』, 에코리브르.

마크 코야마 & 재러드 루빈, 유강은 역 (2023), 『부의 빅 히스토리』, 윌북.

에드워드 챈슬러, 강남규 역 (1999), 『금융투기의 역사』, 국일 증권경제연구소.

요세프 슘페터, 박영호 역 (2012), 『경제발전의 이론』, 지식을만드는지식.

요세프 슘페터, 이종인 역 (2016), 『자본주의, 사회주의, 민주주의』, 북길드.

제임스 리카즈, 이정미 역 (2021), 『신대공황』, 알에이치코리아.

윌리엄 N. 괴츠만, 위대선 역 (2019), 『금융의 역사』, 지식의 날개.

찰스 P. 킨들버거, 박명섭 역 (1998), 『대공황의 세계』, 부키.

찰스 P. 킨들버거 & 로버트 Z. 알리버, 김홍식 역 (2006), 『광기, 패닉, 붕괴: 금융위기의 역사』, 굿모닝북스.

케네스 로고프 & 카르멘 라인하트, 최재형 & 박영탄 역 (2009), 『이번엔 다르다』, 다른 세상.

크리스토퍼 레너드, 김승진 역 (2022), 『돈을 찍어내는 제왕, 연준』, 세종.

필리프 아기옹, 셀린 앙토냉, 시몽 뷔넬, 이민주 역 (2022), 『창조적 파괴의 힘』, 에코리브르.

한스베르너 진, 이헌대 역 (2010), 『카지노 자본주의』, 에코피아.

정신동 (2018), 『도드프랭크 금융규제 개혁과 그 이후』, 비전코리아.

2. 국문 논문 및 보고서

강유덕, 양효은 & 임유진, "경제구조의 변화에 따른 핀란드 경제의 장기침체와 구조개혁", 「오늘의 세계경제」, Vol. 16, No. 9, 대외경제정책연구원.

손정락 & 하서진 (2023), "부동산 PF시장 현황 및 전망", 하나 부동산연구 시리즈 제1호, 하나금융경영연구소.

신용상 (2023), 「국내 비은행 부동산 PF 금융 익스포저 리스크 관리 방안」, KIF 분석보고서 2023-03, 한국금융연구원.

원승연 (2021), "2007~2009년 금융위기 시 연방준비은행의 증권사에 대한 최종대부자 기능과 그 시사점", 『금융연구』, 제35권 1호, pp.71-111.

이경태 & 강환구 (2023), "장기구조적 관점에서 본 가계부채 증가의 원인과 영향 및 연착륙 방안", BOK 이슈노트 제2023-22호, 한국은행.

이보미 (2023), "우리나라 부동산 PF 구조의 문제점과 시사점", 주간금융브리프, 32권 12호, 한국금융연구원.

이지언 (2023), 「가계부채 리스크와 거시요인의 동태적 분석」, KIF 분석보고서 2023-04, 한국금융연구원.

전배승 (2023), "부동산 PF 현황 업데이트", 산업이슈브리프(2023년 07월 05일), 이베스트증권.

정화영(2023), 「국내 가계부채 현황 및 위험 요인」, 이슈보고서 23-23, 자본시장연구원.

한국은행, 「금융안정보고서」, 각호.

3. 영문 단행본

Bagehot, Walter (1873), *Lombard Street: A Description of the Money Market*, Reprinted in 1962 with a new introduction by Frank C. Genovese, Richard D. Irwin, Inc.

Calomiris, Charles W. & Stephen H. Haber (2014), *Fragile by Design*, Princeton University Press.

Congressional Oversight Panel (2009), *The Use of TARP Funds in the support and Reorganization of Domestic Automotive Industry,* September 2009.

Cord, David J (2014), *The Decline and Fall of Nokia,* Schildts & Söderströms.

Eichengreen, Barry (2003), *Capital Flows and Crises,* The MIT Press.

Financial Crisis Inquiry Commission (2011), *The Financial Crisis Inquiry Report: Final Report of the National Commission on the Causes of the Financial and Economic Crisis in the United States.* Official Government Edition, January

2011, US Government Printing Office.

Gorton, Gary B (2012), *Misunderstanding Financial Crises*, Oxford University Press.

International Monetary Fund (2023), *World Economic Outlook*, April 2023.

Jyrki Ali-Yrkkö (Ed.) (2010), *Nokia and Finland in a Sea of Change*, Research Institute of the Finnish Economy.

Kose, M. Ayhan, Peter Nagle, Franziska Ohnsorge & Naotaka Sugawara (2021), *Global Waves of Debt: Causes and Consequences*, World Bank Group.

Lindén, Carl-Gustav (2021), *Kingdom of Nokia How a Nation Served the Needs of One Company*, Helsinki University Press.

McKinnon Ronald I. (1973), *Money and capital in economic development*. The Brookings Institution.

Mian, Atif & Amir Sufi (2014), *House of Debt*, The University of Chicago Press.

Minsky, Hyman P.(1986), *Stabilizing an unstable economy*, Mcgraw Hill.

Napier, Russell (2021), *The Asian Financial Crisis 1995-98*, Harriman House.

Nations, Scott (2018), *A History of the United States in Five Crashes*, HarperCollins Publisher.

OECD (2020), *OECD Economic Surveys: Finland*, December.

Quinn, William & John D. Turner (2020), *Boom and Bust*, Cambridge University Press.

Rajan, Raghuram G. (2010), *Fault Line*, Princeton University Press.

Rattner, Steven (2011), *Overhaul: An Insider's Account of the Obama Administration's Emergency Rescue of the Auto Industry*, Mariner Books.

Roubini, Nouries & Stephen Mihm (2011), *Crisis Economics*, Penguin Books.

Shaw, Edward Stone (1973), *Financial deepening in economic development*. Oxford University Press.

Turner, Adair (2016), *Between Debt and the Devil*, Princeton University Press.

Vague, Richard (2019), *A Brief History of Doom*, University of Pennsylvania Press.

4. 영문 논문 및 자료

Abdelrahman, Hamza & Luiz E. Oliveira (2023), "The Rise and Fall of Pandemic Excess Savings", FRBSF Economic Letter, 2023-11, May 8.

Acharya, Viral V. and Acharya, Viral V. and Chauhan, Rahul Singh and Rajan, Raghuram G. and Steffen, Sascha (2023), "Liquidity Dependence and the Waxing and Waning of Central Bank Balance Sheets", NBER Working Paper

Series, No. 31050.

Acharya, Viral V., Matteo Crosignani, Tim Eisert, & Sascha Steffen (2022), "Zombie Lending: Theoretical, International, and Historical Perspectives", *Annual Review of Financial Economics,* Vol.14, pp.21–38.

Adrian, T., Shin, H.S. (2010), "Liquidity and leverage," *Journal of Financial Intermediation*, 19, pp.418–437.

Ahmed, Shaghil & Andrei Zlate (2013), "Capital Flows to Emerging Market Economies: A Brave New World?", Board of Governors of the Federal Reserve System, International Finance Discussion Papers No.1081.

Ahn, Choong Yong (2001), " Financial and Corporate Sector Restructuring in South Korea: Accomplishments and Unfinished Agenda", *The Japanese Economic Review*, Vol. 52, No. 4, pp.452–470.

Aizenman, Joshua, Mahir Binici & Michael M. Hutchison (2014), "The transmission of Federal Reserve tapering news to emerging financial markets", NBER Working Paper, No.19980.

Ali–Yrkkö, Jyrki, Natalia Kuosmanen & Mika Pajarinen (2022), "Structural change in the ICT sector: Where have former Nokia employees ended up?", *Journal of the Finnish Economic Association*, Vol. 3 No. 1, pp.1–21.

Baron, Matthew & Wei Xiong (2017), "Credit Expansion and Neglected Crash Risk", *The Quarterly Journal of Economics*, Vol.132, Issue 2, pp.713–764.

Baron, Matthew, Emil Verner & Wei Xiong (2021), "Banking crises without panics", *The Quarterly Journal of Economics*, Vol. 136, Issue 1, pp.51–113.

Baig, Taimur & Ilan Goldfajn (1999), "Financial Market Contagion in the Asian Crisis", IMF Staff Papers, Vol. 46, No. 2, pp.167–195.

Bernanke, Ben S. (2005), "The global saving glut and the U.S. current account deficit", Speech 77, Board of Governors of the Federal Reserve System (U.S.).

Bernanke, Ben S. (2012), "The Federal Reserve's Response to the Financial Crisis, Lecture 3." Lecture given at George Washington University School of Business, March 27, 2012.

Bernanke, Ben S. Bertaut, Carol C., DeMarco, Laurie & Kamin, Steven B. (2011), "International Capital Flows and the Return to Safe Assets in the United States, 2003–2007" (April 11, 2011). FRB International Finance Discussion Paper No. 1014.

Bordo, Michael D. & Christopher M. Meissner (2016), "Fiscal and Financial Crises",

NBER Working Paper Series, No. 22059.

Bordo, Michael, Barry Eichengreen, Daniela Klingebiel & Maria Soledad Martinez–Peria (2001), "Is Crisis Problem growing more severely?", *Economic Policy*, Vol. 16, Issue 32, pp. 52–82.

Borio, Claudio & Piti Disyatat (2011),"Global imbalances and the financial crisis: Link or no link?", BIS Working Papers No.346.

Brown, James R., Sreven M. Fazzari and Bruce C. Petersen (2009), "Financing Innovation and Growth: Cash Flow, External Equity, and the 1990s R&D Boom", *The Journal of Finance*, Vol. LXIV, No. 1, pp.151–185.

Brunnermeier, Markus K. and Lasse Heje Pedersen (2009), "Market Liquidity and Funding Liquidity," *The Review of Financial Studies*, 22(6), pp.2201–2238.

Caballero, Ricardo J. & Arvind Krishnamurthy (2009), "Global Imbalances and Financial Fragility", *American Economic Review*, Vol. 99, No. 2, pp.584–588.

Caballero, Ricardo J., Takeo Hoshi & Anil K. Kashyap (2008), "Zombie Lending and Depressed Restructuring in Japan", *American Economic Review*, Vol. 98, No. 5, pp. 1943–1977.

Calomiris, Charles W. & Joseph R. Mason (2003), "How to Restructure Failed Banking Systems: Lessons from the US in the 1930's and Japan in the 1990's", NBER Working Paper, No. 9624.

Chari, Anusha, Karlye Dilts Stedman & Christian Lundblad (2020), "Taper tantrums: QE, its aftermath and emerging market capital flows", *The Review of Financial Studies*, Vol. 34, Issue 3, pp.1445–1508,

Cochrane, John H. (2013), "Finance: Function Matters, Not Size", *Journal of Economic Perspectives* Vol.27, No. 2, pp. 29–50.

Corsetti, Giancarlo, Paolo Pesenti & Nouriel Roubini (1999), "What caused the Asian currency and financial crisis?", *Japan and the World Economy*, Vol. 11, Issue 3, pp.305–373.

Danielsson, Jon, Marcela Valenzuela & Ilknur Zer (2018), "Learning from History: Volatility and Financial Crises", *The Review of Financial Studies*, Vol. 31, Issue 7, pp.2774–2805.

Dahlhaus, Tatjana & Garima Vasishtha (2014), "The Impact of U.S. Monetary Policy Normalization on Capital Flows to Emerging–Market Economies", Bank of Canada Working Paper No.2014–53.

D'Amico, Stefania & Tim Seida (2020), "Unexpected supply effects of quantitative easing and tightening", Working Paper, No. 2020-17, Federal Reserve Bank of Chicago.

Demirgüç-Kunt, Asli & Enrica Detragiache (1998), "The determinants of banking crises in developing and developed countries", IMF Staff Papers, Vol.45, No.1, pp.81-109.

Dell'Ariccia, Giovanni, Deniz Igan, Luc Laeven, Hui Tong, Nicolas Coeurdacier & José Luis Peydró (2016), "Credit booms and macrofinancial stability", *Economic Policy*, Vol. 31, No. 86, pp. 299-355.

Diamond, Douglas W. & Philip H. Dybvig (1983), "Bank Runs, Deposit Insurance, and Liquidity", *Journal of Political Economy*, Vol. 91, No. 3, pp. 401-419.

Eichengreen, Barry & Poonam Gupta (2014), "Tapering Talk The Impact of Expectations of Reduced Federal Reserve Security Purchases on Emerging Markets", World Bank Policy Research Working Paper 6754.

El Husseini, C. & Akpinar, M. (2019). "Why did Finland lose its competitiveness from 2007 to 2017?", *Finnish Business Review*. Published 16.12.2019.

Englund, Peter (1999), "The Swedish Banking Crisis: Root and Consequences", *Oxford Review of Economic Policy*, VOL. 15, NO. 3, pp.80-97.

Ergungor, Emre (2007), "On the Resolution of Financial Crises: The Swedish Experience", Policy Discussion Paper No. 21, Federal Reserve Bank of Cleveland.

Estrada, Gemma B., Donghyun Park & Arief Ramayandi (2015), "Taper Tantrum and Emerging Equity Market Slumps", ADB Economics Working Paper Series No. 451.

Fahlenbrach, Rüdiger, Robert Prilmeier & René M. Stulz (2016), "Why Does Fast Loan Growth Predict Poor Performance for Banks?", NBER Working Paper, No.22089.

Federal Reserve Open Market Committee (2008), Transcript of the Federal Open Market Committee Conference Call on March 10.

Federal Reserve, Office of Inspector General (2010), "Board Report: The Federal Reserve's Section 13(3) Lending Facilities to Support Overall Market Liquidity: Function, Status, and Risk Management", November 16.

Fratzscher, Marcel (2011), "Capital Flows, Push versus Pull Factors and the Global Financial Crisis", NBER Working Paper No.17357.

Fratzscher, Marcel, Marco Lo Duca & Roland Straub (2018), "On the international spillovers of US quantitative easing", *The Economic Journal*, 128, pp.330–377.

Fukuda, Shin–ichi & Jun–ichi Nakamura (2011), "Why Did 'Zombie' Firms Recover in Japan?", *The World Economy*, Vol. 34, No. 7, pp.1124–1137.

Gennaioli, Nicola, Andrei Shleifer & Robert Vishny (2012), "Neglected risks, financial innovation, and financial fragility", *Journal of Financial Economics*, 104, pp. 452–468.

Goolsbee, Austan D. & Alan B. Krueger (2015), "A Retrospective Look at Rescuing and Restructuring General Motors and Chrysler", *Journal of Economic Perspectives*, Vol. 29, No. 2, pp.3–24.

Greenwood, Robin & Samuel G. Hanson (2013), "Issuer Quality and Corporate Bond Returns", *The Review of Financial Studies*, Vol. 26, No. 6, pp.1438–1525.

Greenwood, Robin, Samuel G. Hanson, Andrei Shleifer & Jakob Ahm Sørensen (2020), "Predictable Financial Crises", NBER Working Paper, No. 27396.

Gurley, John G. & E. S. Shaw (1955), "Financial Aspects of Economic Development", *The American Economic Review*, Vol. 45, No. 4, pp. 515–538.

Hilary, Gilles & Lior Menzly (2006), "Does Past Success Lead Analysts to Become Overconfident?", *Management Science*, Vol. 52, No. 4, pp. 489–500.

Hoshi, Takeo and Anil Kashyap (1999), " The Japanese Banking Crisis: Where Did it Come from and How Will It End??" *NBER Macroeconomics Annual*, Vol. 14.

Hoshi, Takeo and Anil Kashyap (2004), "Japan's Financial Crisis and Economic Stagnation", *Journal of Economic Perspectives*, Vol. 18, No. 1, pp.3–26.

Hoshi, Takeo, Satoshi Koibuchi & Ulrike Schaede (2017), "The decline in bank–led corporate restructuring in Japan: 1981–2010", NBER Working Paper, No.23715.

Hutchison, Michael & Kathleen McDill (1999), "Are all banking crises alike? The Japanese experience in international comparison", NBER Working Paper, No.7253.

Jiang, Erica Xuewei, Gregor Matvos, Tomasz Piskorski & Amit Seru (2023), "Monetary Tightening and US Bank Fragility in 2023: Mark–to–Market Losses and Uninsured Depositor Runs?", NBER Working Paper, No.31048.

Jones, Callum, Virgiliu Midrigan & Thomas Philippon (2011), "Household Leverage and the Recession", NBER Working Paper, No.16965.

Jonung, Lars (2009), "The Swedish model for resolving the banking crisis of 1991–93", Economic papers 360, European Commission.

Jordà, Òscar, Moritz Schularik and Alan M. Taylor (2011), " Financial Crises, Credit Booms, and External Imbalances: 140 Years of Lessons", *IMF Economic Review*, Vol. 59, No. 2, pp. 340–378.

Jordà, Òscar, Moritz Schularik and Alan M. Taylor (2013), "When Credit Bites Back", *Journal of Money, Credit and Banking*, Supplement to Vol. 45, No. 2, pp.3–28.

Jordà, Òscar, Moritz Schularik and Alan M. Taylor (2015), "Betting the house", *Journal of International Economics 96* , pp.S2-S18.

Jordà, Òscar, Moritz Schularik and Alan M. Taylor (2015), "Leveraged bubbles", *Journal of Monetary Economics* 76, pp.S1-S20.

Jordà, Òscar, Moritz Schularik and Alan M. Taylor (2016), "The great mortgaging: housing finance, crises and business cycles", *Economic Policy*, Vol. 31, Issue 15, pp.107-152

Jordà, Òscar, Björn Richter, Moritz Schularick & Alan M Taylor (2021), "Bank Capital Redux: Solvency, Liquidity, and Crisis", *The Review of Economic Studies*, Vol. 88, Issue 1, pp.260-286.

Jordà, Òscar, Martin Kornejew, Moritz Schularick & Alan M Taylor (2022), "Zombies at Large? Corporate Debt Overhang and the Macroeconomy", *The Review of Financial Studies*, Vol. 35, Issue 10, pp.4561-4586.

Jordà, Òscar, Sanjay R. Singh & Alan M. Taylor (2022), "Longer–Run Economic Consequences of Pandemics", *The Review of Economics and Statistics*, Vol. 104, No. 1, pp.166-175.

Justiniano, Alejandro, Giorgio E. Primiceri & Andrea Tambalotti (2015), "Credit Supply and the Housing Boom", Federal Reserve Bank of New York Staff Reports No. 7.

Kaminsky, Graciela L. & Carmen M. Reinhart (1998), "Leading Indicators of Currency Crises", *International Monetary Fund Staff Papers*, Vol. 45, No. 1, pp. 1–48.

Kaminsky, Graciela L. & Carmen M. Reinhart (1999), "The Twin Crises: The Causes of Banking and Balance–Of–Payments Problems", *The American Economic Review*, Vol. 89, No. 3, pp. 473–500.

Kaminsky, Graciela L. & Sergio L. Schmukler (1999), "What triggers market jitters?:

A chronicle of the Asian crisis", *Journal of International Money and Finance,* Vol. 18, Issue 4, pp. 537–560.

Kahneman, Daniel & Amos Tversky (1977), "Intuitive Prediction: Biases and Corrective Procedures", TECHNICAL REPORT PTR–1042–7746.

Kahneman, Daniel & Amos Tversky (1996), "On the reality of cognitive illusions", *Psychological Review,* Vol. 103, No. 3, pp.582–591.

King, Robert G. & Ross Levine (1993), "Finance and Growth: Schumpeter Might be Right", *The Quarterly Journal of Economics,* Vol. 108, No. 3, pp. 717–773.

Klaus, Regling and Watson, Max (2010), "A Preliminary Report on The Source's of Ireland's Banking Crisis" YPFS Documents. 457.

Knight, Frank H. (1951), "The Role of Principles in Economics and Politics" *American Economic Review,* Vol 41 pp.1–29, reprinted in On the History and Method of Economics, Chicago 1956, 251–281.

Koh, Wee Chian, M. Ayhan Kose, Peter S. Nagle, Franziska L. Ohnsorge & Naotaka Sugawara (2020), "Debt and Financial Crises", Policy Research Working Paper 9116, World Bank.

Kose, M. Ayhan, Peter Nagle, Franziska Ohnsorge & Naotaka Sugawara, "What Has Been the Impact of COVID–19 on Debt? : Turning a Wave into a Tsunami", World Bank Policy Research Working Paper 9871.

Kumhof, Michael, Romain Rancière & Pablo Winant (2015), "Inequality, Leverage, and Crises", *American Economic Review,* Vol. 105, No. 3, pp.1217–1245.

Krishnamurthy, Arvind & Tyler Muir (2020), "How Credit Cycles Across A Financial Crises", NBER Working Paper, No. 23850.

Krugman, Paul (1999), "Balance Sheets, the Transfer Problem, and Financial Crises", *International Tax and Public Finance,* 6, pp.459–472.

Laeven, Luc & Fabian Valencia (2008), "Systemic Banking Crises: A New Database", IMF Working Paper, September 2008.

Laeven, Luc & Fabian Valencia (2020), "Systemic banking crises database II", *IMF Economic Review,* Vol. 68, pp.307–361.

Lane, Philip R. (2012), "The European Sovereign Debt Crisis", *Journal of Economic Perspectives,* Vol. 26, No. 3, pp.49–68.

Levine, Ross (1997), "Financial Development and Economic Growth: Views and Agenda", *Journal of Economic Literature,* Vol 35, pp. 688–726.

Levine, Ross (2005), "Finance and Growth: Theory and Evidence", *Handbook of*

Economic Growth, Volume 1A (Edited by Philippe Aghion and Steven N. Durlau), North–Holland.

López–Salido, David, Jeremy C. Stein and Egon Zakrajsek (2017), "Credit–Market Sentiment and the Business Cycle", *Quarterly Journal of Economics*, Vol.132, Issue 3, pp.1373–1426.

Mian, Atif & Amir Sufi (2018), "Finance and Business Cycles: The Credit–Driven Household Demand Channel", *Journal of Economic Perspectives*, Vol. 32, No. 3, pp.31–58.

Mian, Atif & Amir Sufi (2019), "Credit supply and housing speculation", NBER Working Paper, No. 24823.

Mian, Atif, Amir Sufi & Emil Verner (2017), "Household Debt and Business Cycles Worldwide", *The Quarterly Journal of Economics*, Vol. 132, Issue 4, pp.1755–1817.

Mian, Atif, Amir Sufi & Emil Verner (2020), "How Does Credit Supply Expansion Affect the Real Economy? The Productive Capacity and Household Demand Channels", *The Journal of Finance*, Vol. LXXV, No.2, pp.949–994.

Mian, Atif, Amir Sufi & Francesco Trebbi (2014), "Resolving Debt Overhang: Political Constraints in the Aftermath of Financial Crises", *American Economic Journal: Macroeconomics*, Vol. 6, No. 2, pp.1–28.

Mian, Atif, Ludwig Straub & Amir Sufi (2021a), "Indebted demand", BIS Working Papers No. 968.

Mian, Atif, Ludwig Straub & Amir Sufi (2021b), "The saving glut of the rich", NBER Working Paper, No. 26941.

Mishkin, Frederic S (1999), "Lessons from the Asian crisis", *Journal of International Money and Finance*, Vol. 18, Issue 4, pp.709–723.

Montibeller, Gilberto & Detlof von Winterfeldt, "Cognitive and Motivational Biases in Decision and Risk Analysis", *Risk Analysis*, Vol. 35, No. 7, pp.1230–1251.

Müller, Karsten and Emil Verner (2023), "Credit Allocation and Macroeconomic Fluctuations", Working paper (Available at SSRN: https://ssrn.com/abstract=3781981 or http://dx.doi.org/10.2139/ssrn.3781981).

Nakaso, Hiroshi (2001), "The financial crisis in Japan during the 1990s: how the Bank of Japan responded and the lessons learnt", BIS Papers No.6, Bank for International Settlements.

Pagano, Marco (1993), "Financial markets and growth: An overview", *European*

Economic Review, 37, pp. 613–622.

Park, Donghyun, Arief Ramayandi & Kwanho Shin, "Capital Flows during Quantitative Easing and Aftermath: Experiences of Asian Countries", ADB Economics Working Paper Series No. 409.

Peek, Joe & Eric S. Rosengren (2005), "Unnatural Selection: Perverse Incentives and the Misallocation of Credit in Japan", *American Economic Review*, Vol. 95, No. 4, pp.1144–1166.

Radelet, Steven & Jeffrey Sachs (1998), "The Onset of the East Asian Financial Crisis", NBER Working Paper, No. 6680.

Radelet, Steven & Jeffrey Sachs (2000) "Lessons from the Asian financial crisis", in *Global Financial Crises and Reforms: Cases and Caveats* (edited by B. N. Ghosh).

Radelet, Steven, Jeffrey D. Sachs, Richard N. Cooper & Barry P. Bosworth (1998), "The East Asian Financial Crisis: Diagnosis, Remedies, Prospects", *Brookings Papers on Economic Activity*, Vol. 1998, No. 1, pp. 1–90.

Rajan, Raghuram G. & Luigi Zingales (2001), "The Firm as a Dedicated Hierarchy: A Theory of the Origins and Growth of Firms", *The Quarterly Journal of Economics*, Vol. 116, Issue 3, pp.805–851.

Reinhart, Carmen M. & Vincent R. Reinhart (2009a) "The Aftermath of Financial Crises", *The American Economic Review*, Vol. 99, No. 2, Papers and Proceedings of the One Hundred Twenty–First Meeting of the American Economic Association, pp.466–472.

Reinhart, Carmen M. & Vincent R. Reinhart (2009b), "Capital Flow Bonanzas: An Encompassing View of the Past and Present", *NBER International Seminar on Macroeconomics Vol.* 5, No. 1, pp.9–62.

Reinhart, Carmen M. & Vincent R. Reinhart (2010), "Growth in a Time of Debt", *The American Economic Review*, Vol. 100, No. 2, Papers and Proceedings of the One Hundred Twenty–second Meeting of the American Economic Association, pp. 573–578.

Reinhart, Carmen M. & Kenneth S. Rogoff (2011a), "From Financial Crash to Debt Crisis", *American Economic Review*, Vol.101, No.5, pp.1676–1706.

Reinhart, Carmen M. & Kenneth S. Rogoff (2011b), "The Forgotten History of Domestic Debt", *The Economic Journal*, Vol. 121, Issue 552, pp.319–350.

Rey, Hélène (2018), "Dilemma not Trilemma: The Global Financial Cycle and

Monetary Policy Independence", NBER Working Paper, No. 21162.

Richter, Björn, Moritz Schularick & Paul Wachtel (2018), "When to Lean Against the Wind?", Working Paper.

Richter, Björn and Zimmermann, Kaspar (2019), "The Profit-Credit Cycle", Working paper(December 2, 2019).

Romer, Christina D. & David H. Romer (2017), "New Evidence on the Aftermath of Financial Crises in Advanced Countries", *The American Economic Review*, Vol. 107, No. 10, pp.3072–3118.

Rousseau, Peter L., and Paul Wachtel (2017), "Episodes of financial deepening: Credit booms or growth generators?" in *Financial Systems and Economic Growth*, edited by Peter L. Rousseau and Paul Wachtel, Cambridge University Press.

Santos, Tano (2018), "El Diluvio: The Spanish Banking Crisis, 2008–2012", Working Paper, YPFS Resource Library.

Schularick, Moritz & Alan M. Taylor (2012), "Credit Booms Gone Bust: Monetary Policy, Leverage Cycles, and Financial Crises, 1870–2008", *The American Economic Review*, Vol. 102, No. 2, pp.1029–1061.

Schoenmaker, Dirk (2015), "Stabilising and Healing the Irish Banking System: policy Lessons", Paper prepared for the CBI-CEPR-IMF Conference: Ireland-Lessons from its Recovery from the Bank-Sovereign Loop.

Simonen, Jaakko, Johannes Herala & Rauli Svento (2020), "Creative destruction and creative resilience: Restructuring of the Nokia dominated high-tech sector in the Oulu region", *Regional Science Policy & Practice*, Vol. 12, Issue 5, pp.931–953.

Sufi, Amir & Alan M. Taylor (2021), "Financial crises: A survey", NBER Working Paper, No.29155.

Summers, Lawrence H. (2000), "International Financial Crises: Causes, Prevention, and Cures", *The American Economic Review*, Vol. 90, No. 2, Papers and Proceedings of the One Hundred Twelfth Annual Meeting of the American Economic Association, pp. 1–16.

Wachtel, Paul (2018), "Credit Deepening: Precursor to Growth or Crisis?, *Comparative Economic Studies*, Vol. 60, pp.34–43.

Williamson, Oliver E. (1981), "The Economics of Organization: The Transaction Cost Approach", *American Journal of Sociology*, Vol. 87, No. 3, pp. 548–577.

찾아보기

금융위기와 한국경제

임박한 글로벌 경기침체와 한국 금융의 개편 방향

저　　자　원승연
발 행 인　김지영
발 행 처　자유아카데미
주　　소　경기도 파주시 회동길 37-42
　　　　　파주출판도시
전　　화　031-955-1321
팩　　스　031-955-1322
홈페이지　www.freeaca.com
전자우편　main@freeaca.com(대표)
　　　　　editor@freeaca.com(편집)
　　　　　crm@freeaca.com(영업)
등　　록　제406-2003-017호, 1980. 7. 12
제1판1쇄　2024년 8월 20일 발행

ISBN 979-11-5808-617-6 93320